GOLDMANN
ESOTERIK

W0052625

Umschlagillustration:

Für die Umschlagillustration wurde ein dreidimensionales Illusionsbild aus
den Bänden »Das magische Auge«, erschienen in der arsEdition München, verwendet. Und so können Sie das 3D-Bild erkennen: Führen Sie
das Buch an die Nasenspitze. Blicken Sie geradeaus, als würden Sie
durch das Bild hindurchsehen. Bewegen Sie das Buch langsam von sich
weg und blinzeln Sie nicht. Vor Ihren Augen entwickelt sich ein dreidimensionales Bild ...

Buch

Dieses Buch ist das Ergebnis vieler Rückschläge und magerer Lebensjahre, aus denen sich Catherine Ponder nach und nach durch positives Denken befreite. Der Begriff »positives Denken« steht dabei für die Art des Denkens, die uns dazu befähigt, unsere Träume wahr werden zu lassen – ganz gleich, ob diese Träume sich auf bessere Gesundheit, ein höheres finanzielles Einkommen, ein glückliches Privatleben oder auf die Vertiefung des geistigen Lebens beziehen. Das Kennenlernen und Integrieren der von Catherine Ponder erkannten geistigen Gesetze des positiven Denkens kann einen Strom von Reichtümern in das Leben eines jeden leiten.

Autorin

Catherine Ponder ist eine der bedeutendsten Lebenshilfeautorinnen Amerikas. Sie hat etwa ein Dutzend Bücher geschrieben, darunter viele Bestseller. Dr. Ponder ist Geistliche der unkonfessionellen Unity-Bewegung und ist als Wegbereiterin des Positiven Denkens bekannt – vielfach hat man sie als den weiblichen Norman Vincent Peale bezeichnet. Seit 1956 wirkte sie an der Unity-Kirche und gründete zu Beginn der achtziger Jahre die konfessionell nicht gebundene Unity Church Worldwide, die ihren Hauptsitz in Palm Desert, Kalifornien, hat.

Von der Autorin liegt im Goldmann Verlag außerdem vor:

Bete und werde reich (11881)
Die Heilungsgeheimnisse der Jahrhunderte (11880)

CATHERINE PONDER

Die dynamischen Gesetze des Reichtums

Aus dem Amerikanischen übertragen
von Thea Jung

GOLDMANN VERLAG

Sonderausgabe
Der Titel ist bereits unter der Nummer 11879
als Goldmann-Taschenbuch erschienen.

Originaltitel: The Dynamic Laws of Prosperity
Originalverlag: Parker Publishing Co., Inc.

Der Goldmann Verlag
ist ein Unternehmen der Verlagsgruppe Bertelsmann

Vollständige Taschenbuchausgabe
© 1964 Parker Publishing Co., Inc.
© 1980 der deutschsprachigen Ausgabe
Peter Erd Verlag, München
Umschlaggestaltung: Design Team München
Umschlagillustration: Aus dem Buch »Das magische Auge I«,
© 1994 N. E. Thing Enterprises,
erschienen im Verlag arsEdition München und Zug
Satz: IBV Satz- und Datentechnik GmbH, Berlin
Druck: Presse-Druck Augsburg
Verlagsnummer: 43021
Ba · Herstellung: Sebastian Strohmaier/sc
Made in Germany
ISBN 3-442-43021-6

10 9 8 7 6 5 4 3 2 1

Inhalt

Goldstaub liegt in der Luft für Sie!

Dieses Buch ist das Ergebnis vieler Rückschläge und magerer Lebensjahre. Niemand hat Rückschläge gern, und niemand liebt ein mageres Leben – und das ist wahrhaftig auch nicht nötig.

Fünfzehn Jahre lang versuchte ich, ein Buch wie dieses hier zu finden. In jenen Jahren, in denen ich die Bücherregale durchstöberte, fand ich wohl, daß es viele Bücher gibt, die verschiedene Erfolgsrezepte vermitteln, aber in keinem Buch konnte ich eine Zusammenfassung einfacher Gesetze, die den Erfolg sichern, finden.

Ich begann mit der Suche nach einem Buch wie diesem, nachdem ich verwitwet war und mit einem kleinen Sohn zurückblieb, den ich großziehen und ausbilden lassen mußte. Da ich keinen Beruf erlernt und auch keine weiteren Einnahmequellen hatte, hätte ich alles für das Wissen um die Macht des reichmachenden Denkens gegeben.

Längere Zeit litt ich unter Depressionen, schlechter Gesundheit, Einsamkeit, finanziellem Mangel und einem Gefühl vollständigen Versagens. Es war so, als sei die ganze Welt gegen mich und als liefe alles schief, was ich nur anpackte. Aber da war mein Sohn, für den ich sorgen mußte, und darum durfte ich kein Versager sein. Ich mußte um seinetwillen – und um meiner selbst willen – erfolgreich sein.

Als ich schließlich seelisch, körperlich und finanziell auf dem Tiefpunkt angelangt war, hörte ich von der Macht des Denkens als Werkzeug für Erfolg oder Mißerfolg. Ich begriff, daß Mißerfolg grundsätzlich das Ergebnis mißlichen Denkens ist. Ich lernte, daß der richtige Gebrauch meines Bewußtseins zum Schlüssel für ein gesundes, glückliches, reiches und erfolgreiches Leben werden könnte.

Sobald ich dieses wunderbare Erfolgsgeheimnis erfaßt hatte, war die Zeit der Ebbe vorbei!

Die Geburt des positiven Denkens

Man hat in den letzten Jahren viel vom positiven Denken gehört. Nach Zeiten der Rezession und Dürftigkeit kam ein neues Schlagwort auf – »glückhaftes Denken«, auch: »prosperierendes, reichmachendes Denken«. »Prosperität« und »Glück« bedeuten: »Gedeihen, gut gehen, Erfolg haben, blühen, gute Ergebnisse zeitigen«.

Man ist in dem Maße glücklich und reich, in dem man in seiner Welt Frieden, Gesundheit und volles Genügen erfährt

Die Menschen verstehen viele Dinge unter positivem Denken, aber grundsätzlich werden wir durch diese Art Denken dazu befähigt, unsere Träume wahr werden zu lassen, ganz gleich, ob diese Träume sich auf bessere Gesundheit, ein besseres finanzielles Einkommen, ein glücklicheres Privatleben, bessere Ausbildung und Reisen oder auf Vertiefung des geistigen Lebens beziehen.

Dieses Buch zeigt klar, wie das neue Denken den Menschen in jeder Lebensphase geholfen hat, diese Resultate zu erzielen. Und es zeigt weiterhin, wie positives Denken diese Dinge auch für Sie vollbringen kann! Wenn Sie dieses Buch Kapitel für Kapitel lesen, werden Sie automatisch anfangen, die Kraft des positiven Denkens zu entwickeln, und fast nebenbei werden Sie beginnen, eine reiche Ernte glücklicher Erfolge einzuheimsen.

Der Kaufmann, unter dessen Händen alles zu Gold wurde

Ein Kaufmann wandte vor Jahren schon die Macht des positiven Denkens an, wenn er sich dessen vielleicht auch nicht bewußt war. Wenn man ihn fragte: »Was macht das Geschäft?« war seine ständige Antwort: »Das Geschäft geht wunderbar, denn es ist Goldstaub in der Luft!«

Für ihn schien es tatsächlich so zu sein – jede Geschäftsanbahnung führte zum Verkauf. Es dauerte nicht lange, da sagten die Leute, wenn sein Name erwähnt wurde: »Ja, alles, was er berührt, wird zu Gold.«

Die Gesetze des Reichtums

Im ersten Jahr meines geistlichen Amts wurde unser Land von einer der schwersten Wirtschaftskrisen seit dem Zweiten Weltkrieg heimgesucht. Mitglieder meiner Gemeinde baten um Vorträge über Möglichkeiten, wie man diese schwere Zeit überleben könne. Damals begannen diese dynamischen Gesetze des Reichtums Gestalt anzunehmen. Und mit atemberaubender Geschwindigkeit verwirklichten sich diese Gedanken – für alle möglichen Leute!

Wie die Gesetze für andere wirksam wurden

So erhielten zum Beispiel nach der ersten Vorlesung zwei Sekretärinnen innerhalb einer Woche eine Gehaltserhöhung, die eine in Verbindung mit einer Beförderung und einem neuen Titel. Ein Börsenmakler berichtete bald, daß er mehr Geschäfte abwickelte, als er zu hoffen wagte, während seine Kollegen vergleichsweise untätig bleiben mußten. Ein Kunde, den er seit mehreren Jahren nicht gesehen hatte, erschien bei ihm und übergab ihm zur Investition einen Scheck über 200 000 Dollar! Einen Monat, nachdem er aus freien Stücken begonnen hatte, das reichmachende Denken zu üben, war sein Einkommen auf das Vierfache des sonstigen Betrages gestiegen.

Ein Rechtsanwalt, der verschiedene industrielle Kunden hatte, die sich im Streik befanden oder arbeitslos waren, berichtete, daß für ihn die Wirtschaftskrise plötzlich vorüber war. Sein Einkommen schnellte auf über 2000 Dollar monatlich empor, was seinerzeit sehr hoch erschien, wenn es ihn auch später, als er ein bestimmtes gedankliches Schema für Wohlstandsdenken befolgte, nur normal dünkte.

Ein Stahlwarenvertreter, dessen Geschäft unter der Rezession gelitten hatte, berichtete, daß er unerwartet einen Auftrag in Höhe von 4500 Dollar erhalten habe, um den er nicht nachgekommen war. Eine Frau war Verkäuferin in einem Warenhaus, das mehr als 100 Angestellte beschäftigte. Die Gespräche und Gedanken all ihrer Kolleginnen und Kollegen hatten stets um die schlechten Zeiten gekreist. Nachdem diese Frau angefangen hatte, bewußt positiv zu denken, war sie unter den 100 Angestellten die einzige, die am Ende des Monats Provision für eine überschüssige monatliche Verkaufsquote erhielt. Die anderen hatten harte Zeiten beschworen und sich entsprechende Ergebnisse zugezogen.

Der Besitzer eines Elektrogeschäftes wartete lange auf die Bezahlung einer ausstehenden Rechnung über 750 Dollar. Als er begann, seine Schuldner als wohlhabend zu bejahen, wurde die Rechnung ohne Aufhebens bezahlt.

Ein Juwelier versuchte, eine ihm gehörende Schuldverschreibung mit allen ihm zu Gebote stehenden Mittel einzutreiben, wobei er auch Drohbriefe anwandte, ohne daß er Erfolg damit hatte. Als auch er begann, sich und seinen Schuldner als reich und glücklich anzusehen, wurde die Angelegenheit zu seinem eigenen Erstaunen rasch erledigt. Eine Familie, die gern schuldenfrei sein wollte, hatte plötzlich eine hübsche Summe Geldes geerbt.

Ein Staatsangestellter erhielt Erhöhung seiner Bezüge, die seit Jahren im Kongreß angestanden hatte. Ein Angestellter der Telefongesellschaft bekam ebenfalls eine Gehaltserhöhung, die ihm schon vor Monaten versprochen worden war.

Ein Bauingenieur wurde mit einem neuen Bauauftrag über 15 1/2 Millionen Dollar betraut, nachdem er zuvor ein 1/2-Million-Auftrag erledigt hatte. Ein Ehepaar gewann eine vollbezahlte Überseereise!

Dieses sind nur wenige Beispiele für die Macht des positiven Denkens.

Positives Denken verwandelt den Menschen
und macht ihn gesund

Aber es blieb nicht bei den finanziellen Erfolgen allein. Während ich allwöchentlich über reichmachendes Denken Vorlesungen hielt, begann ich zu bemerken, daß die Kursteilnehmer anfingen aufzublühen – sie gewannen ein Aussehen, das innerer Friede, Gelassenheit, glückhafte Ausgeglichenheit, Sicherheit und Beständigkeit verleihen, was früher nicht in Erscheinung getreten war. Der Mißerfolgs-Ausdruck der Niedergeschlagenheit und Entmutigung war einem Ausdruck des Erfolgs, des Selbstvertrauens und inneren Glücks gewichen. Anstatt Niederlage strahlten ihre Augen Herrschaft, Autorität und Sieg wider.

Auch erhielten verschiedene Leute ihre mentale und physische Gesundheit wieder. Einem Geschäftsmann war sein Leben lang gesagt worden, daß er ein schwaches Herz habe, auf das beständig geachtet werden müsse. Als er begann, die Macht des positiven Denkens in jeder Phase seines Lebens anzuwenden, entspannte er sich geistig und körperlich immer mehr. Die sowohl bewußte wie unterbewußte Anspannung legte sich. Nach gewisser Zeit stellte sein Arzt fest, daß das frühere Herzleiden verschwunden war. Jetzt sind mehrere Jahre vergangen, und er fühlt sich gesünder und glücklicher denn je zuvor.

Einige Leute mit nervösen Zuständen fanden zu neuer Gesundheit, Ruhe und Seelenfrieden. Eine Hausfrau aus dieser Gruppe hatte jahrelang eine Anzahl Ärzte aufgesucht, die keine organischen Fehler bei ihr finden konnten. Als sie bewußt anfing, das reichmachende Denken zu praktizieren, begann sie auch, liebevoller über andere zu denken – einschließlich ihres Ehemannes! Ihre neue bejahende Einstellung ihm gegenüber gab ihm das Gefühl, von ihr angenommen zu sein, was er seitens seiner Frau seit Jahren vermißt hatte. Dadurch wurde sein Selbstvertrauen gestärkt, was sich als neuer Erfolg im Beruf niederschlug. Und dieser neue Berufserfolg brachte in diese Ehe das seit langem entbehrte Glück und die ersehnte Zufriedenheit. Der gesundheitliche Zustand dieser

Frau verbesserte sich so sehr, daß sie bald um Jahre jünger aussah, und Schmerzen und Unpäßlichkeiten verschwanden in dem Maße, wie in ihre verschiedenen Lebensphasen das Glück einzog.

Die ganze Weltanschauung wandelt sich

Eine einsame, unglückliche Geschäftsfrau, die oft mit Selbstmord gedroht hatte, interessierte sich so stark für die Gesetze des Reichtums, daß sie Interessen außerhalb ihres eigenen Ichs fand. Dieses führte zu einem glücklicheren, ausgewogeneren Leben. Es wurde nicht mehr von Selbstmord gesprochen. Eine Hausfrau und ein Geschäftsmann, deren heimliches Trinken zu ernsthaften Problemen geführt hatte, fanden neue Hoffnung in der Anwendung glückbringenden Denkens. Sie begannen einzusehen, daß ihre Schwierigkeiten überwunden werden *konnten*. Als sie diese sieghafte Erwartung gewonnen hatten, waren sie fähig, innere Feindseligkeiten und Konflikte abzubauen und aufzulösen. Allmählich hörten sie auf zu trinken.

Mehrere Ehen wurden gerettet, nachdem der eine oder andere der Ehepartner diese Gesetze des positiven Denkens beschworen hatte. Der geschiedene Partner eines Teilnehmers kehrte zurück, und das Paar wurde wieder getraut. Verschiedene einsame, unverheiratete Leute fanden zu einem Eheglück, eine Frau, nachdem sie seit 20 Jahren verwitwet gewesen war.

Ein Geschäftsmann, der seine Arbeit immer innerlich abgelehnt hatte, fand durch die Anwendung dieser Ideen zu einer ganz neuen Einstellung gegenüber seinem Beruf, und bald hatte er den Widerwillen überwunden.

Der Kaufmann hatte recht

Jener Kaufmann hatte recht. Es *ist* Goldstaub in der Luft – für Sie, für mich, für einen jeden. Metaphysiker wissen darum. Sie erklären, der Mensch gestalte seine Welt durch Gedanken, Gefühle, Worte und Taten aus der reichen, unbegrenzten Schöpfungssubstanz in ihm und um ihn.

So wollen wir in Vertrauen vorangehen, wohl wissend, daß Goldstaub in der Luft liegt – und daß es überall Goldstaub gibt. Wenn Sie beginnen, dieses Buch zu lesen, dann tun Sie es ungeachtet Ihrer gegenwärtigen Lebensbedingungen in dieser Geisteshaltung: ES IST GOLDSTAUB IN DER LUFT – FÜR MICH. DURCH ENTSCHIEDENES, BEWUSSTES, BEJAHENDES DENKEN BEGINNE ICH JETZT, DIESEN GOLDSTAUB ZU ABSORBIEREN, UND EBEN JETZT BEGINNE ICH AUCH, GOLDSTAUB-ERGEBNISSE ZU ERLEBEN!

Und nun wünsche ich guten Erfolg beim Studium der folgenden Seiten, die Ihnen von den spannenden Ergebnissen positiven Denkens zahlloser anderer berichten werden.

Catherine Ponder

1. Kapitel

Die schockierende Wahrheit über den Reichtum

Die schockierende Wahrheit über den Reichtum kann auf diese
Formel gebracht werden: Es ist nicht etwa falsch, reich und glücklich zu sein, sondern Sie haben ein Recht darauf!

Russel H. Conwell formulierte diese Wahrheit in seinen unter
dem Titel »Die Diamanten-Äcker« berühmt gewordenen Vorträ-
gen so:

»Ich sage, Ihr habt die Pflicht, reich zu sein; Ihr habt kein Recht
dazu, arm zu sein. Zu leben und nicht reich zu sein, ist ein Un-
glücksfall, und es ist ein doppeltes Unglück, denn Ihr könntet genauso gut reich wie arm sein ... Wir haben die Pflicht, reich zu
werden, wenn wir dies durch ehrenhafte Mittel können, und ehrenhafte Mittel sind die einzigen, die uns sehr rasch zum Ziel des
Reichtums bringen.«

Hierbei sei angemerkt, daß das Wort »reich« die Fülle des Guten bedeutet, d. h. ein erfülltes, befriedigendes Leben. Tatsächlich
ist man in dem Maße reich, wie man Frieden, Gesundheit, Glück
und Fülle in seiner Welt erfährt. Es *gibt* ehrenhafte Methoden, die
uns rasch diesem Ziel zuführen können. Das ist schneller zu erreichen, als Sie jetzt vielleicht denken. Auch das ist die schockierende
Wahrheit über den Reichtum.

Vor einigen Jahrzehnten prophezeite ein Geschäftsmann, daß
die religiösen Führer der Zukunft gezwungen sein würden, mehr
Aufmerksamkeit darauf zu wenden, ihren Gläubigen bei der Lösung ihrer wirtschaftlichen und persönlichen Probleme der Gegenwart zu helfen und daß sie sich weniger mit der toten Vergangenheit oder der noch nicht existenten Zukunft befassen würden.

Ich stimme mit diesem Geschäftsmann überein und möchte Ihnen helfen, gerade dies zu tun – Ihre gegenwärtigen wirtschaftlichen und persönlichen Probleme zu meistern. Und wenn das geschieht, ist auch für Ihre tote Vergangenheit und noch nicht existente Zukunft gesorgt.

Sie sollten sich Reichtum wünschen

Einer der größten Schocks, die ich je erlebte, war vielleicht der, den ich erhielt, als ich mit den Vorlesungen über positives Denken begann. Ich erkannte bald, daß viele der Leute, die meine Vorträge besuchten, sich immer noch mit dem alten Konflikt auseinandersetzten, ob sie sich überhaupt wünschen *dürften*, reich zu sein. Natürlich wünschten sie sich Reichtum; jeder normale Mensch tut das. Aber sie schienen sich heimlich zu fragen, ob sie danach streben sollten oder nicht, besonders unter Berücksichtigung geistiger Aspekte. Die meisten der berufstätigen Menschen, die die Vorlesungen besuchten, schienen Schuldgefühle in Verbindung mit ihrem Wunsch nach Reichtum zu haben, obwohl sie natürlich in ihren Berufen Tag für Tag hart dafür arbeiteten. Offensichtlich rangen sie mit der Frage: Ist Armut eine geistige Tugend oder ein allgemeines Übel? Dieser Widerstreit in ihrem Denken zeitigte widerstreitende Resultate in ihren Angelegenheiten, wodurch ihre Anstrengungen, erfolgreich zu sein, auch bei noch so intensivem Einsatz neutralisiert wurden.

Mir wurde schnell klar, daß es einiger kühner Formulierungen, ja geradezu schockierender Ideen über das Thema bedurfte, um das begrenzte Denkmodell zu durchbrechen, das diese Leute seit Jahren zum mittelmäßigen Leben verurteilte. Nachdem ich dies erkannt hatte, verwandte ich mehrere Vorträge darauf, auseinanderzusetzen, wie Gott – die erste Ursache aller Dinge –, der Mensch und das Glück zueinander in inniger Beziehung stehen. Nachdem der erste Schock, den diese Gedanken ausgelöst hatten, vorüber war, waren meine Schüler größtenteils erleichtert und sehr glücklich darüber, daß sie sich endlich nicht mehr schuldig zu fühlen brauchten, wenn sie reich und glücklich sein wollten. Und damals begannen sie, die eingangs beschriebenen Ergebnisse innerhalb kürzester Zeit zu erleben.

Seither habe ich immer wieder bei meinen vielen Vortragsreisen im Lande, in der persönlichen Lebensberatung und im Briefwechsel mit unzähligen Leuten, bei Radio-, Fernseh- und Zeitungsinterviews über dieses Thema die Erfahrung gemacht, daß dieselben Vorstellungen immer noch existieren. Wunderbare Leute scheinen unsicher zu werden angesichts der Frage, ob Reichtum als ein geistiger Segen zu betrachten ist. Aber wie erleichtert sind sie, wenn man ihnen beweist, daß es so ist.

Armut ist eine Sünde

Und darum sage ich noch einmal: Es ist nicht etwa falsch, reich und glücklich zu sein, sondern Sie haben ein Recht darauf! Ganz offensichtlich können Sie nicht sehr glücklich sein, wenn Sie arm sind, *und Sie brauchen nicht arm zu sein. Das ist eine Sünde.* Armut ist eine Art Hölle, die durch des Menschen Blindheit vor dem ihm vom Unendlichen gegebenen unbegrenzten Guten hervorgerufen wird.

Armut ist eine schmutzige, unbequeme, entwürdigende Erfahrung. Tatsächlich ist Armut eine Art Krankheit, und zwar in akutem Stadium, ja, sie scheint eine Art Wahnsinn zu sein.

Armut füllt die Gefängnisse mit Dieben und Mördern. Sie treibt Männer und Frauen zum Trinken, zur Prostitution, zur Rauschgiftsucht, zum Selbstmord. Sie treibt von Veranlagung gute, talentierte, intelligente Kinder zum Verbrechen. Sie läßt Menschen Dinge tun, die zu tun sie unter anderen Umständen sich nicht träumen ließen. Die schrecklichen Resultate der Armut sind grenzenlos. Das ist einer der Gründe, warum ich mich in so starkem Maße veranlaßt fühlte, alles in meinen Kräften Stehende zu tun, um den Menschen zu zeigen, wie sie die Sünde der Armut aus ihrem Leben ausmerzen können.

Ein mir bekannter Arzt sagte einmal, er würde nur wenige Patienten haben, wenn es nicht finanzielle Probleme gäbe, die ihnen Sorgen, Druck und Anspannung bereiteten, die alle zusammen die Gesundheit untergrüben. Er sagte weiter, daß unsere psychiatrischen Kliniken unzählige Leute beherbergten, die durch lange andauernde finanzielle Sorgen gemütskrank bis zum körperlichen Zusammenbruch geworden wären. Man schätze, daß neun Zehntel aller Krankheiten der Menschheit durch Elend, Anspannung und das Unglück der Armut entstehen.

Hören wir also auf damit, an die Armut als an eine Tugend zu denken. Sie ist ein allgemeines Laster. Wenn Sie bisher in finanzieller Not und Einschränkung gelebt haben, dann haben Sie buchstäblich im LASTER GELEBT. Auch das ist die schockierende Wahrheit über den Reichtum. Aber Sie brauchen nicht länger in finanziellem Laster zu leben. Es gibt einen Weg, der da herausführt.

Reichtum ist Ihr angestammtes Erbe

Die Bibel ist voll von reichen Versprechungen bezüglich Ihres Glückspotentials als Kind des unendlichen Schöpfers. Sie *sollten* glücklich sein, gut versorgt und einen Überfluß an Gutem haben, denn das ist Ihr angestammtes himmlisches Erbe. Das ist es, was Ihr Schöpfer für Sie will! *Das* ist die schockierende, gute Wahrheit über den Reichtum.

Nebenbei gesagt, Sie können nicht zu sich selbst und anderen sehr gut sein, wenn Sie nicht reich sind. Der Mensch, der nicht wünscht, reich zu sein, ist anomal. Wir können nun einmal nicht *auf der physischen Ebene* ohne angemessene Nahrung, bequeme Kleidung, warmes Obdach und ohne Befreiung von übermäßiger Plackerei leben. Auch Erholung und Entspannung sind zum physischen Leben notwendig.

Wir können nicht vollkommen auf der *seelisch-intellektuellen Ebene* leben, ohne Kreativität zu entfalten, ohne Zeit für Bücher und Musik, Kunst und andere kulturelle Interessen zu haben; ohne Gelegenheiten und Geld für Reisen und geselliges Zusammensein mit anderen Gleichgesinnten zu haben.

Um schließlich *auf der geistigen Ebene des Lebens* vollkommen leben zu können, benötigen wir Zeit zur stillen Kontemplation, zur Meditation, Übung in Versenkung und Gedankenkontrolle, für geistige Studien, Besuch von geistigen Veranstaltungen und Zusammenkünften mit anderen, die den geistigen Pfad beschritten haben. Es ist daher von größter Wichtigkeit, daß Sie um Ihres körperlichen, seelischen und geistigen Wohlbefindens und Vorwärtskommens willen reich sind.

Machen Sie keine Ausflüchte, um sich mit dem Mangel abzufinden oder ihn als Dauereinrichtung in Ihrem Leben zu akzeptieren. Und verfallen Sie genauso wenig in das andere Extrem, indem Sie davon sprechen, daß Sie um des Guten willen, das Sie tun möchten, reich sein wollen. Das ist zweitrangig. Sie wollen vor allem reich sein, weil Sie damit Ihr Recht beanspruchen. Reichtum ist Ihr göttliches Erbe als Kind eines Königs, als Sohn des Allerhöchsten und Schöpfers aller Dinge.

Erfolg ist ein göttlicher Befehl

Es gibt für Sie keinen Grund, den Reichtum als etwas vom geistigen Leben Abseitiges zu betrachten. Sie brauchen nicht zu versuchen, in zwei Welten zu leben, indem Sie sechs Tage lang um materielle Belange kümmern und am siebenten Gott eine Chance geben zu beweisen, was er tun kann. Schließen Sie den Unendlichen als reichen, liebenden, verständnisvollen Vater in alle Alltagsangelegenheiten Ihrer Woche ein. Wenden Sie sich seiner Führung und Leitung in allen Dingen, den finanziellen und den anderen, zu, und Sie werden angenehm überrascht sein, wie sehr sich jede Phase Ihres Lebens bessern wird. *Es ist alles euer,* lautet die göttliche Verheißung (1 Kor. 3,21).

Ein Analytiker meinte kürzlich, seiner Ansicht nach sei die häufigste Ursache für das Versagen des Menschen in dem Gewissenskonflikt zu suchen, ob Erfolg göttlich befohlen oder göttlich verdammt sei. Als Beispiel führte er an, daß viele ihm versichert hätten, Mißerfolg würde vom geistigen Standpunkt aus mehr gebilligt als Erfolg, wobei sie die Worte Jesu zitierten: *Man kann nicht Gott UND dem Mammon dienen* (Matth. 6,24). Er habe, sagte dieser Mann weiter, viele Stunden damit verbracht, erfolglosen Menschen zu erklären, daß man nicht dem Mammon diene, wenn man geistig auf Erfolg programmiert ist, und daß sie aufhören sollten, Gott für ihre Fehlschläge verantwortlich zu machen.

Der Diktionär umschreibt »Mammon« mit »Reichtümer, die man gierig erstrebt oder anbetet«. Dem Mammon dient der, der die Quelle seines Seins bei der Handhabung seiner Angelegenheiten vergißt und versucht, es allein zu schaffen. Wenn wir erkennen, daß wir, mit dem Recht auf Reichtum ausgestattet, als Kinder des Schöpfers eines reichen Universums in diese Welt kamen und daß dieser Schöpfer in der Tat die Quelle allen Wohlstandes ist, dann dienen wir nicht dem Mammon. Mit einer solchen Einstellung machen wir aus dem Reichtum keinen Götzen. Wir beanspruchen nichts weiter als unser reiches Erbe von der Quelle alles Guten. Jehova verwies auf die rechte geistige Einstellung dem Reichtum gegenüber, als er Moses befahl, die Kinder Israels zu ermahnen: »Ihr aber sollt euch Jehovas, eures Gottes, erinnern, denn er ist es, der euch Macht verleiht, wohlhabend zu werden.«

Das Wort »wohlhabend« bedeutet, das Wohl, das Gute besitzend, und das ist es, wonach ein positiv Denkender trachten und was er als sein geistiges Erbrecht ansehen sollte.

Vielleicht kommt Ihnen an dieser Stelle auch ein Ausspruch in den Sinn, den ich als Kind häufig gehört habe und der mich jedesmal verwirrte. Leute pflegten zu sagen: »Ich bin arm, aber ich bin ein guter Christ.« Meine sofortige Reaktion war: »Warum sollten Christen oder irgendeine andere Gruppe arm sein? Der Schöpfer aller Dinge ist nicht arm, und er ist unser liebender Vater.« Außerdem klang dieser Satz so, als seien alle Reichen dazu verurteilt, in der Hölle zu schmoren. Irgendwie konnte ich keine Logik darin finden.

Die Bibel ist ein Buch über Wohlstand und Wohlbefinden

Als ich mein geistliches Amt antrat, beschloß ich, diese alte Streitfrage ein für allemal zu klären, indem ich die biblischen Ansichten über Reichtum und Armut besonders studierte. Ich war angenehm überrascht zu entdecken, daß die Bibel das größte Textbuch ist, das je über Wohlstand und Wohlbefinden geschrieben wurde!

Die Bibel bringt klar zum Ausdruck, daß man seinem Schöpfer keinen größeren Gefallen damit tut, wenn man sich in seinem Leben mit Mangel und Einengung zufriedengibt, als man sich selbst damit erwiesen hat. Das erste Kapitel beschreibt das reiche, für den Menschen geschaffene Weltall. Das letzte Buch beschreibt in reichen Begriffen symbolisch den Himmel. Die meisten großen Gestalten der Bibel sind entweder reich geboren, wurden reich oder hatten Zugang zu Reichtümern, wenn sie ihrer bedurften. Unter ihnen waren Abraham, Jakob, Joseph, Moses, David, Salomo, Jesaja, Jeremia, Nehemia, Elia und Elisa im Alten Testament, so wie Jesus und Paulus im Neuen Testament.

Jesu Leben und Lehren beweisen eindeutig sein Verständnis von den Reichtumsgesetzen. Als Kind empfing er reiche Gaben durch die Weisen aus dem Morgenland. Wenn Jesus auch als arm beschrieben worden ist, da er nicht wußte, wo er sein Haupt niederlegen sollte, hatte er doch bei seinen Eltern in Nazareth ein Heim und wurde in den Häusern von arm und reich in ganz Palästina gern gesehen. Sein erster Wunsch schuf das reiche Geschenk kostbaren Weines für seinen Gastgeber auf dem Hochzeitsfest. Ohne zu zögern wandte er das reich machende Gesetz des positiven Denkens an, um Tausende in der Wüste zu speisen. Sein Gleichnis vom verlorenen Sohn ist eine ausgezeichnete Lektion im glückhaften Denken.

Als Jesus sagte: »Selig sind, die geistig arm sind, denn das Himmelreich ist ihrer«, bezog er sich nicht auf jene, die in Armut leben. »Geistig arm« heißt demütig und empfangsbereit, nicht stolz und selbstherrlich. Als der Reiche zu Jesus kam, um ihn nach dem ewigen Leben zu befragen, SAH JESUS IHN AN UND LIEBTE IHN (Mark. 10,21). Jesus sagte zu ihm, er solle das, was er habe, verkaufen, um das ewige Leben zu erwerben, denn er erkannte, daß der Mann von seinen Besitztümern in Besitz genommen war, anstatt Herr über sie zu sein. Später gab Jesus seiner Meinung mitleidig wie folgt Ausdruck: »Wie schwer ist es für die, die so an ihre Reichtümer glauben, ins Himmelreich zu kommen« (Mark. 10,24).

Seine Berührungspunkte mit der Finanzwelt werden dadurch deutlich, daß er sogar einen Steuereinnehmer in den Kreis seiner Apostel aufnahm, einen Schatzmeister unter den Aposteln zur Verwaltung ihrer Finanzen berief und daß er seine Steuern an die römische Regierung zahlte. Schließlich wurde sein nahtloses Gewand für so kostbar gehalten, daß römische Soldaten unter dem Kreuz darum würfelten. Es war ein wohlhabender Mann, Joseph von Arimathia, der bei Pilatus Jesu Leichnam erbat, um ihn in seinem eigenen Grab zu begraben.

Warum Armut keine geistige Tugend ist

Man fragt sich, warum so viel von Opfer, Verfolgung und schweren Zeiten als notwendige Phasen des geistigen Lebensweges die Rede gewesen ist. Die Geschichte beweist, daß die inspirierten und praktischen Lehren der Bibel während der ersten Jahrhunderte nach Christus von den Gläubigen eingehalten wurden. Bald aber wurde die religiöse Lehre säkularisiert, es kam zu Abweichungen und Variationen der ursprünglichen Lehre Jesu. Später, im Mittelalter, sicherten die Feudalsysteme nur noch einer privilegierten Schicht Wohlstand und Reichtum zu. Während dieser Zeit wurde die Lehre von »Armut und Buße« den Massen als einziger Weg zur Erlösung geboten, wodurch »Entbehrung und Mangel« zu »christlichen Tugenden« erhoben wurden. Millionen von arglosen Gläubigen wurden suggeriert, daß es »fromm sei, arm zu sein«, ein Glaube, der sich als nützlich erwies, um Revolutionen der Massen zu verhindern. Etwas von diesem alten feudalistischen Gedankengut über die Armut als geistige Tugend hat bis heute überlebt, aber es sind falsche, von Menschen geschaffene Ideen und nicht die reiche Wahrheit des Ewigen für Sie und mich.

Darum suchen Sie nicht länger nach Ausflüchten für sich und andere, um sich Wohlstand zu wünschen. Dies ist ein ewig-geistiger Wunsch, den man verwirklichen sollte. Sie dürfen unerschrocken dafür danken, daß Reichtum Ihr angestammtes Erbe ist; daß des Vaters Wunsch für Sie unbegrenztes Gutes ist und nicht nur die mageren Mittel einer mageren Existenz.

Rechte Einstellung wird Ihre Rechnungen zahlen helfen

Um Ihnen nun dabei behilflich zu sein, die unendlich wichtige positive Geisteshaltung einzunehmen, daß Gott, die erste Ursache allen Seins, als Schöpfer dieses reichen Weltalls auch die Quelle aller menschlichen Versorgung ist und daß Sein Wille für uns folglich der Reichtum dieser Welt ist, schlage ich Ihnen vor, daß Sie die Worte Jehovas an Moses zum Gegenstand Ihrer Meditation machen: »*Ich will mich Jehovas, meines Gottes, erinnern, denn er ist es, der mir Macht verleiht, reich zu werden.*«

Vielleicht denken Sie: »Ja, aber ist diese Art zu denken praktisch? Kann eine solche Einstellung mir tatsächlich helfen, daß ich für das Kind Schuhe, für den Tisch das Essen und für den Hauswirt die Miete erhalte?« Ja, sie kann es!

Kürzlich sprach ich mit einer jungen Frau, der anscheinend alles schiefging. Als eine Lähmung sie befiel, verließ ihr trinkender, arbeitsscheuer Mann sie.

Sie stand vor der Aufgabe, mehrere Kinder großziehen zu müssen. Wohl hatte sie ein Dach über dem Kopf, aber es war mit Hypotheken belastet. Zwar wurde ihr Mann durch Gerichtsbeschluß dazu verurteilt, monatliche Unterhaltszahlungen an die Kinder zu leisten, aber der kleine Betrag reichte nicht aus, um das Nötigste zu decken. Dennoch – jedesmal, wenn ich diese Frau besuchte, die monatelang bettlägrig war und erst vor kurzem in einen Rollstuhl überwechselte, erzählte sie mir voller Freude, daß neue Versorgungskanäle sich vor ihr geöffnet hätten.

Während einer meiner Besuche sagte sie, sie habe genügend Konserven für mehrere Monate geschenkt bekommen. Geld, das sie dringend für Kinderkleidung brauchte, war ihr von entfernten Verwandten geschickt worden. Ihre Arztrechnungen hatte eine Freundin übernommen. Tatsächlich war jede geldliche Sorge von ihr genommen – sogar Farbe für einen neuen Außenanstrich des Hauses hatte sie erhalten, und ein Nachbar war damit beschäftigt, das Haus zu tünchen.

Als ich sie fragte, welches ihr Reichtums-Geheimnis sei und wie es ihr gelungen sei, jede Rechnung zur rechten Zeit zu bezahlen, während sie ohne Arbeit und eigenes Einkommen im Rollstuhl saß, sagte sie, ein Meditationsgedanke sei ihre große Quelle von Kraft und Versorgung: Immer, wenn ein finanzielles Problem auftauchte, pflegte sie diese Verheißung aus dem 46. Psalm wieder und wieder zu bejahen: SEI STILLE UND WISSE, DASS ICH BIN GOTT.

Eines Tages waren die Hypothekenzinsen für das Haus in Höhe von 40 Dollar fällig. Sie hatte keinen Cent im Haus, und so begann sie, im stillen diese Worte zu denken: SEI STILLE UND WISSE, DASS ICH BIN GOTT. SEI STILLE UND WISSE, DASS ICH BIN GOTT, DER JETZT IN DIESER LAGE AM WIRKEN IST. Gegen Mittag verspürte sie ein Gefühl des Friedens über die Situation und beendete damit ihre Meditationszeit. Eine Stunde später, als eine Verwandte ihr Essen brachte, kam ein Nachbar herein, der ihr einiges Geld in die Hand legte. Er sagte: »Die Klasse unserer Sonntagsschule hat an Sie gedacht und wollte Sie an einer Spende teilhaben lassen.« Die von ihm übergebene Summe betrug genau vierzig Dollar!

Diese Frau, die Gott als die Quelle ihrer Versorgung ansieht, hat den Beweis erbracht, daß diese Quelle sich ihr nie versagt, selbst unter den extremen Bedingungen von Krankheit, Scheidung und finanzieller Unsicherheit nicht. Natürlich ist es ihr großer Wunsch, für sich selbst sorgen und finanziell unabhängig von den Gaben von Verwandten, Nachbarn und Freunden sein zu können. Mit Sicherheit wird sie auch diesen Wunsch verwirklichen, wenn sie beharrlich am positiven Denken festhält. Zum ersten Mal seit mehreren Jahren macht sie jetzt wieder Gehversuche, und ich bin überzeugt, daß sie bald auch wieder in der Lage sein wird zu arbeiten. Unterdessen macht sie die Erfahrung, daß die reiche Versorgung des Absoluten auf viele unvorhergesehene Weisen kommen kann, um den Nöten des Augenblicks zu begegnen, ungeachtet wie hart die Lebensbedingungen sind.

Der Psalmist anerkannte die erste Ursache allen Seins als die Quelle seiner Versorgung, als er erklärte: DER HERR IST MEIN HIRTE, MIR WIRD NICHTS MANGELN. Dieses ist eine gute Bejahung, die man häufig in seine Meditation mit einbeziehen sollte.

Eine Hausfrau brauchte dringend 100 Dollar, um zwei Rechnungen zu bezahlen, die zum Wochenende fällig wurden. Immer wenn im Laufe der Woche die Angst sie heimsuchen wollte, wie sie wohl die Rechnungen begleichen sollte, meditierte sie: *Der Herr ist mein Hirte, mir wird nichts mangeln.* Am Freitagmorgen erhielt sie mit der Post einen Scheck über 110 Dollar! Er kam von einer Gesellschaft, für die ihr Mann vor vielen Jahren gearbeitet hatte. Ein Begleitbrief erklärte dazu, man habe bei Revision der Bücher bemerkt, daß ihr Mann diesen Betrag noch bei ihnen guthabe, man überweise ihn hiermit, um die Angelegenheit abzuschließen.

Ein Angestellter mit einer großen Familie befand sich in großen finanziellen Nöten. Ohne irgendwelche Reserven mußte er noch eine Woche bis zum nächsten Zahltag überbrücken. Die Lebensmittelvorräte wurden knapp. Zusammen mit seiner Frau bejahte er wieder und wieder: *Unser Auskommen ist bei Gott* (2. Kor. 3,5). Am Samstagmorgen erhielten sie mit der Post eine Steuerrückzahlung in Höhe von 60 Dollar. Sie konnten sofort einkaufen fahren, und die Familie war bis Ultimo aus der Klemme.

Eine Geschäftsfrau, die große Ausgaben gehabt hatte und deren Absatz sehr stagnierte, beschloß, sich der ersten Ursache aller Dinge als Quelle ihrer Versorgung zuzuwenden, indem sie immer wieder den einen Satz aus dem Vaterunser meditierte: *Mein täglich*

Brot gib mir heute. Es war, als sei durch einen Erdrutsch etwas in Bewegung gekommen. Ihr Verkäufe zogen wieder an, so daß wieder die Kommissionszahlungen hereinfluteten. Nachbarn beschenkten sie mit frisch Gebackenem oder Gebratenem als Beweis für ihre Wertschätzung. Eine Freundin schenkte ihr einige schöne Kleidungsstücke. Kunden machten ihr Geschenke in Dankbarkeit für ihre guten Dienste. Sie erhielt mehrere Einladungen zum Essen von guten Freunden, worüber sie sich sehr freute. Täglich geschah ihr etwas zur Erfüllung ihrer Bedürfnisse, so wie sie es geistig bejaht hatte. Ihr tägliches Brot zeigte sich in vielerlei zufriedenstellender Form.

Wie man seine Finanzen stabilisiert

Es hat schon wunderbare Folgen, wenn man sich an die wahre Quelle aller Reichtümer wendet und sie in seine finanziellen Angelegenheiten und in jede Lebensphase mit einbezieht, und je intensiver man das tut, desto mehr stabilisiert man seine Verhältnisse. Mit der Zeit wird es keine zwingenden finanziellen Notfälle mehr geben, denen auf dramatische Weise mit Manna vom Himmel begegnet werden müßte. Vielmehr verbessert sich die finanzielle Lage immer mehr, so daß immer genügend da sein wird, um die Bedürfnisse zu befriedigen.

Der Psalmist sagt, was geschieht, wenn man immer seinen Schöpfer als Quelle der Versorgung betrachtet: »... denn der hat Lust zum Gesetz des Herrn. Und er redet von seinem Gesetz Tag und Nacht. Und er ist wie ein Baum, gepflanzt an Wasserbächen, der seine Frucht bringt zu seiner Zeit und seine Blätter verwelken nicht; und was er macht, das gerät wohl« (1. Psalm).

Aber es ist gut zu wissen, daß wir bis zur Erlangung eines höheren Bewußtseins, durch das wir die universale Substanz in einem üppigen, ungebrochenen Versorgungsstrom hervorbringen werden, den finanziellen Nöten des Augenblicks dadurch begegnen können, indem wir auf die Quelle aller Reichtümer, einen reichen himmlischen Vater, blicken.

Das Bindeglied zwischen Denken und Versorgung

Vielleicht denken Sie jetzt: »Wenn mein Wohlstand grundsätzlich von Gott kommt, wenn er die Quelle meiner Versorgung ist, warum wird dann so viel von glückhaftem, reichmachendem Denken geredet? Was hat das positive Denken mit meinem Guten zu tun?«

Gott ist Bewußtsein – universales, kosmisches Bewußtsein. Seine Fülle ist universal, überall um Sie herum und auch als eingeborenes Gut in Ihnen – als Talente und Fähigkeiten und Ideen, die danach drängen, zum Ausdruck gebracht zu werden. Aber mit diesem reichen Vorrat muß man Kontakt aufnehmen, man muß ihn auch anwenden. Ihr numinoses Bewußtsein ist das Verbindungsglied hierzu. Ihre Einstellungen, Ihre gedanklichen Konzeptionen, Glaubensinhalte und Ansichten sind Ihr Bindeglied mit der reichen Universal-Substanz und zugleich Ihr Zugang zu derselben. Das Universalbewußtsein kann *für* Sie nur das tun, was es *durch* Sie zu tun imstande ist – mittels Ihrer Gedanken und Vorstellungen, welche zu Ihren Reaktionen führen. Darum öffnet positives Denken den Weg zu positiven Erfolgen.

Machen Sie einen Anfang, setzen Sie sich in Verbindung mit der Sie umgebenden reichen Universal-Substanz und mit dem Ihnen innewohnenden Reichtum, indem Sie wiederholt folgende Bejahung sprechen: *Ich mache die reichen Gaben Gottes in mir und um mich lebendig und werde gesegnet mit Glück, Erfolg und gutem Gelingen.* Schon indem man diese Vorstellung formuliert, beginnt man, den universalen Reichtum in Bewegung zu setzen, anzuziehen und zum Ausdruck zu bringen.

Erfolg verehrt die positive Einstellung

Eine weitere schockierende Wahrheit über den Reichtum ist die, daß Ihre Gedanken aus Ihnen das gemacht haben, was Sie sind, und daß Ihre Gedanken von heute den Menschen von morgen aus Ihnen machen. Je mehr Sie dieses begreifen, desto mehr werden Sie erkennen, daß Menschen, Lokalitäten, Umstände und Ereignisse

Ihnen Ihr gottgegebenes Eigentum und den Ihnen zustehenden Erfolg nicht vorenthalten können, sobald Sie entschlossen sind, bewußt das positive Denken zu Ihrem Verbündeten für das Erfolgsstreben zu machen. Tatsächlich werden Sie erleben, daß die Dinge, Leute und Ereignisse, die früher gegen Sie zu wirken schienen, entweder beginnen, für Sie oder mit Ihnen zu arbeiten oder aus Ihrem Leben verschwinden werden, während neue Menschen und neue Gelegenheiten auftauchen und Ihren Erfolg möglich machen. Das ist die Macht des positiven Denkens.

Weise sagen, daß ein positiver Gedanke mehr Macht habe als tausend negative Gedanken und daß zwei positive Gedanken, die standfest vertreten und zum Ausdruck gebracht werden, mehr vermögen als zehntausend Fehleinschätzungen! Der Erfolg verehrt die positive Einstellung – dessen dürfen Sie gewiß sein. Und gewiß lieben auch andere eine solche Haltung, fühlen sich von ihr angezogen und arbeiten mit. Mehr darüber im nächsten Kapitel.

Denken Sie unterdessen immer wieder daran, daß das höhere Selbst die Quelle aller Versorgung ist, und stellen Sie den geistigen Kontakt mit ihm her, mit seiner reichen Substanz und den reichen Ideen, die auf ihre Verwendung warten: *Ich bin das reiche Kind eines liebenden Vaters. Ich akzeptiere und beanspruche jetzt seinen Reichtum für mich in jeder Lebensphase. Mein ererbter Erfolg tritt jetzt in Form von reichen Ideen und reichen Resultaten in Erscheinung!*

Erinnern Sie sich häufig dieser schockierenden Wahrheiten über den Reichtum: Daß wir ein Recht darauf haben und es kein Unrecht ist, wohlhabend zu sein. Daß das Lebensprinzip für Sie eine reiche Welt geschaffen hat und Sie sich derselben erfreuen sollen. Daß Reichtum und Glück sehr schnell zu Ihnen kommen können durch die bewußte Anwendung positiven Denkens, welches zur Gestaltwerdung reicher Ideen, bereichernder Taten und reicher Ergebnisse führt. Wagen Sie es darum, einen freundlichen, interessierten, reichen, liebevollen Vater oft um Führung zu bitten. Und erinnern Sie sich mit Moses des Herrn, denn er ist es, der uns Macht gibt, um wohlhabend zu werden.

Und nun starten Sie froh und erwartungsvoll mit den dynamischen Gesetzen des Reichtums – den geistigen und seelischen Gesetzen, die Ihr Leben verwandeln können und werden. Salomo erkannte die Notwendigkeit ihrer Erforschung, als er erklärte: »Armut und Schande kommen über den, der Belehrung ablehnt« (Sprüche 13, 18). Sie können von dieser Seite an beginnen, sich von Begrenzungen, Mangel und Fehlschlägen zu befreien. Wenn Sie die in diesem Kapitel und in den folgenden Seiten aufgeführten einfachen, aber machtvollen Gedanken annehmen und anwenden, werden Sie sich auf dem königlichen Pfad des Erfolges wiederfinden. Außerdem wird Ihnen dies zu einer angenehmen Übung werden, die befriedigende Ergebnisse zeitigen wird.

Das ist die Macht des positiven Denkens, und *das* ist die schockierend schöne Wahrheit desselben.

2. Kapitel

Das Grundgesetz des Reichtums

Ich habe das Grundgesetz des Reichtums auf dem Wege harter Erfahrungen gelernt. Im Laufe einer langen Leidensperiode habe ich mir das Recht erworben, hierüber mit Ihnen zu sprechen. Noch vor fünfzehn Jahren lag das Leben hoffnungslos vor mir. Verwitwet und mit einem kleinen Sohn und ohne irgendeine Ausbildung erfahren zu haben, konnte ich auf keinerlei Einkommen hoffen. Meine Familie konnte mir keine große finanzielle Unterstützung bieten. Wenn Sie mich damals gesehen hätten, würden Sie zweifellos gesagt haben: »Positives Denken hin, positives Denken her, dies hier ist ein hoffnungsloser Fall.«

In dieser Elendszeit hörte ich von der Macht des Denkens als Werkzeug für Erfolg oder Mißerfolg. Mir wurde bald klar, daß die erlebten Fehlschläge größtenteils auf mein früheres negatives Denken zurückzuführen waren; daß aber dieselbe Macht der Gedanken, einmal in die rechte Bahn gelenkt, der Schlüssel zu einem gesunden, glücklichen und erfolgreichen Leben sein konnte.

Was für eine Offenbarung an dem Tag, da ich die Worte Salomos las: »*Wie der Mensch denkt, so ist er!*« (Sprüche 23,7). Und später das Wort Hiobs: »Was du dir vornehmen wirst, wird er dir gelingen lassen, und das Licht wird auf deinem Wege scheinen« (Hiob 22, 28). Von dem Philosophen James Allen lernte ich:

»Mit seinen Gedanken hält der Mensch den Schlüssel für jede Situation in der Hand und beherbergt in sich jene verwandelnde Kraft, durch die er alles, was er will, erreichen kann.«

Da kam mir der aufregende Verdacht, daß mein ganzer potentieller Wohlstand, meine Gesundheit und mein Glück bereits *in* mir sind und darauf warten, in meine Welt als gesunde, reiche, glückliche Gedanken, Gefühle, Erwartungen und Schicksalsfügungen hinauszustrahlen, wodurch – Gleiches zieht Gleiches an – ebensolche Ergebnisse in mein Leben zurückfluten würden.

Sobald ich dieses einfache, aber allmächtige Erfolgsgeheimnis erfaßt hatte und anfing, es anzuwenden, hörte die Ebbe auf, und meine Schiffe begannen, den Hafen anzulaufen!

Mein Weg begann zunächst mit dem Besuch einer Berufsschule. Dann wurde ich Sekretärin von Joe Tally, einem jungen Rechtsanwalt, der Bürgermeister unserer Stadt wurde, für den Kongreß kandidierte und später die Rechtsanwaltsfirma Tally vergrößerte, indem er Anwälte und Sekretärinnen engagierte, die einen großen Klientenkreis bedienten. Bei diesem Rechtsanwalt habe ich eine Zeitlang mein gutes Brot verdient, doch dann fühlte ich mich geführt, in die Seelsorge zu gehen, um anderen zu helfen, ihre geistigen und seelischen Kräfte zu erkennen und zum Wohle eines gesunden, glücklichen und reichen Lebens anzuwenden – all diese Dinge weiterzugeben, die mir so viel bedeuten.

Wenn ich so zurückdenke, erkenne ich jetzt, daß ich damals bewußt und unbewußt das Grundgesetz des Reichtums von *Ausstrahlung und Anziehungskraft* beschwor – Schritt für Schritt auf meinem Wege. Als ich kürzlich alte Freunde traf, die ich seit Jahren nicht gesehen hatte, riefen diese erstaunt aus: »Catherine, was ist mit dir geschehen? Du bist so ganz anders als die todernste, unsichere, unglückliche Person, die wir kannten. Jetzt siehst du so glücklich und strahlend aus, ja siegreich. Sag uns dein Geheimnis – wie hast du das zuwege gebracht?«

Ich erklärte ihnen dann das Grundgesetz des Lebens, das in diesem Kapitel und auf den weiteren Seiten des Buches erläutert wird. Weil ich dieses Grundgesetz persönlich erprobt habe, halte ich so viel davon und glaube ich mit allem Nachdruck, daß es für Sie noch weit größere Dinge verwirklichen kann, als es bei mir der Fall war! Eine Anzahl Menschen, die meine Vorträge über positives Denken besuchten, haben es mit verblüffendem Erfolg angewandt.

Das Gesetz der Gesetze

Mit Gewißheit sind die Gesetze, die Glück und Reichtum zugrunde liegen, genauso zuverlässig und anwendbar wie die Gesetze der Mathematik, Musik, Physik und anderer Wissenschaften. Die Bibel beschreibt das Grundgesetz des Reichtums, wenn sie vom Säen und Ernten, vom Geben und Nehmen spricht. Der Wissenschaftler umschreibt es mit Aktion und Reaktion. Einige haben es das Gesetz von Angebot und Nachfrage genannt. Emerson spricht vom Gesetz der Kompensation, wobei Gleiches Gleiches anzieht. Er sagte auch, das Gesetz der Kompensation sei das »Gesetz der Gesetze«!

Man kann nicht etwas für nichts erhalten

Ich gebe Emerson recht, daß es Zeit ist, das Gesetz der Kompensation zum Grundgesetz des Lebens zu erklären. Ich stelle mir dieses Grundgesetz des Reichtums gern als Ausstrahlung und Rückstrahlung vor: Das, was man mit seinen Gedanken und Gefühlen, mit geistigen Bildern und in Worten ausstrahlt, zieht man auch wieder an. Aber man kann nicht etwas für nichts erhalten.

Der Grund dafür, daß es in dieser Welt des verschwenderischen Überflusses noch immer Armut gibt, ist der, daß viele Leute immer noch nicht dieses Grundgesetz des Lebens verstehen. Sie wissen nicht, daß sie etwas ausstrahlen müssen, um etwas anzuziehen, und daß das, was sie ausstrahlen, beständig auf sie zurückfällt. Die meisten Menschen müssen noch lernen, daß sie nichts empfangen können, wenn sie nichts geben, sondern daß man erst sät, bevor man erntet. Wenn sie nicht in positiver Weise geben oder säen, berühren sie den verschwenderischen Überfluß des universalen Lebensprinzips nicht, und es gibt dann auch keinen Kanal, durch den die reiche, unbegrenzte Allsubstanz ihnen ihren Reichtum zukommen lassen kann.

Wie wahr dies ist, kam mir erst kürzlich wieder zum Bewußtsein, als ich mit einigen Menschen in einem Armutsgebiet in Berührung kam. Ich begriff schnell, daß diese Menschen an nichts weiter dachten als ans »Handausstrecken«. Sie waren nicht daran interessiert, das Grundgesetz des Reichtums in Gang zu setzen, indem sie zuerst etwas gaben oder säten. Statt dessen versuchten sie, etwas für nichts zu erhalten, was einfach nicht möglich ist. Und so leben sie weiterhin im Elend.

Man kann immer etwas geben

Vielleicht denken Sie: »Was kann so ein Mensch schon geben, wenn er in einem solchen Elend lebt?« Es gibt *immer* etwas, das man geben kann, sei es faßbar oder unfaßbar, das einen mit der Quelle der Versorgung in Berührung bringt. Eine Witwe mit einem Haus voller Kinder rief einmal einen Ratgeber an. Sie hatte kein Geld, um Nahrung für ihre Kinder zu kaufen. Es war Mittagszeit, und die Kinder hatten seit vierundzwanzig Stunden nichts gegessen. Sie war verzweifelt. Die Beraterin am anderen Ende der Leitung wußte aus eigener Erfahrung, wovon die Rede war. Sie hatte erlebt, daß die Macht des positiven Denkens in eine wirtschaftlich verzweiflungsvolle Periode ihres eigenen Lebens buchstäblich »Manna vom Himmel« regnen ließ. Mit großer Anteilnahme erklärte sie, wie die magische Kraft jedweden Gebens anfangen würde, die Substanz in entsprechender Form zurückfließen zu lassen.

Als sie erklärte, daß die Witwe zuerst geben müsse, wenn sie empfangen wollte, war die erste Reaktion der Frau natürlich ähnlich der, die Sie oder ich gehabt haben mögen, als wir zum erstenmal hörten, daß wir geben müssen, wenn wir etwas haben wollen. Die Witwe klagte: »Aber das ist es ja gerade – ich habe nichts zu geben.« Worauf die Beraterin freundlich erwiderte: »Meine Liebe, natürlich haben Sie etwas zu geben. Wir haben immer etwas zu geben. Tatsächlich haben wir mehr zu geben, als wir im ersten Augenblick glauben.« Dann schlug sie der Verzweifelten vor, sich umzusehen und hinsichtlich dessen, was sie geben sollte, um Führung zu bitten.

Die Frau war sicher, daß ihre Beraterin sie in dieser Angelegenheit mit positiven Gedanken meditativ unterstützen würde. Auch sagte die Beraterin ihr, daß sie sich bereithalten sollte, den durch ihr Geben ausgelösten Rückfluß zu empfangen, indem sie für sich und die Kinder den Tisch deckte; ferner sollte sie sich bereits eine Einkaufsliste anlegen in der sicheren Erwartung, daß das Geld dafür sehr bald vorhanden sein würde.

Die Frau setzte sich zur stillen meditativen Selbstbefragung nieder. Was hatte sie zu geben? Plötzlich kamen ihr die Blumen in den Sinn, die in ihrem Garten wuchsen. Sie pflückte einen schönen Strauß und brachte diesen einem kranken Nachbarn, den sie damit sehr erfreute. Dann deckte sie den Tisch mit einer frischen Decke und dem besten Porzellan. Dadurch wurden die Kinder erwartungsvoll fröhlich, weil sie eine gute Mahlzeit erwarteten. Als die Frau dann dabei war, ihre Einkaufsliste aufzustellen, kam jemand vorbei und zahlte auf eine seit langem vergessen geglaubte Schuld dreißig Dollar an! Dreißig Dollar – sie hatte das verliehene Geld längst auf ihr Verlustkonto gebucht ...

Wenn ich der Welt nur eine einzige Botschaft über die Geheimnisse des Lebens zurufen könnte, würde diese lauten: *Man kann nicht etwas für nichts erhalten, aber man kann von allem das Beste bekommen, wenn man für das, was man erhalten möchte, ein volles gutes Maß gibt.*

Seitdem ich über Reichtum und Glück schreibe, habe ich eine Menge Briefe von Leuten erhalten, die dieses Gesetz noch nicht verstanden haben und die noch versuchen, etwas für nichts zu erhalten. Eine Frau bat darum, daß man ihr sofort 30 000 Dollar senden möge, damit sie ihre Schulden bezahlen könne. Sie schrieb nicht ein- oder zweimal, nein, sie schrieb dreimal, bevor ich sie überzeugen konnte, daß sie das Grundgesetz des Reichtums anwenden und ihre eigene Ernte einbringen müsse.

Wer ausstrahlt, zieht an

Emerson mag das Gesetz des Gebens und Nehmens oder des Ausstrahlens und Anziehens beschrieben haben, als er sagte: »Große

Herzen senden beständig Geheimkräfte aus, die unaufhörlich große Ereignisse anziehen.« Und wer sind die »großen Herzen«? Jene Menschen, die es wagen, große Gedanken und die Erwartung von Glück und Erfolg zu denken und auszustrahlen, anstatt Gedanken von Mißerfolg, Schwierigkeiten und Begrenzungen. An Mißerfolg, Schwierigkeiten und Begrenzungen ist nichts Großes, Ungewöhnliches oder Lobenswertes. Das kann jeder erfahren, der dem geringsten Widerstand folgt und die normalen negativen Gedanken hegt, welche man täglich hören kann.

Wie oft hört man doch die Klage: »Ich hab' aber auch immer Pech. Daran ist nun mal nichts zu machen. Dies ist eine brutale Welt. Der andere rahmt die Sahne ab.« Nach diesem Auftakt folgt gewöhnlich eine Unterhaltung über die unerfreulichen Ereignisse des Tages, Kritik an der Arbeit, an Mitarbeitern, Familienmitgliedern, der Regierung, den Großen der Welt, über Kriege, Verbrechen, Krankheit und die harte Zeit, die harte Zeit, die harte Zeit.

Jeder von uns wendet täglich das Gesetz von Ausstrahlung und Anziehungskraft an, ob er es nun weiß oder nicht. Wenn Sie aber sich eines größeren Wohlstandes und Erfolges in Ihrem Leben erfreuen wollen, müssen Sie bewußt, mutig und wohlüberlegt Ihre Gedanken und Gefühle im Zaum haben und sie in Richtung Glück und Erfolg lenken. Es liegt an Ihnen, die Wahl zu wagen und durch Ihr Denken das auszustrahlen, was Sie wirklich im Leben ernten möchten, anstatt in unangenehmen oder niederschmetternden Augenblickserfahrungen steckenzubleiben. Solche Zustände können sich so schnell wandeln, wie Sie Ihr Denken darüber ändern können.

Ein im Public-Relation-Geschäft tätiger Freund wandte das Gesetz von Ausstrahlung und Anziehungskraft mit Erfolg an. Er wünschte sich einen bestimmten Auslandsauftrag und hatte bereits alle Anstrengungen unternommen, ihn zu erhalten. Schließlich beschloß er, diesen Wunsch bewußt und kraftvoll auszustrahlen, wobei er sicher war, daß er über kurz oder lang diesen oder einen größeren Auftrag erhalten würde. Er setzte sich nieder und meditierte über die Angelegenheit. Er stellte sich vor, er habe den Auftrag bereits und plante jede Phase seiner Bearbeitung. Und immer wieder bejahte er: *Ich bin nicht entmutigt. Ich habe Ausdauer. Ich gehe vorwärts. Ich bin entschlossen, auf Gottes eigene wunderbare Weise für mich erfolgreich zu sein.* Nachdem ihn ein Gefühl des Friedens erfüllte, ließ er die Angelegenheit fallen und dachte nicht mehr daran.

Wenige Wochen später nahm er an einer Sitzung teil, auf der er auch mehrere seiner Kunden traf. Während er mit einigen von ihnen im Hallenbad des Motels schwamm, traf er unerwartet den Mann, mit dem er seit vielen Monaten wegen des Auslandsauftrags in Verbindung kommen wollte! Und dort im Schwimmbad wurde das Geschäft abgeschlossen. Als er mir dies freudig erzählte, fügte er hinzu: »Zweifellos war es das Gesetz von Ausstrahlung und Anziehung, das zu diesem guten Ergebnis führte!«

Im Gespräch mit Hunderten von Menschen, die vom Mißerfolg zum Erfolg geschritten sind, habe ich die Feststellung gemacht, daß es mehr das ist, was wir tief in uns und die meiste Zeit denken, was unbewußt zu den gleichlautenden Ergebnissen führt, als das, was wir als »Maske« vor den anderen Leuten tragen und sprechen. Es gibt ein uraltes Sprichwort, das besagt: »Wir sind, wo wir sind, weil wir sind, was wir sind, und wir sind, was wir sind, durch unser gewohnheitsmäßiges Denken.«

Viele Leute schuften sich ab, um auf oberflächliche Weise mehr Gutes in ihr Leben zu ziehen, ohne es sich zunächst zur Gewohnheit gemacht zu haben, den mentalen Gegenwert auszustrahlen, und dann sind sie schwer enttäuscht, wenn ihre großen Anstrengungen in Mißerfolg und Frustration enden. Als ich einmal mit einer Dame sprach, die sich gern verheiratet hätte, schlug ich ihr vor, das Gesetz von Ausstrahlung und Anziehungskraft anzurufen. Nachdem ich ihr erklärt hatte, daß zunächst die Ausstrahlung von ihr ausgehen müsse, bevor sie die Anziehungskraft ausprobieren könne, riet ich ihr, meditativ folgende Gedanken immer wieder in ihre Welt hinauszusenden: *Göttliche Liebe, die durch mich zum*

Ausdruck kommt, zieht jetzt all das in mein Leben, was ich brau-che, um glücklich zu sein.

Etwas später berichteten mir gemeinsame Freunde, daß sie sich hart bemühte, ihre Anziehungskraft ins Feld zu führen, jedoch nichts weiter ausstrahlte als Telefonanrufe und Einladungen bei allen Männern ihrer Bekanntschaft. Später kam sie zu mir zurück und erzählte, daß die von mir empfohlene Methode unwirksam gewesen sei. Ich wies sie freundlich darauf hin, daß sie nicht die von mir vorgeschlagene Ausstrahlungs-Methode, sondern die von mir nicht vorgeschlagene »Abschreckungs-Methode« angewandt habe. Die Methode hatte das Gegenteil bewirkt, weil sie das Pferd beim Schwanz aufgezäumt hatte.

Eine Witwe mittleren Alters wandte die Methode ebenfalls mit demselben Ziel an. Während sie in der Badeanstalt schwamm, meditierte sie unentwegt: »*Göttliche Liebe kommt durch mich zum Ausdruck und zieht jetzt all das in mein Leben, was ich brauche, um glücklich zu sein.*« Plötzlich hörte sie die Stimme eines Mannes fragen, wie das Wasser sei. Herrlich – versicherte sie ihm fröhlich. Da sprang er ins Wasser – und zugleich in ihr Leben.

Gedankliche Vorbereitung steht an erster Stelle

Wie erregend ist es zu erkennen, daß alle Dinge sich zuerst im Bewußtsein verwirklichen; daß unser Bewußtsein unser göttliches Werkzeug zur Verwirklichung des Guten ist! Der Grund dafür, daß alle Dinge erst im Geist geschaffen werden, ist der, daß das Bewußtsein das Bindeglied zwischen der sichtbaren und der unsichtbaren Welt ist.

Es liegt nun an Ihnen, in diesem herrlichen Zeitalter Ihre geistige Herrschaft von großem Guten über alles zu beanspruchen und es zu wagen, Ihre Welt nach Wunsch zu bezwingen, zu ändern und zu bessern! Selbstverständlich ist Ihnen diese ganze Macht, Gutes und nur Gutes zu schaffen, gegeben worden. Die Schwierigkeiten des Menschen beginnen dann, wenn er diese Kräfte gegenteilig anwenden will.

Aber welch ein Gefühl von Freiheit erhalten Sie, wenn Sie erkennen, daß all das, worauf Sie Ihre Aufmerksamkeit beständig und wohlüberlegt in Gedanken, Worten und Gefühlen richten, die Ereignisse Ihres Lebens bestimmen wird. Wenn Sie das begreifen, wird Ihr Leben leichter, einfacher und weitaus befriedigender. Sie fühlen sich nicht länger veranlaßt zu argumentieren, zu bitten, zu begründen oder sich an irgend jemand für das Gewünschte zu wenden. Statt dessen gehen Sie ruhig an Ihre Arbeit und halten in Gedanken an dem fest, was Sie mit Vorbedacht in Ihre Welt ausstrahlen wollen, um es danach im Leben zu erfahren. Sie werden von einem Siegesgefühl erfüllt sein, noch bevor die reiche Ernte hereinzuströmen beginnt.

Denken Sie bewußt positiv

Man muß bewußt seine Ausstrahlungskraft einsetzen, um das erwünschte Gute anzuziehen; wenn das nicht der Fall ist, sendet man begrenzte Gedanken aus und zeitigt begrenzte Resultate. Was man ausstrahlt und bewußt in seinen Gedanken bewegt, das zieht man beständig in sein Leben. Vielleicht scheint es so, daß dieses Gesetz nicht genau so funktioniert, wenn man Leute betrachtet, die offenbar recht erfolgreich sind, ohne es recht verdient zu haben, aber zu gegebener Zeit wird deren Gesundheit, Wohlstand und Glück zusammenfallen, wenn ihr Reichtum nicht auf einem festen Fundament von rechtem Denken und Fühlen gegründet ist. Das ist nur eine Frage der Zeit – »Gottes Mühlen mahlen langsam«. Anstatt sich Gedanken zu machen, ob das Gesetz von Ausstrahlung und Anziehung im Leben anderer richtig funktioniert, sollte man lieber in aller Ruhe sich selbst den Beweis für die Richtigkeit des Gesetzes vom positiven Denken erbringen.

Ein Börsenmakler, dessen Partner die Marktberichte beobachteten und über die niedrigen Kurse stöhnten, schlüpfte in sein Privatkontor und entspannte sich dort. Dabei begann er, diesen Gedanken auszustrahlen: *Alles und jeder trägt jetzt zu meinem Glück bei.* Plötzlich begann das Telefon zu läuten. Es läutete immer wieder. Innerhalb kürzester Zeit hatte er telefonisch mehr Aufträge abgewickelt, als es ihm in den letzten Tagen auf verschiedene andere Weise möglich gewesen war.

Ein Uhrmacher klagte über schlechten Geschäftsgang. Als er eines frühen Morgens den Bus bestieg, erinnerte auch er sich an das Gesetz von Ausstrahlung und Anziehungskraft, und er begann im stillen zu bejahen: *Alles und jeder bringt mir jetzt Glück.* In den nächsten Tagen kamen viele neue Kunden in seinen Laden, um Uhren und Schmuck reparieren zu lassen. Und bald brauchte er sich über Arbeitsmangel nicht mehr zu beklagen.

Sie sind ein Magnet

Ein jeder von uns ist ein Magnet! Und als Magnet braucht man Erfolg und Reichtum nicht gewaltsam zu erzwingen. Statt dessen sollte man jenen höheren, erwartungsvollen, glückbringenden Bewußtseinszustand, der magnetisch auf all die guten Dinge der Welt anspricht, weiter entwickeln, anstatt sich auf einen angespannten, kritischen, ängstlichen, depressiven, unnachgiebigen Gemütszustand festzulegen, der ein Magnet für alle Arten von Unglück und Mißgeschick ist.

Da Sie den sichtbaren und unsichtbaren Gegenwert all dessen haben können, was zu zählen Sie sich erkühnen, was Sie in Gedanken bewegen und ausstrahlen, sollten Sie damit aufhören, die Dinge als etwas zu betrachten, das von Ihnen getrennt oder außerhalb Ihrer selbst ist. Hören Sie auf zu glauben, daß Menschen, Dinge, Umstände und Bedingungen die Macht hätten, Sie zu verletzen oder Ihnen zu schaden. Beginnen Sie zu erkennen, daß nichts zwischen Ihnen und dem Guten stehen kann, daß Sie den Mut haben, gedanklich zu wählen und durch Ihr Denken und Fühlen, durch Worte und Erwartungen nach außen zu strahlen.

Wählen und strahlen Sie es gedanklich nach außen; wählen und strahlen Sie es gefühlsmäßig in Ihre Welt; wählen und strahlen Sie es beharrlich und regelmäßig aus.

Eine Frau erzählte mir kürzlich, daß jeder in ihrer Familie wundervolle Segnungen empfangen habe, seitdem sie bewußt die Macht des positiven Denkens anwende: Ihr Mann erhielt mehrfach eine Gehaltserhöhung; ihr Bruder war Präsident seiner Gesellschaft geworden; zwei Schwestern gingen mit guter Pension in den Ruhestand; eine andere Schwester war die erste Frau in ihrer Firma, die eine bestimmte leitende Stellung bekleidete; ein anderer Bruder hatte einen Chefposten erhalten. Ein bißchen Sauerteig hat den ganzen Laib dieser Familie aufgehen lassen.

Äußere Unternehmungen bieten sich an

Natürlich will ich mit den Erfahrungen all dieser Leute nicht andeuten, daß Sie einfach das gedankliche Äquivalent des gewünschten Guten schaffen und dann nichts weiter tun sollen. Häufig muß man ganz bestimmte äußere Schritte unternehmen. Aber Sie werden feststellen, daß, sobald Sie das mentale Konzept des gewünschten Guten erst ausgearbeitet haben, die äußeren Unternehmungen sich von selbst anbieten werden – sie kommen zuweilen ganz automatisch, ohne irgendeine Anstrengung Ihrerseits. Je mehr Sie Ihr Bewußtsein in Richtung Reichtum lenken, desto weniger scheinen Sie unangemessene Bemühungen anwenden zu müssen, um die gewünschten Resultate hervorzubringen. Sie werden arbeiten, aber es wird mehr Arbeit als befriedigender Selbstausdruck denn als Mittel zum Überleben sein. Ihre reiche geistige Gestaltungskraft und Ausstrahlung scheint über Wege zu verfügen, die die Dinge vorantreiben und günstige Gelegenheiten, Ereignisse und Umstände für gutes Gedeihen und Erfolg schaffen, so daß Sie beinahe unbewußt in dieselben hineingeraten.

Geben Sie dem inneren Reichtum freien Lauf

Wir alle sind erfüllt mit aufgestauter Verwirklichungssubstanz, Energie und göttlichen Fähigkeiten, die danach drängen, für uns, durch uns und um uns wirksam zu werden. Psychologen sagen, daß der Durchschnittsmensch nur zehn Prozent seiner geistigen Kräfte benutzt. Medizinische Sachverständige behaupten, der

Durchschnittsmensch gebrauche nur etwa 25 Prozent seiner physischen Kräfte. Außerdem sagen die Psychologen, daß der Mensch in einer Stunde konzentrierter Geistesarbeit mehr erfolgreiche Kräfte freisetzen kann als in 24 Stunden körperlicher Arbeit. Einige Psychologen glauben sogar, daß der Mensch mehr Erfolgskräfte in einer Stunde konzentrierten Denkens in Gang setzen kann als in einem ganzen Monat körperlicher Arbeit.

Mit Gewißheit gibt es in und um einen jeden von uns große Kräfte, die für unseren Gebrauch bereitstehen. Sie können diesem inneren Reichtum für ein reicheres Leben freien Lauf geben, indem Sie bewußt Gedanken, Gefühle und geistige Bilder von Erfolg, Glück und Reichtum freigeben. Wenn Sie das tun, werden Ihre reichen Gedanken, Gefühle und geistigen Bilder nach draußen in den reichen, mächtigen Äther dieses Weltalls gestrahlt, wo sie sich mit der reichen Universalsubstanz verbinden. Diese reiche Universalsubstanz ist erfüllt von göttlicher Intelligenz und Macht, die dann durch Menschen, Umstände und Gelegenheiten dringt und wirkt, um das anzuziehen, was mit der reichen Ausstrahlung, die von Ihnen ausging, übereinstimmt – und damit treten die guten Resultate in Erscheinung. Wirklich, dieses wundervolle Weltall ist reich und freundlich zu jedermann. Es wünscht, daß die gesamte Menschheit reich, gesund und glücklich ist und daß die Angelegenheiten von Mensch und Welt in numinoser Ordnung sind.

Aber bitte, sind Sie an dieser Stelle nicht allzu sehr besorgt um die Theorie von Ausstrahlung und Anziehung. Akzeptieren Sie sie einfach, und wenden Sie sie als ein Reichtums-Geheimnis an. Alle Reichtumsgesetze, die in diesem Buch aufgeführt werden, sind nichts anderes als verschiedene Wege der Inanspruchnahme dieses Grundgesetzes von Ausstrahlung und Anziehung. Wenn Sie es anwenden, werden Sie finden, daß es ein erfreulicher, aufregender, faszinierender und sich reichlich lohnender Prozeß ist!

Nun lade ich Sie ein: Machen Sie sich auf zum Studium dieses Buches, und bedenken Sie dabei diese Wahrheiten:

Ich bin ein unwiderstehlicher Magnet und habe die Macht, all das an mich heranzuziehen, was ich durch göttliche Eingebung wünsche; das geschieht in Übereinstimmung mit den Gedanken, Gefühlen und geistigen Bildern, die ich beständig in meinem Bewußtsein trage und ausstrahle. Ich bin der Mittelpunkt meiner Welt! Ich habe die Macht, das zu erschaffen, was ich mir wünsche. Ich ziehe das an, was ich ausstrahle. Ich ziehe das an, was ich seelisch und geistig wähle und akzeptiere! Ich beginne, das Höchste und Beste in meinem Leben zu wählen und gedanklich zu akzeptieren. Ich wähle und akzeptiere jetzt Gesundheit, Erfolg und Glück. Ich wähle reiche Fülle für mich und die ganze Menschheit! Dieses ist eine reiche, freundliche Welt, und ich habe den Mut, ihren Reichtum, ihre Gastlichkeit anzunehmen und mich ihrer jetzt zu erfreuen!

3. Kapitel

Das Gesetz des Freiraumes

Wie Sie wissen, lehnt die Natur ein Vakuum ab. Und das gilt ganz besonders für den Bereich Wohlstand, Glück, Reichtum. Das Reichtumsgesetz des Freiraumes ist eines der mächtigsten, allerdings erfordert es, um wirksam werden zu können, einen kühnen, wagemutigen Glauben, wie auch ein gewisser abenteuerlicher Wagemut und hoffnungsvolles Erwarten seine Früchte erst zur vollen Reife bringt. Wenn jemand sich ernsthaft bemüht, erfolgreich zu sein, sich auf positives Denken konzentriert und dennoch scheitert, ist der Grund dafür meist der, daß er versäumt hat, das Gesetz des Freiraumes anzuwenden.

Grundsätzlich handelt es sich bei diesem Gesetz um folgendes: Wenn Sie mehr Gutes, mehr Wohlergehen in Ihrem Leben wünschen, dann beginnen Sie, Freiräume zu schaffen, um es empfangen zu können! Mit anderen Worten: *Entledigen Sie sich dessen, was Sie nicht mehr brauchen, um Platz zu machen für das, was Sie sich wünschen.* Wenn in Ihrem Kleiderschrank Garderobe hängt oder in Ihrem Heim oder Büro Möbel stehen, die Ihnen nicht mehr angemessen erscheinen; wenn es in Ihrem Bekanntenkreis Freunde oder Bekannte gibt, die nicht Ihre »Wellenlänge« zu haben scheinen – dann fangen Sie an, das Greifbare und Ungreifbare aus Ihrem Leben zu entfernen in dem Glauben, daß Sie das haben können, was Sie sich wirklich wünschen und ersehnen. Oft ist es schwer zu erkennen, was man wirklich will, bis man sich von dem getrennt hat, was man nicht will.

Trennen Sie sich vom Geringeren

Die Lebenserfahrung lehrt, daß, wenn das erhoffte Glück sich nicht eingestellt hat, es zumeist daran liegt, daß man etwas anderes freigeben und loswerden muß, um für das Gute Platz zu schaffen. Neue Inhalte fließen nicht gern in ungeordnete, verstopfte Situationen.

Wenn Sie also Ihr Leben erfolgreicher gestalten wollen, wovon trennen Sie sich dann, um Raum für das erwartete Gute zu schaffen? Die Natur lehnt ein Vakuum ab. Sobald Sie beginnen, das Unerwünschte aus Ihrem Leben zu entfernen, geben Sie automatisch den Weg für das Erwünschte frei. Indem Sie sich von dem Geringeren trennen, schaffen Sie automatisch den Freiraum für das Einfließen des Besseren.

Vor kurzem wandte ein Ehepaar dieses Gesetz des Freiraumes an, um sein neues Haus zu möblieren. Aus der früheren Wohnung brachten die beiden nur die Möbel mit, die sie wirklich mochten und die sich der neuen Umgebung anzupassen schienen. Ohne Bange trennten sie sich von dem größten Teil ihres alten Besitzes und nahmen statt dessen leere Wände in dem neuen Heim in Kauf, wobei sie sich vorstellten, daß diese leeren Ecken von den gewünschten Möbelstücken gefüllt wären. Ein Weilchen schien nichts weiter zu geschehen, aber sie blieben standhaft dabei, geistig das Bild schöner, in den Rahmen passender Möbel festzuhalten.

Dann wurde dem Mann, der für eine große Firma arbeitet, eines Tages ein Erfolgsbonussystem angeboten. Je nach seinen Verkaufsergebnissen stieg sein Erfolgsbonus. Für diese Gutschriften konnte er verschiedene dingliche Werte erwerben, darunter auch Möbel.

Ein Angestellter hatte seit vielen Monaten versucht, sein Haus zu verkaufen, weil er in einen anderen Bundesstaat versetzt worden war. Er hörte von dem Gesetz des Freiraums und erkannte, was er bisher versäumt hatte: Wohl hatte er alles mögliche unternommen, um sein Haus zu verkaufen, doch hatte er nichts getan, um irgendeine Art von Vakuum zu schaffen, in dem sich der ersehnte Erfolg manifestieren konnte. Und so zog er sich eines Tages zur Meditation in sein Studierzimmer zurück und begann, im Geiste sich jedes Zimmer des Hauses leer vorzustellen, so wie es aussehen würde, wenn er das Haus verkauft hätte und ausgezogen wäre. Er zeichnete sich ein geistiges Bild eines in allen Teilen leeren Hauses. Dann machte er sich Notizen über den Möbeltransporteur, dem er den Umzug übergeben wollte, und arbeitete in Gedanken alle mit dem Umzug zusammenhängenden Details aus, so als wäre das Haus tatsächlich schon verkauft worden. Innerhalb weniger Tage erschien ein Käufer, dem das Haus rundherum gut gefiel und der den Kaufvertrag mit ihm abschloß.

Schaffen Sie einen Freiraum für Gesundheit

Sobald Sie es wagen, einen Freiraum zu schaffen, ergießt sich die Universalsubstanz in diesen Hohlraum. Das bezieht sich sowohl auf die geistige als auch seelische und körperliche Lebensebene.

Ein Mann erkrankte sehr schwer und war wochenlang in ärztlicher Behandlung. Medizinisch gesehen hatte sein Arzt, der ein sehr guter Physiologe war, alles nur Menschenmögliche für ihn getan. Aber nichts schien anzuschlagen; der Mann verfiel zusehends. Es war gerade so, als sei er vergiftet, und nichts könne das Gift auflösen. Als der Mann schließlich eines Nachts unter einem hohen Fieber und bösen Husten schwitzte, kam ihm die Erinnerung an das Gesetz des Vakuums, und er erkannte schlagartig, daß er irgend etwas loslassen mußte. Da er wußte, daß Geist und Seele großen Einfluß auf den Körper haben, gab es vielleicht, so sagte er sich, irgendwelche Gefühle oder geistige Einstellungen, von denen er sich befreien mußte, um Schmerzen, Fieber und Schwäche zu überwinden.

Er wurde ganz ruhig und wandte sich im stillen an die Unendliche Weisheit, daß sie ihm enthüllen möge, was er freigeben solle. Plötzlich dachte er an eine bestimmte Person, gegen die er einen starken Groll hegte. Er hatte eine Menge unfreundlicher Dinge gegen diesen Menschen gesagt und war so weit gegangen, ihn zu verletzen. Dann ging er in Gedanken die Ereignisse durch, die sich zwischen ihnen abgespielt und dazu geführt hatten, daß er diesen Groll hegte und später den Wunsch hatte, den Betreffenden zu verletzen. Als er die Angelegenheit ernsthaft durchdachte, erkannte er, daß der andere vielleicht gar nichts von seinen verletzten Gefühlen auf Grund des bestimmten Vorkommnisses gewußt haben mag; und daß es vielleicht gar keinen Grund gab, ihm überhaupt die Sache nachzutragen. (Es gibt nie einen Grund!)

Während er nun mit dem hohen Fieber im Bett lag, begann er, immer wieder zu bejahen: *Ich vergebe dir völlig und aus freien Stücken. Ich lasse dich los und gebe dich frei. Was mich anbetrifft, ist dieser Vorfall zwischen uns endgültig erledigt. Ich möchte dich nicht verletzen. Ich wünsche dir nichts Böses. Ich bin frei und du bist frei, und es ist zwischen uns alles wieder in Ordnung.*

Nach einer Weile kam ein Gefühl des Friedens, der Ruhe und Befreiung über ihn. Seit vielen Nächten schlief er zum erstenmal friedlich. Am nächsten Morgen war er fieberfrei, und der Arzt sagte, daß das Gift über Nacht auf wunderbare Weise aus seinem Körper verschwunden sei. So befand er sich endlich auf dem Weg der Genesung. Indem er Vergebung geübt hatte, bildete der Mann den benötigten Freiraum, so daß neues Leben seinem Körper Gesundheit und seinem Geist Frieden verschaffen konnte.

Die Antwort heißt Vergebung

Die meisten Leute fürchten sich vor dem Wort »vergeben«, weil sie denken, sie müßten etwas Unangenehmes und Dramatisches tun. Aber das Wort bedeutet vielmehr »geben für ...« – Loslassen alter Vorstellungen, Gefühle und Bedingungen, um statt dessen etwas Besseres zu geben. In diesem Sinne zu vergeben, verschafft Platz und gibt den Weg für Neues und Gutes frei.

Aus Gesprächen und Korrespondenz mit Hunderten von Leuten über deren Probleme weiß ich, daß sich meist die Forderung nach Vergebung stellt, wenn eine kritische Situation als unentwirrbar erscheint. Ferner habe ich festgestellt, daß, wenn nur eine der in die Angelegenheit verwickelten Personen zur Vergebung bereit ist, alle anderen Betroffenen darauf ansprechen, den Segen empfangen und die Lösung des Problems sich einstellt.

So wurde zum Beispiel eine sehr begüterte Dame wegen des Geschäftsvermögens ihres verstorbenen Gatten in einen Rechtsstreit verwickelt. Die Angelegenheit war für sie äußerst unangenehm, weil der Prozeßgegner, gegen den sie zu Felde zog, ein früherer Freund ihrer Familie war. In großer seelischer Verwirrung kam sie eines Abends zu unserer Meditationsgruppe und legte vor den Anwesenden ihren Rechtsfall dar. Zu ihrer Bestürzung erregten sich jedoch die Teilnehmer der Meditationsgruppe überhaupt nicht über ihr Problem, und auch schien niemand für sie Partei ergreifen zu wollen. Vielmehr überraschten sie sie damit, daß sie sagten, ihr Problem würde gelöst werden, wenn sie dem Mann, gegen den sie prozessierte, vergeben würde. Entgeistert rief sie: »Ihm vergeben? Was ich wollte, war, daß Sie für mich beten, daß ich diesen Prozeß gegen ihn gewinne! Er hat so fürchterliche Dinge getan!« Aber die anderen blieben in ihrer Haltung fest. Verärgert ging die Frau nach Hause, aber sie kam eine Woche später zurück, und wieder versicherte man ihr, daß Vergebung alles lösen könnte. Geraume Zeit danach begann sie ernsthaft, über die Macht der Vergebung nachzudenken. Und eines Tages, während sie am Steuer ihres Wagens saß und an den früheren Freund ihrer Familie dachte, mit dem sie jetzt im Rechtsstreit lag, schrie es laut aus ihr heraus: »Herr, ich kann menschlich gesehen diesem Mann nicht vergeben. Aber wenn du es kannst, dann tu es bitte *durch* mich.« Da überkam sie plötzlich ein Gefühl großen Friedens, und sie dankte dafür und entließ die Angelegenheit vollkommen aus ihrem Bewußtsein.

Wenige Tage später kam der Mann in die Stadt und besuchte ihren Rechtsanwalt. Er fragte den Anwalt, ob er sie wohl persönlich aufsuchen könne. Der Anwalt zögerte, dann sagte er: »Ich denke schon, aber es wird zu nichts führen. Wenn Sie den Fall beilegen wollen, müssen Sie es mit mir, ihrem Anwalt, tun.« Der Prozeßgegner erwiderte: »Oh, ich möchte diese Dame nicht besuchen, um mit ihr über den Rechtsstreit zu sprechen. Ich möchte sie einfach darum besuchen, weil wir einmal Freunde waren und ich ihren Mann immer sehr bewundert habe. Ich wollte sie ganz einfach einmal wie früher besuchen und mit ihr über die alten Zeiten sprechen.« Und so führte er ein freundliches Gespräch herbei, in dessen Verlauf die Sprache auch schließlich auf den Prozeß kam. Sie trafen ein freundschaftliches Übereinkommen, die Angelegenheit nicht zur Verhandlung kommen zu lassen und im stillen zur Zufriedenheit aller Beteiligten beizulegen. So wirksam ist es, fixierte Vorstellungen und vorgefaßte Meinungen loszulassen, um Freiräume für angenehmere Erfahrungen zu schaffen.

Eine Technik für Vergebung

Hier ist eine Technik zum Vergebenlernen, die ein Vakuum für all das Gute schaffen kann, das Sie in Ihrem Leben gerade jetzt entbehren: Setzen Sie sich täglich eine halbe Stunde lang still hin, und vergeben Sie in Gedanken jedem einzelnen, mit dem Sie nicht in Harmonie leben oder dem gegenüber Sie einen Groll hegen. Wenn Sie jemanden der Ungerechtigkeit bezichtigt haben, wenn Sie sich mit jemand gestritten haben, wenn Sie jemand kritisierten oder schlecht über einen anderen geredet haben, wenn Sie mit jemand einen Rechtsstreit haben – bitten Sie in Gedanken um dessen Vergebung. Unterbewußt wird man Ihrem Wunsch entsprechen. Und genauso vergeben Sie sich selbst, wenn Sie sich eines Irrtums oder Fehlers angeklagt haben. Die Vergebung vermag den Freiraum zu schaffen, der Ihren Erfolg und Wohlstand zu freiem Fluß bringt. Sagen Sie in Gedanken zu den anderen: *Die vergebende Liebe des uns verbindenden geistigen Bewußtseins macht uns frei. Diese Liebe zeitigt jetzt vollkommene Ergebnisse, und alles ist wieder gut zwischen uns. Ich sehe dich mit den Augen der Liebe und freue mich an deinem Erfolg, Reichtum und Wohlergehen.*

Und zu sich selbst spricht man am besten: *Mir ist vergeben, ich werde nur von Gottes Liebe beherrscht, und alles ist gut.*

Ich sprach vor einiger Zeit mit einer Dame, deren Ehe sehr problematisch war. Ihrem Mann drohte der Verlust seiner guten Arbeitsstelle, weil er trank und unregelmäßig zum Dienst erschien. Als ich ihr den Vorschlag machte, sich von diesen Vorstellungen über ihren Mann freizumachen und durch Vergeben einen Freiraum zu schaffen, in den größeres Gutes einfließen könnte, erklärte sie selbstgerecht: »Ich habe keinen Grund zum Vergeben. Es gibt nichts zu vergeben. Ich liebe meinen Mann!«

Dennoch, sagte ich ihr, sei es ganz offensichtlich notwendig, daß auf irgendeine Weise ein Vakuum geschaffen werde; es handele sich doch schließlich für sie um eine schwierige Situation, die sie gern geklärt hätte; und daß es vielleicht nicht ihr Mann sei, dem sie vergeben müsse, sondern daß wir alle es nötig hätten, täglich wegen vieler negativer unterbewußter Einstellungen Vergebung zu üben, deren wir uns manchmal nicht einmal bewußt wären.

Fast widerstrebend willigte sie schließlich ein, sich täglich eine halbe Stunde hinzusetzen und Vergebung zu üben. Später erzählte sie mir verblüfft, daß während dieser Meditationszeiten ihr die Namen von Leuten einfielen, die sie schon lange vergessen hatte, und daß dabei unangenehme Ereignisse der Vergangenheit ihr durch den Sinn gingen. All diesen gab sie Worte und Gedanken der Freigabe und Vergebung, und sie schloß auch das Verhalten ihres Mannes dabei ein. Als sie allmählich begann, sich von einem Wust alter, halb begrabener feindlicher Gefühle und Antipathien befreit zu fühlen, hörte ihr Mann auf zu trinken. Er begann wieder, sich mit aller Energie seinem Beruf zuzuwenden. Und seine Arbeit wurde derart mit Erfolg gekrönt, daß sie sogar ihren Beruf aufgeben und sich ganz ihrem schönen Heim und Ehemann widmen konnte, was schon lange ihrer beider Wunsch gewesen war. Das vermochte die Macht der Vergebung zu bewirken.

Loslassen ist magnetisch

Kommen Sie nicht los von dem Gedanken, wie man eine unangenehme Lage in Ihrem Leben klären könnte, malen Sie sich immer wieder aus, welcher Art die Lösung sein *sollte*? Dann geben Sie die

Sache frei, lassen Sie los, denken Sie nicht mehr daran. Sagen Sie zu der Situation oder zu den Betroffenen: *Ich gebe dich frei, ich lasse los, ich übergebe an Gott.* Haben Sie vor dem Loslassen keine Angst. Nichts kann durch geistige Freigabe je verlorengehen. Aber statt dessen kann Ihr eigenes Gutes und das Gute aller Beteiligten viel freier zur Entfaltung kommen. Durch Loslassen wird Ihre Macht, das Gute anzuziehen, beträchtlich vermehrt.

Eine Mahnung zur Vorsicht hinsichtlich Ihrer Einstellung den greifbaren Dingen gegenüber, die Sie freigeben. Ich fühlte mich einmal veranlaßt, meinen Kleiderschrank durchzusehen und die meisten meiner Kleider an meine Schwester weiterzugeben. Diese Kleider waren vollkommen in Ordnung, aber ich war ihrer überdrüssig geworden, und da es in letzter Zeit keine neuen Kleider gegeben hatte, meinte ich, den Weg für neue zu bereiten, wenn ich die anderen fortgab.

Nachdem ich das Kleiderpaket an meine Schwester abgesandt hatte, sah ich voller froher Erwartung neuen Kleidern entgegen und war auch ganz sicher, daß dieselben erscheinen würden. Aber mehrere Wochen lang geschah gar nichts. Schließlich erkannte ich, daß ich immer noch gedanklich mit den Kleidern verbunden war, indem ich etwa grübelte: »Wenn ich jenes Kleid oder jenes Kostüm, das ich Sis sandte, jetzt hätte, würde ich es heute tragen.«

Es war also notwendig, daß ich noch einmal freigab, wovon ich schon glaubte, mich getrennt zu haben. In Gedanken vergegenwärtigte ich mir jedes einzelne Teil, das ich ihr gesandt hatte, und bejahte jedesmal: *Ich gebe dich vollkommen und freiwillig frei. Ich lasse dich los und lasse dich gehen. Was mich anbelangt, hast du in meinem Kleiderschrank deine Aufgabe erfüllt und brauche ich dich nicht mehr. Du bist jetzt an deinem vollkommenen Ort.*

Und danach erschienen sehr bald sehr schöne neue Kleider in meinem Schrank!

Es war, als wirke etwas magnetisch zu meinen Gunsten. Eine Freundin, die nichts von meinem leeren Kleiderschrank wußte, kam zu mir und sagte: »Ich habe hier etwas Geld, das ich mit dir teilen möchte. Als ich meditativ um eine Eingebung bat, was ich mit diesem bestimmten Betrag machen sollte, war der einzige Gedanke, der mir immer wieder kam, daß ich ihn dir – vielleicht für ein paar Kleider – geben sollte. Du scheinst mit Kleidern versorgt zu sein, aber der Gedanke kam hartnäckig wieder, und so hast du hier das Geld mit einem Segen.«

Und damit begann der Zustrom von Substanz, mal von hier, mal von dort, von überall her. Einige meiner Artikel waren nicht angenommen worden, und so hatte ich sie halb zweifelnd, halb hoffnungsvoll erneut überarbeitet und neu eingesandt. *Jetzt* wurden sie akzeptiert, und ich erhielt dafür Honorar. Einige Bekannte sahen beim Einkaufen Dinge und sagten: »Das paßt zu Catherine.« Sie kauften sie für mich als Geschenke. Immer waren es Kleidungs-Accessoires, die ich mir als bereits vorhanden vorgestellt hatte!

Eine Freundin aus meiner Heimatstadt ging dort auf einen Einkaufsbummel. Wir hatten längere Zeit keine Briefe gewechselt, folglich konnte sie auch nichts von meinem leeren Kleiderschrank wissen. Und doch erreichten mich verschiedene Päckchen mit Kleidungsstücken, die das Ergebnis ihrer Einkaufstour waren. Sie schrieb später: »Ich hatte einfach das Gefühl, daß du diese Dinge gebrauchen könntest, und irgendwie konnte ich nicht widerstehen, sie für dich zu erwerben. Ich würde mich sehr freuen, wenn du sie tragen würdest.«

Diese Erfahrung lehrte mich eine ganze Menge. Nichts von alledem war geschehen, solange ich die Kleider, die ich an meine Schwester gesandt hatte, nicht völlig freigegeben hatte. Ein Geschenk, das man nicht aus freien Stücken losläßt, nachdem man es gemacht hat, ist überhaupt kein Geschenk. Wenn Sie nicht aus freien Stücken geben können, lassen Sie es sein. Aber wenn Sie geben, dann vergewissern Sie sich, daß Sie das, was Sie geben, gern freigeben. Andernfalls ist nichts Gutes gewonnen, ist kein Freiraum geschaffen worden.

Nehmen Sie von der vorhandenen Substanz

Ein weiterer Weg, um das Gesetz des Freiraums ins Spiel zu bringen, ist der, von der gegenwärtig sichtbaren Substanz zu nehmen, ohne dieselbe zurückzuhalten, wodurch man neue Wege schafft, auf denen einem Reichtum zufließen kann. Man muß das jedoch in einer ganz bestimmten geistigen Einstellung tun, wenn man reiche Resultate erzielen will.

Wenn nicht genügend Mittel zur Hand zu sein scheinen, um gegenwärtige Bedürfnisse zu erfüllen, oder wenn man blockiert zu sein scheint, um mehr Gutes zu empfangen, dann muß man versuchen, die Situation unter Kontrolle zu bekommen. Kontrollieren Sie Ihre Gedanken und Gefühle. Anstatt sich hilflos, wehrlos zu fühlen und Selbstmitleid zu entwickeln, erkläre man angesichts des finanziellen Mangels: *Frieden. Sei stille.* Nehmen Sie dann Ihr Portemonnaie, Scheckheft oder ein anderes greifbares Objekt finanzieller Versorgung in die Hand und bejahen Sie: *Du wirst jetzt mit der reichen Fülle des ewigen Geistes gefüllt, der all meine Bedürfnisse jetzt versorgt.*

Dann ist es an der Zeit, die vorhandene Substanz furchtlos und mutig zu benutzen, soweit sie die gegenwärtige Lage lindern hilft. Sind Rechnungen zu bezahlen, warten Sie nicht damit, bis Sie »genug Geld« haben, alles zu bezahlen, sondern fangen Sie vertrauensvoll an und zahlen Sie, was Sie können. Das heißt, die Substanz anbrechen und aussenden, damit sie sich vervielfältigen kann.

Aufgeschaut in Richtung Reichtum!

An dieser Stelle ist es wichtig, eine positive Einstellung einzunehmen und aufrechtzuerhalten, als wäre die Fülle für Sie bereits greifbar. Dies ist nicht die geeignete Zeit, um über Mangel zu sprechen, etwas zurückzuhalten oder eiserne Sparsamkeit zu üben. Vielmehr ist es jetzt an der Zeit, auch unseren letzten Aktivposten bis zum letzten Pfennig anzureißen – wenn nötig. Wer jetzt zurückhält oder über finanziellen Mangel klagt, wird doppelt bezahlen. Blicken Sie statt dessen im Geiste auf und danken Sie für das, was Sie zum Ausgeben haben. Dann geben Sie es mutig mit einem reichen Segen aus. Erklären Sie fröhlich: *Dies ist Gottes Reichtum, und ich gebe ihn mit Weisheit und Freude aus.* Wenn Sie »aufschauen« wird Ihnen immer geholfen!

Vielleicht ist diejenige, die mir am meisten über diese Phase des Vakuum-Gesetzes beibrachte, eine stille, bescheidene Hausfrau, die immer »aufzuschauen« pflegt und das Geld in ihrer Börse sozusagen mit einem Tusch ausgibt. Und unfehlbar erhält sie das, was sie braucht, auf die wunderbarste Weise.

Vor ein paar Jahren begann sie, sich für die Verschönerung der Kirche zu interessieren, für die ich damals arbeitete. Unauffällig kam sie zu mir und machte verschiedene Verbesserungsvorschläge, und sie versicherte, sie habe »private Mittel«, um das bewerkstelligen zu können. Monate später erfuhr ich, daß ihre »privaten Mittel« ihr eigenes Haushaltsgeld war, das sie großzügig für einige Verschönerungsaktionen in der Kirche einsetzte. Auf diese Weise setzte sie das, was sie hatte, mit einem reichen Segen ein. Und indem sie weiterhin »aufschaute«, konnte sie dennoch allen Bedürfnissen ihrer Familie gerecht werden. Neue Versorgungskanäle öffneten sich vor ihr und ihrem Mann auf unerwartete Weise, so daß sie schließlich zum erstenmal in ihrem Leben eine Haushaltshilfe engagieren konnte, einen Wagen geschenkt bekam und über ein eigenes Taschengeld verfügte.

Was aber die Verschönerungen an der Kirche betraf, so wirkte hier das »Schneeballsystem« – viele reiche Gaben folgten –, und das alles nur, weil eine Hausfrau den Mut hatte, ruhig »aufzublikken« und die vorhandene Substanz kühn, furchtlos und reichlich zu geben – auch wenn das Vorhandene nur ihr eigenes Wirtschaftsgeld war. Es überwältigt mich auch jetzt noch, wenn ich bedenke, welch einen Glauben sie an das Reichtumsgesetz des Freiraum-Schaffens hatte, und welch reiche Erfahrungen sie weiterhin damit macht. Oft hat sie erwähnt, daß es für sie keine finanzielle Not gegeben habe, der nicht auch begegnet worden sei, seitdem sie das Gesetz des Vakuums in die Tat umsetzte.

Zeigen Sie sich von Ihrer besten Seite

Ein weiterer Weg, um trotz negativen finanziellen Anscheins »nach oben« zu blicken, ist der, sich von seiner besten Seite zu zeigen. Tragen Sie Ihre besten Kleider; sehen Sie so gut wie möglich aus. Leben Sie so reich wie möglich mit dem, was Sie bereits haben. Ich erinnere mich, daß ich einmal für eine Konferenz, an der ich teilnehmen mußte, neue Kleidung benötigte, aber für Kleidung schien kein Geld übrig zu sein. Als ich die Angelegenheit meditativ bedachte, überkam mich das starke Gefühl, ich solle meine besten Kleider tragen, damit ich den Eindruck erhalte, reich zu sein. Etwa eine Woche lang trug ich Tag für Tag die besten Sachen. Eines Tages erhielt ich eine Überweisung für eine Andacht, die ich vor längerer Zeit abgehalten hatte. Natürlich kaufte ich die neuen Kleider sofort.

Wenn wir etwas freigegeben, losgelassen und einen Freiraum für neuen Reichtum geschaffen haben, ist es an der Zeit, alles in unserer Macht Stehende zu tun, um das reiche Gefühl, die reiche Atmosphäre und das reiche Ansehen des Vorhandenen zu rechtfertigen. Erwähnen Sie den scheinbaren Mangel oder das Vakuum vor niemandem. Dadurch, daß Sie von wirtschaftlichem Mangel und finanzieller Begrenzung sprechen, bleiben viele ökonomisch im Armenhaus. Halten Sie sich nie für arm oder bedürftig. Denken Sie nicht darüber nach, wie wenig Sie haben, sondern darüber, wieviel Sie haben. Jetzt ist die Gelegenheit, das beste Porzellan zu benutzen und die Silberbestecke aufzulegen, selbst wenn das Menü nur aus Schweinefleisch mit Bohnen besteht.

Indem Sie einen Freiraum schaffen und sich von dem trennen, was Sie nicht wünschen; indem Sie das gegenwärtig sichtbar Vorhandene benutzen, um Augenblicksnöten so gut Sie können zu begegnen und dabei nichts zurückhalten; und indem Sie im Angesicht widriger Erscheinungen so reich wie möglich leben – werden Sie die reichen Ergebnisse erleben, die Sie wünschen. Fast geheimnisvoll werden sich neue Kanäle der Versorgung auftun, um Ihre Bedürfnisse zu decken. Sie werden andere finanzielle Quellen in

Ihrer Mitte entdecken, derer Sie sich früher nicht bewußt waren. Und andere Leute werden unbewußt Dinge tun, die zu Ihrer Versorgung beitragen.

In der Stille und im Vertrauen ist Ihre Stärke, wenn Sie mehr Versorgtsein nötig haben, sobald Sie wagen »aufzuschauen«, zu segnen und die vorhandene Substanz auf dem bestgeeigneten Weg anzubrechen. Bitten Sie immer um geistige Führung hinsichtlich der praktischen als auch der geistigen Wege, auf denen Sie einen Freiraum für neuen Wohlstand schaffen, sobald finanzielle Sorgen auf Ihnen lasten. Geraten Sie nicht in Panik; es handelt sich nur um eine weitere Gelegenheit für Sie zu beweisen, daß die unsichtbaren Gesetze des Reichtums sichtbare, befriedigende Ergebnisse erzielen können. Es ist nichts anderes als Ihre Einführung in die Macht des positiven Denkens.

Wenn Sie im Laufe Ihrer bewußten Entwicklung des positiven Denkens früh genug lernen, wie man einen Freiraum für neues Gutes schafft, dann geraten Sie über finanzielle Herausforderungen nicht in Panik, sondern wissen, daß Sie ihnen siegreich begegnen können und werden und auf lange Sicht viel reicher sein werden, weil Sie gelernt haben, wie man die unsichtbaren Gesetze der Versorgung zur Bestreitung der sichtbaren Notwendigkeiten anwendet.

Häufig werden Sie, wenn Sie ein Vakuum schaffen, indem Sie geben, was Sie haben, die Erfahrung machen, daß der zur Verfügung stehende Betrag genügt; daß ein Zuviel verschwendet oder unnütz verbraucht wird; und daß jener Betrag, der zunächst so klein oder ungenügend zu sein schien, angemessen ist, wenn Sie ihn klug und unerschrocken einsetzen. Er scheint Sie sogar während der Zeit, da nicht sofort Substanz nachfließt, zu versorgen, wenn Sie weiterhin furchtlos Ihren Weg gehen im Glauben, daß jeder Not begegnet wird.

Schaffen Sie Raum für Ihr Gutes

Wir alle wünschen uns bessere finanzielle Bedingungen und sollten diese auch haben. Hier ist der Weg, wie wir sie erhalten: Sprechen Sie nicht über geldlichen Mangel, sondern denken Sie statt dessen an den reichen, universalen Überfluß, der überall vorhanden ist. Lernen Sie loszulassen, aufzugeben, Raum zu machen für die Dinge, für die Sie arbeiten, beten und die Sie so sehr ersehnen. Indem Sie alte Ideen, Gewohnheiten und alten Besitz aufgeben und wegwerfen und gleichzeitig an deren Stelle neue Gedanken und Vorstellungen von Reichtum und fortschrittlichem Wachstum setzen, werden sich Ihre Umstände ständig verbessern. Man wünscht sich immer etwas, das etwas besser ist, als was man gerade hat. Das ist der Drang des Fortschritts. So wie Kinder aus ihren Kleidern herauswachsen, so entwachsen wir unseren früheren Idealen und verbreitern im Vorwärtsschreiten unsere Lebenshorizonte.

Es *muß* beständig ein Ausmerzen des Alten geben, um mit dem Wachstum Schritt zu halten. Wer am Alten klebt, hindert sein Fortkommen oder kommt zum Stillstand.

Warum wollen Sie es nicht wagen, gleich jetzt einen Freiraum zu schaffen und den perfekten Reichtum und Erfolg in Ihr Leben einzuladen, die zu erfahren Sie sich so sehr sehnen und die Ihnen von Rechts wegen zustehen?

4. Kapitel

Das schöpferische Gesetz des Reichtums

Und nun wollen wir in Sachen Reichtum endlich tätig werden. Nachdem Sie sich einen Freiraum geschaffen haben, sind Sie bereit, diesen Freiraum mit reichem, neuem Guten durch Anwendung des schöpferischen Gesetzes des Reichtums auszufüllen.

Das schöpferische Gesetz des Reichtums bezieht sich auf drei grundsätzliche Schritte, die in diesem Kapitel und den nächsten zwei Kapiteln beschrieben werden:

1. Man macht sich einen Plan. Die im Zusammenhang mit diesem Plan entstehenden Wünsche schreibt man auf. Der Plan wird ständig erweitert und fortgeschrieben.
2. Der Plan nimmt in der geistigen Vorstellungskraft bildliche Gestalt an, wobei es wichtig ist, sich das Gewünschte im Zustand der Erfüllung vorzustellen.
3. Immer wieder wird meditativ die vollkommene Erfüllung bejaht.

Wie in diesem Kapitel dargelegt wird, ist jedoch der erste Teil des schöpferischen Gesetzes der wichtigste, denn ohne einen festen Plan und bestimmte ihn betreffende Einzelheiten wären die beiden anderen Schritte unwirksam.

Der starke Wunsch ist erfolgskräftig

Der erste Schritt des schöpferischen Gesetzes des Reichtums ist der Wunsch und die Fähigkeit, hinsichtlich dieses Wunsches etwas Konstruktives zu tun. Kürzlich erzählte mir ein Kaufmann, er habe in seinem Geschäft die Erfahrung gemacht, daß es immer das Beste sei, einem Kunden, der mit einer festen Kaufvorstellung zu ihm käme, genau das zu verkaufen, was er sich wirklich wünscht.

Der Kaufmann fügte hinzu, selbst wenn er persönlich der Ansicht sei, ein anderer Artikel würde dem Kunden bessere Dienste leisten, würde er, sobald der Kunde eine feste Vorstellung von dem habe, was er kaufen wolle und eine gewisse Ware sehr wünsche, niemals den Versuch machen, diesen Wunsch zu ändern, denn ein Wunsch habe eine enorme Triebkraft. Ein starker Wunsch, fügte er hinzu, bezeichne das Vertrauen in das betreffende Produkt, und daraus resultiere unvermeidlich Zufriedenheit.

Ein starker Wunsch hat nichts Schwaches und Lauwarmes an sich. Er ist intensiv und machtvoll. Wenn er entsprechend entwickkelt und zum Ausdruck gebracht wird, hat der starke Wunsch immer Erfolgskraft in sich. Je stärker Sie sich Gutes wünschen, um so größer ist die Macht Ihrer Wünsche, dieses Gute für Sie hervorzubringen.

In meinen Beratungsstunden, zu denen Menschen mit den verschiedensten Problemen kommen, habe ich die Erfahrung gemacht, daß die richtige Art zu wünschen alle Hindernisse wegräumt, die der Erfüllung bisher im Wege standen. Das richtige Wünschen ist wahrhaftig der erste Schritt bei der Lösung der Probleme und führt auf den Weg zur Wohlhabenheit.

Wie kann man die tief eingewurzelten Wünsche für Glück und Erfolg frei machen? Nur, indem man seine Aufmerksamkeit auf ein großes Ziel zur Zeit richtet. Ein großes Ziel beinhaltet immer eine Anzahl kleinerer Wünsche, die automatisch in Erfüllung gehen, wenn das große Ziel erreicht wird. Die Psychologen stimmen darin überein, daß man Menschen und Ereignisse beeinflußt, wenn man sich große Wünsche und große Ziele setzt. Unbewußt scheinen ein jeder und alles sich unseren Wünschen und Zielen anzupassen und sind uns behilflich, das Vorgenommene zu erreichen.

Erstaunlich ist nur, daß von den Millionen Menschen, die meinen, erfolgreich sein zu wollen, nur wenige einen starken, antreibenden Wunsch entfalten. Die meisten haben sich damit zufriedengegeben, sich müßig im Strom kleiner Ereignisse und geringer

Erwartungen treiben zu lassen. Wenn Sie jemandem begegnen, der in dieser Welt wirklich seinen Platz ausfüllt, ist es meistens ein Mensch, der das Höchste und Beste im Leben heiß ersehnt. Ich habe meinen Schülern häufig vorgeschlagen, zur Erweiterung und Intensivierung ihres konstruktiven Wünschens die folgende, grundsätzliche Meditation anzuwenden: *Ich wünsche mir das Höchste und Beste im Leben, und ich ziehe jetzt das Höchste und Beste an mich.*

Schreiben Sie Ihre Wünsche nieder

Das Gesetz schöpferischen Reichtums besagt, daß man seine tief verwurzelten Wünsche nimmt und – anstatt sie als unmögliche Träume zu unterdrücken – beginnt, sie konstruktiv beim Namen zu nennen, indem man entscheidet, worum es sich wirklich handelt; und daß man dann etwas sehr Einfaches, aber Machtvolles mit ihnen tut: *nämlich sie niederschreibt!* Das heißt, stellen Sie eine Liste auf oder machen Sie eine Art Skizze, die zu ändern, zu überarbeiten oder neu zu gestalten Sie sich in Übereinstimmung mit Ihren Ideen und Eingebungen die Freiheit nehmen sollten. Wenn Sie Ihre Wünsche niederschreiben und einen Plan zu Papier bringen, gewinnen die Wünsche in Ihrem Bewußtsein an mehr Klarheit, und das Bewußtsein erzeugt nur dann ganz bestimmte Ergebnisse, wenn es mit entschiedenen Vorstellungen gespeist worden ist, durch welche es wirken kann.

Viele Menschen schuften auf äußeren Wegen hart für ihren Wohlstand, aber sie kommen nicht zum Ziel, weil sie sich fürchten, in Gedanken und Gefühlen bestimmte Entscheidungen zu treffen. Wohl möchten sie gern besser leben und mehr Geld haben, aber sie entscheiden sich nie hinsichtlich ihrer Wünsche, *wie* sie besser leben möchten oder *wieviel* Geld sie tatsächlich brauchen. In der Tat schrecken viele Leute vor solchen Entschlüssen zurück, weil sie Gott nicht vorschreiben möchten, was zu tun sei. Aber es ist so, wie Dr. Emilie Cady einmal schrieb: »Der Wunsch ist ein Anklopfen Gottes an die Tür unseres Bewußtseins in dem Versuch, uns größeres Gutes zu geben.« Wenn man seine tiefen Sehnsüchte unterdrückt, haben sie kein konstruktives Ventil und verwandeln sich häufig in destruktive Kanäle in Form von neurotischen Tendenzen, Ängsten, Spannungen oder werden zu Verdrängungen, die ihr Ventil in Alkoholismus, psychischer Erkrankung, Rauschgiftsucht, sexueller Abartigkeit oder anderen negativen Verhaltensweisen finden.

Wie wirkungsvoll es ist, wenn man seine Wünsche und Pläne zu Papier bringt, bewies mir als erster vor einer Reihe von Jahren mein früherer Chef Joe Tally. Eines Tages, nachdem er gerade in einem Wahlkampf zum Kongreß eine Niederlage erlitten hatte, begann er, anstatt sich lange in Selbstmitleid zu ergehen, einen neuen Plan zu formulieren. Er schrieb nieder, daß er sich größere Büroräume wünsche; daß er aus einem Zwei-Mann-Anwaltsbüro eine Fünf- oder Sechs-Mann-Praxis machen wolle; und daß die Firma in den nächsten fünf Jahren alljährlich ihr Einkommen beträchtlich vermehren möge.

Damals wußte ich noch nicht, daß dies eine der wirkungsvollsten Erfolgsmethoden ist. Es schien so einfach zu sein! Nichtsdestoweniger konnte ich beobachten, wie sein skizzierter Plan lebendig wurde und Frucht brachte. Das Rechtsanwaltsbüro vergrößerte sich allmählich und wurde eine Fünf-Mann-Firma, in der jeder Rechtsanwalt sich auf einem Sachgebiet spezialisierte. Aus zwei kleinen Büroräumen wurde ein neuer, weitläufiger Bürokomplex, der ein ganzes Stockwerk eines modernen Bankgebäudes einnahm.

»Nichts ist so erfolgreich wie der Erfolg« – das wurde durch Joe Tally bewiesen, nachdem er einen Plan gemacht, ihn schriftlich niedergelegt und begonnen hatte, entsprechend zu wirken und zu arbeiten.

Reichtum ist ein geplantes Ergebnis

Auch die Geschichte eines Konzernchefs beweist die Macht eines fest umrissenen Planes für Reichtum und Erfolg. Vor ein paar Jahren starb der Präsident eines großen Konzerns. Bei seinem Tode befand sich der Konzern in finanziellen Schwierigkeiten. Der Vizepräsident, dem man eine hervorragende finanzielle Liquidität zuschrieb, übernahm seinen Stuhl. Sofort begann es mit der Gesellschaft wieder aufwärts zu gehen, und heute werden ihre Aktien an der Börse sehr hoch gehandelt. Ihre Verkaufsergebnisse der letzten Jahre übersteigen die all ihrer weltbekannten Konkurrenten. Das Erfolgsgeheimnis? Anscheinend hatte der Vizepräsident schon *seit Jahren* einen Plan ausgearbeitet, den er für Wachstum und Gedeihen seiner Gesellschaft für geeignet hielt. An dem Tag, da er Präsident wurde, holte er diesen Plan aus seiner Schreibtischschublade und begann danach zu handeln. Heute ist die Gesellschaft nicht länger zweitrangig und zahlungsunfähig. Statt dessen ist sie eine der blühendsten Firmen des Landes! *Der Mann bewies, daß Reichtum und Gedeihen ein geplantes Ergebnis ist.*

Reichtum ist das Ergebnis entschiedenen Denkens und Handelns. Ein reiches Leben kann man nicht aufs Geratewohl planen. Es ist das Ergebnis eines festumrissenen Entwurfs, so wie eine Brücke oder ein Gebäude ein geplantes Ergebnis sind. Ohne ganz bestimmte konstruktive Pläne wird es auf einer beständigen, dauerhaften Basis keine reichen Erfolge geben.

Dieses Gesetz des schöpferischen Reichtums war von allen Gesetzen dasjenige, das den Schülern meiner Kurse im positiven Denken am besten einging. Viele der zu meinen Schülern zählenden Geschäftsleute erzählten mir, daß diese eine Idee ihre früheren vergeblichen Anstrengungen zur Erlangung von Wohlhabenheit in erstaunenswert erfolgreiche Resultate verwandelte. Sie hatten lang und hart gearbeitet, aber nicht auf besondere, vorgeplante Weise. Dann erkannten sie, daß man nicht ängstlich zu sein braucht, um das für sich in Anspruch zu nehmen, was man sich wirklich wünscht. Die Bibel verspricht: *»Bitte, so wird dir gegeben; suche, so wirst du finden; klopfe an, so wird dir aufgetan«* (Matth. 7,7).

Vielleicht meinen Sie, nicht richtig zu wissen, was Sie wollen;

daß Sie keine bestimmten Wünsche haben. In einem solchen Fall denken Sie einmal darüber nach und machen sich sogar eine Liste von dem, was Sie in Ihrem Leben nicht wünschen. Benennen Sie die Dinge, die Sie in Ordnung bringen oder aus Ihrem Leben entfernen möchten. Dann sagen Sie angesichts dieser Liste: *Auch das soll verschwinden* oder *löse dich auf*.

Ich kenne einen Mann, der in der Elektrobranche tätig ist und nach diesem Muster verfuhr. Sein Geschäftspartner war vor Monaten verstorben, und sein Geschäftsanteil war in die Hände branchenunkundiger Erben gefallen, die weder verkaufen noch mitarbeiten wollten. Es war eher eine Tat der Verzweiflung, daß der überlebende Geschäftspartner damit begann, positives Denken anzuwenden. Sein größter Wunsch war, entweder den anderen Geschäftsanteil zu kaufen oder seine Hälfte zu verkaufen. Er wünschte sich nichts anderes, als den toten Punkt zu überwinden, der dem Geschäft Geld kostete. Und er wollte die unfreundliche, konfuse und ungewisse Geschäftslage beenden. Noch im Verlauf des Monats, da er sich Notizen darüber gemacht hatte, daß sich Ungewißheit und Unannehmlichkeiten auflösen mögen, erhielt er von einem Anwalt die Mitteilung, daß die Erben seines Partners verkaufen wollten. Die Angelegenheit wurde mir nichts, dir nichts geregelt.

Eine Erfolgsformel

Eine Gruppe von Kursusteilnehmern, die alle im Geschäftsleben stehen und mit mir positives Denken übten, machte kürzlich dieses: Zunächst wurden die Wünsche für die nächsten sechs Monate niedergeschrieben, dann spezifizierte man, welche Ergebnisse man für jeden einzelnen Monat der sechs wünschte. Jede Woche wurde der Liste etwas angefügt oder man änderte etwas, so wie man sich geführt fühlte. In einigen Fällen wurde die Wunschliste vollkommen geändert, indem die Wünsche weiter gefaßt oder ganz gestrichen wurden, da sie nicht länger erstrebenswert schienen.

Dann brachten die Kursusteilnehmer diese aufgelisteten Wünsche jede Woche mit zum Unterricht. Niemand außer den Studenten sah diese individuellen Listen. Wir begannen unseren Unterricht jedesmal, indem wir – ein jeder für sich – unsere Listen in die Hand nahmen und zusammen laut folgende Bejahung sprachen:

Ich bin das reiche Kind eines liebevollen Vaters. Alles, was der Vater hat, ist mein, um es mit anderen zu teilen und zu erleben. Die Weisheit des Unendlichen zeigt mir jetzt, wie ich meinen eigenen, mir vom Schöpfer gegebenen Wohlstand, meine Gesundheit und mein Glück beanspruchen kann. Göttliche Weisheit öffnet mir jetzt den Weg für mein sofortiges Wohl. Ich glaube daran, daß all das, was mir aufgrund meines göttlichen Geburtsrechts zusteht, jetzt in reicher Fülle mir zuströmt. Meine reichen Segnungen beeinträchtigen nicht das Gute eines anderen, da die Substanz des Unendlichen unbegrenzt ist und überall für einen jeden zur Verfügung steht. Verzögerungen gibt es nicht! Das, was nicht meinem höchsten Guten dient, verschwindet, und ich wünsche es auch nicht länger. Die mir von meinem höheren Selbst eingegebenen Wünsche werden jetzt auf die wunderbare Weise des Allerhöchsten reichlich erfüllt.

Die Kursusteilnehmer erhielten ferner die Anweisung, täglich fünfzehn Minuten lang anhand ihrer Wunschlisten konzentriert positives Denken zu üben; ebenso sollten sie täglich an ihren Listen arbeiten, indem sie sie überprüften, änderten oder erweiterten. Ich ermunterte sie, ganz genaue Angaben zu machen, wie zum Beispiel den Geldbetrag aufzuschreiben, den sie täglich, wöchentlich oder monatlich zur Verfügung haben wollten. Außerdem sollten sie den genauen Zeitpunkt bzw. das exakte Datum angeben, bis zu dem sich ihre Wünsche erfüllen sollten. Ich sagte ihnen, sie sollten sich nicht fragen oder Zweifel hegen, wie der reiche Segen zu ihnen kommen würde, vielmehr sollten sie eifrig damit beschäftigt bleiben, auf diese einfache Weise das schöpferische Gesetz des Reichtums in Gang zu setzen.

Die Ergebnisse, die erzielt wurden, waren phantastisch, und ich habe aus allen Teilen der Welt Briefe von Leuten erhalten, die von dieser schöpferischen Wohlstandsmethode gehört und selbst versucht haben, sie mit ähnlichen guten Ergebnissen anzuwenden! Während der Arbeit mit den Wunschlisten bejahte die Gruppe häufig mit den Goethe-Worten: »Was du tun kannst oder glaubst zu können, fang nur an! Kühnheit hat Genie, Macht und Zauberkraft.« Eine andere häufig gebrauchte Meditation lautete: *Was wir uns ersinnen können, können wir mit der Hilfe des Unendlichen auch erlangen.* Und immer wieder gedachten wir dieser Wahrheit: Jedes Hindernis verschwindet schnell aus dem Wege des Menschen, der weiß, wohin er geht; und die ganze Welt scheint auf seiten des Mannes zu stehen, der versucht sich zu erheben.

Man scheint es tatsächlich mit magischen Kräften zu tun zu haben, wenn man sich seine Wünsche gedanklich vorstellt, sie durch schriftliche Formulierung konstruktiv gestaltet, die Zeit, die man für ihre Erfüllung wünscht, festlegt und dann meditativ darum bittet, daß der Wille des Unendlichen in der Angelegenheit geschehen möge. Klingt das zu einfach? Große Wahrheiten und mächtige Geheimnisse scheinen oft einfach zu sein. So einfach in der Tat, daß der Durchschnittsmensch in dem Versuch, einen schwierigeren Weg zu finden, sie übersieht.

Schreibe einen Brief an Gott

Eine Geschäftsfrau beschwor die schöpferische Methode des Reichtums in etwas abgewandelter Form. Am ersten Tag des neuen Jahres schrieb sie, anstatt eine Menge Neujahrsbeschlüsse zu fassen, einen Brief an Gott, in dem sie ganz ehrlich alle ihre Wünsche für das neue Jahr auflistete. Dann legte sie den versiegelten Brief in ihre Bibel. Gegen Ende des Jahres zeigte sie mir besagten Brief, in dem sie viele Dinge einzeln aufgeführt hatte. All ihre großen Wünsche, die sie zum Ausdruck gebracht hatte, waren in Erfüllung gegangen: Sie war verwitwet gewesen und hatte den Wunsch geäußert, sich wieder glücklich zu verheiraten. Ende des Jahres traute ich sie und ihren Bräutigam, den sie – nachdem sie den Ehewunsch zu Papier gebracht hatte – durch Freunde kennengelernt hatte. In ihrem Brief hatte sie auch um ein besseres Heim gebeten. Ihr Bräutigam gab es ihr! Ein weiterer großer Wunsch war eine andere Stellung gewesen, und gegen Mitte des Jahres war auch er in Erfüllung gegangen in Gestalt einer angenehmen, befriedigenden und besser bezahlten Position.

Aber ich muß Sie warnen: Seien Sie gegen sich selbst ehrlich, wenn Sie Ihre Wünsche niederschreiben. Drücken Sie so wie diese Frau Ihre wirklichen tiefen Gefühle aus. Schreiben Sie nichts, was ein anderer für Sie wünscht oder von dem Sie meinen, Sie *sollten* es wünschen. Seien Sie vor sich und Ihrem Schöpfer ganz aufrichtig, wenn Sie wirklich glückbringende Ergebnisse erzielen wollen.

Ich kenne eine andere berufstätige Frau, die einen ähnlichen Brief am Neujahrstag verfaßte, aber anstatt ihre tiefen, großen Wünsche schriftlich zu fixieren, machte sie in lauwarmer, halbherziger Weise eine Aufstellung kleinerer, oberflächlicher Wünsche. Die Dinge, die wirklich an ihrem Herzen nagten, wurden nicht einmal erwähnt. Und nichts geschah.

Weil sie ihre wirklich tiefen Wünsche fest in sich verschlossen hielt, gab es keinen offenen Kanal, durch den die universale Substanz reiche Fülle für sie einfließen lassen konnte. Ein liebender Vater wünscht immer, daß wir das Beste vom Besten erhalten. Da »das Himmelreich nahe ist«, ist das mindeste, das man tun kann, wenn man es mit Hilfe des Unendlichen erfahren will, daß man vor ihm und sich selbst vollkommen aufrichtig ist. Andernfalls blokkiert man jede Möglichkeit der Erfüllung.

Vielleicht denken Sie: »...ja, aber was ist nun, wenn meine Wünsche nicht so groß sind? Sollte ich auch dann ehrlich sein und sie aufschreiben?« Bestimmt, denn wenn Sie ehrlich sind, geben Sie sie frei, anstatt sie zu unterdrücken. Und wenn Sie sie freigeben und ihnen gegenüberstehen, kann ein liebender Vater Ihnen helfen, alles zum Guten zu wenden.

Ich habe beobachtet, wie dieses Prinzip wirkt, wenn Leute zu mir in die Sprechstunde gekommen sind, die geistige Hilfe suchten, aber vielleicht meinten, daß ihr Problem peinlich oder schokkierend sei. Sie pflegten dann von geringeren Problemen zu sprechen und hielten das, was sie wirklich quälte, fest in sich verschlossen. Erst wenn sie zum Herz der Dinge vorstießen, pflegte die Antwort und göttliche Lösung sich einzustellen.

Machen Sie eine tägliche Aufstellung

Das schöpferische System des schriftlichen Fixierens von Wünschen bewies auch einer Freundin seine Effektivität, die eine Modellschule hat und auf Tonband bestimmte Anweisungen darüber sprach, wie man eine Wunschliste macht, dieselbe täglich überarbeitet usw. Dieses Tonband ist ein fester Bestandteil ihres Unterrichtsplanes geworden. Das Ergebnis? Viele ihrer Studenten haben Berufe ihrer Wahl erhalten, teils als Mannequin im Modefach, teils beim Fernsehen oder Rundfunk, nachdem sie vertrauensvoll spezifizierte Listen der gewünschten Arbeit, des erwarteten Gehalts, der Arbeitszeit und der erhofften Arbeitsbedingungen gemacht hatten.

Ein anderer einfacher, aber wirkungsvoller Weg zur Beschwörung des schöpferischen Gesetzes des Reichtums ist, daß man seinen Tag mit dem Niederschreiben von Notizen und Auflisten von Wünschen beginnt und beendet. Morgens setze ich mich mehrere Minuten still hin – oft mit einer Tasse Kaffee – und überdenke den Tag, der vor mir liegt, mit seinen großen und kleinen Dingen, die ich von mir oder anderen erledigt sehen möchte. Von diesen zu erledigenden Dingen mache ich mir eine Liste. Dafür bedarf es nur weniger Minuten, doch ist das gut investierte Zeit, denn ich habe dann das Gefühl, den Tag unter Kontrolle zu haben. Für gewöhnlich schreibe ich am Ende meiner Aufstellung einen Dank an meinen Schöpfer »für die göttliche Erfüllung und Erledigung«. Es ist erstaunlich, wie viele Dinge für mich erledigt werden, ohne daß ich mehr dazu beitrage, als sie aufzuschreiben und für ihre Erfüllung zu danken.

Auf die gleiche Weise nehme ich mir am Ende des Tages ein paar

Minuten, überdenke noch einmal den Tag und schreibe ein »Dankeschön« an Gott für die empfangenen Segnungen und das erzielte Gute. Gewöhnlich fange ich dann auch schon damit an, den morgigen Tag zu bedenken und hinsichtlich der dann anstehenden Aufgaben einige Notizen zu machen. Ich meine, daß ich dadurch einen friedlichen Gemütszustand und eine erholsame Nacht habe. Ich finde diese Angewohnheit, morgens und abends Listen zu machen, so befriedigend und inspirierend – denn es gibt immer noch mehr Segnungen aufzuschreiben, als man erwartet hat –, daß ich jetzt meine, es fehle mir etwas, wenn ich dieses tägliche Ritual einmal übergehe. Es geht mir selten etwas schief, wenn ich an meinem Auflisten festhalte.

Viele Menschen wenden diese Methode an

Falls diese Technik Ihnen leicht trivial erscheinen sollte, möchte ich Ihnen doch versichern, daß sie von einer großen Zahl erfolgreicher Menschen angewandt wird – mehr als die meisten von uns ahnen, denn sie gehen mit ihrem Erfolgsgeheimnis nicht hausieren.

Zwei namhafte Ingenieure zeigten mir vertraulich Notizbücher, die sie in der Westentasche bei sich tragen und die sie herausholen, wenn während ihres Arbeitstages sich die Dinge hektisch gestalten; sie machen sich dann schnell Notizen über die Art, wie sie die Dinge erledigt sehen möchten. Niemand ahnt, was sie tun, und so erlangen sie unter all den Menschen um sie herum schnell die Kontrolle über die verschiedenen Probleme, denen sie gegenüberstehen, indem sie sie auflisten.

Kürzlich fragte eine Mutter, die einen meiner Kurse besucht, ihren Sohn, der ein leitender Angestellter ist, über den Inhalt eines Aufbauseminars, an dem die Angestellten seiner Firma teilnahmen. Er erklärte, daß er gelernt habe, zur Lösung seiner Führungsprobleme eine neue psychologische Technik anzuwenden. Dieser Kursus hatte ihn gelehrt, die moderne Methode zur Problemlösung sei die, sich ruhig hinzusetzen, das Problem aufzuschreiben, aufzunotieren, was er als die beste Lösung ansehe, dann die Notizen zu zerreißen und zu entspannen in dem Bewußtsein, daß diese oder eine bessere Lösung sich finden würde, da er in der Lage gewesen war, geistig eine Lösung zu finden und sie zu Papier zu bringen! Dieser junge Geschäftsführer schien ganz überrascht zu sein, als seine Mutter ihm sagte, daß sie eben diese Methode seit vielen Monaten anzuwenden pflege und daß sie sie in unserem Studienkursus gelernt habe.

Die Einkünfte eines Arztes schnellten innerhalb weniger Wochen beträchtlich in die Höhe, nachdem er begonnen hatte, sich den Betrag aufzuschreiben, den er sich als wöchentliche Praxiseinnahme wünschte. Vorher hatte er versucht, sich ein monatliches höheres Einkommen gedanklich vorzustellen, aber die Zahlen waren vielleicht zu groß gewesen, um mental akzeptiert zu werden. Als er den Betrag auf wöchentlicher Basis neu formulierte, schien es für seinen Verstand einfacher, den Gedanken des wöchentlichen Zugewinns anzunehmen, und die Verwirklichung trat bald ein.

Ich stimme mit dem Schreiber der Sprüche überein, wenn er uns belehrt: »Gnade und Wahrheit werden dich nicht verlassen; hänge sie an deinen Hals und schreibe sie auf die Tafel deines Herzens. So wirst du vor Gott und den Menschen Gunst und Verständnis finden« (Spr. 3,3–4). Wenn man versucht, Gunst und Verständnis vor Gott und den Menschen zu finden, ist die Notizbuch-Technik in der Tat wirkungsvoll.

Schreiben Sie an Ihr höheres Selbst

Vielleicht suchen Sie Verständnis bezüglich einer Geldangelegenheit; dann ist es gut, ein paar Zeilen an die mit der Angelegenheit Befaßten zu schreiben, sie zu versiegeln und für einige Zeit im Safe – oder in Ihrer Bibel – zu deponieren. Die frühen Mystiker lehrten, daß ein jeder seinen »Engel« oder sein höheres Selbst habe und daß wir, wenn wir mit diesem höheren Selbst sonst nicht in Berührung kommen könnten, ihm im geheimen schreiben sollten. Die Mystiker gingen sogar so weit, sieben Menschentypen zu beschreiben, mit denen es einfacher ist, sich friedlich zu regeln, indem man an ihren »Engel« schreibt, anstatt sich mit ihnen in der üblichen Weise auseinanderzusetzen. Vielleicht denken Sie: »Ich bin sicher, daß dies eine mystische Methode ist, aber wozu ist die praktisch anwendbar?« Nun, Sie sollten sich darüber im klaren sein, daß jemand, mit dem Sie eine Schwierigkeit haben, für Sie nicht auf die übliche Weise erreichbar ist. Was haben Sie dann also zu verlieren, wenn Sie insgeheim versuchen, denselben durch Ihr und sein höheres Selbst zu erreichen?

Einem Kaufmann wollte es nicht gelingen, ein seit langem in Schwebe befindliches Geschäft zum Abschluß zu bringen. Alle Beteiligten hatten zugesagt und wünschten die Angelegenheit zu erledigen, außer einem Mann, der immer wieder seinen Sinn änderte und sich über nichts sicher zu sein schien. Durch diesen Mann blieben die Dinge unerledigt. In seiner Verzweiflung entschloß sich der Kaufmann, die »Engel-Brief-Methode« anzuwenden. Anscheinend war der Mann, der zu den Schwierigkeiten Anlaß gab, schüchtern, besorgt und fürchtete sich immer vor etwas. Der Geschäftsmann schrieb heimlich gerade das Gegenteil: »An das höhere Selbst von (sagen wir einmal:) John Brown. Ich segne dich und danke dir, daß du dieses Geschäft zu einer vollkommenen Lösung führst und daß alle Beteiligten zufrieden sind und dadurch gesegnet werden.« Der Geschäftsmann schrieb diese Bejahung fünfzehnmal, denn er hatte gehört, daß die alten Mystiker die Zahl fünfzehn anwandten, um verhärtete Zustände aufzubrechen und zu lösen. Schon wenige Tage später führte dieser Geschäftsmann ein Ferngespräch mit mir und berichtete, daß die Person, die all die Schwierigkeiten bereitet hatte, ihn in seinem Büro aufgesucht und gesagt hatte: »Kommen Sie morgen früh in mein Geschäft, die Papiere werden zur Unterschrift bereit sein. Diese Angelegenheit ist allzu lange verzögert worden, und ich möchte sie jetzt gern abschließen.« Die Transaktion wurde sehr schnell abgewickelt.

Das Schreiben von Notizen hilft Rechnungen bezahlen

Eine andere Technik des Notizenschreibens, die besonders dazu verhilft, Rechnungen zu bezahlen, verläuft so: Wenn Rechnungen mit der Post eintreffen, sollte man, anstatt sie insgeheim abzulehnen, auf die Briefumschläge derselben schreiben: *Ich danke für die sofortige und vollständige Bezahlung. Du wirst aufgrund der reichen Wege universaler Substanz sofort und vollständig bezahlt.*

Wenn sich Rechnungen bereits häufen, ist es gut, sich eine Liste der Gläubiger und des geschuldeten Betrages zu machen und daneben oder darunter dieselbe Bejahung bezüglich der sofortigen Bezahlung zu schreiben.

Ein Kaufmann kam einmal zu mir mit einem Schnellhefter voller Rechnungen und fragte: »Wie kann ich die Macht des positiven Denkens anwenden, um dies hier bezahlt zu kriegen? Einige von ihnen sind schon mehrere Monate alt.« Wir saßen dann etwa eine Stunde lang zusammen und machten eine Liste der Beträge und wem sie geschuldet wurden, wobei die ältesten und dringlichsten Fälle an die Spitze kamen. Dann schrieben wir die obige Bejahung bezüglich ihrer sofortigen Bezahlung nieder. Da es menschlich unmöglich erschien, all diese Rechnungen sofort zu bezahlen, legten wir eine zweite Liste an, auf der die Beträge und Gläubiger standen, die auf jeden Fall innerhalb der nächsten Woche abgefunden werden sollten. Dort vermerkten wir: *Ich sage Dank, daß ihr sofort und vollständig am... bezahlt werden könnt* (wobei wir ein genaues Datum angaben).

Einmal wöchentlich kam der Geschäftsmann mit seiner Akte mit Rechnungen zu mir, und wir beobachteten, wie sie Schritt für Schritt bezahlt werden konnten. Insgesamt brauchte er zwei Monate, um seine finanziellen Verpflichtungen vollkommen in Ordnung zu bringen. Daraufhin vereinbarten wir, daß er dieselbe Technik am Ersten jeden Monats anwenden würde, um die laufenden Rechnungen pünktlich bezahlen zu können. Diese Methode schien ihm zu helfen, sein Denken über finanzielle Angelegenheiten unter Kontrolle zu bekommen. Nachdem er die mentale Herrschaft gewonnen hatte, war er in der Lage, seinen Verpflichtungen pünktlich nachzukommen.

Weh denen, die über ihre Sorgen schreiben

Es war Jesaja, der uns den Rat gab: »Weh den Schriftkundigen, die unrechte Gesetze machen und die unrecht Urteil schreiben« (Jesaja 10,1). Dies kann man ganz gewiß auf seine finanziellen Angelegenheiten anwenden. Ein Bekannter von mir hatte geschäftliche Schwierigkeiten. Am Anfang war es nicht so schlimm, und hätte er seine innere Einstellung geändert, so würden sie zweifellos zu lösen gewesen sein. Aber da er das nicht wußte, begann dieser Mann in seinem besorgten Gemütszustand, an eine Reihe Freunde über seine Schwierigkeiten zu schreiben. Als er das Problem in seinem Bewußtsein und in der Vorstellung anderer vervielfältigte, vervielfältigte es sich buchstäblich auch in seinen Angelegenheiten. Nachdem er dann begonnen hatte, die Situation mit positivem Denken anzugehen, bedurfte es mehrerer Monate, bis die Lage sich klärte. Er erkannte, daß es wichtig war, nicht mehr über seine Sorgen mit anderen zu reden und nicht mehr negative Dinge zu Papier zu bringen. Nachdem er dann angefangen hatte, den Vorgang umgekehrt zu gestalten und heimlich aufzuschreiben, wie er sich seinen Geschäftsgang wünschte, begannen die Schwierigkeiten zum erstenmal seit Monaten kleiner zu werden.

In ähnlicher Weise ist es ratsam, angesichts unguter äußerer Erscheinungen täglich heimlich aufzuschreiben, wie man sich die betreffende Angelegenheit, ganz im Gegensatz zum gegenwärtigen Anschein, wünscht. Das hilft uns nicht nur, daß wir geistig die gewünschte Verbesserung akzeptieren, sondern es ist gerade so, als verbinde sich der geschriebene Wunsch mit dem Äther und stimme sich unterbewußt auf die Betroffenen ein, so daß dieselben beginnen, zu helfen und mitzuwirken. Es mag sich wiederum um eine mystische Methode handeln, aber wenn dieselbe praktische hilfreiche Ergebnisse für Sie bringt, warum wollen Sie es dann nicht wagen, ein moderner Mystiker zu sein?

Gewinnen Sie die Kontrolle über Vergangenheit und Zukunft
Es ist ferner gut, die Kontrolle über Vergangenheit und Zukunft zu gewinnen, indem man Bejahungen darüber aufschreibt. Als Lebensberaterin habe ich die Erfahrung gemacht, daß viele Menschen noch in der Vergangenheit leben und vergangene Fehler bereuen; aber der Blick zurück hält uns davon ab, vorwärts zu gehen und Gegenwart und Zukunft fortschrittlich zu gestalten. Auch habe ich festgestellt, daß viele Leute sich vor der Zukunft fürchten. Schreiben Sie in jedem dieser Fälle auf, wie Sie sich Ihr Leben in der Gegenwart und in der Zukunft wünschen.

Wenn Sie sich Notizen darüber machen, wie Sie sich wünschen, daß vergangene enttäuschende Erlebnisse hätten sein sollen, scheint der Erinnerung dieser Erlebnisse der »Stachel« gezogen worden zu sein. Ich kenne verschiedene Beispiele dafür, wo Leute, die in frühere unglückliche Erfahrungen verwickelt waren, plötzlich geschrieben oder telefoniert haben oder persönlich erschienen sind, um zu sagen, daß der Vorfall keine Bedeutung mehr habe und daß alles vergeben sei. In einigen Fällen waren die neu geknüpften Beziehungen zwischen denen, die unter vergangenem bitteren Groll und Mißverständnis gelitten hatten, besser denn je zuvor.

Gleicherweise kann man, wenn uns irgendein zukünftiges Ereignis bedrohlich zu sein scheint, es gedanklich unter Kontrolle bekommen, indem man sich notiert, auf welche Weise man die Sache geregelt haben möchte. Fühlen Sie sich bezüglich einer Geschäftsbesprechung unsicher, dann schreiben Sie die Namen aller Beteiligten auf und notieren dazu genaue Bejahungen für Harmonie, Verständnis und vollkommene Ergebnisse, die Sie sich wünschen. Da es im geistigen Reich keinen Zeitfaktor gibt, können Sie sich gedanklich in ein zukünftiges Erlebnis versetzen und im voraus Harmonie und gute Resultate vorbereiten, so daß sich alles mühelos, schnell und erfolgreich entwickeln wird. Das Vorstellungsvermögen des Bewußtseins ist der wunderbare Diener des Menschen, wenn er dies erkennt und sein Bewußtsein darauf trainiert, daß es für ihn arbeitet.

Einer der erfolgreichsten jungen Geschäftsführer, denen ich jemals begegnet bin, erzählte mir, daß er bereits als Teenager einen Zwölfjahresplan des Erfolges für sich erstellt habe, der auf erstaunliche Weise für ihn in Erfüllung gegangen sei. Obgleich er noch keine dreißig ist, wird er für sehr wohlhabend gehalten, und man hat ihm prophezeit, daß er innerhalb der nächsten zehn Jahre Millionär sein werde.

Die Methode ist allmächtig!

Das schöpferische Gesetz des Reichtums ist allmächtig, um hinsichtlich Ihrer Vergangenheit, Gegenwart oder sogar Zukunft Erfolg und Glück zu gestalten. Es gibt Wünsche, die wir alle verwirklicht sehen möchten und von denen wir hoffen, daß sie gute Ergebnisse zeitigen mögen.

Warum also wollen wir nicht im stillen damit beginnen, uns unzähligen anderen anzuschließen, indem wir durch diese schöpferische Methode des positiven Denkens mehr Gutes in unserem Leben erschaffen? Beginnen Sie gleich damit, indem Sie sich zunächst fragen, was es ist, das Sie ganz ehrlich in Ihrem Leben am meisten wünschen. Machen Sie das genau, detailliert, und seien Sie ehrlich gegen sich selbst. Schreiben Sie dann die Hauptwünsche nieder. Bejahen Sie danach für sich, ohne einem anderen zu erzählen, was Sie tun, die göttliche Erfüllung Ihrer Wünsche. Erklären Sie: *Ich danke für die sofortige, vollständige, göttliche Erfüllung dieser Wünsche. Dieses oder etwas Besseres geschieht zur rechten Zeit in Übereinstimmung mit dem reichen Guten, das mein Schöpfer für mich bereithält.* Dann überarbeiten und verändern Sie Ihre Aufstellungen täglich, so wie Sie sich geführt fühlen.

Arbeiten Sie mindestens fünfzehn Minuten täglich mit Ihrer Aufstellung. Haben Sie den Mut, diese einfache Methode beharrlich zu verfolgen, und bereiten Sie sich auf einen Erdrutsch glücklicher Ereignisse vor. Mehr als Sie sich erträumt haben, wird Ihnen entgegenkommen, denn die freundliche Schöpfung des Unendlichen möchte Sie segnen und bereichern.

Und noch einmal möchte ich Sie an Goethes Wort erinnern: »Was du tun kannst oder glaubst zu können, fang nur an! Kühnheit hat Genie, Macht und Zauberkraft.« Warum wollen Sie das nicht gleich einmal ausprobieren? Wie ein Denkender oft zu mir sagte: »Ich finde, daß die guten Ergebnisse wirklich anfangen, auf mich zuzukommen, nachdem ich angefangen habe, ihnen entgegenzugehen.« Die schöpferischen Methoden, die ich Ihnen hier vorgestellt habe, sind einfache, aber erprobbare Mittel, um Ihnen zu helfen, sich auf Ihr Gutes hin »in Bewegung zu setzen«. Und sobald Sie das einmal getan haben, seien Sie nicht überrascht, wenn Ihr Gutes auf Sie zugestürzt kommt, um Sie schon auf halbem Wege zu treffen!

5. Kapitel

Das Gesetz der Vorstellungskraft

Nachdem Sie Ihre Wunschlisten aufgestellt haben und an denselben täglich arbeiten, indem Sie sie verändern, erweitern und überprüfen, ist noch ein weiterer Schritt zu tun. Jetzt ist es an der Zeit, daß die Vorstellungskraft des Bewußtseins, die nahezu magische Macht besitzt, für Sie ins Spiel gebracht wird.

Wir erfahren in unserem modernen Zeitalter von Experten, die das Bewußtsein des Menschen studieren, daß der Mensch alles hervorbringen kann, was in seiner Vorstellungswelt Platz findet; daß das mentale Vorbild die Bedingungen und Erfahrungen von Leben und Angelegenheiten bestimmt; daß des Menschen einzige Begrenzung in der negativen Anwendung seiner Einbildungskraft besteht. Mit anderen Worten, wenn es in Ihrem Leben Mißerfolge und Mangel gibt, so geschieht das, weil Sie sich das zunächst in Ihrem Sinn vorgestellt haben. Sie haben die Grenzen des Lebens zuerst im Bewußtsein gezogen, und gleicherweise müssen Sie beginnen, solche Begrenzungen im Bewußtsein aufzulösen und das Leben neu zu dem zu machen, was Sie sich wünschen.

Es war der französische Arzt Emile Coué, der als erster erklärte, daß die Vorstellungskraft eine stärkere Kraft sei als die Willensmacht; und daß im Falle eines Konflikts zwischen Vorstellungskraft und Willen immer die Vorstellungskraft zu gewinnen pflegt.

Dieses ist in der Hypnose bewiesen worden. Häufig wünscht der Wille nicht, ein suggeriertes mentales Bild zu akzeptieren. Wird aber das gedankliche Bild mit genügendem Nachdruck wiederholt, dann hat die Imagination keine andere Wahl, als es zu akzeptieren und hervorzubringen, selbst wenn das mentale Bild mit dem verstandesmäßigen Willen in keiner Weise übereinstimmt.

Wir sind jedoch nicht hypnotisiert, wenn wir die verschiedenen Gesetze des Reichtums studieren. Im Gegenteil, wir werden von den unwissenden, abergläubischen, begrenzten Glaubensinhalten eines jahrhundertealten Armutsdenkens enthypnotisiert.

Da Sie sich mehr Glück und Gedeihen in Ihrem Leben wünschen, sollten Sie damit beginnen, das gedankliche Muster davon in Ihrem Bewußtsein zu gestalten. Ihr Verstand mag Ihnen sagen, daß das nie sein kann, aber das macht nichts. Ihr Wille sagt vielleicht, daß Ihr Traum zu groß sei, um wahr zu werden; daß es unmöglich sei, ihn zu erfüllen. Wenn Sie es aber wagen, sich die Erfüllung irgendwie beständig vorzustellen, dann beginnt Ihre Vorstellungskraft für Sie zu wirken, um die sichtbaren Ergebnisse dessen hervorzubringen, was Sie sich in Gedankenbildern eingeprägt haben, und zu gegebener Zeit kann auch Ihr Wille für Sie tätig werden. Was man auch immer Ihr Bewußtsein zu erwarten lehrt, es wird dies bauen, erzeugen und für Sie hervorbringen.

Die Geschichte beweist die Macht der Einbildungskraft

Die Geschichte hat dies viele Male bewiesen. Vielleicht erinnern Sie die Begebenheiten im Zusammenhang mit dem Peloponnesischen Krieg im alten Griechenland. Dies war ein bedeutender Krieg, denn er dauerte 27 Jahre. Sie werden sich wahrscheinlich erinnern, warum man glaubt, daß er so lange gedauert hat. Die Historiker sagen, daß es beiden Seiten an Kriegsziel und Strategie ermangelte. Man hatte keinen besonderen Siegesplan, und so ließ man sich unentschlossen, immer nur kämpfend, dahintreiben, ohne je den Krieg ganz zu verlieren oder ganz zu gewinnen.

Schließlich erschien ein Spartaner mit Weitsicht und Klugheit, offensichtlich ein Mann, der wußte, wie man sich Sieg und Erfolg vorstellt, auf der Szene, wurde aktiv und führte seine Seite zum Sieg. Die Geschichtsschreiber sagen, daß er in einer einzigen Stunde den langen Krieg beendet habe. Und wie machte er dies? War es durch eine Schlacht oder Blutvergießen? Absolut nicht. Er machte statt dessen den Feind glauben, daß sie seine Schiffe und

Männer am Eingang der Dardanellen in die Enge getrieben hätten. Dort wartete er geduldig vier Tage lang, bis der Feind seiner Sache sicher war und meinte, daß sein Schweigen Schwäche und Kampfunfähigkeit bedeute. Am fünften Tag, als der Feind den größten Teil der Mannschaft zur Küste sandte, um Nahrung und Wasser aufzunehmen, wurde Admiral Lysander plötzlich lebendig, kam angesegelt und nahm fast die gesamte Flotte von 180 Schiffen im Handstreich gefangen.

Häufig haben wir uns so verhalten wie jene alten Griechen. Wir hatten keinen Plan bzw. Siegesvorstellung und ließen uns einfach treiben, ohne je im Leben ganz zu gewinnen oder ganz zu verlieren – wir haben einfach immer nur gefochten. 500 v. Chr. schrieb Sun Tze: »Bei Auseinandersetzungen mag die direkte Methode angewandt werden, um den Kampf zu beginnen, aber indirekte Methoden sind notwendig, um den Sieg zu sichern.«

Wenn Sie die allmächtige Vorstellungskraft des Bewußtseins anwenden, um Ihr Gutes anzuvisieren, machen Sie Gebrauch von der indirekten Methode, die Ihnen den Sieg über die Probleme des Lebens sichern wird. Anstatt mit Armut, Fehlschlägen und finanziellem Mangel zu kämpfen, wodurch häufig Ihre Probleme nur vermehrt werden, beginnen Sie, die indirekte Methode zu benutzen – nämlich ruhig, bewußt und ausdauernd sich Ihr Gutes vor Augen zu halten.

Erfolg wird erst gedanklich geschaffen

In der Schöpfungsgeschichte wird uns erzählt, wie Joseph die Macht der Imagination für Erfolg und Wohlstand anwandte. Von ihm lernen wir, was wir mit unserer Vorstellungskraft tun und nicht tun dürfen. Der 17jährige Joseph hatte in seinen Träumen die Herrschaft über das, was er träumte. In einem Traum verneigten sich die Garben seiner Brüder vor Josephs Garbe. In einem anderen Traum ehrten Sonne, Mond und Sterne ihn. Diese Träume waren symbolisch für die Macht, die Joseph später als oberster Minister in Ägypten ausüben würde.

Joseph träumte von seiner Herrschaft, und das müssen auch Sie tun. Joseph träumte von Macht, als er keine zu haben schien, und das müssen auch Sie. Erfolg wird zuerst gedanklich geschaffen. Aber Joseph beging den Fehler, seine Träume den eifersüchtigen Brüdern zu erzählen, die ihm den Machtanspruch absprechen wollten, und so verkauften sie ihn für 20 Silberlinge an ismaelitische Kaufleute, die sich auf ihrem Weg nach Ägypten befanden. Sie sollten nicht wie Joseph Ihre Träume und mentalen Wunschbilder von größerem Guten weitererzählen, denn die anderen werden nur versuchen, mit ihrem Zweifel und Unglauben Ihre großartigen Bilder herabzureißen.

Nachdem Joseph in die ägyptische Sklaverei verkauft worden war, fuhr er offensichtlich fort, sich Besseres vorzustellen als das Beste, das er damals erlebte. Und er bewies, daß Sehen Sieg bedeutet; und er bewies auch, daß der Besiegte zum Sieger werden kann! Als er in Ägypten ankam, mußte er eine Reihe bitterer Erfahrungen durchstehen, bevor sich das Blatt für ihn wendete. Erst nach Jahren der Gefangenschaft und vieler Leiden wurde er Premierminister über ganz Ägypten, der zweitmächtigste Mann des mächtigsten Staatswesens der damaligen Zeit.

Bildern Sie beharrlich Ihren Erfolg

Zuweilen erzeugt die Vorstellungskraft des Geistes für Sie sofortige Ergebnisse. Aber wenn (wie bei Joseph) dies länger dauert, dürfen Sie versichert sein, daß die Resultate, wenn sie kommen, noch größer sind – vorausgesetzt, Sie lassen sich nicht entmutigen und geben inzwischen auf. Je länger Ihre mentalen Vorbilder brauchen, Ergebnisse zu zeitigen, desto besser werden sie sein, wenn Sie an dem gedanklichen Muster festhalten.

Wie wahr dies ist, wurde mir vor kurzem bewußt, als ein früherer LKW-Fahrer mir erzählte, wie er durch das Reichtumsgesetz der Vorstellungskraft innerhalb von zehn Jahren sich als wohlhabender Mann zur Ruhe setzen konnte! 1940 war dieser Mann als Fernfahrer tätig. Er lebte mit Frau und Kindern in einem Mietshaus. Sie besaßen nicht einmal ein eigenes Auto. Er verdiente 25 Dollar die Woche und kam kaum über die Runden. Da hörte er von dem glück- und erfolgbringenden Gesetz der Vorstellungskraft, und er beschloß, herauszufinden, ob es wirklich so mächtig wie beschrieben sei.

Er begann, sich im Geiste den Lebensstandard vorzustellen, den er für sich und seine Familie wünschte. Er beschloß, daß er ein eigenes Geschäft haben wollte; daß er finanziell unabhängig sein und sein eigenes geräumiges, komfortables Heim haben wollte; daß er mindestens zwei eigene Wagen haben wollte; daß seine Frau jederzeit die Freiheit haben könnte, das einzukaufen, was sie sich wünschte, ohne sich die Pfennige beim Haushaltsgeld abzusparen oder in der ganzen Stadt Kredit aufzunehmen. Auf jede mögliche Weise malte er sich in Gedanken das Bild eines hohen Lebensstandards und Einkommens für sich und seine Familie aus. Nach einem Jahr war er für seine Firma als Verkaufsmanager statt als LKW-Fahrer tätig!

Aber noch hatte er nicht das Haus, die Wagen, sein eigenes Geschäft und die finanzielle Unabhängigkeit. Als in jenem Jahr Weihnachten kam, sagte er zu seiner Familie: »Ich glaube, daß wir nächstes Jahr um diese Zeit unser Eigenheim haben werden und daß unser eigener Wagen in der Einfahrt steht.« Aber als die nächsten Weihnachtsfeiertage kamen, lebten sie immer noch in einem Mietshaus und besaßen keinen eigenen Wagen. Da erinnerten ihn seine Kinder an das, was er vor einem Jahr vorausgesagt hatte, und er erwiderte: »Gebt die Hoffnung nicht auf. Vielleicht habe ich die Prophezeiung etwas zu früh gemacht, aber wir *werden* diese Segnungen erhalten, und zwar bald.«

Ein Jahr später um die Weihnachtszeit wohnten sie bereits in einem neuen Haus, und es standen nicht ein Wagen, sondern zwei Autos in der Auffahrt! Dieser Mann sagte, nachdem er begonnen habe, sich seinen gewünschten reichen Lebensstandard vorzustellen, während er noch für 25 Dollar wöchentlich als Fernfahrer arbeitete, brauchte er tatsächlich zwei Jahre, um sein eigenes Denken davon zu überzeugen, daß all dieses möglich sei, und sein Bewußtsein dazu zu bringen, die reichen Gedankenbilder zu akzeptieren. Aber, erklärte er, nachdem sein Bewußtsein einmal davon überzeugt worden sei, daß er reich werden könne, war es, als habe er eine harte Nuß geknackt; plötzlich begann sich der Erfolg so schnell einzustellen, daß er kaum damit Schritt halten konnte. Das war zu dem Zeitpunkt, als sie das Eigenheim und die zwei Wagen bekamen. Weiter sagte der Mann, daß er sechs Jahre insgesamt brauchte, um sein Ziel komplett zu erreichen. Und zehn Jahre, nachdem er begonnen hatte, sich einen hohen Lebensstandard geistig vorzustellen, hatte er so viel Geld gemacht, daß er sich zur Ruhe setzen konnte!

Er beendete seine Geschichte über die Vorstellungskraft des Reichtums mit den Worten: »Von einem mittellosen LKW-Fahrer brachte ich es innerhalb von zehn Jahren zu einem Vermögen im Versicherungsgeschäft. Aber das war nur mein erstes Vermögen. Ich bin jetzt meines Ruhestandes müde und plane, in den nächsten zehn Jahren durch dieselbe Methode mein zweites Vermögen zu machen – indem ich es mir bildlich vorstelle!«

Die Macht eines Meisterplans

Charles Fillmore beschrieb einmal die gewaltige Macht der Imagination, als er sagte: »Die Vorstellungskraft befähigt den Menschen, sich selbst durch Raum und Zeit zu projizieren und sich über alle Begrenzungen zu erheben.«

Einer von Mr. Fillmores Söhnen, der Architekt und leitender Sachbearbeiter der Unity School of Christianity ist, bewies, daß dies möglich ist. 1926 zeichnete Rickert Fillmore einen Meisterplan für das Wachstum des Unity-Dorfes. In diesen Grundriß zeichnete er all die Gebäude, Gehwege, Springbrunnen, ja sogar Büsche und Sträucher, die die Unity-Schule verschönern sollten. Schließlich waren 1929 zwei der Gebäude, der Unity-Turm und das Silent-Unity-Haus, vollendet. Aufgrund der finanziellen Lage während der folgenden Jahre der Wirtschaftskrise wurden elf

Jahre lang keine weiteren Bauvorhaben in Angriff genommen. Aber Rickert Fillmore hielt beharrlich an seinem gedanklichen Musterbild fest, das er geradlinig verfolgte, indem er Landschaft und Gärten genau zeichnete und sogar um die zukünftigen Gebäude Büsche und Bäume plante.

Ich erinnere, daß er auf einer Konferenz der Unity-Minister erzählte, wie er in jenen Jahren des Baustopps in seinem im Unity-Turm gelegenen Büro gesessen und über die Ländereien von Unity geblickt habe, wo die geplanten Gebäude errichtet werden sollten. Dann stellte er sich vor, sie seien schon da, und malte sich dabei jedes Detail aus. Nach Jahren gläubiger Imaginationsarbeit wurden ab 1940 weitere schöne Häuser gebaut. Die Schönheit des Unity-Dorfes erfreut heute Besucher aus aller Welt, die das sehen können, was die Vorstellungskraft des Bewußtseins dort verwirklicht hat.

Schaffe ein Glücksrad

Ja, wahrhaftig, nichts ist der Vorstellungskraft unmöglich zu verwirklichen. Aber vielleicht denken Sie: »Ich bin in der bildenden Kraft des Bewußtseins noch nicht versiert genug, um Ergebnisse zu bekommen, wie Sie sie beschrieben haben. Gibt es nicht einen einfachen Weg, auf dem ich meine Einbildungskraft trainieren kann, damit sich solche Resultate bei mir einstellen?«

Ja, den gibt es!

In meinem ersten Kursus über Reichtum hat sich ein Ingenieur eine praktische Methode für das Training der Imaginationskraft ausgedacht. Er entwarf ein »Glücksrad«, das ihm helfen sollte, durch Raum und Zeit sein Denken zu projizieren, wobei er sich über gegenwärtige Begrenzungen erheben und glückliche Ergebnisse einbringen konnte. Nachdem dieser Mann begonnen hatte, mittels seines »Glücksrades« die geistige Vorstellungskraft zu benutzen, bekam er einen Bauauftrag in millionenfacher Höhe, an dem er heute noch im Mittleren Westen arbeitet.

Dieses »Glücksrad«, das er entworfen hat, beeindruckte und

half schon vielen Leuten. So erzählten mir zum Beispiel einige geistliche Freunde, daß sie die Idee des Glücksrads eine kurze Zeit lang verfolgt hätten und daß sich dabei ein lebenslanger Traum realisiert habe – eine Europareise. Eine andere Freundin erzählte mir, nachdem sie ein Urlaubs-Glücksrad gemacht habe, sei sie in der Lage gewesen, ihre kranke Mutter mitten im Winter in den warmen Sonnenschein von Florida zu bringen, was ihr von den Ärzten verordnet worden sei. Durch eine Reihe von Ereignissen, die jene Florida-Reise im Gefolge hatte, wurde ihnen mitten in der winterlichen Hochsaison kostenlos das am Strand gelegene Haus von Bekannten angeboten! Dort befreundeten sie sich mit Nachbarn, die sie während ihres Aufenthaltes zu sich zu manchem gemütlichen Zusammensein einluden.

Und daraus resultierte eine weitere Bereicherung: Eine dieser neuen Freundinnen gab der Unity-Geistlichen kurz vor ihrer Rückreise in das kalte Wetter einen wundervollen Pelzmantel.

Die Glücksrad-Idee ist in der Tat eine sehr einfache Methode, um Ihre Einbildungskraft für Sie wirksam werden zu lassen. Der Ingenieur machte das Glücksrad auf folgende Weise:

Auf ein großes Stück Karton zog er einen Kreis, der den größten Teil des Kartons umfaßte. In die Mitte dieses Kreises klebte er ein Bild religiösen Inhalts bzw. ein Zeichen für eine übergeordnete höhere Kraft. (Dies kann z. B. ein biblisches Bild, ein Bild Christi, das Vaterunser oder ein anderes religiöses Symbol sein, das Ihnen etwas bedeutet.) Unter diesen Kreismittelpunkt schrieb er folgende Worte: *Göttliche Weisheit kümmert sich um mein Leben. Ich bin jetzt für ihre reichen Anweisungen und ihre Führung offen, empfänglich und folgsam.* Damit war der innere Teil seines Glücksrads ausgefüllt. Dies war die »Nabe«. Von diesem inneren Kern aus zog er vier Linien zum Außenkreis. Nachdem er das Rad somit in vier Teile geteilt hatte, benannte er die vier Abschnitte: Beruf, Familie, geistiges Leben, soziales Leben und Erholung. In alle vier Abschnitte zeichnete er Wunschbilder, deren Erfüllung er für diese vier Lebensphasen ersehnte.

So zeichnete er z. B. in den Abschnitt »Beruf« Bilder, welche die »vollkommene Tätigkeit eines Ingenieurs« betrafen, und er hoffte dabei auf einen Stellungswechsel, der in der Schwebe war. Darunter schrieb er: *Ich werde jetzt durch göttliche Weisheit zum Handeln gebracht, durch göttliche Liebe angetrieben und durch die göttliche Kraft an meine rechte Arbeitsstelle geführt, und ich führe meine Arbeit in vollkommener Weise für gute Bezahlung aus. Der göttliche Plan meines Lebens nimmt jetzt in Form von fest umrissenen, konkreten Erlebnissen Gestalt an und führt zu vollkommener Gesundheit, Erfolg, Glück und Wohlstand.*

In dem Abschnitt »Familie« seines Glücksrades brachte er ein Bild seines damaligen Hauses an und schrieb darunter – da es im Falle eines Arbeitswechsels notwendig sein würde, das Haus zu verkaufen: *Göttliche Weisheit lenkt den richtigen Käufer zu diesem Besitz. Alle dabei Beteiligten werden durch einen gerechten und ordnungsgemäßen Wertaustausch gesegnet.* Daneben zeichnete er das Bild eines neuen Hauses, unter das er diese Worte schrieb: *Die göttliche Weisheit kennt unsere Bedürfnisse, kennt das rechte Haus und weiß, wie es für uns zur rechten Zeit Wirklichkeit wird.* Um seiner Frau bei den Aufgaben des Umzugs zu helfen, die sich für sie durch seinen Stellenwechsel ergeben würden, klebte er an dieser Stelle auch ihr Foto ein und schrieb darunter: *Meine Frau wird durch göttliche Weisheit und Liebe angetrieben. Sie wird von der göttlichen Macht geleitet, welche sich in all ihren Lebensumständen als vollkommene Gesundheit, Zufriedenheit, Fülle und Erfolg manifestiert.* Damit sie fähig sein würden, neuen Erfahrungen vertrauensvoll entgegenzugehen, brachte er in dem Glücksrad ferner eine Tür an und schrieb darunter: *Wenn eine Tür sich schließt, tut eine andere größere und bessere sich auf.*

In dem Abschnitt »Soziales Leben und Erholung« brachte er ein Foto von einem Sandstrand mit dem Meer im Hintergrund an und schrieb darunter die Bejahung: *Wir danken für den göttlich geplanten Urlaub unter vollkommenen Bedingungen.* Und für den allgemeinen Wohlstand fügte er hinzu: *Ich werde von der Weisheit des höheren Selbst geführt, so daß göttliche Ordnung errichtet und in all meinen finanziellen Angelegenheiten aufrechterhalten wird.*

Im letzten Teil seines Glücksrads, der geistigen Phase, brachte er das Bild einer Kirche an und schrieb folgende Worte darunter: *Ich bin dankbar für den Glauben in meinem Herzen und daß ich in meiner neuen Umgebung durch göttliche Führung zur rechten Glaubensgemeinschaft geführt werde.* Daneben klebte er noch die Abbildung einer Bibel.

Dieses Glücksrad mit seinen Bildern und Bejahungen brachte er so unter, daß er es für sich allein täglich sehen konnte. Diese einfachen Worte und Bilder unterstützten seine geistige Vorstellungskraft bei ihrer Arbeit für sein Wohl. Innerhalb weniger Wochen erhielt er die Nachricht, daß sein Arbeitsplatzwechsel für ihn die größte Beförderung bedeutete, die er je erlebt hatte! Zum erstenmal in seiner Laufbahn als Ingenieur konnte er sich voller Handlungsfreiheit erfreuen, wobei er nur dem Vizepräsidenten seiner Gesellschaft gegenüber verantwortlich war.

Täglich vertiefte er sich in die Symbolik seines Glücksrades, und er wurde mit der Zeit ganz zuversichtlich, daß sein gegenwärtiges Heim dann verkauft werden könnte, wenn er mit seiner Frau in einen anderen Staat übersiedeln müsse, um die neue Aufgabe zu übernehmen. Und – dessen war er ganz sicher – sie würden dann auch sofort die vollkommene neue Wohngelegenheit finden.

Dann setzten sie ein Datum fest, an dem sie zurückkommen und ihre Möbel holen wollten, ein Datum, zu dem sie vertrauensvoll erwarteten, daß das Haus dann verkauft sein würde. Ihr Glaube war so fest, daß sie sogar den Flug buchten, zu einem bestimmten Datum, damit sie beim Verkauf des Hauses dabei sein könnten.

Nachdem sie ihre Pläne gemacht und die Daten festgesetzt hatten, begann alles, was sie erwartet hatten, termingemäß einzutreffen. Zu der festgesetzten Zeit wurde ihr Haus verkauft, und die Möbel wurden zum festgesetzten Zeitpunkt in das neue Heim gebracht. Nachdem sie sich an ihrem neuen Wohnort eingelebt hatten, nahmen sie Urlaub, den sie an einer herrlichen tropischen Kü-

ste mit weitem Sandstrand am Meer verbrachten, wie ihr Glücksrad es bereits angezeigt hatte. Auch fanden sie später an ihrem
neuen Wohnort die gewünschten sozialen und geistigen Kontakte,
wie es im Glücksrad eingezeichnet gewesen war. So hat dieser Ingenieur durch seine Arbeit mit der geistigen Vorstellungskraft bewiesen, was er schon durch seinen Beruf von der Arbeit mit Blau-
pausen wußte – daß Ergebnisse vorgeplant und dann bildlich dar-
gestellt werden müssen, bevor sie lebendige Wirklichkeit werden
können.

Napoleon wandte das Gesetz der Vorstellungskraft an

Bevor Sie dieses Beispiel eines einzigen Mannes, der seine Einbildungskraft für sich wirken ließ, mit Vorbehalt abtun, möchte ich
Ihnen versichern, daß eine der mächtigsten Gestalten der Geschichte den Gedanken des Glücksrads anwandte, um viele
Schlachten zu gewinnen und Weltruhm zu erlangen. Napoleon
pflegte eine riesige Landkarte vor sich auszubreiten, auf der bunte
Fähnchen die verschiedenen von ihm geplanten Truppenbewe-
gungen anzeigten – und das bereits Monate im voraus. Er wandte
auch die Reichtumstechnik des Aufschreibens von Wünschen und
Plänen an, wodurch er dieselben klar umriß und sie von der unsichtbaren Ebene aus in Gang setzte. In einem Fall, so berichten
die Historiker, diktierte er zwei Monate im voraus und noch
sechs- oder siebenhundert Meilen von der Szenerie entfernt ganz
detailliert seine Befehle und die Länge der Märsche, die Treff-
punkte der zwei Armeen, den Angriff, die Feindbewegungen und
selbst die Schnitzer, die, wie er hoffte, der Feind machen würde.
Aber Napoleon erlebte sein Waterloo, weil er die Techniken, die
so mächtig zum Guten wirken, wenn sie in positiver und konstruktiver Weise angewandt werden, in großem Maße in zerstöre-
rischer Weise mißbrauchte.

So wandelt sich Ihr Denken von Verneinung zur Bejahung

Wenn Sie sich also etwas sehr wünschen, das scheinbar unmöglich zu haben ist, dann machen Sie sich ein Glücksrad! Dieses Hilfsmittel ist wirkungsvoll, weil es Ihren Gedankenstrom und Ihre Erwartungen von »ich kann das nicht haben« in »ich kann das haben« umwandelt: weil es Verzweiflung in Hoffnung, Entmutigung in Mut und Zuversicht, Versagen in Erfolg verwandelt. Wenn Sie so ein Glücksrad nicht für alle Phasen Ihres Lebens machen möchten, dann machen Sie es für Ihren größten Wunsch – vielleicht für die eine große Sache, die Sie im Leben so gern haben möchten und die Ihnen bisher ausgewichen ist. Eine Freundin von mir macht sich sogenannte »Schnellräder« für den Zeitraum von einem Monat, in die sie für die in dieser kurzen Periode benötigten Dinge Bilder und Sätze einzeichnet. Sie meint, daß dadurch, daß sie sofortige Resultate erwartet, ihr Bewußtsein viel schneller für sie zu arbeiten scheint, um rasche Ergebnisse zu zeitigen; wenn sie jedoch ein Glücksrad für einen längeren Zeitraum anlegt, scheint ihre Einbildungskraft irgendwie nicht genügend angeregt zu werden.

Ein Notizbuch mit Wunschzeichnungen

Wenn Sie nicht die Zeit haben, ein großes Glücksrad anzulegen, das Ihnen helfen kann, Ihre geistigen Vorbilder zu ändern, dann ziehen Sie es vielleicht vor, so wie eine mir bekannte Lehrerin zu verfahren, die sich ein Notizbuch ähnlich dem anlegte, das sie beim Unterrichten immer mit sich führt. Nur daß dieses Notizbuch Bilder enthält, die sie aus Zeitschriften ausgeschnitten hat und die Wünsche von ihr darstellen, dazu einige Schlagzeilen, die sie ebenfalls ausgeschnitten und in das Büchlein eingeklebt hat. Wenn sie im Verlauf ihres Tages eine Ruhepause hat, pflegt sie in ihrem Notizbuch zu schmökern, wodurch ihre Vorstellungskraft angeregt wird und erwartungsvoll dem höchsten Guten entgegenwirkt. Niemand in ihrer Umgebung weiß, was sie macht, und auf diese einfache Weise vermeidet sie es, depressiv, entmutigt oder zweifelnd zu werden.

Machen Sie sich ein detailliertes Bild

Eine Hausfrau, die die geistige Vorstellungskraft mit erstaunlichem Erfolg angewandt hat, erzählte mir wiederholt, daß sie lange Zeit daran arbeiten mußte, ihrem Bewußtsein ein *detailliertes* Bild ihres Wunsches einzuprägen.

Doch sobald sie sich das vollständige, detaillierte Ergebnis vorstellen könne, sei es möglich, die Angelegenheit ganz aus dem Sinn zu entlassen, denn sie wüßte dann, daß sie bald sichtbare Formen annehmen würde. Sie sagt ferner, daß Zeit und Mühe sich lohnen würden, die man aufwendet, um täglich sich so viel wie möglich Wunschbilder zu gestalten. Dadurch brauche sie häufig selbst nur wenig oder nichts dazu beizutragen, um das Ziel zu erreichen. Vielmehr würden die Dinge sich für sie von selbst erledigen, da sie die größte Arbeit schon zuvor getan habe.

Ich habe entdeckt, daß das reichmachende Gesetz der Vorstellungskraft eines der faszinierendsten geistigen Gesetze ist. Je mehr man diese Fähigkeit entwickelt, desto mehr scheint es, daß die ganze Welt einem freundlich entgegenkommt, glücklich, einem alle Wünsche zu erfüllen.

Sie denken stets in Bildern

Eine Frau vom Typ der »Selbstgerechten« kam einmal nach einer Vorlesung, die ich über die Vorstellungskraft gegeben hatte, zu mir und sagte ungehalten: »Ich glaube nicht an geistiges Bildern, das ist nichts weiter als geistiger Zwang.«

Ich versuchte ihr zu erklären, daß sie fortwährend in Bildern denken würde, ob sie es nun wolle oder nicht, denn das Bewußtsein denkt nun einmal in Bildern. Das ist die natürliche Wirkensweise des Bewußtseins. Aber diese empörte Frau rauschte einfach davon. Später hörte ich, wie schlecht es ihr finanziell ging. Schließlich sprach sie mit einem Lebensberater über ihre Schwierigkeiten, und der Berater sagte: »Sie werden so lange Geldsorgen haben, bis Sie die Bilder Ihrer Imaginationskraft ändern. Sie denken an Geldnot, Sie reden darüber und stellen sie sich bildlich vor, und Ihr

Geist produziert das, was Sie sich vorstellen. Ändern Sie Ihr Bilder-Denken, und sprechen und denken Sie über Fülle – dann werden Sie Fülle haben.« Diesesmal war die Frau so verzweifelt, daß sie damit begann, sich gedanklich auf reiche Ergebnisse zu konzentrieren. Und bald begann sie, diese zu erfahren. Nach einer Weile hatte sich ihre Einstellung vollkommen gewandelt, und sie wurde ein schöner, ausgeglichener und von Wohlstand gesegneter Mensch, den jeder gern hat. Früher hatte man sie aufgrund ihrer beständigen Klagen über die Finanzmisere gemieden.

Ich stimme mit der Dame überein, daß wir das Gesetz der Vorstellungskraft als geistigen Zwang anwenden können, wenn wir versuchen, uns etwas anzueignen, das einem anderen gehört. Wenn wir uns geistig etwas vorstellen, das anderen gehört, dann beschwören wir Unheil herauf. Wir dürfen uns nie das Gute eines anderen vorstellen, damit es ihm genommen werde und zu uns komme. Was einem anderen gehört, auf das haben wir kein göttliches Recht. Hätten wir dies, dann wäre es uns sofort zuteil geworden. Und da es uns nicht durch göttliches Recht gehört, wäre es nicht für uns gut, wenn wir es bekommen würden.

Wie man selbstlos Wunschvorstellungen pflegt

Sie brauchen niemals eines anderen Menschen Segnungen zu begehren, denn sie würden Sie nicht befriedigen. Was einem anderen gehört, paßt nie ganz zu Ihren Notwendigkeiten. Wenn Sie also etwas gern hätten, das jemand anders hat, so versuchen Sie nicht, es durch bildliche Vorstellung in Ihren Besitz zu zwingen. Erkennen Sie, daß der fremde Besitz, der Sie reizt, nur darauf hinweist, daß ähnliches Gutes zu Ihnen auf dem Weg ist und Sie es haben *können*. Um zum Gelingen beizutragen, bejahen Sie für sich: *Auch ich bin in Kontakt mit der Quelle dieses Guten. Das göttliche Äquivalent ist jetzt auf dem Weg zu mir, und ich nehme es dankbar an. Meine eigenen ähnlichen, mir von der Quelle meines Seins bestimmten Segnungen treten jetzt in Erscheinung. Sie stellen mich voll zufrieden und passen zu mir, und ich danke dafür.*

Wirklich, es ist nicht gefährlich, die Vorstellungskraft des Geistes aktiv zu betätigen, wenn man es selbstlos tut. Nur wenn man sie selbstsüchtig anwendet, wenn man versucht, jemandem etwas abzuzwingen, was man begehrt, beschwört man Schwierigkeiten herauf.

In gleicher Weise sollte man niemals einen anderen sich bildlich in einer Lage vorstellen, die man nicht auch selbst erleben möchte, denn das mentale Bild, das man ausgesandt hat, kehrt unvermeidlich zu einem selbst zurück. Statt dessen sollte man sich andere gesund, glücklich und reich vorstellen, so wie man auch seine eigene Situation geistig bildert.

Stellen Sie sich bei Familienschwierigkeiten Glück und Frieden vor

Eine verstörte Mutter, die unter dem besonders störenden Betragen ihres Sohnes litt, begann, sich jeden Tag ein paar Minuten ruhig hinzusetzen und sich den Jungen so vorzustellen, wie sie ihn wünschte. Sie stellte ihn sich in einem Meer von Licht und Liebe vor, ruhig, friedlich, vertrauensvoll, ausgeglichen und glücklich. Gleichzeitig hörte sie auf, ihn durch äußere Einwirkung oder Worte in diese Richtung zu bringen. Allmählich begann er, diese Eigenschaften zum Ausdruck zu bringen und wurde ruhig, friedlich, vertrauensvoll und harmonisch, so daß er innerhalb weniger Monate kaum noch dasselbe Kind zu sein schien.

Bei meinen Gesprächen mit einer Reihe von Frauen, deren Männer »fremdgehen«, habe ich die Feststellung gemacht, daß dies nahezu unvermeidlich geschah, nachdem die Frau begonnen hatte, sich ihren Mann so vorzustellen, als sei er »an einer anderen Frau interessiert«. Eine Frau, deren Mann schon am Anfang der Ehe untreu geworden war, kam zu mir, beladen mit großem Selbstmitleid, weil sie bereits zum dritten Mal die Erfahrung mit »der anderen Frau« durchmachen mußte. Nachdem ich sie sehr eindringlich befragt hatte, merkte ich, daß sie schon früh in ihrer Ehe sich die Frage gestellt hatte, was sie wohl tun würde, wenn so etwas geschähe. Es geschah dreimal, bevor sie erkannte, daß sie für jedes Erlebnis ihres Mannes die geistig-bildliche Voraussetzung geschaffen und die Erfahrungen dadurch hervorgerufen hatte. Seien Sie vorsichtig mit dem, was Sie für sich oder andere, die für Ihre mentalen Bilder empfänglich sind, in Ihrer Einbildungskraft festhalten, denn es wird sich mit Sicherheit ereignen!

Sie sollten Ihren Mitmenschen immer die Wohltat erweisen, sie nur in guten geistigen Bildern vor Augen zu haben. Lebensschicksale sind häufig nichts anderes als der Widerstreit zwischen konstruktiven und destruktiven mentalen Bildern, die Sie für sich und andere hegen. Der Verfasser jener Worte hatte vielleicht die Macht der geistigen Vorstellungswelt vor Augen, als er sagte: »Zwei Männer blickten durch Gefängnisgitter in die Ferne – der eine sah den Straßenkot, der andre sah die Sterne.« Das, was wir sehen, hängt größtenteils davon ab, wonach wir Ausschau halten.

Stellen Sie sich in finanziellen Angelegenheiten Erfolg vor
Ich möchte auch anregen, daß Sie beginnen, täglich Ihre Vorstellungskraft für Reichtum und Erfolg zu entwickeln, indem Sie sich am Anfang und Ende des Tages ein wenig Zeit nehmen – vielleicht, wenn Sie Ihre Listen zusammenstellen –, um in bestimmter Weise geistige Bilder zu formen. Mit anderen Worten, wenn Sie auf Ihre Liste unbezahlte Rechnungen setzen, dann setzen Sie sich einen Augenblick ruhig hin und malen sich aus, wie Sie den bestimmten Betrag und den Namen der Eigentümer in die Überweisungsschecks schreiben. Dann stellen Sie sich im Geiste vor, wie Sie diese Schecks abschicken. Brauchen Sie dringend einen bestimmten Geldbetrag, dann stellen Sie sich einen an Sie ausgestellten Scheck unter einem gängigen Datum vor, und malen Sie sich gedanklich aus, wie der benötigte Betrag unter dem Datum von Ihrer Bank als Haben verbucht wird. Ihre Vorstellungskraft liebt es, festumrissene Bilder zu erhalten, nach denen sie gestalten und verwirklichen kann, und das Unterbewußtsein übernimmt dieselben nur allzugern, um alsbald deutliche Ergebnisse zu zeitigen.

Tatsächlich haben Sie schon immer Ihre Vorstellungskraft benutzt, und vielleicht haben Sie sie angewandt, um sich Geldknappheit, Erfolgslosigkeit und all die Dinge zu bilden, die Sie in Ihrem Leben gar nicht wünschen. Nehmen Sie während Ihrer stillen Zeit Ihre Brieftasche und das Scheckbuch in die Hand, schließen Sie die Augen und stellen Sie sich vor, daß daraus Banknoten mit nennenswerten Beträgen hervorquellen. Malen Sie sich geistig auch aus, daß Ihre Kontoauszüge bei der Bank große Beträge ausweisen. All das Gute, das Sie gern erleben möchten: Malen Sie es sich aus, stellen Sie es sich vor, bildern Sie, bildern Sie...

Ich kenne einen Geschäftsmann, der eine lange finanzielle Durststrecke durchstehen mußte und meinte, die Einschränkungen seines Lebensstandards nicht länger ertragen zu können. Da er sich der geistigen Macht der Imagination bewußt war, kaufte er sich »Spielgeld« und füllte seine Brieftasche damit. Immer, wenn er die Brieftasche öffnete, sah er nun zuerst die hohen Geldbeträge. Er sagte, seine Vorstellungskraft hätte sehr bald die großen Geldbeträge in seiner Börse akzeptiert und es hätte ihm seitdem nie mehr an Geld gemangelt, um all seinen Verpflichtungen und Bedürfnissen gerecht zu werden.

Malen Sie sich Reisen aus

Eine Freundin von mir erinnerte sich der geistigen Vorstellungskraft, als sie den Wunsch hatte, eine Weltreise zu machen. Sie kaufte sich ein Kleid, dessen Muster eine Weltkarte zeigte. Dieses Kleid trug sie häufig, wobei sie dann an die Unternehmungen dachte, die sie plante. Bald darauf kam jemand auf die Idee, für sie mit einer bestimmten Menge Geldes einen »Reisefonds« zu stiften. Da der Fonds sich allmählich auffüllte, nahm sie mit einem Reisebüro Fühlung auf und entschied sich versuchsweise für eine Europareise. Innerhalb von sechs Monaten, nachdem sie begonnen hatte, das Kleid mit der Weltkarte zu tragen, verwirklichte sich die Europareise. Sie trägt das Kleid immer noch, denn natürlich malt sie sich weiter im Geiste Reisen in andere Teile der Welt aus!

Machen Sie sich ein Bild von Schönheit und Wohlbefinden

Machen Sie sich im Geiste ein Bild, wie Sie sich kleiden, wie Sie aussehen, handeln und reagieren möchten. Geben Sie anderen eine Erfolgs- und Schönheitsbehandlung, indem Sie sich dieselben glücklich und erfolgreich vorstellen. Ich gebe häufig Leuten eine private Schönheitsbehandlung, indem ich sie mir in schöneren Kleidern vorstelle. Es ist erstaunlich, wie oft sie in kürzester Zeit gerade in der Garderobe erscheinen, die ich mir für sie gedacht hatte. Dieses ist eine gute Möglichkeit, wie Männer ihre Frauen dazu bringen können, daß sie hübschere Hüte tragen – anstatt sich über ihre gegenwärtige Aufmachung aufzuregen. Sie werden überrascht sein, wie schnell Ihre Frau unbewußt den Wunschbildern entsprechen wird!

Je mehr man von der Vorstellungskraft bewußt Gebrauch macht, desto angenehmer wird sie für einen tätig werden. Wir bildern ja ständig, ob wir uns nun dessen bewußt sind oder nicht. Warum also sollten wir nicht bewußt die Vorstellungskraft kontrollieren und Gesundheit, Wohlstand und Glück produzieren, worauf wir ein göttliches Anrecht haben?

Schaffen Sie mentale Bilder Ihrer wahren Wünsche

Ich möchte Sie noch einmal an etwas erinnern, das ich im letzten Kapitel erwähnte: Lassen Sie sich bei Ihren mentalen Bildern auf keine Kompromisse ein. Stellen Sie sich das vor, was Sie wirklich wollen, nicht nur das, von dem Sie meinen, daß Sie es wahrscheinlich haben können. Beachten Sie dabei weder den oberbewußten Willen noch den kritischen Verstand, die versuchen werden, Ihnen Ihr geistiges Bild auszureden. Ihre wirkende Imaginationskraft wird Ihren Willen bald beherrschen und ihm seinen Platz anweisen, wenn Sie zuerst die Vorstellungskraft kontrollieren und sie mit Bilder von dem, was Sie zutiefst und wirklich wünschen, anfüllen. Speichern Sie Ihren Imaginationscomputer mit halbherzigen, lauwarmen mentalen Bildern, dann werden Sie auch lauwarme, halbherzige Resultate erhalten. Und da Sie das nicht befriedigen wird, werden Sie ganz von vorn anfangen müssen und sich das wirklich Erwünschte geistig bilden. Tun Sie es also von Anfang an, und ersparen Sie sich die doppelte Arbeit.

Wirklich, das geistige Vorbild schafft die Voraussetzung, aber es liegt an Ihnen, das geistige Vorbild zu gestalten. Wenn Sie dies einsehen, werden Sie begreifen, daß es nicht nötig ist, daß Sie um Ihr Glück kämpfen oder es zwingen müssen. Werden Sie statt dessen rege, und malen Sie sich *in allen Einzelheiten* aus, wie Sie es haben möchten und bejahen Sie dabei: *Dieses oder etwas Besseres, Vater; dein unbegrenztes Gutes geschehe!*

Es ist wahr, daß der Mensch das wird, was er denkt, und daß des Menschen beständiges geistiges Bildern genügt, um alles neu zu gestalten und neu zu schaffen! Aber verlassen Sie sich allein nicht auf mein Wort. Folgen Sie vielmehr mir und vielen anderen, die entdeckt haben, daß die bejahende Vorstellungsmacht von allen Kräften die herrlichste und gewaltigste ist.

6. Kapitel

Das Reichtumsgesetz des Königlichen Wortes

Shakespeare schrieb: »Es gibt Gezeiten im Geschäft der Menschen, die, während Flut ist, zum Vermögen führen.« Diese Flut-Tide des Guten lösen wir durch das Gesetz des Königlichen Wortes aus, nachdem wir sie mit Hilfe unserer Wunschlisten und mentalen Bilder vorbereitet haben.

Das Gesetz des Königlichen Wortes ist Ihr Schlüssel zur Herrschaft. Das Königliche Wort ist Autorität und Kontrolle. Durch eine autoritäre Einstellung gewinnen Sie die Kontrolle über das Gute, das Sie in Ihrem Leben erfahren möchten. Viele Menschen blicken zum Leben »auf«, als wäre es ein Berg, der turmhoch über ihrer Unbedeutendheit steht. Das Gesetz des Königlichen Wortes verhilft Ihnen dazu, sich auf den Gipfel zu stellen und über Ihre Welt mit einem Gefühl von Autorität und Kontrolle zu blicken, wodurch entsprechende Resultate hervorgebracht werden.

Das Geheimnis dieses Gesetzes ist dies: Häufig bedarf es keiner anderen Anstrengung als einer positiven Behauptung des Guten, das man erfahren möchte, um die Tide der Ereignisse auf Flut zu wenden, damit das Gute leicht und ohne weitere Umstände geschaffen werde. Es ist erstaunlich, wie rasch sich vor uns Türen öffnen, wenn wir es wagen, eine Situation unter Kontrolle zu bringen und unseren hohen Erwartungen mit dem Königlichen Wort Nachdruck zu verleihen, auf daß sie sich manifestieren können. Aber dieses Gesetz ist nichts Neues. In der Schöpfungsgeschichte wird uns erzählt, daß Jehova die Erde schuf, indem er gebot: *Es werde... und es ward.*

Tatsächlich ist das Gesetz des Königlichen Wortes sehr leicht anwendbar. Nachdem Sie Wunschlisten aufgestellt und sich Ihre

Wünsche im Geiste als bereits erfüllt vorgestellt haben, ist es an der Zeit, ihre Substanz durch ein entschiedenes Wort, das die Äther-wellen des Alls in Bewegung bringt, freizugeben. Was man mit Autorität beansprucht, wird man erhalten, wie die Bibel es ver-spricht: »*Was du dir vornimmst, das läßt er dir gelingen; und das Licht wird auf deinem Wege scheinen*« (Hiob 22,28).

Wir verfügen über unser Gutes durch Worte

Sie wenden das Gesetz des Königlichen Wortes bereits an, denn Sie erlassen fortwährend Gebote, wenn es sich auch häufig nicht um die rechte Art von Geboten handelt, weshalb Umstände ein-treten, die Sie nicht gewünscht haben. Ein Bekannter erzählte mir kürzlich von einem Freund, der mit seinem rechten Arm Kummer gehabt hatte. Verschiedene Ärzte hatten den Arm untersucht und gesagt, daß kein organischer Fehler gefunden werden könne. Schließlich erkannte dieser Mann, der um die Macht des gespro-chenen Wortes wußte, daß er mehrmals ausgerufen hatte: »Ich würde meinen rechten Arm geben, wenn ich...« Er hörte damit auf, diese Redensart anzuwenden, und sein Arm gesundete.

Schon Jesaja warnte uns: »Wehe denen, die unrechte Befehle ge-ben und unrechtes Urteil sprechen« (Jes. 10,1). Die Spuren unseres Wehs können oft bis zu unseren gedankenlosen Bemerkungen zu-rückverfolgt werden.

Ich gab einmal einer Frau Meditationshilfe, die in Füßen und Beinen Beschwerden hatte. Sie schien dringend der Heilung zu be-dürfen. Ihr Arzt sagte ihr, er habe alles Menschenmögliche getan. Nachdem wir mit den Meditationen begonnen hatten, verbesserte sich ihr Zustand, aber zu einer vollständigen Heilung schien es nicht zu kommen. Eines Tages sagte ich zu ihr in unserer stillen Stunde: »Stellen Sie einfach mal die Frage: ›Vater, was ist die Wahrheit in dieser Situation? Was muß geschehen, damit ich voll-kommen geheilt werde?‹« Sie nahm diese Frage mit in ihre medita-tive Zwiesprache mit dem Unendlichen.

Nach einer kleinen Weile sagte sie ruhig: »Ich habe die Antwort! Ich habe vor einiger Zeit eine neue Geschäftsverbindung aufgenommen, aber mit dieser Unternehmung habe ich bislang noch keinen Erfolg gehabt. Törichterweise habe ich gesagt: ›Wenn ich doch nur finanziell nicht auf so schwachen Beinen stehen würde.‹ Ich stand physisch auf meinen Beinen, als ich diesen Ausspruch tat, aber bald danach begannen die Schwierigkeiten. Mein Unterbewußtsein muß meine Worte ernstgenommen haben und schwächte meine Füße und Beine, was ich mit meinen nichtsnutzigen Worten praktisch befohlen hatte.«

Sie konzentrierte sich jetzt auf folgende Bejahung: »Ich ändere meine Aussage und erkläre, daß ich finanziell gesichert bin; daß ich finanziell *auf* meinen Beinen stehe!« Und dieser Zustand trat sehr schnell bei ihr ein – sowohl physisch als auch finanziell!

Ich kenne eine Frau, die auf einem Ohr ganz taub ist. Sie pflegt immer, wenn sie etwas nicht zur Kenntnis nehmen will, zu sagen: »Das trifft auf ein taubes Ohr.«

Wahrheitsschülern aller Zeitalter wurde immer die Macht des Wortes gepredigt. Die geistigen Führer Ägyptens, Indiens, Persiens, Chinas und Tibets lehrten all ihren Studenten, nur dann zu sprechen, wenn sie etwas Konstruktives zu sagen hätten. Da sie die Gefahr müßigen Geschwätzes kannten, setzten sie einen Maßstab fest, wonach zu entscheiden war, ob es klug sei zu reden: »Ist es wahr? Ist es freundlich? Ist es nötig?« Selbst wenn es wahr ist – ist es nicht freundlich, dann ist es gewiß auch nicht nötig!

Nachdem ich schon Hunderte von Leuten hinsichtlich ihrer finanziellen Probleme beraten habe, stellte ich fest, daß sie in 99 von 100 Fällen ihre Probleme so lange nicht lösen, bis sie das Gesetz des Königlichen Wortes nicht nur kennen, sondern auch erfüllen. Wenn sie beginnen, täglich, bewußt und entschieden das Gute für wahr zu erklären, das sie sich wünschen, dann scheint ihr autoritär gesprochenes Wort dieses auch herbeizuziehen.

Meditationsbejahungen sind eine Form des Königlichen Wortes

Heutzutage hören wir viel von »Bejahungen«, die eine Form des Königlichen Wortes sind. Viele Menschen beweisen, daß die tägliche Praxis der lauten und leisen Bejahung der einfachste Weg ist, um das Gesetz des Königlichen Wortes zur Verwirklichung des Gewünschten zu veranlassen. Tatsächlich ist die Anwendung von Bejahungen ein so einfacher Weg zur Erzielung guter Ergebnisse, daß viele Leute ihm mißtrauisch gegenüberstehen und nach einem schwierigeren Weg zur Erlangung des Glücks Ausschau halten.

Bejahen bedeutet soviel wie »bestätigen«, »bekräftigen« – *Kraft geben*. Wenn man verbal den gewünschten Erfolg erklärt bzw. bejaht und nicht dabei verweilt, über das zu sprechen, was man sich nicht wünscht, beginnt man, geistig das erwünschte Gute zu bestätigen und ihm dadurch Verwirklichungskraft zu geben. Bleibt man beharrlich bei seiner Bejahung, dann tritt das Resultat bald in Erscheinung.

Sie gestalten Ihre Welt durch Worte

Unterschätzen Sie niemals die Macht des Wortes. Wie Jehova zu Beginn aller Zeiten gestalten Sie aus Worten Ihre Welt. Wenn Sie aber die Welt nicht schätzen, die Sie früher durch Worte des Mißklangs, des Mangels, der Begrenzung und der Sorgen gemacht haben, können Sie jetzt damit beginnen, eine neue Welt des Glücks und grenzenlosen Guten zu schaffen, indem Sie den Tenor Ihres Königlichen Wortes wandeln.

Die Teilnehmer meiner Kurse für positives Denken fanden, daß das Gesetz des Königlichen Wortes dasjenige sei, mit dem man am schnellsten und leichtesten reiche Resultate erzielen kann. Sie nahmen Bejahungen, die sich auf ihre besonderen Probleme bezogen, und sprachen diese laut mindestens 15 Minuten täglich, zum Beispiel dreimal fünf Minuten lang. Erlaubten es ihnen die Umstände nicht, die Bejahungen laut zu sprechen, dann pflegten sie sie mehrere Dutzend Male niederzuschreiben. Ein Königliches Wort, das sie häufig anwandten, lautete: *Ich liebe das Höchste und Beste in allen Menschen. Ich ziehe jetzt die höchsten und besten Menschen* (Kunden, Klienten, Patienten usw.) *in mein Leben.*

Ein Verkäufer machte die Entdeckung, daß, nachdem er begonnen hatte, diese Bejahung zu sprechen, in seine Abteilung nur noch solche Kundschaft kam, die auch wirklich beabsichtigte, seine Ware zu kaufen. Das tägliche, beharrliche Festhalten an der Bejahung half ihm auch, seinen Verkaufserfolg wesentlich zu steigern.

In einem anderen Fall wandte eine Verkäuferin diese Bejahung mehrere Wochen lang täglich fünfzehn Minuten lang an und hatte dabei so viel Erfolg in ihrem Beruf, daß sie die Spitzenverkäuferin des ganzen Warenhauses wurde. Sie bekam einen Extrabonus dafür, daß sie innerhalb kurzer Zeit Waren im Wert von 44 000 Dollar verkauft hatte. Nur drei andere Verkäufer (alles Männer) verkauften im gleichen Zeitraum für je 30 000 Dollar Waren. Die Abteilung dieser Verkäuferin führte größtenteils billige Artikel, weshalb sie sehr viel mehr Verkaufsabschlüsse tätigen mußte, um mit anderen Abteilungen den Vergleich aushalten zu können.

Ein anderes Königliches Wort, das meine Kursteilnehmer für besonders wirkungsvoll hielten, lautete: *Alles und jeder bereichert mich jetzt, und ich bereichere jeden und alles.*

Nachdem er täglich und gewissenhaft diese Bejahung laut gesprochen hatte, erhielt ein Regierungsangestellter die Nachricht von einer Erbschaft, die seit Jahren anstand, aber von ihm nicht angetreten worden war. Ein anderer Schüler, der sich dieser Bejahung bediente, wurde einer von elf Erben einer Kiesgrube. Wegen der Vielzahl der Erben hieß es, daß der aus der Kiesgrube zu realisierende Gewinn nur gering sein würde. Aber nachdem dieser Mann weiterhin täglich erklärte: *Alles und jeder bereichert mich jetzt, und ich bereichere jetzt jeden und alles*, begann er, von der Kiesgrube monatlich Zahlungsanweisungen in beträchtlicher Höhe zu erhalten. Und während der Wintermonate, da man doch annimmt, daß das Kiesgeschäft nichts abwirft, erhielt er einen Scheck mit dem größten Betrag von allen!

In einem meiner letzten Kurse gab ich eine Reihe von Bejahungen für bestimmte Gelegenheiten und war erstaunt, wie viele Teilnehmer später darauf zurückkamen und baten, sich die Worte genau aufschreiben zu dürfen.

Für die perfekte Garderobe, die jeder positiv Denkende haben sollte: ICH DANKE DAFÜR, DASS ICH MIT HILFE DER REICHEN ALLSUBSTANZ ANGEMESSEN UND SCHÖN GEKLEIDET BIN.

Für ein schönes, gemütliches Heim – sei es nun ein Zimmer, eine Wohnung oder ein Haus: ICH DANKE DAFÜR, DASS ICH MIT HILFE DES REICHEN GÖTTLICHEN VERMÖGENS EINE SCHÖNE UND GEEIGNETE BLEIBE HABE.

Und für die geeignete und beste Beförderungsmöglichkeit, die jeder Ja-Sager haben sollte: *Ich danke dafür, daß ich mit Hilfe der reichen göttlichen Quelle angemessen und bequem befördert werde.*

Die Damen liebten besonders dieses Königliche Wort: *Ich danke für ständige und zunehmende Gesundheit, Jugend und Schönheit.*

Ich glaube fast, man hält mich für eine Extremistin in Sachen Meditationsbejahungen, denn ich habe meine Königlichen Worte getippt und in den verschiedensten Ecken und Enden meiner Wohnung angebracht. Manchmal sind Nachbarskinder so davon beeindruckt worden, daß sie gelegentlich wieder hereinschauen, um zu sehen, ob ich einige Bejahungen ausgewechselt habe und um sich Kopien davon zu erbitten. Die obige Bejahung über Kleider hängt an der Tür meines Kleiderschrankes.

Die über Gesundheit, Jugend und Schönheit klebt an meinem Spiegel. An meiner Speisekammertür hängt folgende Bejahung: *Ich freue mich über die göttliche Fülle, die sich ständig hier und jetzt als reichliche Versorgung manifestiert.*

Zur Vermeidung unnötiger Telefongespräche, die eine große Zeitverschwendung sein können, befindet sich neben meinem Telefon folgendes Königliche Wort: *Hier herrscht göttliche Ordnung. Harmonie ist das oberste Gebot.*

Es ist gut, den Tag mit Bejahungen zu beginnen, die uns helfen, die Kontrolle über den Tag zu erlangen. Ich schlage folgendes vor: *Mit Lob und Dank bringe ich die Reichtümer des Allerhöchsten vor mich, daß sie mich heute lenken, leiten, beschützen und bereichern. Alle nötigen Dinge werden mir gegeben. Mein reiches Gutes wird heute sichtbar!*

Damit Sie täglich Worte der Bejahung und des Erfolges sprechen, was eine Art Gebot zur Entwicklung dieser Fähigkeiten ist, schlage ich folgendes Königliche Wort vor: *Meine Worte sind angefüllt mit bereichernder Kraft.*

Andere Lieblingsbejahungen in einigen meiner Kurse waren: Zum Beispiel für das Einkommen: *Ich danke dafür, daß mein finanzielles Einkommen jetzt durch die direkte Einwirkung von Gottes reichem Guten sich mächtig vermehrt!*

Für die Bezahlung von Rechnungen, bei Verschuldung und finanziellen Verpflichtungen: *Ich danke für die sofortige, vollkommene Bezahlung aller finanziellen Verpflichtungen mit Hilfe von Gottes eigenen, wundervollen Wegen.*

Für mehr Erfolg in allen Bereichen: *Ich danke dafür, daß ich täglich in jeder Weise reicher und reicher werde.*

Für Harmonie in den eigenen vier Wänden und im Geschäftsleben: *Laß Friede sein in meinen Mauern und Glück in meinen Palästen* (Psalm 122,7).

Bejahungen helfen bei der Arbeit

Ein Eisenbahnangestellter erzählte mir, wie er Königliche Worte zur Unterstützung seiner Arbeit anzuwenden pflege. Man hatte ihm aufgetragen, einen Lokmotor zu reparieren, den bisher niemand in Ordnung bekommen hatte. Als er hörte, wie viele Mechaniker vor ihm bei der Reparatur der Maschine versagt hatten, wurde er besorgt. Aber dann erinnerte er sich des Erfolgsgesetzes des Königlichen Wortes. Bevor er mit der Arbeit begann, zog er sich an einen stillen Ort zurück. Da nahm er aus seiner Brieftasche die folgende Bejahung und las sie ein paarmal durch: *Ich bin ein*

Kind des lebendigen Gottes und daher eins mit seiner Weisheit.
Diese Weisheit führt mich jetzt auf rechte, friedliche und erfolgrei-
che Pfade. Während er diese Worte überdachte und Frieden und
Vertrauen in sein Herz einströmen ließ, kam ein Kollege in den
Schuppen und fragte ihn, was er da mache. Er erwiderte, er über-
prüfe einen »Plan«, den er bei der Reparatur der Lokmaschine anwenden wolle. Kurz darauf kehrte er zu seiner Arbeit zurück und
reparierte sehr schnell den schwierigen Fall. Danach kam der Kollege wieder zu ihm und bat um eine Kopie jenes »Plans«, den er mit
so viel Erfolg benutzt hatte!

Ein Postbeamter mußte sich einer Tauglichkeitsprüfung unterziehen. Er beschloß, die Herrschaft über die Angelegenheit zu
übernehmen, anstatt sie zu fürchten. Wieder und wieder erklärte
er: *Die göttliche Weisheit weiß alles, was ich wissen muß, und die*
göttliche Weisheit zeigt mir jetzt alles, was ich wissen muß. Sein
Test wies ihn als äußerst befähigt aus, und er hatte eine schöne und
nicht schwierige Erfahrung mit dem Königlichen Wort gemacht.

Vor einiger Zeit wandte ein New Yorker eine Anzahl der vorge-
nannten Bejahungen an. Nach der Lektüre eines Artikels von mir
über dieses Thema berichtete er mir folgendes:

»Zu der Zeit, da ich von der Macht des bejahenden Königlichen
Wortes hörte, war meine Geschäftslage sehr unsicher. Zudem erhielt ich die Nachricht, daß ich das mietfreie Büro, das ich bisher
bezogen hatte, aufgeben mußte. Glücklicherweise fand ich ein anderes passendes Büro zu einer angemessenen Miete. Aber der Geschäftsgang war äußerst schleppend. Es wurde mir klar, daß ich
absoluten Glauben haben mußte, um mit der Radioproduktion,
die ich plante, weiterzumachen, obwohl ich nicht die blasseste Ahnung hatte, woher das Kapital zu ihrer Finanzierung kommen
sollte. Außerdem mußte das Personal bezahlt werden, und Ge-
schäftsschulden warteten auf ihre Begleichung.

Dann las ich in der Untergrundbahn, auf meinem Weg zur Arbeit, Ihren Artikel, der eine Reihe bestimmter Bejahungen für
Glück und Erfolg enthielt. Ich begann, all diese in dem Artikel ge-

nannten Bejahungen anzuwenden, und im Büro schrieb ich sie ab, um sie immer bei mir zu haben.

Am nächsten Tag fühlte ich mich veranlaßt, einen Bekannten aus der Finanzwelt anzurufen, der mir vor einem Jahr (ich hatte das damals für eine Höflichkeitsbemerkung gehalten) vorgeschlagen hatte, daß ich mal bei ihm hereinschauen solle. Als ich ihn jetzt anrief, wollte er mich sofort sehen. Wir gingen zusammen essen, und ich legte ihm meine Pläne dar und sagte ihm, wieviel Geld ich benötigen würde. Er stimmte sofort meinen Vorschlägen zu mit einer Ausnahme: Er weigerte sich, einen so großen Gewinnanteil für sich zu beanspruchen, wie ich bereit war, ihm zu gewähren. Und er bestand darauf, daß das von mir geliehene Kapital zinsfrei sein müsse.

Genau eine Woche später, nachdem unser Vertrag in Albany unterzeichnet und ein Scheck für das anfängliche Arbeitskapital übergeben worden war, zeichnete ich Aktienpapiere als Präsident meiner neuen Gesellschaft!«

Dies ist das Zeugnis, das ein Geschäftsmann vom Gesetz des Königlichen Wortes ablegt.

Bejahungen schaffen befriedigende Ergebnisse

Ich habe noch nie von einem Menschen gehört, der gewissenhaft die Methode der täglichen Bejahung und des gesprochenen Königlichen Wortes auch nur kurze Zeit befolgt hat, ohne daß befriedigende Ergebnisse in seinem Leben zu verzeichnen gewesen wären. Andererseits kenne ich auch keinen Wahrheitsschüler, der dauerhaften Erfolg gehabt hätte, ohne seine Bejahungen täglich laut und leise zu sprechen. Häufig traf ich mit Lernenden zusammen, die mir alles über die Theorie des erfolgreichen Lebens erzählen, aber wenig davon vorweisen konnten. Wenn ich sie dann danach befragte, fand ich immer wieder, daß sie von dem Gesetz des Königlichen Wortes keinen Gebrauch machten. Viele von ihnen meinten, es sei »unter ihrer Würde«, täglich fünfzehn Minuten lang bestimmte positive Bejahungen und bestimmte Worte des Erfolges zu sprechen, obgleich sie es nicht für würdelos hielten, die ganze übrige Zeit gewisse Worte über schlechte Zeiten, Mangel und finanzielle Schwierigkeiten zu sprechen. Auch hielten sie es nicht für unter ihrer Würde, in Verschuldung und Geldverlegenheit zu leben.

Sie können wählen und entweder dem hohen Pfad oder dem niederen Lebensweg folgen. Das Gesetz der positiven Herrenworte führt Sie auf den hohen Pfad, auf die königliche Straße des Erfolges. Ein Bewußtsein, das seit Jahren getränkt ist von Gedanken an Armut und Versagen, bedarf der Hilfe, um sich zu höheren Gedanken, Einstellungen und Erwartungen aufzuschwingen. Oft muß man besondere Methoden zu Hilfe nehmen, um angesichts extremer Umstände gute Resultate hervorzubringen. Wenn das Sprechen bestimmter Worte des Erfolgs und Glücks eine ungewöhnliche Methode zu sein scheint, so sei es drum. Doch gehen Sie voran und versuchen Sie es, wenn Sie wünschen, die Tide Ihres Denkens von Armut und Erfolglosigkeit in Reichtum und Erfolg zu wandeln.

Inmitten außergewöhnlicher Ereignisse werden Sie es häufig für notwendig halten, zusätzliche Anstrengungen zu unternehmen, um befriedigende Ergebnisse zu erzielen. Jakob fand es notwendig, mit dem Engel zu ringen, bis der Tag anbrach – oder bis das Gute in der Situation aufging –, um seinen Segen zu empfangen. Zuweilen werden auch Sie sich gezwungen sehen, es ihm gleich zu machen.

Dieses Gesetz ist nicht neu

Jesus wandte oft das Gesetz des Königlichen Wortes an, so wie es viele große Männer der Bibel taten. Er bewies die Macht des Herrenwortes, als er zum Feigenbaum sprach: »Nun wachse auf dir hinfort nimmermehr eine Frucht!« Und weiter lesen wir im Text: *Und der Feigenbaum verdorrte alsbald* (Matth. 21,19). Als Jesus in der Wüste dreimal in Versuchung geführt wurde, begegnete er der Herausforderung mit dem Gesetz der positiven Erklärung. Jedesmal, wenn der Teufel ihn versuchte, gebrauchte er starke, positive Bejahungen aus der Schrift, bis er den Teufel schließlich mit der Erklärung auf seinen Platz verwies: »Hebe dich hinweg, Satan« (Matth. 4,10). Das ist ein sehr mächtiges Wort, das man in einer bedrängten Lage anwenden kann.

Wenn Sie das Gesetz des Königlichen Wortes angewandt haben und sich die erwünschten Resultate noch nicht zeigen, werden Sie zuweilen feststellen, daß Sie in der Wahl Ihrer Worte vielleicht zu sanft und bescheiden gewesen sind. Als Jesus Lazarus von den Toten erweckte, bediente er sich keiner sanften Methoden. Wir lesen bei Johannes 11,43: »*Er rief mit lauter Stimme: Lazarus, komm heraus!*« Gleicherweise ist es, wenn man angesichts krasser Armut und Erfolglosigkeit mit sanften Methoden vorgeht, gerade so wirkungslos, als wenn man versuchen würde, mit einem Franzosen, der kein Englisch versteht, Englisch zu sprechen. Da kann es zu keiner Kommunikation oder Kontakten kommen.

Bejahungen können Ihre Probleme lösen

Dr. Emilie Cady, eine New Yorker Ärztin, schrieb schon vor hundert Jahren, daß sie immer, wenn sie sich mit außergewöhnlichen Situationen konfrontiert sehe, die kühnsten und gewagtesten Bejahungen formuliere und anwende, die sie sich nur ausdenken könne. In einem Fall wandte sie folgendes Königliche Wort an, um sich von der starken Persönlichkeit eines anderen Menschen zu befreien, der sie gequält hatte: *Es gibt keine Persönlichkeit wie diese in der Welt. Es gibt nichts außer Gott.*

Ein andermal hatte sie einen verstauchten Knöchel, der stark angeschwollen war und sehr schmerzte. Endlich schloß sie sich in ihrem Zimmer ein und bejahte wieder und wieder: *Es gibt nur Gott. Jeder andere Anschein ist eine Lüge.* Schmerz und Schwellung ließen sofort nach, und sie wurde schnell geheilt.

Weiter hatte sie zwei Jahre lang versucht, den Beweis dafür zu erbringen, daß der Unendliche die Quelle ihrer Versorgung sei, ohne weiter zu beachten, wie ihre Patienten ihre Behandlung finanziell entgelten würden. In der Stille der Versenkung wurde ihr schließlich offenbart, daß sie das Gesetz des Königlichen Wortes nicht angewandt habe; sie hatte Wohlstand und Reichtum nicht positiv bejaht. Da begann sie zu meditieren: *Es ist vollbracht. Gott manifestiert sich jetzt als meine Versorgungsquelle.*

Sie schreibt, dieser Gedanke habe sie von der Armut befreit, und nie wieder hätten sich für sie finanzielle Nöte ergeben, denen nicht sofort begegnet werden konnte.*

Das bloße Wissen um die Macht des positiven Denkens genügt nicht. Man muß es in Handeln umsetzen. Die tägliche, verbale Anwendung positiver Bejahungen hilft Ihnen dabei.

Bejahungen können Wunder wirken

Vor einiger Zeit bat eine werdende Mutter um ein passendes Königliches Wort, auf das sie sich während der Entbindung konzentrieren wollte. Sie fürchtete zwar keine Komplikationen bei der Geburt, doch war sie bereits 40 Jahre alt und hatte viele Jahre lang kein Baby mehr gehabt. Die Bejahung, die man ihr gab, lautete: *Gott in meiner Mitte hat die Macht im Leben, in Gesundheit und Stärke. Leicht und freudig bringe ich mein vollkommenes Kind zur Welt.* Als die Wehen einsetzten, begann sie, diese Worte wieder und immer wieder zu sprechen und zu denken. Sie war freudig überrascht festzustellen, daß trotz der üblichen Begleitumstände des Geburtsvorganges sich praktisch keine Schmerzen zeigten.

Etwas später erklärte ihr Arzt, daß die Entbindung nicht in der üblichen Weise vonstatten gehen könne, da die Lage des Babys eine Steißgeburt erforderlich mache. Anstatt ängstlich zu werden, hielt diese Mutter weiterhin an der Bejahung fest: *Gott in meiner Mitte hat die Macht im Leben, in Gesundheit und Stärke. Leicht und freudig bringe ich mein vollkommenes Kind zur Welt.* Kurz darauf sagte der Arzt: »Wir wollen noch ein paar Minuten warten.

---

* (Emilie Cady, *Die Wahrheitslehre* – »How I used Truth«, herausgegeben von der Unity School of Christianity, Lees Summit.)

Es scheint, daß das Kind seine Lage ändert, vielleicht können wir Sie doch noch auf die normale Weise entbinden.« Und das geschah auch, fast schmerzlos und völlig normal.

Die meisten von uns sind menschliche Pygmäen gewesen, wo wir geistige Riesen hätten sein können, wenn wir es nur gewagt hätten, das Gute Gottes durch ein Königliches Wort zu gebieten, so wie Er uns dazu ermächtigt hat, was wir im Ersten Buch der Bibel nachlesen können. Dr. Lewis L. Dunnington, ein Methodistenpfarrer, hat das Gesetz des Wortes die »große Bejahung, die solche Wunder im menschlichen Leben wirkt« genannt.

Er berichtet weiter, wie er vor Jahren die Entdeckung machte, daß die am meisten in sich ruhenden und ausgeglichenen Leute seiner Gemeinde diejenigen seien, die das Leben mit positivem Denken und bejahend anpacken. Dr. Dunnington sagte ferner, daß viele dieser Leute überzeugt seien, durch die Anwendung großer Glaubensbejahungen mehr Hilfe zu erhalten als durch irgendeine andere Technik. Indem er von ihrem Erfolg lernte, begann auch er, die Macht der Bejahung zu erproben und anzuwenden. Er schreibt, nachdem er begonnen hatte, die Bejahungstechnik regelmäßig anzuwenden, wuchs seine Gemeinde von 400 auf mehr als 2000 Gläubige an. Ich verstehe sehr gut, wie dies geschehen konnte, denn ich machte schon als Büroangestellte und später als Pfarrerin die Erfahrung, daß es die Massen heute hungert – hungert nach einem geistigen Lebenspfad, der nicht nur Theorie und Doktrin ist, sondern der Gesundheit, Harmonie und Fülle in ihr Leben bringt.

Meditieren Sie mit anderen zusammen

Es ist gut, wenigstens einen anderen Menschen bei der Anwendung des Königlichen Wortes zur Seite zu haben, besonders dann, wenn die jeweilige Situation nicht sofort auf die eigene Bejahung anspricht.

Vergewissern Sie sich natürlich, daß es jemand ist, der mit Ihrer geistigen Einstellung übereinstimmt und daß der Betreffende auch an diese Erfolgstechnik glaubt. Ich habe häufig Mitglieder unseres Gemeindeamtes gebeten, in verschiedenen Situationen mit mir das Gesetz des Königlichen Wortes anzuwenden. Meine Sekretärin und ich pflegten eine Zeitlang für das gute Gelingen unserer Arbeit zu bejahen: *Dies ist eine Zeit göttlicher Vollendung. Heute zeigen sich die vollendeten Werke göttlicher Liebe und Weisheit.* Häufig bejahte ich zusammen mit dem Buchhalter für unsere Finanzabteilung: *Dies ist eine Zeit göttlicher Vollendung. Jetzt zeigen sich die fertigen Resultate göttlicher Fülle und Versorgung.* Oft meditieren die Vorstandsmitglieder mit mir zusammen für die ganze Kirchengemeinde: *Gottes Reich ist gekommen, und unseres Schöpfers höchster guter Wille geschieht in allen Angelegenheiten unserer Gemeinde.*

Unsere Meditationssitzungen haben immer befriedigende Ergebnisse gebracht.

Schreiben Sie Ihre Bejahung nieder

Vielleicht befinden Sie sich in einer Lage, da Sie wenig Möglichkeiten haben, sich abzusondern und das Königliche Wort laut zu sprechen. In einem solchen Fall rate ich, die Bejahung viele Male niederzuschreiben. Ein im Leben sehr erfolgreicher Mann – Dozent und Schriftsteller – erzählte mir einmal, wie er eine solche Situation gemeistert habe, nachdem er von dem Gesetz des Königlichen Wortes gehört hatte. Er war damals mit einer Arbeit beschäftigt, die ihn sehr unbefriedigt ließ. Er wollte sich auf anderen Gebieten betätigen, wünschte sich ein besseres Einkommen und mehr Zeit zum Schreiben und für Vortragsreisen. Darüber hinaus war er damals sehr schmal und gesundheitlich anfällig. Auch in seiner Ehe gab es Disharmonien. Tatsächlich konnte er für jedes Gebiet seines Lebens eine positive Spritze gebrauchen. Er war überzeugt, daß das Gesetz des positiven Wortes all dies für ihn zum Besseren verwandeln konnte, aber da seine Familie nicht daran interessiert war, solch eine »neumodische Idee« zu versuchen, war ihm klar, daß er seine Bejahungen im stillen absolvieren müßte…

Da er fühlte, daß dies vielleicht nicht ganz so erfolgreich sein würde, kam er auf den Gedanken, das Königliche Wort niederzuschreiben. So zog er sich jede Nacht für ein Weilchen mit Bleistift und Papier in sein Arbeitszimmer zurück, wo er eine Bejahung, die er sich tief in sein Bewußtsein einprägen wollte, Hunderte von Malen niederschrieb. Er schrieb Bejahungen für seine Gesundheit, seinen Wohlstand und sein häusliches Glück.

Am Ende eines Tages, der ungewöhnlich hektisch verlaufen war, schrieb er Hunderte von Malen eine Bejahung bezüglich der vollkommenen Lösung eines geschäftlichen Ärgers, der sich zwischen ihm und seinem Geschäftspartner ergeben hatte. Wieder und wieder schrieb er: *Diese Situation verwirrt mich nicht, denn Gott, der Geist der Liebe und Weisheit, ist bei mir und stützt mich, um alle Dinge zu ordnen. Ich vertraue alles in meinem Leben der liebevollen Fürsorge des Vaters an, denn ich weiß, daß sein Wille für mich Gesundheit, Glück, Reichtum, geistige Entfaltung und alles Gute ist!*

Als er sich in jener Nacht schlafen legte, konzentrierte er sich vor dem Einschlafen auf folgenden Gedanken: *Nichts als Gutes kann in mein Leben kommen, denn Gott kümmert sich darum.*

Früh am nächsten Morgen erhielt er einen Anruf von seinem Geschäftspartner, der ihm sagte, er möchte seinen Geschäftsanteil erwerben. Auf freundschaftlicher Basis einigten sie sich auf den Verkaufspreis seines Anteils. Die Transaktion ging rasch vonstatten, und somit war unser Freund frei, für sich und seine Familie ein besseres Leben aufzubauen. Seine Gesundheit besserte sich rasch, er nahm bald so zu, daß er dann und wann fasten mußte. Seine Frau fand in ihrem erlernten Beruf eine Arbeit. Ihr Mann war zufrieden, daß sie wieder arbeiten ging, und zwischen ihnen erwuchs das schöne Gefühl gegenseitiger Unabhängigkeit, Erfüllung und Harmonie. Durch die jetzige – hauptsächlich schriftstellerische und lehrende – Tätigkeit des Mannes werden viele andere Menschen mit Gesundheit, Wohlhabenheit und Glück gesegnet. Und das alles begann, als er den Versuch wagte, Nacht für Nacht hundert- und aberhundertmal einfache Worte niederzuschreiben, die das aussagten, was er sich wünschte, anstatt sich Sorgen über die augenblickliche Situation zu machen.

Bekräftigen Sie mit Worten Ihre Gesundheit

Kürzlich berichtete mir eine Freundin, wie die Macht positiver Gebote ihr bei der Wiederherstellung ihrer Gesundheit geholfen hat. Sie hatte sich einer schweren Operation unterziehen müssen, nach der ihr Arzt sie und ihren Mann darüber aufklärte, daß sie wahrscheinlich nur noch drei Monate zu leben habe. Ihr Mann wußte jedoch um die Sensitivität des Körpers gegenüber der Macht der Gedanken und wie rasch er im Positiven oder Negativen auf die Einstellung des Patienten reagiert.

Als meine Freundin heimkam, sagte er zu ihr: »Du hast die Drei-Monats-Diagnose gehört. Du kannst sie akzeptieren und sterben oder du kannst sie ablehnen und leben. Wenn du aber leben willst, mußt du zweierlei machen: Erstens mußt du aufhören, über deine Operation und Krankenhauserfahrung zu sprechen. Das ist vorüber; vergiß es. Zweitens mußt du an Leben denken, Leben bejahen und Leben erwarten.« Dann schlug er vor, daß sie täglich bejahen solle: *Die Gesundheit des höheren Selbst manifestiert sich jetzt für mich und in mir.*

Sie sprach diese einfachen Königlichen Worte so lange, bis es ihr zur Gewohnheit wurde, daß sie sie tagsüber immer wieder in ihren Gedanken bewegte. Wenn Freunde oder Nachbarn sie besuchen kamen, pflegte ihr Mann sofort zu sagen: »Wir sprechen nicht über ihre Operation und den Krankenhausaufenthalt. Das ist vorbei. Sie erfreut sich jetzt guter Gesundheit.«

Und das alles ereignete sich vor 22 Jahren. Meine Freundin fügt ihrer Geschichte gern noch an, daß sie seither nie wieder krank gewesen sei.

Vielleicht wundern Sie sich, warum ich in einem Buch über Reichtumsgesetze auch über Heilung schreibe. Aber »reich« sein bedeutet doch, jedes Ziel und jedes gewünschte Ding zu erhalten.

Wenn ich über Wohlstand und Reichtum, über Glück und Erfolg schreibe, dann meine ich letzten Endes die Sehnsucht nach Heilsein und nach Ausgewogenheit im Leben und in allen Angelegenheiten. Denn das Leben ist wahrhaftig ohne Gesundheit oder die Fähigkeit, Gesundheit zu schaffen, wenig wert. Die psychosomatische Medizin, Psychiatrie und Psychologie stimmen darin überein, welche erstaunliche Macht das Bewußtsein über den Körper hat, wenn es sich um Krankheit oder Gesundheit handelt.

Bejahungen begeistern und inspirieren

Die ganze Welt sehnt sich nach dem Reichtumsgesetz des Königlichen Wortes und ist von ihm begeistert. Als ich kürzlich vor einigen College-Studenten sprach, zeigte ich ihnen die verschiedenen Arten gedruckter Bejahungen, die geistliche Ratgeber den Hilfesuchenden geben, die mit der Bitte um Lösung ihrer Probleme zu ihnen kommen. Ich zeigte dieser Gruppe junger Leute vielleicht ein Dutzend verschiedener Meditationsgedanken und erklärte ihnen, daß jede Bejahung sich auf besondere Situationen und Probleme beziehe.

Nach meiner Vorlesung ließ ich die Bejahungen auf dem Pult liegen und lud die Studenten ein, sie sorgfältiger anzuschauen und, wenn sie wollten, mitzunehmen. Ich war überrascht, wie schnell die jungen Leute nach der Vorlesung nach vorn rannten und alle Bejahungen mitnahmen! Als eine Studentin erwähnte, wieviel Angst sie vor einer Prüfung an jenem Nachmittag hatte, bot ich ihr eine spezielle Bejahung dafür an. Alle anderen Anwesenden blieben noch da und schrieben sich ebenfalls diese Herrenworte auf: *Ich lasse göttliche Weisheit durch mich denken. Ich weiß es. Ich erinnere mich. Ich verstehe. Ich drücke mich vollkommen aus.*

Paulus hat wahrscheinlich an das Reichtumsgesetz des Königlichen Wortes gedacht, als er riet: »Verwandelt euch durch Erneuerung eueres Gemütes« (Römer 12,2). Richtige Bejahungen sind von erhebender, erneuernder Kraft erfüllt.

Ein Geschäftsmann kam einmal zu mir, um mir zu erzählen, auf welch vielfältige Weise das Sprechen von Bejahungen ihm in seinem Leben und seinen Angelegenheiten geholfen habe. Er sagte:

»Ich glaube, die Macht des positiven Sprechens hat buchstäblich mein Leben gerettet. Vor sechs Monaten plante ich, Selbstmord zu begehen, doch da führte mich mein Weg zu einem Ihrer Vorträge, und ich hörte zum erstenmal von der Macht des Königlichen Wortes. Es schien mir zu schön, um wahr zu sein, aber da ich sowohl in finanzieller Beziehung als auch in meinem Eheleben in verzweifelten Verhältnissen lebte, beschloß ich, den Weg der Bejahung zu versuchen – was konnte ich letzten Endes dabei noch verlieren? Heute bin ich wieder ganz oben – dank dem Sprechen der Bejahungen. Es funktioniert tatsächlich!

Vor wenigen Wochen erst traf ich einen alten Freund, der so am Boden zu liegen schien wie ich damals vor sechs Monaten. Er sagte: ›Weißt du, ich sehe keinen Weg, wie es weitergehen soll. Der einzige Ausweg scheint mir Selbstmord zu sein. Wenn ich nur deine glückliche, optimistische, siegreiche Lebenseinstellung hätte – wie könnte ich mich glücklich preisen.‹

Ich erwiderte: ›Vor ein paar Monaten hätte ich das fast getan, wovon du sprichst, aber da erfuhr ich von der Lebenskunst des positiven Denkens und Handelns. Das riß mich aus dem Dreck, und ich bin jetzt wieder auf dem Weg des Erfolgs.‹ Dann gab ich meinem verzweifelten Freund einige gedruckte Bejahungen, die mir auf dem Weg zum Erfolg geholfen hatten. Sie waren zwar vom vielen Gebrauch an den Kanten etwas ausgefranst, aber mein Freund schien trotzdem dafür dankbar zu sein. Nun habe ich ihn vor ein paar Tagen wiedergetroffen, und er sagte zu mir: ›Ich danke dir für diese Bejahungen. Sie haben auch mich aus dem Dreck gezogen. Ich begreife zwar nicht, wie ein paar simple Worte das ganze Leben eines Menschen zu ändern vermögen, aber in meinem Fall haben sie es tatsächlich vermocht.‹«

Sie können all das reiche Gute der Universalsubstanz haben, wenn Sie bereit sind, dafür in Form von täglichen Bejahungen und positivem Denken den Preis zu zahlen. Es gibt keinen einfacheren und köstlicheren Weg, um Ihr Denken zu ändern und damit auf den königlichen Pfad des Erfolges zu gelangen. Sie werden tatsächlich das, was Sie sein möchten, indem Sie bejahen, daß Sie es bereits sind!

Folgende Reichtumsformel schlage ich in drei Phasen für Sie vor:

Erstens – Schreiben Sie täglich auf, was Sie sich wünschen.

Zweitens – Machen Sie sich ein geistiges Bild von der Erfüllung Ihrer Wünsche.

Drittens – Bejahen und bekräftigen Sie unerschrocken und ganz entschieden, daß diese erfolgreichen Resultate sichtbar werden.

Wenn Sie täglich beharrlich diese einfachen drei Schritte befolgen, wird es Ihnen unmöglich sein, die Flut des Guten einzudämmen, die Ihr Leben überschwemmen wird!

7. Kapitel

Das Gesetz der Vermehrung

Nun ist es an der Zeit, daß Sie sich erst einmal entspannen und über das freuen, was Sie in den vorherigen Kapiteln gelernt haben. In der Tat ist es jetzt soweit, daß Sie so handeln, als seien Sie ein ausgewachsener »Wohlstandsdenker«, und das müssen Sie mittlerweile auch sein, wenn Sie bei diesem Kapitel angelangt sind! So sind Sie jetzt bereit, sich mit dem Gesetz der Vermehrung zu befassen.

Die Anwendung dieses Gesetzes ist einfach und angenehm. Es besteht zunächst darin, daß man allem und jedem gegenüber eine Haltung reichen Zuwachses einnimmt. Mit anderen Worten: Wenn Sie an sich und andere denken, muß Ihr Hauptgedanke Reichtum und Gedeihen, Erfolg und sieghaftes Gutes sein.

Schon indem Sie sich selbst und andere als reich, erfolgreich, glücklich und sieghaft betrachten, helfen Sie, diese Vorstellungen zu verwirklichen. Wenn Sie mit anderen postalisch, telefonisch oder persönlich in Verbindung treten, sollten Sie dieselben im Lichte alles Guten sehen. Damit wird ein gewaltiger Schritt vorwärts getan, um ihnen auf dem Wege zum Glück zu helfen. Ihre Mitmenschen wissen vielleicht nichts von den positiven Gedanken, mit denen Sie sie beschenken, aber unterbewußt empfangen sie sie und werden dadurch reich gesegnet. Und häufig werden sie auf irgendeine glückliche, bereichernde Weise Ihnen gegenüber darauf reagieren.

Gedanken der Vermehrung wandeln Ebbe in Flut

Ich halte zwar das Gefängnis nicht gerade für den geeigneten Aufenthaltsort für einen positiv Denkenden, aber nichtsdestoweniger machte einmal ein Mann, der eine Freiheitsstrafe verbüßte, das Beste aus seiner Situation. Nachdem er zum »Vertrauensmann« aufgerückt war, durfte er hin und wieder mal telefonieren, und zuweilen rief er mich an, um von seinen Fortschritten zu berichten. Einmal erreichte mich ein ganz aufgeregter Anruf, und er erzählte, daß das Postbüro des Gefängnisses dringend eine Klimaanlage benötigt hatte. Er hatte diese Klimaanlage in seiner Imaginationskraft skizziert, sie nachhaltig bejaht und für die Erfüllung des Wunsches gedankt, da die dort arbeitenden Leute nett zu ihm waren und er ihnen diese Annehmlichkeit wünschte. Nun hatte, wie er berichtete, das Büro endlich die Klimaanlage erhalten. Und, fügte er hinzu, wenn auch sonst nichts Gutes aus seiner Erfahrung mit dem Gefängnis herauskäme, er wüßte jetzt endlich, daß dies der Beweis dafür sei, welch glückliche Ergebnisse das positive Denken zeitigen könne.

Wie rasch können sich die Dinge für jemand ändern, der begonnen hat, für sich und andere positiv zu denken! Eine Frau war 18 Jahre lang verheiratet, als sie begann, das Gesetz der Vermehrung in ihrem Leben anzuwenden. Da erhielt sie einen Brief von einem Mann, für den sie vor ihrer Heirat gearbeitet hatte. Er sagte ihr, daß er damals, als sie sich vermählte, finanzielle Schwierigkeiten gehabt und sich nicht in der Lage gesehen hätte, ihr ein angemessenes Hochzeitsgeschenk zu machen. Nun habe er gute Geschäfte gemacht und beschlossen, daß es an der Zeit sei, dies wiedergutzumachen. Und nach achtzehn Jahren kündigte er für sie und ihren Mann ein schönes Geschenk an, das als Paketpost für sie unterwegs war!

Eine Frau, die in einem Armenviertel der Stadt wohnte, hörte vom positiven Denken und begann, für sich und ihre Nachbarn gedanklich das Gesetz der Vermehrung anzuwenden. Schon wenige Tage darauf erhielt sie durch die Post einen Scheck über 125 Dollar, was für sie eine große Summe Geldes war. Der Scheck kam von einer Versicherungsgesellschaft als Ausgleich für einen Nachlaß ihrer vor acht Jahren verstorbenen Schwester.

Ein mit den Gesetzen der Vermehrung vertrauter Geschäftsmann wendet die Macht des positiven Denkens ständig bei seiner Arbeit als Kreditsachbearbeiter seiner Gesellschaft an, um fällige Zahlungen einzutreiben. Wen wundert es, daß er von all den vielen Niederlassungen, die seine Firma in allen Südstaaten unterhält, mit seinen positiven Debitorenlisten an der Spitze steht! Einer seiner Kunden schuldete der Firma Tausende von Dollar, die niemand bisher kassieren konnte. Der Kunde war so tief in den roten Zahlen, daß einer der leitenden Angestellten vom Hauptbüro angereist kam, um sich um diese Angelegenheit zu kümmern.

Bevor der Kreditsachbearbeiter mit seinem Vorgesetzten den Kunden besuchte, sagte er zu ihm: »Die einzige Möglichkeit, wie wir je zu unserem Geld kommen, ist die, freundlich, höflich und positiv im Gespräch mit ihm zu sein. Wir müssen ihm seinen Glauben an sich selbst wiedergeben; wir müssen ihm zeigen, daß wir glauben, daß er bald in der Lage sein wird, diese Summe voll zu bezahlen. Wir müssen Gedanken der Fülle auf ihn anwenden. Kritik würde zu nichts führen.« Und so erwähnten sie im Gespräch mit dem Kunden, daß sie ihm vertrauten und glaubten, daß er bald die Schuld bezahlen könne und würde. Einige Tage später stürzte dieser Kunde in das Büro des Kreditsachbearbeiters, um nach Monaten der Zahlungsunfähigkeit seine erste Abschlagszahlung zu leisten. Er sagte: »An dem Morgen, da Sie in mein Büro kamen, war ich so niedergeschlagen und glaubte, völlig erfolglos in meinen geschäftlichen Unternehmungen zu sein, daß ich, wenn Sie mir mit harten Vorwürfen gekommen wären, sofort aufgegeben und vor einem Rechtsanwalt Konkurs angemeldet hätte. Aber Sie waren so positiv in Ihrem Vertrauen, daß mein Geschäft gerettet werden könnte, daß Sie mir Mut machten, daran zu glauben. Und jetzt hat sich das Blatt bereits gewendet!«

Wir wenden immer das Gesetz der Vermehrung oder Verminderung an

Alle Menschen streben nach Vermehrung in Essen und Trinken, Kleidung, besserem Wohnkomfort, besserem Aussehen, Kenntnissen, Freizeit, Vergnügungen, Luxus, Befriedigung in der Arbeit – nach einer Zunahme alles Guten auf allen Gebieten. Und das ist berechtigt, denn es handelt sich um göttliche Wünsche. Darum sollte der normale Wunsch nach mehr Gutem nicht verurteilt oder unterdrückt werden. Sein Ursprung ist höherer Art, und er kann durch die geistigen Gesetze des positiven Denkens auf numinose Ebenen des Selbstausdrucks gehoben werden.

Wie wunderbar ist es doch, das Gesetz der Vermehrung anstatt das negative Gesetz der Verminderung anzuwenden! Menschen, die andere kritisieren, verurteilen und geringer machen, erkennen häufig nicht, daß sie durch das Gesetz des aktiven Bewußtseins eben diese Dinge für sich selbst heraufbeschwören. Verschwenden Sie nie Ihre Zeit damit, daß Sie auf sich oder andere Gedanken der Verminderung richten. Was Sie aussenden, kommt vervielfältigt zu Ihnen zurück und wird in Ihrem eigenen Leben entsprechende Erfahrungen bewirken.

Während eines Stahlstreiks bewiesen zwei Männer die Macht des Gesetzes der Vermehrung. Der eine, ein Chiropraktiker, lehnte es ab, über schlechte Zeiten zu sprechen oder Gesprächen dieser Art von seiten seiner Patienten zuzuhören. Obwohl seine Praxis mitten im Streikgebiet lag, sprach er doch beständig von Besserung, mehr Fülle, Wohlstand und Erfolg. Eines Abends nahm er am Monatstreffen der einheimischen Chiropraktikervereinigung teil, und die meisten der Anwesenden sprachen von dem schlechten Geschäftsgang ihrer Praxis »wegen des Streiks«. Schließlich wurde er gefragt, wie die Praxis bei ihm liefe, und er setzte die Gruppe in Erstaunen, als er entgegnete: »Meine Praxis ist nie besser gegangen. Ich weigere mich, über schlechte Zeiten zu sprechen, ob es sich nun um einen Stahlstreik oder um irgend etwas anderes handelt. Ich habe die Erfahrung gemacht, daß die Macht des positiven Denkens das alles verändern kann.«

Der andere war ein im Streikgebiet lebender Rechtsanwalt, der während dieser Zeit ebenfalls das Gesetz der Vermehrung anwandte. Seine Anwaltskollegen klagten ständig, wie schlecht die

Geschäfte liefen und daß ihre Praxis praktisch tot sei. Dieser Mann aber faßte den Entschluß, nicht den Fehler dieses begrenzten Denkens zu machen und standhaft bei seiner positiven Denkweise zu bleiben.

Eines Abends meditierte er in seiner stillen Stunde: »Herr, ich glaube, daß du mein Hirte bist und ich mich nicht zu sorgen brauche. Ich weiß, daß die Stahlfabriken meine Hauptkundschaft ausmachten, aber ich weiß auch, daß du viele ähnliche Kunden hast, die meiner Hilfe bedürfen. Ich vertraue darauf, daß du mir neue reiche Kundschaft zuführst, für die ich arbeiten kann.«

Zu der Zeit waren vier große Gesellschaften seine Haupteinnahmequelle. Drei dieser Gesellschaften gaben ihm kurz darauf noch weitergehende Aufträge, was ihm zusätzliche Einnahmen verschaffte. Und andere Firmen suchten seinen Rechtsbeistand, wodurch die ausgefallenen Stahlfabriken mehr als wettgemacht wurden. So war sein Tisch reich gedeckt in einer Zeit, da die meisten im Sinne des Gesetzes der Verminderung sprachen und entsprechende Resultate ernteten!

Rufen Sie das Gesetz der Vermehrung in einfacher Weise an

Sie können das Gesetz der Vermehrung in verschiedener, sehr einfacher Weise anrufen. Sie sollten es für sich und andere mutig und positiv aussprechen. Sie sollten das Gesetz der Vermehrung immer vor Augen haben und dementsprechend handeln. Sie können darüber hinaus Notizen der Fülle zu Papier bringen und reichliche Vermehrung bildlich im Bewußtsein gestalten und bejahen. Es war Nehemia im Alten Testament, der das Gesetz der Vermehrung anwandte, um die Stadtmauern von Jerusalem neu zu bauen, als die Juden aus Babylon zurückkehrten. Als Mundschenk des Königs von Persien beschaffte er sich vom König Menschen und Material, um die Mauern Jerusalems wieder aufzubauen, aber er mußte bald die Erfahrung machen, daß feindliche Stämme Jerusalem besetzt hatten, während sich die Juden im Exil befanden. Darum mußte Nehemia zwei Arbeitsabteilungen bilden, eine zum Bau der Mauern und die andere, um gegen die feindlichen Stämme zu kämpfen. Die Stadtmauer wurde in 52 Tagen errichtet, nachdem Nehemia bejaht hatte: »*Der Gott des Himmels wird es uns gelingen lassen*« (Nehemia 2,20).

Oft haben wir anstatt des Gesetzes der Vermehrung das Gesetz der Verminderung angewandt und dadurch unser Glück verzögert. Wir haben uns verhalten wie die Kinder Israels, die am Rande des Gelobten Landes vierzig Jahre lang verweilten, während sie vorwärts in das Land, von dem berichtet wurde, daß da »Milch und Honig fließen«, hätten gehen können.

Vielleicht waren Josua und Kaleb die beiden Gestalten des Alten Testaments, die am meisten positiv dachten. Von den zwölf Boten, die Moses als Botschafter ins Gelobte Land sandte, waren sie die einzigen, die mit einem Beweisstück des Reichtums in Form einer riesigen Weintraube zurückkehrten. Als die anderen Boten berichteten, das Land sei zwar reich, aber von kriegerischen Stämmen bewohnt, wandten Josua und Kaleb vertrauensvoll das Gesetz der Vermehrung an, indem sie erklärten: »*Laßt uns hinaufziehen und das Land einnehmen; denn wir können es überwältigen*« (Mose, 13,30).

Aber die Mehrheit war gegen diesen Plan, und die Hebräer blieben in der Wüste. Jahre später, als sie endlich das Gelobte Land betraten, stellten sie fest, daß die kriegerischen Stämme keine Riesen waren, wie es zuerst berichtet worden war, und daß die Leute von Jericho vor ihnen genauso viel Angst hatten wie sie vor ihnen.

Die Leute hatten über den Jordan hinweg den Rauch ihrer Lagerfeuer gesehen und gefürchtet, daß es sich um Hunderttausende von Menschen handeln müsse und nicht nur um vierzigtausend. Und so machten die Hebräer die Entdeckung, daß das von ihnen gefürchtete Volk Angst vor ihnen hatte. Dadurch, daß sie gezögert hatten, das Land zu betreten und ihr versprochenes Gut zu beanspruchen, hatten sie ihren Aufenthalt in Dürre und Wildnis nur verlängert. Und doch mußten sie irgendwann sich der Situation stellen und sie meistern.

All das paßt auch auf uns. Wenn Sie das Gesetz der Verminderung anwenden und Ihr Gutes beschränken, sind Sie nie mit den begrenzten Ergebnissen zufrieden. Irgendwann müssen Sie dann doch anfangen, das Gesetz der Vermehrung zu benutzen. Warum also dann nicht gleich von Anfang an, damit Sie in das Gelobte Land von vermehrtem Guten gelangen, anstatt in der Wüste von Mangel, ungestillten Wünschen und Darben zu verweilen?

Denken Sie an andere mit Gedanken der Fülle

Sie sollten durch alles, was Sie tun, das Reichtumsgesetz der Vermehrung zum Ausdruck bringen, damit auch andere Leute diesen reichen Eindruck bekommen. Denken Sie an das wachsende Gute, wenn Sie schreiben, telefonieren, an andere denken oder mit anderen zusammentreffen, beschenken Sie damit Ihre Familie, Bekannte, Kollegen, Freunde, politische Führer der Welt, alle Menschen. Bejahen Sie für sie: *Ich wünsche dir eine reiche Vermehrung alles Guten des allmächtigen Schöpfers.* Sprechen Sie mutig Worte des Glaubens, Vertrauens und der Fülle aus. Schon ein paar Worte können für einen anderen Wunder wirken.

Ein pensionierter Armeeoffizier sagte kürzlich zu mir: »Sie können sich nicht vorstellen, wie sehr Sie mir vor ein paar Jahren geholfen haben, als es mir sehr schlecht ging und ich nahe daran war, Selbstmord zu verüben. Ihre Worte wendeten damals die Tide meines Denkens und meines Lebens.« Als ich zurückdachte, erinnerte ich mich, daß ich zu diesem Mann nichts anderes gesagt hatte als: »Sie sind noch nicht zu alt, um das Leben neu zu beginnen. Sie sind in der Vergangenheit erfolgreich gewesen und können wieder erfolgreich sein. Beginnen Sie ein neues Leben, denn Sie haben das in sich, was man braucht, um erfolgreich zu sein.« Sprechen Sie häufig Worte positiven Inhalts, der Hoffnung und Aufmunterung zu anderen. Sie werden vielleicht nie erfahren, wieviel ihnen das bedeutet, aber die Resultate werden es zeigen.

Wenn Sie über jemand reden, dann sprechen Sie nur von seinem Erfolg. Wenn Sie jemand kennen, der vergangene Fehler wiedergutgemacht und überwunden hat, dann tragen Sie zu seinem Fortschritt dadurch bei, daß Sie seine Vergangenheit ignorieren und nur das gegenwärtige Gute betonen. Sie werden dadurch nicht nur Glück und Wohlbefinden des anderen vermehren, sondern die Gespenster Ihres eigenen Geheimzimmers werden weniger mit den Ketten rasseln.

Geben Sie sich eine gedankliche Wachstumsspritze

Geben Sie sich ebenfalls eine gedankliche Wachstumsspritze. Sie tun das, indem Sie sich sagen, daß Sie *dabei sind*, mehr Erfolg zu haben und daß Sie *dabei sind*, anderen gleichermaßen zu helfen. Ihr Benehmen, Ihr Aussehen und Ihre Sprache sollten eine gelassene Erfolgssicherheit ausstrahlen.

Worte zur Überzeugung anderer sind nicht so wichtig, wenn Ihre geistige Ausstrahlung Reichtum und Erfolg signalisiert. Das, was von Ihnen ausgeht, wird von anderen unterbewußt aufgenommen. Man wünscht dann, mit Ihnen geschäftlich oder anderweitig zusammenzukommen, denn unterbewußt oder bewußt fühlt man, daß man von dem Gefühl des Glücks, Erfolgs und Reichtums, das Sie ausstrahlen, profitiert.

Und indem Sie im stillen sich darum bemühen, ein Gefühl des Reichtums, Erfolgs und Glücks aufzubauen, werden Sie positiv gesinnte Menschen, die Sie nie zuvor gesehen haben, in Ihren Bannkreis ziehen, die Ihre Freunde, Kunden oder Geschäftspartner werden. Die Leute gehen unbewußt dorthin, wo eine Atmosphäre der Fülle herrscht. Und dadurch floriert dann das Geschäft und ergeben sich viele reiche Segnungen.

Zögern Sie nicht, das Gesetz der Vermehrung im großen und im kleinen anzuwenden, so wie es sich gerade ergibt. Eine Hausfrau erzählte mir vor kurzem, wie sie ihrem Mann aus einer Wirtschaftskrise half, indem Sie jeden Tag, wenn er von der Arbeit heimkam, zu ihm sagte: »Nun erzähle mir, mein Lieber, alles *Gute*, das sich heute ereignet hat.« Sie waren beide erstaunt festzustellen, wieviel Gutes dabei zutage kam und für wieviel Dinge sie dankbar sein mußten. Die gesamte Tide ihres Denkens wandte sich von Mißerfolg zum Erfolg. Alles, was Sie sagen können, um sich oder anderen das Gefühl von gutem Gelingen zu vermitteln, lohnt Zeit und Aufwand.

Vermeiden Sie Gespräche über schlechte Zeiten

Denken, sprechen und handeln Sie nie anders als positiv, erfolgreich. Gestatten Sie auch anderen nicht, anders als positiv mit Ihnen zu reden. Lesen Sie auch nichts bzw. nehmen Sie nichts Gedrucktes ernst, das im Gegensatz zu Ihrem bejahenden Denken zu stehen scheint. Wenn Sie die Tendenz Ihres Denkens mit verschiedenen Inhalten mischen, erzeugen Sie Gegenströmungen, die all Ihre Bemühungen neutralisieren. Um dauerhaft glücklich zu sein, müssen Sie den Mut haben, anders als die anderen zu sein!

Sie dürfen sich nicht aufregen, wenn andere über schlechte Zeiten sprechen. Auch sollten Sie sich nicht ihrem Trauergesang anschließen, wenn Sie nicht selbst schlechte Zeiten erleben wollen. Bejahen Sie statt dessen angesichts unglücklicher Umstände: *Ich glaube an göttliche Wiedergutmachung. Das Gute, das dem Heuschreckenschwarm des Negativen zum Opfer gefallen ist, wird wiederhergestellt. Das ewige Gesetz des Ausgleichs und Gleichgewichts tut sein vollkommenes Werk.* Das Gesetz göttlichen Ausgleichs und göttlicher Berichtigung ist ein universales Gesetz, und Sie können durch einen positiven Bewußtseinszustand dazu beitragen, daß dieser ausgleichende Faktor zum Guten wirkt. Dadurch kann dies für Sie zu einer Zeit reicher Segnungen und großen Fortschritts werden, denn, wie der Geschäftsmann sagte: »Es ist Goldstaub in der Luft!«

Eine Kauffrau wies vor einiger Zeit darauf hin, was negatives Reden über schlechte Zeiten bewirken kann. Sie bezog sich auf eine Mitarbeiterin, die beständig über Not, rückläufige Tendenzen und Krisen zu sprechen pflegte. Verständlicherweise erzielte diese Angestellte nicht die angestrebten Verkaufsquoten. Anstatt sich im positiven Denken zu üben, verbrachte sie ihre Mittagszeit damit, daß sie in der Stadt umherstreifte und mit anderen negativgesonnenen Menschen sprach. Wenn sie dann nach der Pause zu ihrer Arbeit zurückkehrte, pflegte sie jeden Tag dasselbe zu sagen: »Ich bin in den Kaufhäusern der ganzen Stadt gewesen. Die Geschäfte gehen schrecklich. Keiner verkauft etwas!« Das Resultat? Nun, die Frau, zu der sie dies immer wieder sagte, weigerte sich, diese Vorstellungen von schlechten Zeiten zu übernehmen, da sie um die Macht des positiven Denkens wußte. Da sie sich an dieses Gesetz hielt, machte sie weiterhin gute Geschäfte und hatte regelmäßige Einnahmen. Aber die Kollegin mit ihrem »Schlechte-Zeiten-Geschwätz« erzielte ein unerwünschtes Ergebnis. Eines Tages wurde sie ins Personalbüro gerufen und auf Teilarbeit gesetzt, obgleich sie voll arbeiten wollte. Man vermag tatsächlich durch die Art seiner Einstellung und seines Verhaltens greifbare Resultate zu erzielen. Diese Frau bewies das in der falschen Richtung.

»Es gibt von allem reichlich«

Charles Fillmore, der Mitbegründer der Unity-Schule praktischen Christentums, zeigte uns, wie man das Gesetz der Vermehrung anwendet, wenn unsere Mitmenschen nach dem Gesetz der Verminderung leben:

»Die geistige Substanz, aus der aller sichtbarer Wohlstand kommt, erschöpft sich nie. Sie ist immer bei dir und entspricht deinem Glauben und deinen Forderungen an sie. Sie wird nicht durch unser unwissendes Gerede über schlechte Zeiten beeinflußt, wenn wir auch dadurch beeinflußt werden, weil unsere Gedanken und Worte unsere Demonstrationen hervorbringen. Die unversiegbare Quelle ist immer zum Geben bereit. Lasse lebendige Worte des Glaubens in den allgegenwärtigen Äther fließen, und du wirst mit Wohlstand gesegnet sein, selbst wenn alle Banken der Welt ihre Pforten schließen sollten. Lenke die gewaltige Energie deines Denkens auf Vorstellungen der Fülle und du wirst Fülle haben, ganz gleich, was die Menschen um dich herum sagen oder tun.«

Ein Geschäftsmann sagte kürzlich zu einem Bankier, der mit

ihm über schlechte Zeiten reden wollte: »Es gibt eine Menge Geld in der Welt; es gibt sehr viel Reichtum; und es gibt eine Menge reicher Quellen, die erschlossen und entwickelt werden müssen. Ich lehne es ab, für mich an irgend etwas anderes als an Wohlstand und Glück zu glauben, desgleichen für Sie und für alle Menschen.« Der Bankier schüttelte den Kopf und sagte: »Sie sind der größte Optimist, den ich kenne.« Dann schloß er mit diesem Geschäftsmann ein Kreditgeschäft über eine beträchtliche Summe Geldes ab, womit der Mann bewies, daß es für jeden, der positiv denkt und der in Worten seine Erwartung von Glück und Gedeihen ausdrückt, Reichtum und Wohlstand gibt.

Bewahren Sie Ihre Lebenssubstanz und wenden Sie sie richtig für Ihr Gedeihen an, indem Sie Ihre Gedanken, Gefühle, Beziehungen und Aktivitäten auf Glück und Gelingen, nicht auf Versagen oder Mangel konzentrieren. Erwarten Sie Reichtum; beginnen Sie, in dieser Weise und keiner anderen zu denken und zu sprechen. Bedenken Sie, daß müßig ausgestreute Worte, Gedanken und Erwartungen stückhafte, unnütze, armselige Ergebnisse zeitigen. Hängen Sie Ihr geistiges Wunschbild des Reichtums an den Erfolgsstern, und halten Sie es da fest.

Überwinden Sie Entmutigung und Enttäuschung

Wenn Sie sich versucht fühlen, in Ihren Bemühungen um mehr Glück und Wohlstand entmutigt zu werden, dann bedenken Sie, daß es leicht, aber unnütz ist, in Übereinstimmung mit dem allgemeinen Menschheitsbewußtsein zu denken. Aber trotz gegenteiligen Anscheines weiterhin positiv zu denken und Reichtum und Glück zu bejahen, lohnt alle Anstrengung, denn das erzeugt reiche Ergebnisse. Ein Verleger pflegte häufig zu mir zu sagen: »Bedenken Sie, Catherine, die Mehrheit irrt sich immer!«

Ein anderer Weg zur Inanspruchnahme des Gesetzes der Vermehrung und damit zur Vermeidung der Armseligkeit und zerstörerischen Gewalt des Gesetzes der Verminderung ist der, sich so zu disziplinieren, daß man nie enttäuscht ist. Wenn bestimmte

Dinge nicht in der bestimmten erwarteten Zeit in der gewünschten Weise eintreffen, dann halten Sie das nicht für einen Fehlschlag. Da Sie die bestimmte Sache nicht bekommen haben, können Sie fest im Glauben etwas viel Besseres erwarten, das schon unterwegs ist und zur rechten Zeit in Erscheinung tritt. Wenn Ihnen etwas fehlzuschlagen scheint, dann bedenken Sie, daß der Grund dafür der ist, daß Sie in Ihren Wünschen nicht hoch genug gegriffen haben. Erweitern Sie Ihren Gesichtspunkt und den Bereich Ihrer Erwartungen, und mit Sicherheit wird die Erfüllung größer ausfallen, als ursprünglich angenommen. Fehlschläge sind nichts weiter als Erfolg, der versucht, in größerer Form hervorgebracht zu werden. Die meisten Mißerfolge sind Abschlagszahlungen auf den Sieg!

Vermeiden Sie Hast

Wenn Sie das Gesetz der Vermehrung in Anspruch nehmen, dann denken Sie daran, daß es auf der Glücksebene des Lebens keine Hast, Gewalt oder Druckmittel gibt, wie es auch keinen Mangel an Gelegenheiten gibt. Tun Sie alles, was Sie täglich in erfolgreicher Weise tun können, aber tun Sie es so gelassen wie möglich, ohne unangemessene Eile, Sorge oder Furcht. Gehen Sie so rasch voran, wie Sie können, aber ohne Eile. In dem Augenblick, da Sie anfangen zu hetzen, hören Sie auf, im Denken positiv zu sein, und werden Sie ängstlich, und dadurch werden Fehlschläge nur verlängert.

Immer wenn Sie feststellen, daß Sie sich hetzen, um ein Ergebnis zu erzwingen, gebieten Sie sich Halt. Konzentrieren Sie sich auf das geistige Bild der Angelegenheit, auf die Sie zustreben, und danken Sie dafür, daß sich alles auf Gottes wunderbare eigene Weise erfüllt und Sie das Gewünschte erhalten.

Eine mir bekannte Verkäuferin sagt, wenn sie das Gefühl habe, »zu viel zu tun zu haben«, zöge sie sich statt dessen ein kleines Weilchen zurück, um zu entspannen, eine Tasse Kaffee zu trinken und um ihr Gleichgewicht wieder zu erhalten. Danach könne sie gewöhnlich in der Hälfte der Zeit das Doppelte erledigen.

»Aber«, werden Sie vielleicht einwenden, »wie kann ich dies tun, wenn ich inmitten von Menschen lebe, die diese Gesetze positiven Denkens nicht kennen und beständig versuchen, mich anzutreiben?« Als ich noch als Sekretärin im Geschäftsleben stand, wußte ich, wie es einem in einer solchen Lage ergeht. Aber ich bemerkte auch, daß eine einzige Person, die die Macht des positiven Denkens anwendet, eine Situation besser unter Kontrolle hat als eine ganze Armee von gehetzten, gequälten Leuten, die ihre Kräfte durch nutzloses Hin- und Hergerenne vergeuden. Bejahen Sie bei solchen Gelegenheiten im Geiste: *Frieden, sei still!*, und beobachten Sie, wie sich die Atmosphäre um Sie herum im vernünftigen Maß beruhigt.

Befreien Sie sich von kleinlichem Denken

Verschwenden Sie keine Zeit mit Grollen, auch nicht jenen gegenüber, die Sie ungerecht behandelt haben. Sie werden solchen Leuten auf dem Wege zum Erfolg begegnen. Andere weniger Erfolgreiche werden versuchen, Sie auf ihrer mittelmäßigen Ebene festzuhalten, aber sie können das nicht, wenn Sie sich weigern, sich über das, was sie sagen oder tun, aufzuregen. Niemand außer Sie selbst kann Ihnen Ihren Erfolg und Ihr Glück streitig machen.

Wenn einige Leute versuchen, Sie unsicher zu machen und es ihnen vielleicht auch mal gelingt, dann erinnern Sie sich, daß der Erfolg für Sie endlose Türen geöffnet hat und endlose Mittel und Wege bereithält, um Ihnen Ihr Gutes zu geben. Wenn eine Tür sich schließt, müssen Sie wissen, daß es größere und bessere Türen gibt, die sich öffnen möchten. Lassen Sie sich nur nicht in der halbverschlossenen Tür einklemmen! Soll sie sich schließen. Sie sind bereit für die neuen Türen, die sich vor Ihnen öffnen werden.

Sie können sich von kleinlichen Gedanken hinsichtlich des Erfolgs anderer und von deren Neid Ihnen gegenüber befreien, indem Sie meditieren: *Ich wende mich der ersten Ursache, Gott, zu und bitte um Führung und Gedeihen. Deshalb kritisiere ich nicht das Glück und den Wohlstand anderer. Ähnlich lehnen es auch die* anderen ab, meinen Wohlstand zu kritisieren. Sie wenden sich statt dessen an die Quelle allen Seins, bitten um Führung und werden mit Reichtum gesegnet. Es gibt genug Glück und Erfolg für alle.

Seien Sie nie enttäuscht, entmutigt oder aufgeregt über das, was andere sagen oder tun in dem Bemühen, Sie niederzuhalten oder Ihr Glück zu schmälern, sobald Sie durch das positive Denken aufsteigen. Auf lange Sicht können sie Ihnen nicht schaden, nur sich selbst. Fühlen Sie sich vielmehr geschmeichelt, wenn andere versuchen, Sie irgendwie zu »ducken«. Das ist ein sicheres Zeichen dafür, daß Sie endlich auf dem Wege des Erfolgs sind und daß man das bemerkt. Atmen Sie in solchen Zeiten tief durch, danken Sie, daß sich der Erfolg jetzt zeigt, und betrachten Sie es als Kompliment, daß andere Sie beneiden oder Ihnen Steine in den Weg werfen möchten. Zweifellos ist etwas an Ihnen, was sie heimlich bewundern und von dem sie fühlen, daß es ihnen fehlt; sonst würden sie den Mangel bei sich nicht so scharf empfinden, daß es ihnen etwas ausmacht, das Gegenteil davon bei Ihnen zu entdecken.

**Grenzen Sie alles Negative
durch das Gesetz der Vermehrung ab**

All diese Methoden und Einstellungen sind Teil des Reichtumsgesetzes der Vermehrung. Wenn Sie dieses faszinierende Gesetz lebhaft durchdenken, wird es Ihnen seine eigenen »Mittel und Wege« des Ausdrucks im Hinblick auf Ihre eigenen individuellen Umstände offenbaren.

Ich schlage vor, daß Sie die Wirksamkeit des Gesetzes durch die folgenden Gedanken auslösen: *Ich erfahre jetzt perfekte Gesundheit, üppigen Wohlstand und vollkommenes, höchstes Glück. Dies ist wahr, denn die Welt ist voller charmanter Menschen, die mir jetzt auf jede Weise liebevoll helfen! Ich lebe jetzt ein köstliches, interessantes und befriedigendes Leben auf äußerst nützliche Weise. Wegen meiner eigenen vermehrten Gesundheit, meines Reichtums und Glücks bin ich jetzt in der Lage, anderen dabei behilflich zu sein, ein schönes, interessantes und befriedigendes Leben in höchst nützlicher Art zu leben. Mein Gutes – unser Gutes – ist universal.*

Ihr Glück wird so schnell verwirklicht sein, wie diese guten Worte geäußert werden! Fangen Sie nun guten Mutes an, das Gesetz der Vermehrung in der vorerwähnten praktischen Art in Anwendung zu bringen. Wenn Sie das tun, werden Ihre Gedanken, Meditationen, Worte und Erwartungen des vermehrten Glücks den Erdball umrunden und sogar in den Weltraum eintreten. Ja, sie werden ein Teil der neuen Grenze gegen alles Negative und für das universale Gute sein, die im Begriff ist, diesen Planeten zu umspannen!

8. Kapitel

Positive Einstellung gegenüber dem Geld

Kürzlich sandte ein Bekannter mir eine Witzpostkarte mit dem Spruch: »Reich oder arm, es ist gut, Geld zu haben!« Ich bin sicher, daß die meisten von uns damit einig gehen.

Alle möglichen wundervollen Dinge werden über das Geld und über unsere Möglichkeiten, mehr davon zu haben und sich dessen zu erfreuen, geschrieben. So wurde kürzlich eine Studie veröffentlicht, derzufolge seit Beendigung des Zweiten Weltkrieges mehr große Vermögen als in irgendeiner anderen vergleichbaren Zeit gemacht worden sind. Ein Journalist schrieb kürzlich: »Man kann immer noch Millionär werden!« Ein anderer stellte fest: »Ihre Chancen, eine Million zu verdienen, sind besser als Sie denken.«

Wenn Sie Leben und Erfahrungen positiv denkender Menschen studieren, werden Sie die Feststellung machen, daß sie alle eine bejahende Einstellung gegenüber dem Geld haben. Auf der anderen Seite werden Sie entdecken, daß die allgemein übliche Denkungsart die ist, daß es nicht ganz in Ordnung ist, Geld zu haben und reich zu sein.

Vor einigen Monaten war ich Gastredner bei einem Klubessen, bei welcher Gelegenheit dem leitenden Angestellten eines Krankenhauses ein Scheck zur Ausstattung eines neuen Seitenflügels des Hauses überreicht wurde. In seiner Dankrede sagte dieser Mann: »Es ist nicht das Geld, das so wichtig ist. Es ist die Liebe und das Interesse der Mitglieder dieses Klubs an dem Neubau des Hospitals, die wirklich zählen.«

Ich fragte mich, ob er wirklich wußte, was er da sagte, denn meine erste Reaktion (die, wie ich annehme, die stille Reaktion einer Reihe anderer Teilnehmer war) mündete in der Frage: »Wenn das Geld nicht so wichtig ist, warum ist dieser Mann dann hier? Er ist ein netter Mensch und fleißiger Geschäftsführer, und ich frage mich, ob er gekommen wäre, um mit diesen Damen zu Mittag zu essen, wenn sie ihm nur verbal gesagt hätten, wie beeindruckt sie von dem Erweiterungsprogramm des Krankenhauses seien.« Mit Sicherheit hatte man diesem Mann schon als Kind das gelehrt, was auch viele von uns als Irrlehre empfinden – Geld zu verabscheuen.

Wenn Sie den Unterhaltungen der Menschen in Ihrer Nähe genau zuhören, werden Sie bemerken, daß dies die geläufige Einstellung ist. Häufig werten die Leute die Bedeutung des Geldes ab und geben doch im selben Atemzug zu, daß sie sehr hart arbeiten, um es zu erhalten. Sie begreifen nicht, welche Gegenströme sie dadurch in ihrem Denken auslösen, die die meisten ihrer Bemühungen null und nichtig machen. Durch solches widersprüchliches Denken über Geld arbeiten sie an widersprüchlichen Zielen und werden demzufolge häufig widersprüchliche Resultate erleben.

Geld ist eine göttliche Gabe

Ich werde niemals vergessen, wie ich das erste Mal in meinem geistlichen Amt über die Wichtigkeit des Geldes für ein erfolgreiches Leben sprach. Als ich erklärte, daß Geld etwas Wunderbares, weil göttlichen Ursprungs sei und daß Geld bei rechtem Gebrauch gut sei, schnappte eine Dame, die in der ersten Reihe saß, förmlich nach Luft und fiel fast vom Stuhl. Als ich dann sagte: »Geld ist göttlich, denn es ist ein Ausdruck von Gottes Gutem«, wurde sie beinahe ohnmächtig. Sie war zu meinem Vortrag gekommen, weil sie sich mehr Wohlstand in ihrem Leben wünschte. Als ich aber Geld als legitimes Mittel des Wohlstands erwähnte, war sie vollkommen schockiert.

Nach der Vorlesung umringten mich Mitglieder des Kirchenvorstandes und sagten: »Meinen Sie nicht, daß Sie es etwas zu überspitzt gesagt haben, das Geld sei gut, weil es ein Symbol der universalen Substanz ist?« Und ich hörte mich antworten: »Ich hoffe, ich habe das klar und deutlich gesagt; genau das meinte ich.«

Ein Mitglied des Vorstands sagte darauf: »Ja, aber Sie haben die Dame in der ersten Reihe so schockiert, daß sie wohl nie wieder kommen wird.« Und meine Antwort war: »Wenn ich sie schockiert habe, dann war es gewiß nötig, daß einige alte, irrige Vorstellungen über das Geld aus ihrem Denken ausgetrieben wurden.«

Ich wies darauf hin, daß ich die geistigen Prinzipien des Reichtums allein in der Absicht lehre, den Leuten die wunderbare Wahrheit ihres Schöpfers begreiflich zu machen, daß REICHTUM IHR GÖTTLICHES ERBE ist, damit sie von Mißerfolgen, Armut und all den anderen Sünden des Mangels befreit würden. Ich erkannte, daß der Lernprozeß manchmal wirklich ein Schock ist.

Bei der nächsten Vorlesung war die Dame wieder da und saß auf einem der ersten Plätze. Der einzige Unterschied, den ich an ihrer Haltung gewahren konnte, war der, daß sie ihren Stuhl etwas näher an das Vortragspult gezogen hatte und begierig auf weitere schockierende Wahrheiten über den Reichtum wartete!

Nachdem sie einer Reihe von Vorlesungen beigewohnt hatte, wurde ihre strenge Pose beim Für und Wider des Reichtums beträchtlich gemildert. Dann kam sie eines Tages zu mir und bekannte, daß damals, als sie mit dem Kursus über positives Denken begann, ihr Leben und ihre Angelegenheiten in einem schrecklichen Zustand gewesen seien. Ihr Mann hatte sie verlassen; ihre Kinder schienen gegen sie zu stehen; ihr Hausarzt prophezeite ihr einen baldigen Nervenzusammenbruch; sie hatte eine gute Stellung, aber ihr Einkommen schien nie weit zu reichen, und sie fand kein gutes Auskommen mit ihren Kollegen; außerdem war sie in einen Rechtsstreit bezüglich ihrer letzten Stellung verwickelt.

Aber mit dem Aufbau neuer Gedanken und Vorstellungen über Reichtum und Lebenserfolg begann Woche um Woche ihre Einstellung sich zu wandeln – und parallel dazu auch ihr Leben. Es dauerte nicht lange, da kam ihr Mann zurück; nach und nach gelang es ihr, die Beziehungen zu ihren Kindern zu verbessern; sie hatte keinen Nervenzusammenbruch; der Rechtsstreit bezüglich ihrer früheren Stellung wurde friedlich und freundschaftlich außerhalb des Gerichts beigelegt; und schließlich begann sie, Freude und Befriedigung in ihrer Arbeit zu finden. Tatsächlich schien sie nach gar nicht langer Zeit ein ganz anderer Mensch zu sein, und das alles begann an jenem Abend, da sie den Mut fand, ihr Denken über das Geld zu ändern.

Die meisten Leute sind sehr empfindlich hinsichtlich ihrer Fähigkeit, Geld zu verdienen. In den meisten Fällen würde die Fähigkeit eines Menschen, Geld zu verdienen, größer sein, wenn seine Einstellung dem Geld gegenüber positiv und freundlich wäre. Dem verstorbenen Filmproduzenten Mike Todd wird nachgesagt, daß er geäußert habe: »Arm bin ich nie gewesen, nur pleite. Arm sein ist eine geistige Vorstellung. Pleite sein ist eine vorübergehende Situation.«

Die guten Nachrichten über das Geld

Die meisten Leute scheinen über die korrekte geistige Einstellung dem Geld gegenüber verunsichert zu sein wegen gewisser Äußerungen, die Paulus über dieses Thema machte. Vielleicht ist eine der am meisten mißverstandenen Bibelstellen über das Geld die, da Paulus den Timotheus warnt, daß »die Liebe des Geldes die Wurzel allen Übels ist« (I. Tim. 6,19). Ein genaueres Studium dieses Zitats zeigt jedoch, warum Paulus dies gesagt hat. Paulus hatte Timotheus mit der Missionsarbeit bei den frühen Christen in Ephesus betraut. Ephesus war eine Stadt in Kleinasien, die ein Zentrum des Studiums und Handels gewesen war. Es war durch seinen Tempel bekannt, der dem Kult der Göttin Diana geweiht war. Mit anderen Worten, zu der Zeit, da Paulus seine erste Epistel an Timotheus schrieb, war Ephesus eine Stadt der Götzendienste und heidnischen Kulte, eine Stadt des Aberglaubens und Materialismus, die Gott nicht als Quelle ihrer Versorgung ansah.

Es ist also leicht zu begreifen, warum Paulus an Timotheus schrieb und ihn vor der materialistischen Geldbewertung dieser Leute warnte. Paulus unterwies jedoch Timotheus in demselben Brief, daß er diesen materiell gesonnenen Leuten wie folgt predigen solle: »*Den Reichen von dieser Welt gebiete, daß sie nicht stolz seien, auch nicht hoffen auf den ungewissen Reichtum, sondern auf den lebendigen Gott, der uns dargibt reichlich, allerlei zu genießen*« (I. Tim. 6,17). In der Sprache der heutigen Zeit: Paulus erinnerte Timotheus daran, daß Gott die Quelle der Versorgung ist und daß Timotheus die Reichen unter seinen Gefolgsleuten über dieses ewige Geheimnis des Wohlstands belehren solle. Die amerikanische Regierung weiß um diese große Wahrheit, denn auf unseren Münzen finden wir dieses Motto: »In God we trust.« Dieses ist eine wunderbare Reichtums-Bejahung.

So laßt uns festhalten: Geld ist nichts Anstößiges, ebensowenig wie es unser Wunsch ist, Geld zu haben. Es ist vielmehr ein wunderbares Tauschmittel, das an sich nichts Böses ist. In dem Augenblick, da wir die falschen Vorstellungen loslassen, die uns jemand vor vielen Jahren gelehrt hat – daß Geld die Basis allen Übels sei –, werden wir die Feststellung machen, daß das Geld leichter und zufriedenstellender in unseren finanziellen Angelegenheiten zirkuliert.

Würdigung des Geldes kann Sie reich machen

Eine Dame erzählte mir kürzlich, seit sie die verschwommene Vorstellung aufgegeben habe, daß das Geld etwas Böses an sich habe, hätte sie sehr viel mehr davon, um es zu genießen. Sie sagte, früher sei all ihr Geld innerhalb von drei Tagen nach dem Zahltag schon ausgegeben gewesen, jetzt aber scheine es ihr, daß sie genug habe, um noch abzugeben und regelmäßig zu spenden. Sie ist wirklich einer der großzügigsten Menschen, die ich kenne. Eine andere Dame erklärte kürzlich: »Etwas, das ich auf sehr eindringliche Weise gelernt habe, ist, nicht mehr zu sagen: ›Oh, es ist *nur* Geld.‹« Und sie fügte hinzu, seitdem sie begonnen habe, das Geld zu würdigen, anstatt es herabzusetzen, hätte sie eine wunderbare neue Stellung mit einem viel höheren Gehalt gefunden. Jetzt hat sie an beiden Freude – an ihrer neuen Arbeit *und* dem neuen Gehalt.

Vielleicht fragen Sie sich, warum es so wichtig sei, eine wirklich freundliche Einstellung dem Geld gegenüber einzunehmen, um glücklichere finanzielle Umstände herbeizuziehen. Nun, Geld ist ein Bestandteil universaler Substanz und enthält demzufolge universale Intelligenz. Es reagiert auf unsere Einstellung ihm gegenüber. Da man nach dem Gesetz des wirkenden Bewußtseins das anzieht, was man würdigt und schätzt, und das abstößt, was man mißachtet, ist der Geldzufluß dementsprechend. Denkt man gut vom Geld, vermehrt man es und fördert sein Wachstum. KRITISIERT ODER VERDAMMT MAN ES HINGEGEN IN IRGENDEINER FORM, sei es das eigene oder anderer Leute Geld, dann zerstreut man es und stößt es zurück.

Vielleicht haben Sie bemerkt, wie dieses Gesetz im Hinblick auf Ihre Stimmungen wirkt. Beobachten Sie einmal, wieviel mehr Sie für Ihr Geld kaufen können, wenn Sie guter Laune sind. Gehen Sie aber einkaufen, während Sie in Eile oder deprimiert sind, dann scheint alles falsch zu laufen, auch die Kaufkraft Ihres Geldes.

Da Ihre Gedanken Ihre Welt gestalten, müssen Ihre Gedanken über das Geld anerkennend sein, damit das Geld Sie anerkennt und von Ihnen angezogen wird. Nachdem ich mit Hunderten von Leuten über deren finanzielle Angelegenheiten gesprochen habe, konnte ich feststellen, daß sie häufig dann nicht genügend Mittel zur Hand hatten, um das Lebensnotwendigste zu beschaffen, wenn sie das Geld in geschäftlichen Angelegenheiten verspottet und verdammt hatten, sei es ihr eigenes oder das anderer Leute.

Einmal sprach ein Mann mit mir, der »völlig fertig« war. Er war krank, arbeitslos, sehr einsam und unglücklich. Während er mir seine Geschichte erzählte, versuchte ich herauszufinden, welche geistige Einstellung ihm diese unglücklichen Umstände eingebrockt haben mochte. Er sagte, wie hart das Leben für ihn gewesen sei und welche Schwierigkeiten er immer mit Menschen, Situationen und Ereignissen gehabt habe. Im Laufe der Unterhaltung begann er über »die Politiker und die furchtbare Art, wie sie das Geld des Landes ausgeben« zu sprechen. So vorsichtig wie ich nur konnte schlug ich ihm vor, einmal zu versuchen, seine Einstellung gegenüber den Menschen im allgemeinen und der Regierung im besonderen zu überdenken, wenn er den Wunsch habe, daß Gesundheit, Wohlstand und Glück zu ihm kämen. Zunächst durchbohrte er mich mit seinen Blicken, als zweifele er an meinem Geisteszustand, aber schließlich willigte er ein, es einmal mit dem positiven Denken versuchen zu wollen.

Monate später mußte er, als er mich wieder besuchte, mir sagen, wer er war, denn seine ganze Erscheinung hatte sich vollkommen gewandelt. Strahlend beschrieb er dann jenen kalten Winterabend, als er mein Studierzimmer verlassen hatte und zu Fuß in seine Pension zurückgegangen war, da er das Geld für eine Busfahrkarte nicht hatte. Als er zu Hause eintraf, bemerkte er, daß vielleicht durch die Aufnahme einiger Ideen, über die wir gesprochen hatten, alle körperlichen Schmerzen ihn verlassen hatten. In jener Nacht, so sagte er, habe er zum erstenmal seit Monaten wieder friedlich schlafen können.

Nachdem er begonnen hatte, tagtäglich positives Denken zu pflegen, begannen wunderbare Dinge zu geschehen. Er wurde wieder ganz gesund, und schon bald tat sich ein neues Betätigungsfeld vor ihm auf, in das er schon seit langer Zeit gern eintreten wollte. In seiner Pension kannte er eine Dame, die gleich ihm krank und in großen Geldnöten war, und nun begann er, einige der Ideen vom positiven Denken, die für ihn so viel bedeuteten, an sie weiterzugeben. Nachdem sie beide begonnen hatten, mehr Lob und Würdigung anstatt Kritik zu üben, schlossen sie bald einander in diese Anerkennung ein. Bei seinem zweiten Besuch bei mir sagte der Mann, daß er die nette kleine Dame heiraten wolle. Er stellte sie mir dann auch bald vor, und sie war so strahlend wie jede andere nur halb so alte Braut!

Dieser Mann gab zu, daß er sein Leben lang über Geld und finanzielle Dinge und über reiche Leute gespöttelt habe. Er erkannte jetzt, wieviel Unheil er dadurch zweifellos in seinem eigenen Leben angerichtet hatte. Er hatte jetzt gelernt, daß wir häufig nur darum nicht genügend Geld für die Bedürfnisse des Lebens haben, weil wir unser eigenes und das Geld anderer Leute nicht genügend würdigen.

Die goldene Regel des Reichtums

Zuweilen bringen Leute sich selbst in finanzielle Schwierigkeiten, weil sie erklären, daß sie persönlich wohlhabend und gesegnet seien, aber Herr und Frau Soundso hätten keinen Pfennig, den sie ihr eigen nennen könnten. Solche Leute erörtern oft triumphierend und ausführlich die Schwierigkeiten anderer... Wenn Sie sich selbst zwar für reich halten, aber andere als arme Leute betrachten, rufen Sie durch das Gesetz von Aktion und Reaktion gerade dies für sich selbst hervor. Die goldene Regel positiven und bereichernden Denkens ist die, daß Sie niemals etwas über die Geldangelegenheiten anderer Leute denken oder sagen dürfen, was Sie nicht am eigenen Leibe erfahren wollen.

Ein ungewöhnliches Beispiel für diese Wahrheit wurde in einem Prozeß offenbar, in dem zwei Eheleute ihre Angelegenheiten lösten. Die Frau behauptete, daß sie alles bekommen würde; der Richter würde ohne Zweifel sie bevorzugen; triumphierend erklärte sie, daß der andere Partner vor dem Nichts stehen würde. Aber der Mann war ein positiv eingestellter, lebensbejahender und meditativ lebender Mensch, der die Angelegenheiten höheren Händen übergeben hatte und bejahte, daß das göttliche Gesetz der Liebe, Gerechtigkeit und vollkommenen Ausgewogenheit das höchste Gut für alle Betroffenen bewirken würde. Die klagende Partei ging so weit, daß sie ihrem Rechtsanwalt das gesamte Vermögen zeigte, von dem sie überzeugt war, daß es ihr zugesprochen würde. Immerhin hielt sie sich selbst für reich, erklärte aber, daß der andere völlig ruiniert würde.

Als der Richter jedoch die einzelnen Fakten hörte, entschied er, daß der Klägerin nur ein kleiner Teil des Besitzes zugesprochen würde. Den Rest des Vermögens, das ein Haus, ein Reinigungsunternehmen und verschiedene Grundstücke umfaßte, bekam der Beklagte, der göttliche Gerechtigkeit bejaht hatte. Diese Frau bewies: Wenn man sich selbst für reich hält, aber andere in finanziellem Elend sieht, bewirkt man unbewußt, daß eben dies einem selbst geschieht.

Wie man das Geld zu seinem Diener macht

Wenn man einen anderen um seinen Besitz beneidet, zeigt man dadurch, daß man nicht an ausreichende Versorgung für alle glaubt. Erinnern Sie sich bitte, daß Sie das erleben werden, dem Sie Ihre größte Aufmerksamkeit zuwenden. Wenn Sie von dem Glücksfall eines anderen, einer reichen Erbschaft oder großen Besitztümern hören, dann sollten Sie das mit großer Freude und Anteilnahme tun. Eines anderen Verwirklichung großer Reichtümer ist nichts anderes als der Beweis für die göttliche Fülle eines liebenden Vaters, die allen Menschen zur Verfügung steht. Sie sollten sich angesichts der reichen Offenbarung freuen.

Geld scheint so sehr mit der Intelligenz der Allsubstanz geladen zu sein, daß es auf das, was Sie darüber sagen oder denken, sich einzustimmen scheint und dementsprechend reagiert. Eine Freundin berichtete mehrmals, wie ihre positive Einstellung dem Geld gegenüber ihr geholfen habe, während der Jahre der Wirtschaftskrise immer wieder einen gedeckten Tisch zu haben. Ihr kleiner Sohn schien zu wissen, wie man für sein Geld beim Krämer am meisten erhält. Immer wenn das Geld knapp war, pflegte sie ihn einholen zu schicken. Regelmäßig kam er dann mit viel mehr heim, als irgendein anderer der Familie für den gleichen Betrag hätte kaufen können. Vielleicht kam das daher, weil jede Summe Geldes für ihn Überstunden zu machen pflegte!

Durch eine positive, wertschätzende Einstellung dem Geld gegenüber können Sie Geld zu Ihrem Diener machen, anstatt sein Sklave zu sein, denn Sie sind in diese Welt gestellt worden, um Meisterschaft und Herrschaft über jegliche Art materieller Substanz zu erringen. Kultivieren Sie daher ganz entschieden die Gewohnheit, Geld anzuerkennen und zu würdigen und entschuldigen Sie sich nicht etwa dafür!

Ich werde niemals vergessen, wie ich in einer Vorlesung zum erstenmal sagte: »Würdigen Sie das Geld als die reiche Substanz Ihres Schöpfers und entschuldigen Sie sich nicht für Ihre Wertschätzung, denn wenn Sie das tun, wird das Geld durch diese Torheit von Ihnen zurückgestoßen.« Eine Dame, die eine große Geldtasche bei sich trug, saß unter den Zuhörern. Plötzlich sprang ihre Geldtasche auf, und das Geld flatterte und sprang über den ganzen Boden und machte dabei viel Lärm. Wir lachten alle herzlich, während einige ihr halfen, es wieder einzusammeln. Natürlich taten wir dieses Erlebnis als Scherz ab, um die Gefühle der Dame zu schonen. Als ich aber später persönlich mit ihr zusammentraf, gab ich ihr einige Reichtums-Bejahungen zwecks Umpolung ihres Bewußtseins, denn von ihr schien ein tief eingewurzeltes Gefühl finanziellen Mangels auszugehen. Es war gerade so gewesen, als habe ihr Geld gehört, was sie darüber gesagt hatte und habe versucht, von ihr wegzukommen!

Charles Fillmore hat geschrieben:

»Achte auf deine Gedanken, wenn du mit Geld umgehst, denn dein Geld ist durch dein Bewußtsein mit der einen Quelle aller Substanz und allen Geldes verbunden. Wenn du dein Geld, das sichtbar ist, so betrachtest, daß es direkt mit der unsichtbaren Quelle verbunden ist, die dir in Übereinstimmung mit deinen Gedanken gibt oder nicht gibt, dann hast du den Schlüssel für alle Reichtümer und den Grund für allen Mangel.«

Vielleicht kennen Sie die Geschichte von dem unachtsamen Schotten, der eine Krone, die er für einen Penny hielt, in den Klingelbeutel warf. Als er seinen Irrtum gewahrte, bat er, man möge ihm die Münze zurückgeben, aber der Diakon, der die Kollekte einsammelte, weigerte sich. Der Schotte murmelte: »Nun ja, ich werde für die Krone Kredit im Himmel haben.« »Nein, nein«, erwiderte der Diakon, »du wirst Kredit für einen Penny haben.«

Seien Sie in Ihrer Haltung auf ein Ziel gerichtet

Verschiedene Ansichten und Einstellungen dem Geld gegenüber muß man aufgeben, sonst erhält man auch verschiedene Resultate. John D. Rockefeller jr. hat einmal das Wunder und die Herrlichkeit des Geldes beschrieben, indem er aufzählte, daß der Mensch mit Geld die Hungrigen speisen, die Kranken heilen, die Wüsten zum Blühen und Schönheit ins Leben bringen kann. Wie sehr hat er recht! Wie Salomo einst sagte: »Das Gut des Reichen ist seine feste Stadt; aber die Armen werden von der Armut vernichtet« (Sprüche 10,15). Wirklich, Geld ist etwas Gutes, und wir sollten in unserem reichen Zeitalter, das angebrochen ist, mehr denn je davon haben.

Ein Journalist hat kürzlich auf die Macht des Geldes für den Weltfrieden hingewiesen, indem er vorschlug, daß man den Präsidenten der Weltbank wegen seiner ausgezeichneten Arbeit, durch die er in vielen Ländern finanziellen Frieden schuf, für den Friedensnobelpreis nominieren solle. Der Journalist schloß seinen Artikel: »Wäre es nicht an der Zeit anzuerkennen, daß der richtige Umgang mit dem Geld ein gewichtiger Friedensfaktor in der Welt ist?«

Aber so wie Sie Ihre Nase nicht über das Geld rümpfen sollten, so sollten Sie auch keinen Gott daraus machen. Geld ist erfüllt von dem Wunsch nach Leben, Bewegung, Expansion und Aktivität. Es mag nicht festgehalten, gehortet oder müßig zurückgehalten werden. Tatsächlich ist es die lebhafte Zirkulation des Geldes, die zu Wohlstand führt, während Krisen und Rezessionen das Ergebnis elenden Hortens von Geld sind.

So wie die Wirtschaft unseres Staates vom regen Geldumlauf abhängt, so hängt unser persönlicher Wohlstand von der raschen Zirkulation des Geldes ab. Das heißt nicht, daß man nicht sparen sollte, aber man sollte es nicht für Eitelkeiten mißbrauchen.

Verschiedene andere Einstellungen dem Geld gegenüber sind noch besonders hilfreich: Sagen Sie zum Beispiel nie: »Das kann ich mir nicht leisten«, oder ähnliches. Damit säen Sie Armut und

Einengung, und die Saat wird eines Tages aufgehen. Statt dessen ist es besser zu sagen, daß es »nicht weise« sei, gewisse finanzielle Ausgaben zu tätigen; zumindest ist es besser, Ihr finanzielles »Nein« in positiverer Art zu formulieren. Bejahen Sie oft: *Ich gebrauche die positive Macht der reichen Allsubstanz in Weisheit, Liebe und mit gutem Urteil in all meinen finanziellen Angelegenheiten, und ich werde auf jede mögliche Weise bereichert.*

Es ist auch unklug, finanzielle Schwierigkeiten größer zu sehen oder darzustellen als sie sind. Wenn Sie mit Ihrem leeren Portemonnaie prahlen (und einige Leute tun das wirklich, um Aufmerksamkeit und Mitleid zu erregen), dann werden Sie immer wirtschaftlichen Kummer haben, mit dem Sie angeben können. Ein Geschäftsmann, der sich ein beträchtliches Vermögen durch seine Börsentransaktionen erwarb, erzählte, daß er früher bei seinen Börsengeschäften schwer investiert und schwer verloren habe. Allein bei einer einzigen Wertpapierspekulation verlor er 20 000 Dollar. Aber niemals habe er irgend jemand gegenüber seine Verluste erwähnt, nicht einmal vor seiner Frau. Statt dessen hätten sie weiter üppig gelebt, und bald habe das Blatt sich gewendet, so daß er in der Lage gewesen sei, die früheren Verluste, durch die er viel gelernt habe, durch große Gewinne auszugleichen. Bis zu diesem Tage, sagte er, habe er noch nie über die Verluste gesprochen, aber jetzt erfreue er sich völliger finanzieller Unabhängigkeit. In schweren wirtschaftlichen Zeiten tut man gut daran zu bejahen: *Ich glaube, daß auch dies vorübergeht*, wobei man weiterhin an dem geistigen Bild des Erfolgs festhält, auf das man zuarbeitet.

Eine andere Geisteshaltung, vor der man sich hüten muß, ist diese: Wenn Sie einem Menschen oder einer Organisation Geld geben, dann geben Sie es nicht in dem Gedanken, daß Sie dies tun müssen oder dazu verpflichtet seien. Solche Gedanken ziehen nur noch mehr Verpflichtungen in Ihr Leben. Geben Sie statt dessen in dem Sinn, daß Sie »zum Wohl der anderen beitragen«.

Das betrifft sowohl das Geld, das man seinem Ehepartner, den Kindern und Angestellten, dem Klub und der Kirche, dem Lebensmittelgeschäft oder der Bank gibt, als auch die Steuern für die Regierung oder sonstige Ausgaben. Eine solche Einstellung bewirkt, daß sich sowohl der Geber als auch der Nehmer bereichert fühlen.

Auch Ihre Empfindungen und Gedanken, die Sie beim Empfang von Geld oder anderen finanziellen Zuwendungen haben, sind sehr wichtig. Der Weg, auf dem man Glück und Bereicherung empfängt, ist der, das Gute in jeglicher Gestalt mit Charme anzunehmen, ohne sich dafür zu entschuldigen. Es ist sowohl für die Gabe als auch für den Geber eine Beleidigung, wenn der Empfänger sagt: »Oh, das hätten Sie nicht tun sollen.« Heißen Sie Geld und göttliche Versorgung aus jeder Richtung willkommen, wenn es aus freien Stücken gegeben wird und keine Verpflichtungen mit sich bringt. Bejahen Sie oft: *Alle finanziellen Türen stehen offen; alle finanziellen Kanäle sind frei, und endlose Fülle kommt jetzt zu mir.* Und dann lassen Sie sie frohgemut kommen!

Ich kenne eine Frau, die verzweifelt um größeren Reichtum betete, doch ständig schlug sie Geschenke oder Gefälligkeiten, die ihr andere liebevoll boten, aus; dadurch verschloß sie viele Versorgungskanäle. Wenn Sie Geschenke, die man Ihnen macht, nicht gebrauchen können, dann sagen Sie das nicht; nehmen Sie sie um des großzügigen Gedankens willen, den sie darstellen, an und geben sie an jemand anders weiter, der Nutzen davon hat.

Nur in einem Fall sollte man sich so nicht verhalten, nämlich wenn jemand versucht, Sie zu bestechen oder mit seinen Geschenken Ihre Freundschaft zu erkaufen, so daß eine gewisse Verpflichtung damit verbunden ist. Wahre Freigebigkeit hat keine Gängelbänder. Aufrichtiges Geben schließt keine Bestechungen, unausgesprochene Begünstigungen oder Verpflichtungen ein. Sobald Sie einen solchen Zweck hinter einem Geschenk ahnen, sollten Sie sich die Freiheit nehmen, »nein« zu der falschen Gönnerhaftigkeit zu sagen.

Schließen Sie Ihre finanziellen Angelegenheiten in Ihre Meditation ein

Eine andere Einstellung dem Geld gegenüber, die klargestellt werden muß, ist diese: Scheuen Sie sich nicht, um Geld zu beten oder Ihre Finanzangelegenheiten besonders in Ihre Meditation aufzunehmen. Die alten Hebräer zögerten nicht, den Allerhöchsten um genau das anzurufen, was sie brauchten. Sie hatten sieben heilige Namen für Jehova, von denen ein jeder eine besondere Vorstellung von Gott darstellte. Den Namen »Jehova-jireh« wandten sie an, wenn sie sich auf die Vorstellung der Universalsubstanz konzentrierten. Die Bedeutung des Namens ist: »Jehova wird es beschaffen«, »der mächtige Eine, dessen Gegenwart und Macht uns versorgt, ungeachtet widriger Umstände«.

Viele der großen Gestalten der Bibel beteten besonders für Reichtum, wenn er benötigt wurde. Jesus betete für die Speisung der Fünftausend, indem er zum Himmel aufblickte und für die wenigen Laibe Brot und Fische dankte, die daraufhin vermehrt wurden, um den Bedarf zu decken. Elias bat hartnäckig um Regen, damit die dreijährige Dürre ein Ende finden möge und die Hebräer wieder Ernten, Nahrung und Wohlstand haben könnten.

Ein reicher Vater beabsichtigte niemals, die Menschen in diesem verschwenderischen Weltall leiden zu lassen, und wir halten uns nur selbst zum Narren, wenn wir meinen, daß wir im Elend leben müßten. Wer in finanziellen Nöten ist, muß den Mut haben, hierfür besonders zu meditieren und unseren uns liebenden Vater zu bitten, ihm bei der Erlösung aus der Not reichlich und vollkommen zu helfen. Das Versprechen: »Bittet, so wird euch gegeben« (Matth. 7,7) enthält keine Geheimformeln, und genausowenig das Versprechen aus dem Buche Hiob: »Wenn sie Ihm gehorchen und Ihm dienen, dann werden sie bei guten Tagen alt werden und in Lust leben« (Hiob 36,11).

Was das Gebet um Reichtum anbetrifft, so haben Sie sicherlich schon einmal von dem verstorbenen George Muller aus Bristol, England, gehört, der vor vielen Jahren durch seinen Glauben an die reich machende Kraft des bejahenden Gebets Waisenhäuser für Kinder errichtet hat. Er wird als ein Mann des Glaubens beschrieben, dem der Unendliche Millionen gegeben hat. Er wurde auch ein Fürst des Gebets genannt, weil es seine Gewohnheit war, seinen Schöpfer direkt um das zu bitten, was er brauchte, anstatt mit anderen Leuten über seine Nöte und Bedürfnisse zu reden.

Mr. Muller hat einmal gesagt, der große Fehler, den die meisten von uns begehen, sei der, daß wir nicht groß genug bitten und nicht beständig weiter bejahen, bis das Gewünschte sichtbar in Erscheinung tritt. Er gab den Rat: »Erwarte große Dinge von Gott, und große Dinge wirst du haben.« Einmal sagte er zu einem Freund: »Ich habe meinen Schöpfer viele Male gepriesen, wenn er mir zehn Cent gab, und ich habe ihn gepriesen, wenn er mir 60 000 Dollar sandte.« Einzig in Erfüllung seiner Bejahungen von Reichtum und Versorgung erhielt er 7 500 000 Dollar, um das Waisenhaus zu bauen und seine Schützlinge zu versorgen.

Häufig ist die Geschichte berichtet worden, wie Charles Fillmore, der Mitbegründer der Unity School of Christianity in Lee's Summit, Missouri, in den ersten Jahren der Bewegung oft wegen Unitys finanziellen Angelegenheiten sich zur stillen Meditation zurückgezogen hat. Einmal war die Miete für die Druckereimaschinen überfällig, und der Sheriff kam, um die Maschinen zu beschlagnahmen. Aber als Mr. Fillmore vertrauensvoll erklärte: »Ich habe einen reichen Vater, der sich hierum kümmern wird«, glaubte ihm der Sheriff das wörtlich und entgegnete: »Gut, in diesem Fall werden wir Ihnen noch ein wenig Zeit einräumen.«

Mr. Fillmore fuhr fort, Reichtum und Wohlgelingen zu bejahen, und das Geld traf ein. Die Druckereimaschinen wurden nie wieder beschlagnahmt. Später, in den Jahren der Wirtschaftskrise, erhielt die Unity-Schule sehr viel weniger Liebesgaben aus allen Teilen der Welt als gewöhnlich. Wieder meditierten die Gründer Unitys gezielt, mutig und wohlüberlegt für Geld, finanzielle Versorgung und reiches Wohlergehen. Und eines Tages, als die Arbeiter auf der Unity-Farm nach Wasser bohrten, stießen sie auf Öl!

Diese Ölquelle erwies sich als geeignete Antwort auf ihren finanziellen Notruf in all den Jahren der Depression.

Natürlich umspannt heute die Reichweite der Unity-Bewegung den ganzen Erdball. In den letzten Jahren haben Schätzungen ergeben, daß der Wert des Unity-Dorfes, das heute als Körperschaft eingetragen ist, kaum bestimmt werden kann, aber viele Millionen ausmachen würde.

Wie sich Geld verwirklicht

Eine der Geheimlehren okkulter Religionen der Vergangenheit war deren Wissen um die Gegenständlichmachung von Zahlungsmitteln. Die, die das Vorrecht hatten, dieses Geheimnis zu lernen, wurden gelehrt, sich ein konkretes geistiges Bild des gewünschten Geldbetrages, des Nennwertes und Aussehens des Geldes, zu machen. Nachdem sie dieses geistige Bild geschaffen hatten, wurde ihnen gesagt, es klar umrissen im Bewußtsein zu halten, als sei es bereits sichtbar. Sie mußten es mental in aller Deutlichkeit sehen. Weiter wurden sie gelehrt, der reichen Allsubstanz zu befehlen, es ihnen zu geben. Man wies sie an, zu bejahen: »Gib mir dieses« und dieses Verlangen Tag für Tag viele Male zu wiederholen, bis die Substanz sichtbar in Erscheinung trat.

Da das Bewußtsein allmächtig ist, haben Sie dasselbe Recht und Privileg, im Geiste Geld, finanziellen Besitz und reiche Versorgung zu bejahen, wenn Sie sich einer rein geistigen Methode bedienen möchten. Viele erfolgreiche Leute haben bewußt oder unbewußt diesen Weg beschritten. Eine kraftvolle Bejahung zur Aufladung des Bewußtseins zusammen mit dem mentalen Bild der bestimmten gewünschten Summe ist diese: *Alle finanziellen Türen sind offen, alle finanziellen Kanäle sind frei und...* (hier setzt man den bestimmten Betrag ein) *kommen jetzt zu mir.* Weise ist es, noch hinzuzufügen, daß die Manifestation durch göttliche Kanäle in der unserem Schöpfer eigenen wunderbaren Weise geschieht.

Neben den geistigen Bildern und der geistigen Benennung einer bestimmten Summe Geldes, neben der bewußten Bejahung des

Geldes ist es noch ratsam, besondere Worte des Reichtums für sich selbst und seine Besitztümer zu sprechen. Bejahen Sie für sich selbst des öfteren: *Ich danke dafür, daß ich jetzt reich, gesund und glücklich bin und meine finanziellen Angelegenheiten sich in göttlicher Ordnung befinden. Täglich werde ich auf jede denkbare Weise reicher und reicher.* Gut ist es, wenn Sie für Ihr Portemonnaie, Scheckbuch oder andere Kanäle finanzieller Versorgung erklären: *Geld manifestiert sich jetzt und hier in reicher Fülle.* Scheuen Sie sich nicht zu bejahen, daß »große Summen Geldes«, »angenehme, reiche finanzielle Überraschungen« und »reiche nützliche Gaben« sich für Sie einstellen. Seien Sie entschieden und bestimmt in bezug auf Ihr Einkommen, wenn Sie nicht wollen, daß die Antwort unbestimmt und unentschieden ist.

Kürzlich schrieb mir eine Frau von der Westküste, die einige meiner Gedanken über das Geld gelesen hatte, voller Anerkennung. Sie sagte: »Ich freue mich, endlich mal einen Geistlichen zu finden, der sich nicht scheut, das Geld klar und deutlich als Segen zu bezeichnen. Ein mir bekannter Pfarrer hatte mir gegenüber häufig die Redensart ›reichlich zu hegen und zu geben‹ angewandt, und ich erkannte, was dieser Pfarrer meinte, vergangene Weihnachten, als ich vier Fruchtkuchen geschenkt bekam. Ich hatte für das Fest immer ›reichlich zu hegen und zu geben‹ bejaht. So viele Fruchtkuchen hatte ich zu hegen und zu geben, daß ich drei verschenkte. Wie schön wäre es gewesen, wenn man zu Weihnachten außer den Fruchtkuchen noch etwas anderes erhalten hätte! Diese Erfahrung lehrte mich, hinsichtlich seiner Wünsche immer ganz bestimmte Vorstellungen zu entwickeln, sofern ich bestimmte und befriedigende Ergebnisse erwarte.«

Das Denken in bestimmten, entschiedenen Vorstellungen öffnet den Weg für bestimmte, entschiedene Resultate. Begrenzen Sie Ihr Einkommen nicht, indem Sie erklären: »Es genügt, um durchzukommen.« Das ist das Gebet eines Armen. Erinnern Sie sich statt dessen der Worte des Apostels Paulus: *Gott ist es, der uns alle Dinge zu unserer Freude gibt* (I. Tim. 6,10).

Zu einer Zeit, da ich über kein angemessenes finanzielles Einkommen verfügte, schnitt ich die folgenden Worte aus einer Zeitschrift aus, klebte sie auf Karton und stellte sie auf meinen Nachtschrank, um sie täglich zu sehen: *Dein Geld fängt jetzt an zu wachsen. Dein Verdienst verdoppelt sich!* Ich war überrascht, als mein finanzielles Einkommen sofort begann zuzunehmen, und zwar durch eine bemerkenswerte Serie von unvorhergesehenen Ereignissen. Innerhalb weniger Monate erkannte ich mit einemmal, daß mein Einkommen sich tatsächlich verdoppelt hatte! Geld liebt die bejahende Einstellung gegenüber dem Reichtum und reagiert dementsprechend.

Substanz, die Quelle des Geldes

Zusammen mit der Wertschätzung des Geldes sollte man auch die Substanz, aus der das Geld und alle greifbaren Dinge gemacht sind, verstehen und voll anerkennen. Krisenzeiten bringen zutage, daß der Mensch in guten Tagen entweder die Gebete und Kämpfe, die ihm Erfolg und offensichtliche Sicherheit eingebracht haben, vergessen oder daß er versäumt hat, sein Vermögen auf einer festen finanziellen Grundlage aufzubauen. Hätte er mehr über die Quelle des Lebens und der Substanz nachgedacht, dann wäre er der unnützen Schinderei der Armut entgangen.

Wissenschaftler definieren Substanz als etwas, das jedem sichtbaren und greifbaren Ding zugrunde liegt und es erhält. Wenn Sie nicht genug Geld haben und wenn es sich nicht zu manifestieren scheint, während Sie positiv daran denken, dann möchte das numinose Äquivalent für Geld vielleicht zu Ihnen kommen. Wenn Sie Substanz schätzen und bejahen und wissen, daß sie universal überall im Äther vorhanden ist; wenn Sie erkennen, daß Substanz passiv ist und darauf wartet, durch Ihre Gedanken und Worte geformt und zur Sichtbarkeit gebracht zu werden, werden Sie erkennen, daß Sie die Kontrolle haben über die unsichtbare Welt reicher Substanz und reicher Versorgung, so wie Sie sie über die sichtbare Welt der Reichtümer haben.

Es war Einstein, der als erster mit der Behauptung die wissenschaftliche Welt in Aufregung versetzte, daß Substanz und Materie (welche Geld und alle sichtbaren Dinge einschließen) verwandelbar sind. Er behauptete, daß die gestaltete und die ungestaltete Welt aus ein und derselben Kraft gemacht sind: Äther oder Substanz. Er sagte ferner, daß die sichtbaren und unsichtbaren Reiche relativ, verwandelbar, austauschbar seien.

Vom finanziellen Standpunkt aus gesehen können wir seine Relativitätstheorie anwenden. Wenn die gestalteten und ungestalteten Welten relativ sind, worum sorgen Sie sich dann, wenn Ihr Einkommen niedrig ist? Sie können das Relativitätsgesetz anwenden, um entweder Geld oder seinen finanziellen Gegenwert zu produzieren und alle Ihre Bedürfnisse zu decken! Wenn die Substanz nicht in Form von Geld sichtbar geworden ist, werden Sie nicht kopfscheu. Bejahen Sie statt dessen: *Universalsubstanz ist die eine und einzige Wirklichkeit in dieser Lage. Universalsubstanz zögert nicht, sich hier und jetzt in reicher geeigneter Form zu zeigen.* Lassen Sie dann die Substanz in sichtbarer Form bei Ihnen erscheinen, wie es gerade das Beste für Sie ist.

Die Wissenschaftler sagen, daß die unsichtbare Substanz erfüllt ist mit Leben, Intelligenz und der Fähigkeit, sichtbare Form anzunehmen. Wenn Sie bejahen, daß göttliche Substanz das tut, was in der jeweiligen Situation am besten ist, geben Sie ihre universale Intelligenz und ihre Fähigkeit, sichtbare Form anzunehmen, frei. Ihre finanzielle Versorgung kommt vielleicht auf vollkommen unvorhergesehenen Wegen zu Ihnen; vielleicht machte sie eine halbe Weltreise oder gelangt durch Fremde zu Ihnen, die Sie nie zuvor sahen. Aber sie wird kommen, wenn Sie Ihre Aufmerksamkeit ihr zuwenden und ihr anheimgeben, auf die eigene weise Art zu wirken.

Wenn sich die gewöhnlichen Versorgungskanäle nicht geöffnet haben, dann fordern Sie ungewöhnliche Versorgungskanäle auf sich zu öffnen, indem Sie anerkennen, daß göttliche Substanz jeder sichtbaren Form der Versorgung zugrunde liegt und unendliche

Wege weiß, auf denen sie Ihnen ihre Reichtümer zur Verfügung stellt. Die Universalsubstanz ist Ihnen gegenüber freundlich eingestellt und möchte Sie reichlich versorgen. Wenden Sie ihr Ihre Beachtung und Würdigung zu. Glauben Sie daran, auch wenn sie unsichtbar zu sein scheint. Und dann lassen Sie sie ihre Macht beweisen und für Sie sorgen.

Unterschätzen Sie niemals die Macht, die in der Bejahung der Substanz als der einen und einzigen Wirklichkeit steckt, die niemals versagt. Sie wird sich als Geld oder in geeigneter finanzieller Form manifestieren.

Wenn Sie die verschiedenen positiven Einstellungen dem Geld und der Substanz gegenüber, die in diesem Kapitel besprochen wurden, anzuwenden beginnen, dann tun Sie es vertrauensvoll mit diesen Worten Emersons: »Der Mensch wurde geboren, um reich zu sein oder um durch den Gebrauch seiner Fähigkeiten unausweichlich reich zu werden.«

Und nun seien Sie bereit für reiche Ergebnisse! Wenn diese reichen Ergebnisse in Erscheinung treten, ist es vielleicht gut, daß Sie sich der Wahrheit erinnern, die ein junger Mann, der beim Militär seinen Dienst versieht, kürzlich seiner Mutter schrieb: »Das Gestern ist ein wertloser Scheck. Morgen ist ein Eigenwechsel. Heute ist die einzige Barkasse, die wir haben. Geh weise damit um.« Ob man nun in zeitlichen oder geldlichen Begriffen dabei denkt: Es stimmt, nicht wahr?

9. Kapitel

Arbeit – ein mächtiger Kanal für Reichtum

Vielleicht wundern Sie sich, warum das Kapitel über Arbeit in diesem Buch nicht früher kam, da man doch weiß, welch mächtiger Kanal für Reichtum und Wohlstand die Arbeit ist.

Die Antwort ist einleuchtender, wenn wir uns umschauen und erkennen, daß die Welt voll ist von Menschen, die hart arbeiten, um wohlhabender zu sein, und daß doch viele von ihnen ganz und gar nicht reich werden dabei. Warum ist das so? Häufig, weil sie, während sie dafür arbeiten, nicht an Reichtum und Erfolg denken. Sie haben nicht die rechte Einstellung. Aufgrund all der harten Arbeit, die sie verrichten, sollten sie Reichtum verwirklichen, aber sie neutralisieren den Effekt durch falsche Gesprächsinhalte, durch ihren Verkehr mit Menschen, die ein Mißerfolgsbewußtsein haben und vielleicht durch ihre Kritik und Verurteilung anderer, die die Erfolgsleiter erklimmen. Diese Menschen haben noch nicht erkannt, daß man eine innere Arbeit positiven Denkens tun muß, bevor sich reiche Ergebnisse auswirken können. Darum waren die vorausgegangenen Kapitel notwendig, damit Sie die rechte Einstellung für das erwünschte Gute, für größeren Reichtum und dauerhafte Zufriedenheit erhalten, was im Verlauf Ihres Arbeitslebens alles Ihr eigen sein sollte.

Die Einstellung bedingt den Unterschied

Eine Sekretärin arbeitete mit allen Kräften, um sich einen gewissen Wohlstand aufzubauen. Sie war stark verschuldet, hatte mehrfach die Stellungen wechseln müssen und benötigte dringend eine Dauerbeschäftigung. Sie hatte eine gute Vorbildung mit zwei College-Abschlüssen und Handelsschulkenntnissen. Auf den ersten Blick schien es einfach zu sein, mit ihr zu arbeiten. Wer sie aber besser kennenlernte, merkte bald, daß sie heimlich gegen die ganze Welt einen stillen Groll hegte und ganz besonders gegen ihren früheren Arbeitgeber. Offensichtlich suchte sie beständig Mitleid für ihre »hoffnungslose finanzielle Lage« zu erregen.

Als man ihr vorschlug, von der Betonung des Mißerfolgs auf positives Denken umzuschalten, wurde sie wütend. Sie wollte an ihren Vorurteilen, dem Groll und der Mißerfolgspose festhalten, welche sie mit einer solchen pessimistischen Atmosphäre umgaben, daß sich die Leute vor ihr zurückzogen. Bei einem von so viel Feindseligkeit belasteten Gemüt nimmt es nicht wunder, daß ihre Arbeit unbefriedigend und sie fast immer nicht voll leistungsfähig war und daß sie ihre verschiedenen Stellungen und Arbeitgeber haßte.

Ganz anders verhielt es sich bei einer anderen berufstätigen Frau, die erkannt zu haben schien, daß eine positive, sieghafte Einstellung den Weg für befriedigende und produktive Arbeit ebnet. Dem Anschein nach hatte diese Frau keinen Grund, um erfolgreich oder positiv zu fühlen. Sie war schon über fünfzig. Viele Leute ihres Alters würden sagen, daß sie zu alt seien, was allein ein Grund für Mangel und Unglücklichsein wäre. Ferner war sie Witwe und stand ohne Kinder und anderen engeren Verwandten ganz allein auf der Welt. Aber sie benutzte diesen Umstand nicht als Vorwand für irgendwelche Fehlschläge, im Gegenteil, sie war eine sehr glückliche und auch erfolgreiche Person.

Und, was das Tollste war, ihr Verkaufsartikel hätte den meisten von uns ein gelindes Gruseln eingejagt – sie verkaufte Grabplätze auf dem Friedhof! Aber sie hatte sehr gute Verkaufsergebnisse und schien dabei recht glücklich zu sein. Außerdem schien sie ihre Lebensbejahung auf ihre Käufer zu übertragen, obgleich die meisten von uns so lange wie möglich jeglichen Gedanken an den letzten Platz von sich schieben. Das Ergebnis war, daß sie die meisten Bequemlichkeiten des Lebens genießen konnte: Sie besaß ein großes, schönes, behagliches Heim, in das sie häufig ihren Freundeskreis einlud; finanzielle Sicherheit in Form von Lebensversicherungen, Aktien, Obligationen und anderen Wertpapieren sowie ein hohes festes Einkommen aufgrund ihrer Verkaufstätigkeit. Darüber hinaus verfügte sie über genügend Zeit für soziale Betätigungen, Arbeiten in der Kirche und kulturelle Aktivitäten, und auch Urlaub und Reisen kamen dabei nicht zu kurz. Für sie war die Arbeit ein göttlicher Auftrag, wenn sie auch den letzten Artikel der Welt verkaufte, den die meisten von uns kaufen möchten.

Arbeit ist göttlich

Die Menschen verstehen unter »Arbeit« verschiedene Dinge. Im Wörterbuch fand ich eine halbseitige Definition. Ein positiv Denkender betrachtet Arbeit als göttlich oder sublim; oder als schöpferische Aktivität in irgendeiner befriedigenden Form, die den Ausgleich findet in Ruhepausen, Spiel und in harmonischer Umgebung. Kahlil Gibran schrieb, daß Arbeit sichtbar gemachte Liebe sei.

Vielleicht stimmen Sie nicht zu, daß Arbeit göttlich, sublim oder auch nur ein befriedigender innerer Ausdruck Ihrer Talente und Fähigkeiten ist. Die Arbeit, die Sie gegenwärtig tun, mag nicht göttlich erscheinen; wenn nicht, so gibt es einen Grund dafür, und der Grund ist gut. Aber wir wollen vom Endergebnis zurück zum Ursprung gehen. William James hat einmal festgestellt, daß 90 Prozent von uns nur 10 Prozent ihrer seelisch-geistigen Kräfte aktiv anwenden. Psychologen sind der Ansicht, daß jeder Mensch ein Dynamo von konzentrierter, schöpferischer Energie ist, der immer wieder nach neuen Ausdrucksmöglichkeiten sucht.

Der Wunsch nach Wohlhabenheit und einträglichem Selbstausdruck in der Arbeit ist nur ein Teil jener schöpferischen Energie, die sich in unserem Leben ausdrücken möchte. Wenn die richtigen Wege für den konstruktiven Ausfluß dieser schöpferischen Energie gefunden werden und die richtige geistige Einstellung dahintersteht, ist der Mensch glücklich, ausgewogen und empfindet die Arbeit als göttlich. Wurden aber die rechten Ausdrucksmöglich-

keiten nicht gefunden, dann wird dieselbe schöpferische Kraft ge-
bremst, um sich in mittelmäßiger Weise zum Ausdruck zu bringen. Dann ist der Mensch unglücklich und betrachtet die Arbeit als
Fluch anstatt als göttlichen Segen, wie es eigentlich sein sollte.

Viele Leute haben eine Arbeit, die sie als unangenehm empfinden, während sie immer noch auf der untersten Sprosse der Erfolgsleiter stehen. Es ist eben diese ihre Haltung ihrer Arbeit gegenüber und ihre Reaktion darauf, die an diesem Punkt entscheiden, ob sie die Leiter des Erfolges Stufe für Stufe aufwärtsschreiten
oder nicht. Unzufriedenheit kann sich als gut erweisen, weil sie einen häufig antreibt, sich nach Höherem zu strecken und das Notwendige zu unternehmen, um dorthin zu gelangen.

Ihre gegenwärtigen Umstände haben einen bestimmten Zweck

Wir wollen die Frage einmal unzweideutig beleuchten. Sie entdek-
ken vielleicht, daß Sie dort sind, wo Sie gegenwärtig sind, um gewisse Charakterzüge oder bestimmte geistige Einstellungen zu
korrigieren, die Sie in der Vergangenheit am Fortschreiten gehin-
dert haben. Wenn Sie eine nicht angemessene Arbeit haben, müssen Sie sich klarmachen, daß Sie diesen Platz wegen eines bestimmten Zwecks innehaben, welches vielleicht der ist, göttliche Eigenschaften zu entwickeln, die zu gegebener Zeit zu Ihrem allgemeinen Wachstum beitragen und Sie auf der Erfolgsleiter vorwärts
bringen. Nachdem ich mein geistliches Amt übernommen hatte,
erkannte ich, daß jede Beschäftigung, die ich bisher auf meinem
Lebensweg gehabt hatte, sei sie nun groß oder klein gewesen, Teil
meiner Ausbildung für meine Lehrtätigkeit, seelsorgerliche Bera-
tung und schriftstellerische Arbeit gewesen war.

Das mag Jesus mit seinen Worten erklärt haben: »Denn welchem viel gegeben ist, bei dem wird man viel suchen; und welchem
viel befohlen ist, von dem wird man viel fordern« (Luk. 12,48).
Was also jetzt sofort nottut, ist, daß Sie Ihre Einstellungen und Reaktionen disziplinieren und praktisch das Gute aus den gegenwärtigen Erfahrungen saugen, um dann so bald wie möglich weiterzu-

schreiten zu höheren Stufen des Selbstausdrucks in einer Arbeit, die Sie befriedigt. Mit anderen Worten, wenn Sie sich gedrängt fühlen, etwas Besseres anzustreben, wenn Sie Unzufriedenheit mit Ihrem gegenwärtigen Leben befällt oder wenn Sie der Druck finanzieller Anspannung stört, fühlen Sie in Wirklichkeit das Drängen Ihrer Talente und Fähigkeiten, die durch Sie als größerer Erfolg und mehr Reichtum zum Ausdruck kommen wollen.

Vervollkommnen Sie Ihre Haltung gegenüber der Arbeit

Was die Disziplinierung und Vervollkommnung Ihrer Haltung und Reaktionen anbetrifft, so sind hier einige Vorschläge: Vielleicht ist Ihr gesamter Standpunkt falsch. Vielleicht ärgern Sie sich wie jene unglückliche Sekretärin über alles und vergiften dadurch sich selbst mit dem Gedanken bitterer Ungerechtigkeit. Leute, die immer noch am Fuße der Erfolgsleiter stehen, haben gewöhnlich eine Erklärung dafür, wie andere sie vom Erfolg abgehalten haben. Oft erzählen sie bis in alle Einzelheiten Dinge, die sich vor Jahren ereignet haben und von denen sie behaupten, daß sie die Ursache ihrer Schwierigkeiten seien. James Allen sagt, daß ein Mann erst beginnt ein Mann zu sein, wenn er aufhört, zu jammern und zu schmähen, und anfängt, nach der »verborgenen Gerechtigkeit« zu suchen, die sein Leben regelt. Ähnlich bewegen Sie sich vielleicht in einem negativen Gleis im Kreise, weil Sie nicht genügend geistige Anstrengungen machen, um sich davon zu befreien oder sich darüber zu erheben.

In solchen Zeiten können Sie die Worte Jesu auf sich anwenden und häufig bejahen: *Alles, was der Vater mir gegeben hat, kommt jetzt zu mir* (Joh. 6,37).

Bedenken Sie, daß es für jedes Leben einen göttlichen Plan gibt, einen Plan, der den Menschen gesünder, glücklicher und erfolgreicher macht, als er je gewesen ist. Sie müssen wissen, daß Ihre jetzigen Erfahrungen Ihnen diesen göttlichen Plan erschließen können, öffnen Sie darum die Tür, indem Sie häufig bejahen: *Der göttliche Plan meines Lebens entfaltet sich jetzt Schritt für Schritt. Ich er-*

152

kenne beglückt jede Phase davon, ich akzeptiere ihn in Gegenwart und Zukunft und lasse mir zeigen, wie ich das Beste aus meinem Leben mache. Was Ihre gegenwärtigen Erlebnisse anbetrifft, so ist es gut, über folgende Worte des Psalmisten zu meditieren: *Es erfreut mich, Deinen Willen zu tun, o mein Gott* (Ps. 40,8). Sie müssen wissen, daß Gottes Wille für Sie höchstes Glück für Gegenwart und Zukunft ist.

Was machen Sie mit der Unzufriedenheit?

Was tun Sie, wenn Sie mit Ihrem gegenwärtigen Geschick nicht zufrieden sind, um sich bessere Umstände zu schaffen? Haben Sie ein konkretes Ziel im Sinn? Sind Sie bereit, in Ihrer Freizeit zur Abendschule zu gehen oder Spezialvorlesungen zu hören oder bestimmte Bücher zu lesen oder ein konkretes Engagement zu übernehmen, das für Sie mehr Erfolg versprechen würde? Die meisten Leute wollen das nicht. Machen Sie die Ausnahme?

Anstatt diese Dinge zu tun, ziehen es viele Leute vor, ihre Freizeit damit zu verbringen, daß sie über ihre Arbeit, ihre Kollegen, den Chef und die Welt im allgemeinen schimpfen. Sie meinen, indem sie den anderen herunterreißen, würde ihre eigene Unzulänglichkeit und Unzufriedenheit nicht so stark ins Gewicht fallen. Wenn Sie sich versucht fühlen, ähnlich zu handeln, dann ändern Sie Ihr Denken. Dabei hilft Ihnen folgende Bejahung: *Ich verurteile dich nicht. Das göttliche Gesetz der Gerechtigkeit und Freiheit wirkt für alle, in allen, durch alle, und ich freue mich darüber. Kein Mensch und keine Umstände können mir mein von Gott gegebenes Glück nehmen, und ich bin froh über dieses Wissen.*

Eine Sekretärin, deren Chef politisch engagiert ist, schrieb kürzlich, welchen Ungerechtigkeiten sie sich in ihrer Arbeitsstelle gegenübersehe. Man hatte einer anderen Angestellten mit sehr viel weniger Erfahrung einen Auftrag im Zusammenhang mit dem Wahlkampf des Chefs erteilt, welche Aufgabe diese Sekretärin glaubte, für sich allein beanspruchen zu dürfen. Es handelte sich um eine interessante, abwechslungsreiche Arbeit, während ihre eigenen Pflichten mehr technischer Art und anstrengender waren. Als sie begann, die obige Bejahung anzuwenden, um ihre Einstellung von Kritik und Unrechtsgefühlen auf Freiheit und göttliche Gerechtigkeit umzupolen, verwandelte sich das ganze Bild. Die andere Mitarbeiterin wurde versetzt, woraufhin diese Sekretärin den Posten erhielt, den sie für sich glaubte beanspruchen zu dürfen!

In einem anderen Fall sprach eine Frau, die Teilzeitarbeit verrichtete, von all den augenscheinlichen Ungerechtigkeiten in ihrem Leben. Ihre Gesundheit war nicht gut; sie stand unter dem Druck ihrer Mutter, die ihr nicht vertraute und sogar ihre Post durchforschte; ihre Arbeit befriedigte sie nicht, gleichzeitig aber meinte sie, daß sie keine Qualifikation für etwas Besseres habe. Sie hatte Schulden; sie besaß ein Haus, das sie nicht vermieten konnte, und ein Grundstück, das sie vergeblich zu verkaufen suchte. Sie war eine alte Jungfer, die sich vom Schicksal benachteiligt fühlte, weil sie nicht geheiratet hatte. Sie war so überzeugt von dem bitteren Unrecht, das ihr geschah, daß jede Lebensphase von dunklen Wolken beschattet war. Als sie schließlich begann, für jeden Teil ihrer Welt göttliche Gerechtigkeit, Freiheit und Zufriedenheit zu bejahen, veränderte sich ihr ganzes Leben auf bemerkenswerte Weise. Sie erkannte, daß sie durch ihre negativen und begrenzenden Vorstellungen ihr eigener schlimmster Feind gewesen war.

Lenken Sie Ihre Energie auf ein Ziel

Wenn Sie Ihre Kräfte konstruktiv auf ein bestimmtes Ziel richten, pflegen unwichtige Dinge beiseite zu bleiben. Kleinliche Gedanken, unfruchtbare Beziehungen, üble Launen, destruktive Empfindungen – was alles oft genug Krankheiten verursacht –, Mutlosigkeit und Versagen finden keinen Platz mehr in Ihrem Leben, wenn Sie anfangen, darüber nachzudenken, wie Sie Ihr Leben wirklich haben möchten.

Die Dinge können im Äußeren nicht besser werden, solange sie nicht innerlich geändert werden, denn die inneren Bewußtseinsvorgänge bestimmen alle äußeren Lebenserfahrungen. Wenn Sie sich mitten drin in scheinbarem Mißerfolg, Finanzschwierigkeiten oder Beunruhigung und Unzufriedenheit wegen Ihrer Arbeit befinden, braucht doch keiner dieser Zustände Sie davon abzuhalten, sich auf Vorstellungen von Fülle, Reichtum und dem angestrebten Erfolg zu konzentrieren. Nichts kann Sie hindern, daß Sie sich geistig auf Ihr Ziel zubewegen, indem Sie sich an die Unendliche Weisheit wenden, welches die nächsten Schritte sein sollen, um Ihre Wünsche in Erfüllung zu bringen.

Wir leben in einem Meer von Energie und Weisheit, wie die Naturwissenschaftler uns bestätigen, und wir haben ständig Zugang zu diesen Segnungen, wenn wir danach Ausschau halten. Unsere Schiffe können nur einlaufen, wenn wir sie zuvor ausgesandt haben.

Es gibt eine Antwort

Viele Leute quälen sich durch verworrene und unbefriedigende Zustände, weil sie nicht erkennen, daß dieses eine freundliche Welt ist, die erfüllt ist mit höchster Intelligenz, welche liebevoll einer Bitte um Führung folgt, wenn wir diese Bitte nur aussprechen. Hinsichtlich Ihrer gegenwärtigen Arbeit und der Art, dieselbe zu verbessern, sollten Sie sich wie folgt um Weisheit bemühen: *Unendliche Weisheit, welcher positive, aufbauende, schöpferische Gedanke, welche Haltung oder Tat ist mein nächster Schritt, um meine gegenwärtige Beschäftigungslage zu verbessern? Welcher Art ist der nächste Schritt, der mich in die Fülle, Zufriedenheit und Freiheit führt, die mir durch göttliches Recht zustehen?*

Ein suchender Geist ist ein gesunder Geist, der auf seine Fragen Antworten erhält, die zu gesunden, fortschrittlichen, befriedigenden Resultaten führen. Es ist viel leichter, mit reichen, weitgespannten Ideen zu arbeiten und lebenswichtige, wertvolle Ergebnisse zu erfahren, als sich mit Mißerfolgen zufriedenzugeben, indem man bei engstirnigen Vorstellungen und Erwartungen verweilt.

155

Vor kurzem erzählte mir ein Ingenieur, wie das »große« Denken und die Erwartung großer Ergebnisse ihm geholfen haben zu erkennen, daß seine Arbeit wirklich göttlich, sublim und höchst befriedigend sowie finanziell sehr lohnend sei. Früher war er mit wesentlich kleineren Aufgaben betraut worden, aber als dann, nachdem er das positive Denken angewandt hatte, sein Traumjob auf ihn zukam, war er innerlich vorbereitet, die Gelegenheit zu ergreifen und damit fertig zu werden. Er hatte sich seelisch und geistig seit langem darauf vorbereitet, und so wurde er jetzt nicht unsicher oder schrak vor der Aufgabe zurück.

Die Methode, die dieser Mann angewandt hatte, um die unbefriedigende Arbeit loszuwerden und fähig zu sein, seine große Traumvorstellung anzunehmen, war folgende: Er kaufte sich eine kleine schwarze Kladde und schrieb darin die größten, reichsten und erfolgversprechendsten Ideen und Bejahungen ein, die er finden konnte. Das half ihm, seine Vorstellungskraft zu vergrößern und angesichts der Unzufriedenheit über seine derzeitige Arbeit ruhig, friedlich und voller positiver Ideen zu bleiben. Und danach erhielt er die Chance seines Lebens, die größte berufliche Aufgabe.

So begann er zum Beispiel jeden Tag, indem er das kleine schwarze Buch öffnete und anhand der Gedanken, die er dort fand, meditierte, etwa so: *Dies ist Gottes Tag, ein guter Tag. Ich nenne diesen Tag mit all seinen Begebenheiten gut!* Wenn er über das nachdachte, was der Tag ihm an Tätigkeiten auferlegen würde, bejahte er: *Das mir zustehende Recht und vollkommene Arbeit erwarten mich heute.* Auf lange Sicht meditierte er hinsichtlich seines Arbeitsplatzes wie folgt: *Ich beweise jetzt mein richtiges berufliches Können.* Um neue Ideen zur Bewältigung verschiedener fachlicher Probleme zu erhalten, bejahte er: *Ich bin jetzt offen und empfänglich für die reichen, göttlichen Ideen, die jetzt meine beruflichen Aufgaben auf vollkommene Weise angehen und erledigen.* Sobald sich Entmutigung einstellen wollte oder etwas geschah, das ihn aufzuregen drohte, meditierte er: *Nichts vermag mich zu Fall zu bringen. Ich bin dankbar für die vollkommenen, sofort richtigen Ergebnisse. Ich freue mich, daß ich jetzt in jeder Beziehung erfolgreich bin.* Drohte ihn ein Gefühl von Druck oder Unsicherheit zu übermannen, dann sagte er: *Mein Joch drückt nicht, und meine Last ist leicht. Meine Talente sind vielfältig. Ich habe durch meinen Schöpfer alle Voraussetzungen, um mühelos große Dinge zu vollbringen.* Vor Geschäftskonferenzen bejahte er: *Ich erkläre, daß diese Konferenz und alles, was mit ihr in Verbindung steht, gut ist. Es zeigen sich rasch befriedigende Ergebnisse.*

Anstatt am Abend die Tagesereignisse noch einmal aufzuwärmen, bejahte er: *Dies ist die Zeit befriedigender Vollendung. Ich lasse diesen Tag los und übergebe ihn an die höhere Instanz. Göttliche Weisheit macht daraus nur Gutes. Alles andere verschwindet.* Für eine erholsame Nacht und zur Vorbereitung eines erfolgreichen Morgen bejahte er: *Während ich mich niederlege, um friedlich zu schlafen, danke ich meinem Schöpfer für meinen erfolgreichen Tag. Ich schlafe ohne Schwierigkeiten und weiß, daß göttliche Weisheit mir Geist und Körper erneuert und mich für einen noch erfolgreicheren Tag morgen vorbereitet.*

Ihre wirkliche Aufgabe liegt vor Ihnen

Sie müssen wissen, daß Ihre wirkliche Aufgabe geradlinig vor Ihnen liegt. Neue Gelegenheiten tun sich vor Ihnen auf, sobald Sie alle Lehren und Kenntnisse erlangt haben, die Ihnen Ihre alte Stellung zu bieten hatte. Denken Sie unterdessen daran, daß keine Arbeit hoch oder niedrig ist, solange sie dem Wohl eines anderen dient. Erfüllen Sie sie daher, solange Sie sie tun müssen, nach bestem Vermögen. Wenn Sie um Führung bitten, während Sie höheren Ideen folgen, hilft es Ihnen, mit den gegenwärtigen Erfahrungen fertig zu werden, indem Sie sich sagen: *Auch dieses geht vorüber.*

Sie sollten darum bemüht sein, inmitten der gegenwärtigen Unzufriedenheit mit Ihrer Arbeit ganz normal zu leben und gleichzeitig das Beste aus der Situation zu machen. Dadurch bleiben Sie standhaft bei der Verfolgung des größeren Zieles. Natürlich hat jeder, der besonders hinsichtlich seines Berufes dem Höchsten zustreben möchte, schon einmal Zeiten großer Mutlosigkeit. Es ist keine Schande, mutlos zu werden; wohl ist es Ihrer unwürdig, wenn Sie sich von der Mutlosigkeit überwältigen lassen, so daß sie von Ihnen Besitz ergreift und Ihnen die wundervollen Visionen des Erfolgs raubt, dem Sie zustreben.

Im Falle von Entmutigung haben Sie die Aufgabe, sich auf Ihre höheren Ideale einer befriedigenderen Arbeit zu konzentrieren und zu erklären, daß es für die augenblicklichen Erfahrungen eine göttliche Lösung gäbe. James Allen sagt: »Ihre Umstände mögen unsympathisch sein, werden es aber nicht lange bleiben, wenn Sie ein Ideal haben und sich bemühen, es zu erreichen. Sie können nicht eine Reise nach innen machen und außen stillstehen.«

Wenn Sie niedergeschlagen erscheinen, ist es gut, sich daran zu erinnern, daß es vor der Dämmerung eines neuen Glücks am dunkelsten ist. Verzweiflung ist gewöhnlich ein emotionelles Zeichen dafür, daß sich die Gezeit wendet und die Flut schneller kommt als man denkt. Wenn Sie Ihre Reise nach innen weiter fortsetzen, wird sich das Äußere um sich selbst kümmern.

Wenden Sie, wenn nötig, das geistige Gesetz der Umkehrung auf eine Situation an. Irgend jemand hat einmal gesagt, daß der Gedanke im geistigen Reich Gegensätzliches schaffen und schneller hervorbringen kann, als der Gedanke eine allmähliche Verbesserung akzeptiert und verwirklicht. Eine radikale Meinungsänderung befreit das Bewußtsein häufig von verwirrten, begrenzten Vorstellungen, so daß der gedankliche Umschwung auf das Gegenteil sehr rasch ein gegenteiliges Ergebnis hervorbringen kann.

Haben Sie den Mut, ein geistiger Architekt zu sein und Bilder von größerem Guten zu konstruieren. Haben Sie den Mut, sich in Gedanken an diesen Bildern größeren Glücks zu erfreuen, wenn Sie Ihren täglichen Pflichten nachgehen. Fühlen und sehen Sie Ihren Erfolg inmitten allen Unbefriedigtseins. Wagen Sie es, reichen, unbegrenzten Erfolg für sich zu bejahen, ganz gleich, was im Augenblick mit Ihnen oder um Sie herum geschieht. Erklären Sie: *Dieses oder etwas Besseres, Vater; Dein höchstes Gut geschehe.*

Erwarten Sie einen Wandel zum Besseren

Denken Sie daran, daß Sie die Dinge nicht dadurch besser machen, daß Sie gegen die augenblicklichen unglücklichen Arbeitsbedingungen ankämpfen. Sie verbessern nichts damit, daß Sie andere für Ihre Enttäuschungen und Mißerfolge verantwortlich machen. Nehmen Sie eine widerstandslose Haltung an und denken Sie daran, daß sich dieselben bereits zum Besseren wandeln! Wenn die Dinge stillzustehen scheinen, dann denken Sie an das physikalische Gesetz, das besagt, daß das ganze Weltall in ständiger Bewegung ist; daß wir in einem »Meer der Bewegung« leben, uns bewegen und unser Sein haben, wenn wir das mit unseren fünf Außen-Sinnen auch nicht ganz wahrnehmen können. Nichts steht je still; alles ist einem ständigen Wandel unterworfen, ob es nun so aussieht oder nicht. Wenn Sie einen solchen Wandel zum Besseren erwarten, wird er mit Sicherheit kommen.

In Zeiten, da Sie wissen, daß sich ein Wandel vorbereitet, aber noch nicht sichtbar ist, lassen Sie sich nicht durch Gedanken der Furcht verleiten, die versuchen Sie zu überzeugen, daß Ihre höheren Vorstellungen zu gut sind, um wahr zu sein, zu wundervoll, um zu geschehen oder zu gut, um dauerhaft zu sein. Sobald sich Furcht und Zweifel erheben, gehen Sie einen Schritt vorwärts und tun Sie etwas Bestimmtes, damit Sie ein erfolgreiches Gefühl und erfolgreiches Aussehen bekommen, so daß Sie nicht nur sich selbst, sondern auch andere davon überzeugen, daß Sie erfolgreich sind! Einer, der Furcht und Zweifel überwindet, überwindet den Mißerfolg. Es hilft außerordentlich, wenn andere meinen, daß Sie Erfolg haben, ob sich Ihnen der Erfolg im Augenblick zeigt oder nicht. Sie ernten den wahren Vorteil der Gedanken und Erwartungen Ihrer Mitmenschen hinsichtlich Ihres Gelingens; und im Verein mit Ihren eigenen positiven Gedanken können Sie die erfolgreichen Ergebnisse in Ihrem Leben beschleunigen.

Die Sättigungstechnik

Sättigen Sie sich in einer Atmosphäre der Fülle und in Gesellschaft erfolgreicher Menschen. Wenn Sie sich davon überzeugen wollen, daß Sie mehr Erfolg und Reichtum haben könnten und sollten, aber im Augenblick nichts dafür zu sprechen scheint, dann ist es an der Zeit, einmal all den Banken Ihrer Stadt einen Besuch abzustatten und all die erfolgreichen Leute zu beobachten, die über viel Geld verfügen, mit dem sie arbeiten können. Dann ist es auch an der Zeit, Orte mit schöner Umgebung, schöne neue Gebäude und Geschäfte aufzusuchen. Spazieren Sie durch die reichsten Stadtteile und die wohlhabendsten ländlichen Viertel, wo das Auge die Reichtümer des Unendlichen und der Menschen erblickt.

Verkehren Sie mit schöpferischen Menschen, die über reiche Talente verfügen, wie Künstler und Intellektuelle, wenn Sie dadurch Bereicherung empfinden. Wenn der Besuch von Opern und Konzerten oder Kunstgalerien Sie bereichert, dann unternehmen Sie diese Dinge. Vielleicht werden Sie inspiriert, wenn Sie Schallplatten hören oder an kulturellen Vorlesungen teilnehmen. Ich persönlich finde es hilfreich, die Erfolgsberichte und Autobiographien berühmter Leute zu lesen. Wenn wir erfahren, welchen Schwierigkeiten berühmte Leute gegenüberstanden und wie sie sie überwunden haben, erscheinen unsere eigenen Flauten im Vergleich dazu geringfügig, und wir erhalten schließlich ein neues Gefühl, daß wir letzten Endes Erfolg haben können und werden.

Während einer schwierigen Lebensperiode habe ich die Erfahrung gemacht, daß sich meine Mutlosigkeit bald in Hoffnung auf eine bessere Zukunft verwandelte, als ich Kunstunterricht nahm und Malen lernte. Ich kenne eine Dame, die ihre Niedergeschlagenheit dadurch besiegte, daß sie täglich in ihrem herrlichen Rosengarten arbeitete.

Wenn Sie sich im Freien reich und glücklich fühlen, dann erfreuen Sie sich so oft wie möglich an der Sonne, der frischen Luft und dem Frieden von Mutter Natur. Auch der Besuch von Sportveranstaltungen vermag Ihre geistigen Batterien neu aufzuladen.

Eine aktive sportliche Betätigung kann dazu beitragen, ein seelisches Tief zu überwinden. Ein andermal kann uns ein Spaziergang oder Ausritt durch die Felder den nötigen Aufschwung geben. Kürzlich schrieb mir ein im Berufsleben stehender Bekannter, daß dieses seit langem seine Methode gewesen sei, um mit Niedergeschlagenheit fertig zu werden. Auch kann die Schönheit von Antiquitäten, Raumausstattung, die Zubereitung exotischer Gerichte oder die Anfertigung besonderer Bekleidungsstücke Ihnen ein Gefühl der Bereicherung geben. Dadurch habe ich seinerzeit meine Aufmerksamkeit von der Unzufriedenheit im Berufsleben abgelenkt, so daß das Problem genügend Zeit hatte, sich aufzulösen, und es schließlich zum Stellungswechsel kam.

Vielleicht finden Sie moralische Unterstützung darin, daß Sie die Klassiker oder die Bibel lesen oder daß Sie in bestimmten geselligen Spielen Entspannung finden. Sehr hilfreich sind Zeiten der Stille, in denen man neue Ideen empfängt. Ich lese gern Sonntagsillustrierte aus allen Teilen des Landes. Schon indem ich sie durchschmökere, die Inserate und den Modeteil mit schönen Kleidern ansehe, Fotos von fernen Ländern betrachte und Berichte über neue Bücher, Kunst und Musik lese, erzeuge ich in mir ein Hochgefühl von Freiheit und Reichtum.

Es ist nie Zeitverschwendung, Geist, Körper und Angelegenheiten mit reichen Ideen, reichen Gedankenverbindungen, reicher Atmosphäre und jeglicher inneren oder äußeren Tätigkeit, die ein Gefühl von Reichsein vermittelt, zu sättigen, was ganz besonders für jene Perioden gilt, da sich nur langsam Ansätze von Erfolg zeigen. Machen Sie besonders von Ihrer Freizeit guten Gebrauch. In Erledigung Ihrer täglichen Pflichten mögen Sie vielleicht nicht genügend Freiraum haben, um sich mit all den Dingen zu sättigen, die Ihnen ein Gefühl von Reichtum vermitteln. Aber in den freien Stunden kann man sich wahrhaftig durch neuen Zeitvertreib erheben lassen, wenn auch ein Teil der Freizeit dem zusätzlichen Studium und der Weiterbildung gewidmet werden sollte, so daß man mehr berufliche Befriedigung erreichen kann.

Vor Jahren, als mein Leben von Begrenzungen belastet war, bestand für mich die einzige Möglichkeit, ein Gefühl von Freiheit und einen Ausblick auf möglichen Erfolg zu erhalten, darin, mich gegen Ende eines jeden Tages hinwegzustehlen, um einen ruhigen, müßigen Spaziergang um den Block zu machen. Dennoch: Dieser einfache Ritus ermöglichte es mir, an meinem »höheren« Streben nach dem Guten festzuhalten, so daß meine damaligen Wunschbilder sich später manifestieren konnten. Dieses ist ein reiches Weltall mit unzähligen Wegen, uns mit seinen Segnungen zu überschütten, wenn wir unsere Erwartung hoch genug gesteckt haben. Rufen Sie sich täglich ins Gedächtnis, daß Ihr Becher tatsächlich halbvoll ist und nicht halbleer...

Machen Sie aus den gegenwärtigen Umständen das Beste

Ob es sich nun um mehr Befriedigung in der gegenwärtigen Arbeit handelt oder um den nächsten Schritt in Ihrer Berufslaufbahn, oder ob es sich um eine neue Karriere handelt, die Sie anstreben, oder um finanzielle Freiheit von aller organisierten Arbeit – in jedem Fall *kann* Ihr Ziel erreicht werden. Sie brauchen nicht das Gefühl zu haben, in die Falle der gegenwärtigen Umstände geraten zu sein. Etwas können Sie immer daran machen. Eine empfehlenswerte Bejahung zur Erzielung des richtigen Ergebnisses, ob es sich um die Erhaltung der gegenwärtigen Position oder um einen Arbeitsplatzwechsel handelt, ist diese: *Göttliche Weisheit wirkt jetzt in mir, meinem Leben und meinen Angelegenheiten, um das zu wollen und zu tun, was mein Bestes ist, und die göttliche Weisheit kann nicht versagen!*

Wenn Sie davon überzeugt sind, daß Ihre gegenwärtige Tätigkeit Sie nicht befriedigt und das auch nie tun wird, dann fangen Sie an, die Umstände zu ändern, indem Sie erklären: *Mir werden jetzt neue Lebenswege und neue Arbeitsmethoden gezeigt. Ich bin nicht an die Wege und Methoden der Vergangenheit gebunden. Ich erhalte meine perfekte Tätigkeit auf vollkommene Weise, die mir vollkommene Befriedigung und Entlohnung einbringt!!*

Gehen Sie allen Ideen und Ereignissen nach, die sich Ihnen für eine Veränderung anbieten. Hören Sie auf, über die gegenwärtige unbefriedigende Situation zu sprechen oder nachzudenken. Vergessen Sie sie; lassen Sie sie los.

Beginnen Sie dann, Ordnung, Harmonie und Schönheit in Ihre gegenwärtige Tätigkeit einzubringen. Wenn Sie unzufrieden sind, dann tun Sie Ihr Möglichstes, um Ihre Arbeit angenehmer und ordentlicher zu machen. Erledigen Sie die Ablage, räumen Sie Ihren Tisch auf. Stellen Sie eine Pflanze oder etwas anderes Schönes in Ihr Büro, damit Sie und andere etwas anzuschauen haben, wenn eine seelische »Auffrischung« nötig ist. Schenken Sie Ihren Kolleginnen und Kollegen die Freude eines ausgesprochenen Lobes, aufrichtiger Wertschätzung, sprechen Sie freundliche Worte und helfen Sie ihnen mit Ihren schweigenden Bejahungen und Segnungen. Bedenken Sie dabei vor allem, daß Sie ein geistiger Teil jedweder Situation sind, in der Sie sich jetzt gerade befinden mögen. Wenn Sie der betreffenden Situation den Vorteil Ihrer höchsten Gedanken und Handlungen angedeihen lassen, tragen Sie dazu bei, daß für alle Betroffenen Ordnung, Harmonie und Zufriedenheit hergestellt wird. Wenn Sie das Beste aus Ihren gegenwärtigen Umständen machen, dürfen Sie versichert sein, daß sich größeres Glück bei Ihnen einstellen wird. *Alles, was dir vor die Hand kommt zu tun, das tue frisch*«, heißt es im Buch Prediger 9,10.

Ein Freund von mir pflegte das mit folgenden Worten zu umschreiben: »Wenn du durch die Hölle gehst – laß es dir bezahlen: Mit größerem Verständnis, als du zuvor hattest, und das gute Resultat dieser Erfahrung wird ein dauerhaftes sein.«

Befreien Sie sich von der Kritiksucht

Wagen Sie anders zu denken, zu handeln und zu reagieren als diejenigen, die von der Armut zu Boden gedrückt werden, es sei denn, Sie möchten am Fuße der Erfolgsleiter bei ihnen bleiben. Es gibt für diejenigen genügend Platz an der Spitze eines jeden Berufs oder einer jeglichen Arbeit, die den Mut haben, sich von den althergebrachten Gedanken wie Neid, Zank und Streit und kleinlicher Kritik zu befreien, die nichtsdestoweniger von vielen Leuten gepflogen werden. Wenn Sie versucht sind, in den Chor solchen negativen Massendenkens einzustimmen, dann erklären Sie statt dessen: *In mir oder gegen mich gibt es keine Kritik. Das höchste Gesetz des Guten wirkt in meinem Leben, und göttliche Harmonie herrscht an erster Stelle in mir und in meiner Welt.* Diese Erkenntnis schützt Sie vor den negativen Gedanken anderer. Geben Sie denen hingegen den Segen und den Schutz Ihrer konstruktiven Haltung.

Denken Sie vielleicht: »Lohnt sich das denn?« Aufgepaßt! Das größte Wissen, das Sie über sich und Ihre Mitmenschen erlangen können, besagt, daß ein einziger, der in welcher Situation auch immer positiv denkt und handelt, unumgänglich gute Ergebnisse hervorbringt. Die ganze Menschheit hungert nach konstruktiven Einstellungen, Taten und Reaktionen und entspricht ihnen sofort.

Ich habe einmal beobachtet, wie dies in einer besonderen Lage geschah, in der sich zwei Juniorchefs einer großen Rechtsanwaltsfirma befanden. Die Firma, die für ihren Fleiß und ihre Produktivität bekannt war, erfreute sich eines regen Zuspruchs, und alle ihre Inhaber waren sehr reich. Einer der Juniorchefs war ein fröhlicher, optimistischer Bursche. Er zögerte nicht zu loben, wo es angebracht war, und jedem, dem er begegnete, Freundlichkeit und Höflichkeit entgegenzubringen. Keiner war für ihn zu unbedeutend, um nicht mit freundlicher Aufmerksamkeit bedacht zu werden. Dieser junge Mann wußte augenscheinlich gar nicht, was es heißt, zu kritisieren, zu verurteilen oder zu klagen. Der andere Rechtsanwalt hatte tatsächlich die besseren Qualifikationen für die Arbeit, die sie beide taten. Weil er einen höheren akademischen Grad hatte als der andere, bezahlte ihm die Firma mehrere hundert Dollar mehr pro Monat. Somit schien er jeden Vorteil vor dem ersteren zu haben, würde man wohl vermuten.

Aber dieser hochbezahlte Rechtsanwalt war ein »stiller Ankläger«, und nichts konnte ihm recht sein. Er regte sich über Kleinigkeiten auf; die Leute regten ihn auf; die unerwartete Übertragung einer Aufgabe regte ihn auf; alles regte ihn auf. Nach einem knappen Jahr gehörte er nicht mehr der Firma an. Und an seiner Stelle erhielt der andere Rechtsanwalt seine Position und sein Gehalt. Später wurde dieser Juniorchef vollwertiger Firmenteilhaber. Nie zuvor und nie wieder danach ist ein Rechtsanwalt in jener Firma so schnell befördert worden.

Beginnen Sie ein neues Leben

Es heißt, Arbeit sei die höchste Form des Vergnügens. Es hängt von Ihrer Einstellung zu sich selbst, anderen und der Welt im allgemeinen ab, ob die Arbeit für Sie Freude oder eine Bürde ist. Ich versichere Ihnen, daß Arbeit etwas Göttliches ist und daß Ihre wahre Aufgabe und die entsprechende Belohnung dafür Sie genauso suchen wie Sie sie! Die wahre Aufgabe des Menschen ist die, die er am besten kann und die ihm die größte Befriedigung bereitet.

Beginnen Sie jetzt sofort ein neues Leben, ganz gleich, wie Ihre Lebensumstände sein mögen. Beginnen Sie es mit der kühnen Bejahung, die Charles Fillmore im Alter von dreiundneunzig Jahren sprach: *Ich glühe förmlich vor Eifer und Begeisterung und lege mich mit mächtigem Glauben ins Zeug, um die Dinge zu tun, die durch mich getan werden müssen.*

Schließen Sie sich zahllosen anderen an, um die Aufgabe bzw. den Selbstausdruck in einer Weise zu bekommen, die Sie befriedigt, indem Sie die folgende Erfolgsformel anwenden:

1. Schaffen Sie sich so genau wie möglich ein geistiges Bild von dem, was Sie von Ihrem Leben erwarten.
2. Nachdem Sie sich ein Bild von dem, was Sie wünschen, gemacht haben, beginnen Sie, Ihren Wunsch in Gedanken zu entwickeln und zu leben. Beginnen Sie, an die gewünschten Endergebnisse so zu denken, als wären sie bereits erzielt. Dadurch ergreifen Sie von Ihrem erwünschten Guten mental Besitz und beschleunigen die Manifestation.

3. Bitten Sie die Unendliche Weisheit, daß Ihnen der nächste Schritt zur Erlangung des Wunschbildes gezeigt werde. Es wird Ihnen offenbart werden, ob Sie Studienkurse auf der Abendschule belegen, drastische Veränderungen in Ihrer Arbeits- und Lebensweise vollziehen oder eine konstruktivere Einstellung gegenüber Ihrer jetzigen Stellung und deren Möglichkeiten einnehmen sollen. Sobald Ihnen der nächste Schritt klar geworden ist, folgen Sie ihm mutig voller Glauben in dem Bewußtsein, daß er nur zu Ihrer vollen Zufriedenheit beitragen kann.

4. Bestehen Sie darauf und halten Sie an der Erkenntnis fest, daß Sie passende und Ihnen zusagende Arbeit haben können und werden. Emerson sagte, jedes Ding habe seinen Preis, und wenn dieser Preis nicht bezahlt werde, dann würde nicht das betreffende Ding, sondern etwas anderes erlangt. So zahlen Sie beharrlich auf innerliche und äußere Weise den Preis, damit Sie vom Leben das erhalten, was Sie sich wahrhaft wünschen.

5. Fahren Sie fort, in der gegenwärtigen Situation Ihr Bestes zu geben, auch wenn Sie geistig jenseits davon leben. Und vor allem: Bleiben Sie durch Anwendung des Gesetzes der Sättigung immer positiv bestimmt.

Wahrhaftig, wenn Sie diesen verschiedenen Pfaden auf Ihrer Reise nach innen folgen, kann es im Äußeren nicht zum Stillstand kommen!

10. Kapitel

Sie können finanziell unabhängig sein

Ein Wunsch aller positiv gesonnenen Leute ist es, sich selbst erhalten und finanziell unabhängig sein zu können. Armut ist eine weltweite Furcht der Menschheit, und viele leiden heute trotz des noch nie dagewesenen Wohlstandes unserer Tage an Geldmangel.

Sobald Sie erst einmal die Macht kennenlernen, die Sie durch positives Denken freisetzen, wird es Ihnen dämmern, daß die Möglichkeit, finanziell unabhängig zu sein, gar nicht mal so fern liegt; Sie werden erkennen, daß das nicht nur den anderen angeht, sondern auch Sie!

Der Begriff »finanzielle Unabhängigkeit« braucht notwendigerweise nicht für jeden dasselbe zu bedeuten. Grundsätzlich bedeutet finanzielle Unabhängigkeit, daß man finanziell ungebunden ist. Für den einen mag finanzielle Unabhängigkeit einfach eine gut bezahlte Angestelltenstellung bedeuten, mit deren Hilfe er laufend seine finanziellen Verpflichtungen erfüllen und sich frei von täglichen Geldanforderungen fühlen kann. Ein anderer denkt vielleicht in den Vorstellungen eines Millionärs. Wenn Sie finanziell Fortschritte machen, erweitern sich Ihre Vorstellungen von finanzieller Unabhängigkeit, so daß Sie immer größere finanzielle Freiheit wünschen.

Somit ist der Wunsch, sich selbst erhalten und in Geldangelegenheiten unabhängig zu sein, ein göttlicher Wunsch, der dem Menschen intellektuell und gefühlsmäßig eingegeben wurde, um ihm zu helfen, ein lohnendes Leben anzustreben und aufzubauen. Ob der Wunsch nach finanzieller Unabhängigkeit nun ein bescheidenes wöchentliches Einkommen oder den Standard eines Geldmagnaten anstrebt, er ist göttlichen Ursprungs und sollte nicht unterdrückt, sondern durch das Bewußtsein des Menschen zum Ausdruck gebracht werden. Denn erst dann kann der Mensch die Befriedigung und Erfüllung erfahren, die der Unendliche Geist des Lebens ihm bereiten möchte.

Akzeptieren Sie die Dinge nicht so, wie sie sind

Der Bürgermeister einer Stadt in Neu-England hat uns wahrscheinlich eines der großen Geheimnisse gelehrt, wie man finanzielle Unabhängigkeit erlangt. Vor einigen Jahren berichtete eine Zeitungsreportage von den bemerkenswerten Erfolgen dieses Mannes in seinem ersten Amtsjahr als Bürgermeister. Als er seinen Posten übernahm, sagte jedermann: »Dies ist eine sterbende Stadt, die keiner retten kann«, und es gab handfeste Tatsachen, die dieses belegten. Elendsquartiere überschwemmten das Hauptgeschäftsviertel, die Stadtbevölkerung nahm nicht zu, und Handel und Wandel verließen die Stadt. Wohlstand schien für diese Stadt ein Märchen aus vergangener Zeit zu sein. Der neue Bürgermeister hatte jedoch innerhalb eines Jahres seinen Mitarbeitern Mut gemacht, ein kühnes Programm zur Stadtsanierung anzunehmen. Das Sanierungsprojekt sah den Abbruch der Elendswohnungen im Geschäftsviertel der Stadt vor und schaffte Platz für Appartementhäuser, Einkaufszentren, Parkhäuser, neue Bürogebäude und neue Geschäftsviertel.

Wie war dieser eine Mann fähig, so schnell diesen Fortschritt und neuen Wohlstand herbeizuführen? Er gab an, daß die Männer seines Stadtrates Männer seien, die »groß zu denken« wagten und die Kugel zum Rollen brachten. Auch erwähnte der Bürgermeister, daß er jede Nacht um Führung betete. Seine Grundhaltung war diese: »Ich pflege die Dinge nicht so zu akzeptieren, wie sie sind. Nur weil sie immer so gewesen sind, bedeutet noch lange nicht, daß sie nicht geändert werden können!«

Folglich ist die Unzufriedenheit mit den gegenwärtigen Gegebenheiten der erste Schritt zur Erlangung finanzieller Unabhängigkeit. Wenn Sie sich mit den Dingen nicht so, wie sie sind, zufriedengeben können – gut so! Sie haben die Macht, sie durch positives Denken und Handeln in etwas weit Besseres und Befriedigenderes umzuwandeln. Dieses ist Ihr Schlüssel zur finanziellen Unabhängigkeit, wenn Sie den Mut haben, ihn zu gebrauchen.

Ich konnte einmal beobachten, wie ein Bekannter eine sehr unangenehme Stellung aufgab, um sein eigenes Geschäft zu gründen, was für ihn finanzielle Unabhängigkeit bedeutete, indem er mutig dem Fingerzeig der »göttlichen Unzufriedenheit« folgte. Dieser Mann war seit dem Zweiten Weltkrieg in einem Juweliergeschäft beschäftigt gewesen, aber auf dem Grunde seiner Seele hatte er immer den Traum von einem eigenen Ladengeschäft gehabt. Schließlich ergaben sich Disharmonien und ungeordnete Verhältnisse an seinem Arbeitsplatz. Nach langen Jahren treuen Dienstes kündigte er ganz plötzlich seine Stellung, obwohl seine Arbeitgeber ihm versicherten, daß er woanders nichts Gleichwertiges würde finden können. Im stillen sagte sich dieser Mann, daß er nicht die Absicht habe, woanders gleichwertig als Angestellter zu arbeiten, sondern daß er beabsichtige, unabhängig von Vorgesetzten und den Vorstellungen anderer Leute zu sein und daß er selbst Arbeitgeber werden wolle.

Zu der Zeit, da er kündigte, hatte dieser Mann nur wenig Ersparnisse. Außerdem hatte er Familie und die üblichen finanziellen Verpflichtungen. Nichtsdestoweniger, sobald er die unbefriedigende Situation losließ, begann er sich besser, zufriedener und irgendwie befreit zu fühlen. Seine Entscheidung sprach sich herum. Ein Freund, der in einer anderen Stadt ein Juweliergeschäft betrieb, bot ihm eine Stelle an, bis er einen Entschluß über seine künftige Arbeit fällen konnte. Er nahm die Stellung an, um sich ein gewisses Einkommen zu sichern, während er im stillen weitgesteckte Pläne verfolgte.

Wenig später berichtete ihm ein anderer Geschäftsfreund, daß es auch ihn nicht befriedige, nur ein Angestellter auf Gehaltsbasis zu sein. Er strebte ein Juweliergeschäft auf partnerschaftlicher Basis an. Dieser Mann verfügte über ausreichende Ersparnisse. Und zusammen waren die beiden in der Lage, das Vermögen und die Kreditwürdigkeit aufzubringen, die sie für ihre geschäftliche Unternehmung brauchten. Keiner von beiden hätte das finanzielle Risiko allein unternehmen können, aber zu zweit waren sie in der Lage, ihre Mittel, Guthaben, Fähigkeiten und Talente gemeinsam einzusetzen. Sie wurden Teilhaber und eröffneten ihr eigenes Juweliergeschäft, durch das sie inzwischen beide zu reichen Leuten geworden sind. Aber mein Bekannter hatte zuerst das Althergebrachte loslassen, hatte sich weigern müssen, eine unbefriedigende geschäftliche Situation zu akzeptieren, bevor sich die richtigen Pforten vor ihm öffneten.

Gefühle haben die Macht, alles kaputt zu machen

Nachdem wir beschlossen haben, uns mit nichts Geringerem als dem Besten im Leben zufriedenzugeben, ist ein weiteres Geheimnis für finanzielle Unabhängigkeit das Gesetz der Konzentration und Bewahrung. Bewahrung von Gedanken, Kraft und Gefühlsantrieb ist für finanzielle Unabhängigkeit sehr wichtig. Sie haben vielleicht beobachtet, daß einige Leute für eine Weile gut voranzukommen scheinen. Ihr Geschäft hat vielleicht sogar Hochkonjunktur, aber plötzlich hat das Faß keinen Boden mehr, und sie erleben einen gräßlichen finanziellen Fehlschlag, von dem sie sich nicht mehr zu erholen scheinen. Wenn man das genauer betrachtet, wird man fast immer entdecken, daß die Gefühle, Einstellungen und der Lebensstil dieser Leute erschüttert wurden, so daß sie ihre früheren schönen Talente des Gedeihens und Reichwerdens verloren.

Die Geschäfte der meisten Menschen gehen so lange gut, wie sie im persönlichen Leben erfolgreich sind. Aber wenn sich Ehekrisen einstellen, geht auch der Beruf vor die Hunde. Ich sprach vor kurzem mit einem ungewöhnlichen Mann, der sich mehrfach ein Vermögen erwarb und dieses jedesmal wieder verlor, wenn sein häusliches Leben zusammenbrach, da seine Gefühle dann erschüttert und unkontrolliert wurden.

Wir alle sind emotionelle Geschöpfe mit tiefen Gefühlen, und unsere tiefen Gefühle können uns finanziell »den Hals brechen«. Sie sind eine Gottesmacht oder eine Macht, die alles kaputt macht. Sie sollten sie wie eine Goldmine bewachen, denn tatsächlich sind Ihre Gefühle die reichste Goldmine, die Sie je besitzen werden. Konfuses Denken, wirre Gefühle, unkontrollierte Handlungen führen zu einer wirren, konfusen Macht geistigen Bewußtseins. Dies wiederum erschöpft unsere körperlichen Kräfte, die für unser Wohlbefinden notwendig sind; es erschöpft unser Denkvermögen, das für kluges Handeln oder den Plan des Glücks notwendig ist; es untergräbt den gefühlsmäßigen Auftrieb, der nötig ist, um unseren Plan für ein glückliches und reiches Leben durchzusetzen.

Wagen Sie es, anders zu sein

Bewahrung von Gedanken, Kraft und Gefühlsauftrieb ist für finanzielle Unabhängigkeit notwendig. Mit anderen Worten, um dauerhaft glücklich zu sein, müssen Sie es wagen, anders zu sein! Wenigstens zeitweilig. General Maxwell D. Taylor, der berühmte Heerführer, der die Fallschirmjäger in der Normandie einsetzte, sagte einmal, die Zeit, etwas zu wagen, sei dann gekommen, wenn der Einsatz hoch sei. Er erinnerte uns daran, daß wir viel riskieren müssen, wenn wir viel gewinnen wollen; daß wir tatsächlich bereit sein müssen, alles auf eine Karte zu setzen.

Aber verstehen Sie mich recht – das führt nicht etwa zu einem stumpfsinnigen Leben, in dem man sich von der Welt zurückzieht. Vielmehr führt dies zu einem frohen, befriedigenden Leben, das erfüllt ist mit passenden Beziehungen und reichen Erfahrungen, einem Leben, das frei ist von unwesentlichen Aktivitäten. Wenn Sie sich entschließen, finanziell unabhängig zu werden, dann ermannen Sie sich sofort aufzuhören, sich um das zu kümmern, »was die Leute denken«, und wagen Sie es, sich auf Ihr Ziel zu konzentrieren. Wenn Sie mehr Erfolg verbuchen, wird es Ihnen gleichgültig sein, was Ihre früheren Mitarbeiter und Kollegen denken, denn Sie werden zweifellos in Übereinstimmung mit der höheren Warte, von der Sie die Dinge sehen, neue, zufriedenstellende und passendere Verbindungen schaffen.

Denken Sie »groß«

Die wirklich Erfolgreichen denken groß und begrenzen sich und ihre Mitarbeiter nicht in ihren Ideen und Meinungen. Wenn Sie von einem Wust begrenzender Gedanken und kleinlicher Meinungen befreit werden wollen, dann beginnen Sie, groß zu denken. Konzentrieren Sie sich auf finanzielle Unabhängigkeit, und Sie werden die kleinkarierten Denker auf dem Weg zurücklassen. Sie werden außerdem zufriedenstellende Dauerfreundschaften heranzüchten, die Ihnen auf der Erfolgsleiter behilflich sein können.

Ich lernte einst eine stille kleine Dame kennen, die heute Präsident einer großen Baufirma ist, die sich mit dem Bau von Appartementhäusern und einem Vorort-Einkaufszentrum befaßt. Vor zwanzig Jahren war der Ort, da jetzt diese Häuser und Ladengeschäfte stehen, nichts als Weideland, etwa eine Meile von der nächsten Autoschnellstraße und fünf Meilen von der nächsten Stadt gelegen.

Aber diese kleine Dame hatte einen Wunschtraum in bezug auf ihr Eigentum. Sie arbeitete unbeirrt an dem geistigen Bild, daß eines Tages auf ihrem Grund und Boden eines der schönsten Einkaufszentren des Landes erstehen würde. Still und unerschrocken hielt sie diese Vision aufrecht, wenn die Verwirklichung auch noch so unmöglich erschien. Natürlich würde die Erfüllung ihres Traumes sie automatisch finanziell unabhängig machen.

Die Jahre gingen ins Land. Die nahe Stadt wuchs und wuchs. Eines Tages bemerkte die Dame auf dem Nachbargrundstück einen Bauunternehmer mit seiner Gefolgschaft. Sie machte sich bald mit diesem Unternehmer bekannt, und sie wurden Freunde. Sie sprachen über ihr Eigentum und die dafür gegebenen Entwicklungsmöglichkeiten. Sie erzählte von ihrem Traum, ein Einkaufszentrum zu haben, in dem die Städter und das Militärpersonal der nahen Kaserne bequem ihre Besorgungen machen könnten, ohne sich in den städtischen Verkehr begeben zu müssen. Der Unternehmer war von ihren Vorstellungen sehr beeindruckt. Er erklärte, es sei durchaus möglich, diesen Traum zu verwirklichen, ohne daß sie etwas von ihrem geliebten Land verkaufen müsse, das immer noch als Weideland diente.

Er wies sie auf die Möglichkeit hin, eine Gesellschaft zu gründen, in der sie den Boden beisteuern und er mit seinem Unternehmen die Dienste leisten würde: Geräte, Bauarbeiter und Bauaufsicht. Er kündigte an, daß er einen reichen Freund habe, der das notwendige Bargeld und Unterstützung beisteuern würde, bis die Bauten fertiggestellt wären und Langzeitfinanzierung genehmigt würde.

So wurde die Gesellschaft gegründet. Dem Rat ihrer beiden Teilhaber folgend, bauten sie zunächst einen Block mit Appartements, um den kritischen Wohnungsmangel, den es in jener Gegend gab, zu beheben. Später bauten sie Eigentums- und Mietwohnungen. Und noch später bauten sie ein schönes Einkaufszentrum im Kolonialstil, das vom Einheitspreisgeschäft bis zur Autoschalterbank alles enthält. So sorgte das geringe Weideland dieser Frau für die Belange von Hunderten von Menschen, die dort jetzt Wohnungen und Häuser bewohnen. Ihr riesiges Einkaufszentrum hält man für eines der schönsten im ganzen Süden. Und das alles, weil sie still und unverdrossen an einem großen Wunschbild von Erfolg, Reichtum und finanzieller Unabhängigkeit festhielt, bis andere gleicher Denkungsart kamen und ihr halfen, die Idee zu verwirklichen.

Holen Sie Ihre heimlichen Träume aus dem Abstellwinkel

Wenn Sie unerfüllte Träume und die Vorstellungen von mehr Glück und Erfolg in irgendeinem Winkel Ihres Bewußtseins aufgestapelt haben, dann horten Sie sie dort nicht länger. Haben Sie den Mut, sie hervorzubringen und abzustauben. Wagen Sie es, an die Möglichkeit finanzieller Unabhängigkeit zu denken, auch wenn die Erfüllung zu diesem Zeitpunkt noch unwahrscheinlich ist. Sollte das alte, uns zu Boden werfende Gespenst Furcht versuchen, uns einzuflüstern, daß es keinen gangbaren Weg gäbe, um Ihre Träume von finanzieller Unabhängigkeit wahr werden zu lassen, dann erinnern Sie sich an die reichen Versprechen der Bibel: *»Fürchte dich nicht, kleine Herde, denn es ist deines Vaters Wohlgefallen, dir das Königreich zu geben«* (Lukas 12,32). *»Prüfet mich hierin, spricht der Herr Zebaoth, ob ich euch nicht des Himmels Fenster auftun werde und Segen herabschütten die Fülle«* (Mal. 3,10). *»Alle Dinge sind möglich dem, der da glaubt«* (Markus 9,32). *»Mit Gott sind alle Dinge möglich«* (Matth. 19,26).

Manchmal haben Sie vielleicht keinen Erfolg gehabt, weil Sie irgendwie meinten, daß Sie ganz allein siegen müßten und der Gedanke Sie überwältigte; es schien leichter zu sein, sich mit einem Mißerfolg zufriedenzugeben. Aber das sagte mir kürzlich ein außerordentlich erfolgreicher Ingenieur, als ich ihn nach dem Geheimnis seines Erfolges fragte:

»Ich hatte nie Erfolg, bis ich die ›Partnerschaft‹ einging. Gott ist mein Partner und der beste, den ich je hatte. Seine Führung in meinen Geldangelegenheiten führt zu nichts anderem als zu größerem Wohlstand. Ich beginne und beende meinen Tag, indem ich um besondere Führung bitte, darauf horche und sie erwarte – in allen Vorhaben meines Berufes, und immer erhalte ich solche Führung. Kürzlich fragte mich der Präsident einer der großen Gesellschaften dieses Landes: ›Wie machen Sie das nur? Wie bringen Sie es fertig, all das zu erledigen, was Sie tun, ohne inmitten so vieler Anforderungen und Erwartungen aus der Ruhe zu geraten oder sich aufzuregen?‹ Er zeigte sich recht erstaunt über meine Antwort, daß das einfach sei: ›Gott ist mein Partner, und ich überlasse Ihm den ganzen Streß, die Anstrengungen und schweren Entscheidungen.‹ Der Mann erwiderte: ›Sie meinen wirklich, das hilft Ihnen? Daß es praktisch sei, sich in solchen großen finanziellen Angelegenheiten Gott anzuvertrauen?‹ Meine Antwort war: ›Sehen Sie, wenn Sie Gott nicht vertrauen können, der allwissend, allmächtig ist und dieses reiche Weltall leitet – wem können Sie dann vertrauen?‹«

Wahrhaftig, der Unendliche öffnet Wege, wo nach menschlichem Ermessen kein Weg zu sein scheint. Erfassen Sie diese Wahrheit und halten Sie daran fest. Geschäfte werden gerettet, Vermögen gegründet, Entdeckungen gemacht, Erfindungen vervollkommnet und die Toten zum Leben erweckt, sobald das Urteil der Niederlage von der Menschheit nicht mehr angenommen wird. Gott sei es gedankt, daß Seine Güte nicht vor den Grenzen menschlichen Denkens haltmacht. Bleiben Sie standhaft, halten Sie fest am Glauben, bewahren Sie Ihren Mut. Denken Sie immer daran, daß Ihr Schöpfer Wege öffnet, wo es nach menschlichem Dafürhalten keinen Weg zu geben scheint!

Stellen Sie sich bildlich finanzielle Unabhängigkeit vor

Mit anderen Worten, Sie brauchen nicht allein um die Erfüllung irgendeines Wunsches zu kämpfen. Wir haben das Versprechen: »Bittet, so wird euch gegeben; suchet, so werdet ihr finden; klopfet an, so wird euch aufgetan; denn ein jeder, der fragt, empfängt; und wer suchet, der findet; und für den, der anklopft, soll geöffnet werden« (Matth. 7,7). Die meisten übersehen dies als Reichtumsgeheimnis. Oft lassen sie die Reichtümer an sich vorüberziehen, einfach weil sie nicht um die Hilfe der übergeordneten Macht bitten, um zu lernen, wie man sein Glück erwirbt.

Beginnen Sie jetzt, von sich ein geistiges Bild zu zeichnen, nicht nur, wie Sie wohlhabender werden, sondern wie Sie finanziell unabhängig werden. Emma Curtis Hopkins schrieb: »Was mit dem inneren Auge wiederholt betrachtet wird, offenbart sein Geheimnis und gibt uns seine Gaben.« Dies ist ein angenehmer und sehr anregender geistiger Prozeß, und es handelt sich wahrhaftig nicht um Tagträume, wenn Sie beschließen, Ihre Gedanken auf bestimmte Vorstellungen zu richten.

Frau Hopkins sagte weiter: »Der Erfolg liegt darin, daß man auf einen Punkt ausgerichtet ist und alles zurückweist, was einen von seinem siegreichen Ziel abbringt.« Warum wollen Sie einen mäßigen Wohlstand anstreben, wenn Sie dadurch, daß Sie sich gedanklich auf einen Punkt ausrichten, von allen finanziellen Sorgen frei werden können, so daß Sie genügend Zeit und Geld haben werden, um eine neue Lebensphase zu entwickeln, die für Sie und alle Menschen nur nutzenbringend sein kann? Ein Ölmagnat aus Texas hatte sich ein Vermögen in einer Weise erworben, die niemand erwartet hatte. Er ging auf Ölfelder, die schon leergepumpt waren, aber indem er »tiefer« bohrte, fand er solche Ölmengen, an die niemand mehr geglaubt hatte! Und ähnliches können auch Sie auf dem Gebiet des positiven Denkens tun!

Sie sind tatsächlich dazu befähigt, das Leben *in jeder Weise* zu meistern! Sie brauchen im Leben nicht zurückzustecken, wenn Sie willens sind, sich von der Vorstellung des Kompromisses freizumachen. Wenn Sie aufhören, sich mit nutzlosen Dingen zu beschäftigen und sich mit unfruchtbaren Verbindungen und Beziehungen zu belasten, wenn Sie keine Zeit mehr damit verschwenden, mit negativ gesonnenen Leuten über belanglose Sachen zu schwatzen, dann werden Sie sehen, daß es gleich um die Ecke für Sie finanzielle Unabhängigkeit gibt – viel näher, als Sie je geahnt haben.

Bewahren Sie sich Zeit und Kraft

Fangen Sie an, mehr Selbstdisziplin zu üben; bewahren Sie sich Ihre Zeit und Kraft; verkehren Sie nur mit positiv gesonnenen Menschen, mit denen Sie vergleichbare Interessen haben. Wenn Sie sich von allem abwenden, was unproduktiv ist oder nicht mit Ihrem hohen Idealbild von Reichtum und Glück übereinstimmt, wenn Sie aufhören zu versuchen, anderen deren Wünsche zu erfüllen und den Mut haben, der »stillen, kleinen Stimme« des Vorwärtskommens im eigenen Herzen zu folgen, dann sind Sie gewiß auf dem Wege zu finanzieller Unabhängigkeit!

Viele Leute möchten gern finanziell unabhängig sein, aber sie erreichen das nie, weil sie Selbstdisziplin und Änderung ihres Lebensstils, und sei es auch nur zeitweilig, ablehnen. Es mag Ihnen außergewöhnlich und seltsam erscheinen, daß Sie sich konzentrieren, konzentrieren und noch mal: auf Reichtum konzentrieren müssen unter Ausschluß von allem anderen; daß Sie sich den negativ gesonnenen, dem Mißerfolg verhafteten Kollegen und Mitarbeitern entziehen sollen; daß Sie furchtlos beginnen sollen, alle unerwünschten Beziehungen auszujäten; daß Sie sorgsam darüber wachen müssen, mit wem und wie Sie Ihre Zeit verbringen, auch Ihre Freizeit. Sobald Sie beschlossen haben, diese Methode zu versuchen, werden Sie entdecken, daß Sie wie durch eine harte Schale von begrenzenden Gedanken, Gefühlen und Taten hindurchbrechen. Haben Sie einmal diesen Punkt überwunden, dann beginnen Sie, sich wieder eines ausgewogeneren Lebens zu erfreuen. Aber es gibt die Übergangsperiode, da man »einspurig« fahren muß, indem man nur an Erfolg und Glück denkt, bevor man höhere Einkommensstufen erklimmt. Sie werden ein ganz neues Lebensgefühl entdecken, Sie werden die Fähigkeit entwickeln, sich zu entspannen und wirklich Spaß zu haben, weil Sie das verdient haben. Aber solange Sie sich nicht auf diesen Punkt konzentrieren und sparsam mit Zeit und Kraft umgehen, werden Sie dieses Ziel nie erlangen.

Wie wahr dieses ist, erfuhr ich kürzlich durch eine Nachricht, derzufolge ein junger Mann, der noch nicht einmal 30 Jahre alt ist, Vizepräsident einer Versicherungsgesellschaft wurde. Dieser junge Mann setzte sich vor Jahren ein bestimmtes Ziel und begann, mit positivem Denken darauf zuzuarbeiten. Er verbrachte seine Freizeit damit, Erfolgsbücher zu lesen und nur mit gleichgesonnenen Menschen zu verkehren. Zeitweilig meinte seine Frau, daß er sich vielleicht vom gesellschaftlichen Leben ausschlösse, an dem sie beide in der Vergangenheit regen Anteil hatten. Als er ihr aber erklärte, warum er seine Zeit allein dem gegenwärtigen und zukünftigen Erfolg widme, war sie bereit, den meisten gesellschaftlichen Verpflichtungen, die nur Zeitverschwendung waren, zu entsagen. Nach mehreren Jahren harter Arbeit und angespannten Studiums hat dieser junge Mann eine so hohe Sprosse auf der Erfolgsleiter erklommen, daß er und seine Frau wieder mehr gesellschaftliche Kontakte pflegen können. Nun können sie sich wahrhaftig die erfreulichen Kontakte mit positiv gesonnenen Menschen leisten, die inzwischen ihre neuen Freunde geworden sind.

Fangen Sie sofort an, finanzielle Unabhängigkeit zu zeigen

Es gibt einen guten Weg, um die Erwartung, finanziell unabhängig zu werden, ständig neu zu beleben: Beginnen Sie, einen Tag lang, dann eine Woche lang oder den nächsten Monat finanziell ungebunden zu sein. Es fällt dem geistigen Bewußtsein immer leichter, Ergebnisse zu zeitigen, die in der Gegenwart oder unmittelbaren Zukunft erwartet werden. Beginnen Sie zum Beispiel den Tag auf positive Weise, indem Sie noch vor dem Aufstehen für diesen Tag überschäumende Fülle bejahen. Beginnen und beenden Sie den Tag mit positivem Denken. Wenn Sie morgens erwachen und sich seelisch auf die vor Ihnen liegenden Aufgaben einstellen, dann bereiten Sie sich darauf vielleicht noch vor dem Aufstehen oder beim Morgenkaffee darauf vor, indem Sie schreiben oder laut oder leise mehrmals erklären: *Ich erwarte in meinem Leben und in meinen Angelegenheiten täglich auf jede erdenkliche Weise üppige Fülle. Ganz besonders erwarte ich heute reichliche Versorgung und danke dafür!* Auf diese Weise senden Sie positive Gedankenboten aus, die Ihnen einen erfreulichen, befriedigenden und lebenswerten Tag bereiten, der Ihnen Stunde um Stunde mit köstlichen Überraschungen und voller Genüge entgegenkommt.

Wenn Sie täglich einen Bewußtseinszustand entwickeln, der zunächst für einen Tag an finanzielle Sicherheit glaubt, sie erwartet und erfährt, wird Ihr Geist automatisch eine höhere Bewußtseinsebene erreichen, so daß finanzielle Unabhängigkeit eine wöchentliche, monatliche und jährliche Angewohnheit wird. Aber Sie müssen sich gedanklich eine Zeit setzen, und die tägliche Basis ist die einfachste, schnellste und zufriedenstellendste, denn sie liefert Ihnen den positiven Beweis, daß Ihr Reichtum greifbar ist und auf Ihre Anerkennung und Annahme wartet.

Ein Geschäftsmann erzählte mir kürzlich, daß sein Umsatz sich verdoppelt habe, nachdem er begonnen hatte, seine Aufmerksamkeit auf das Denken und Erwarten finanzieller Unabhängigkeit zu richten anstatt auf den Gedanken, wie hart er arbeiten müsse und wie nutzlos das alles erscheine. Dieser junge Versicherungsagent hatte entdeckt, daß er durch gedankliche Konzentration auf reichliche Fülle für jeweils einen Tag ein großes Geheimnis zur Erlangung finanzieller Unabhängigkeit gefunden hatte. Vor Jahren hatte er damit begonnen, jeden Morgen eine Stunde lang zu meditieren und dabei seinen Tag so zu planen, wie er es wünschte. Er stellte sich geistig den gewünschten Verkaufsumsatz vor. Später, als er Leiter der Vertretergruppe wurde, verbrachte er jeden Morgen eine gewisse Zeit, in der er an seine Leute und den Umsatz dachte, den er ihnen für den jeweiligen Tag wünschte. Durch dieses regelmäßige tägliche Denken an Erfolg und Fülle für sich und seine Leute arbeitete er sich zum Geschäftsführer in seiner Gesellschaft empor.

Sie können ernste Hindernisse überwinden
Um in dem Maß finanziell gesichert zu sein, daß man ein ständiges festes Einkommen hat, ist es notwendig, daß man negative Gewohnheiten aufgibt. Die meisten Leute erzählen einem sehr schnell all die Gründe, warum sie nicht erfolgreich sind. Wenn wir uns jedoch umsehen, sind wir überrascht, wie oft erfolgreiche Menschen ernste Hindernisse überwinden müssen.

Da gibt es die Dame, die ein Opfer der Kinderlähmung wurde und täglich im Rollstuhl zu ihrer Arbeit als Privatsekretärin fährt. Allem Anschein nach hätte sie das Rennen vor Jahren aufgeben sollen, als die Lähmung sie befiel. Aber sie nahm die Herausforderung an und fährt sogar ihren eigenen Wagen. Dadurch, daß sie sich weigerte, sich der Krankheit zu beugen, wurde sie unabhängig vom Krankenlager und stellte sich finanziell auf eigene Füße. Als ich das letzte Mal von ihr hörte, beabsichtigte sie sogar zu heiraten!

An einem Frühlingstag vor mehreren Jahren sprach ein junger Kaufhausangestellter mit mir darüber, wie mutlos und unsicher er in die Zukunft blicke. Ich fragte ihn, was er wirklich gern tun möchte, und schüchtern, als habe er es noch nie gewagt, darüber zu sprechen, erwiderte er: »Ich möchte gern studieren und Lehrer werden.« Ich sagte ihm, durch die Macht des positiven Denkens seien alle Dinge möglich. Ferner schlug ich ihm vor, daß er Unabhängigkeit anstreben solle, daß er positiv auf weitere Ausbildung zuarbeiten und sich nicht mit der Arbeit eines Büroangestellten zufriedengeben solle, wenn er wirklich wünsche, Lehrer zu werden.

Er willigte ein, von sich ein geistiges Bild zu machen, wie er im Herbst zur Universität gehen würde und dabei beständig an üppige Fülle zu denken, die all das Notwendige für ihn beschaffen würde. Auf meine Anregung, feste Pläne zu machen, als würde er im Herbst mit dem Studium beginnen, schrieb er sich sofort auf der Universität ein, die er zu besuchen wünschte. Sorgfältig studierte er den Studienplan, wählte die Fächer aus, die er belegen wollte, und lernte alles auswendig, was er in dem Katalog über die Hochschule las, ihre Geschichte und Entwicklung, die Fakultäten und andere Einzelheiten.

Als er dann fortfuhr, sich im Geiste frei von dem zu sehen, was er nicht gern tun wollte, und sich dabei aktiv auf das zu konzentrieren, was er gern tun wollte, ereignete sich etwas Interessantes. Im Hochsommer besuchte ihn ein Verwandter und erklärte, daß er ihn seit einiger Zeit beobachte und glaube, daß er zu anderen Dingen fähig sei als zu der gegenwärtigen Arbeit. Dieser Verwandte bot dem jungen Mann die Geldmittel an, die es ihm ermöglichten, im Herbst zur Hochschule zu gehen. Mit großer Freude vertraute der junge Mann dann seinem Verwandten all seine Hoffnungen und Träume an, und dieser freute sich über sein richtiges Einschätzungsvermögen.

Vor kurzem teilte mir jener junge Mann mit, daß er in wenigen Monaten seinen Referendar machen werde. Das alles geschah, nachdem er gewagt hatte, selbständig zu denken und sich ein geistiges Bild vom größtmöglichen Glück für sich zu machen.

Technik zur Erlangung finanzieller Unabhängigkeit

Beginnen Sie jetzt gleich, im Geist das Bild finanzieller Unabhängigkeit für sich und Ihre Lieben zu gestalten, indem Sie Ihr Bewußtsein mit Bildern von dem von Ihnen gewünschten Leben erfüllen, anstatt von dem Leben hypnotisiert zu sein, das Sie im Augenblick zu führen scheinen. Aber bewahren Sie Ihren Traum von finanzieller Unabhängigkeit für sich. Tun Sie alles, im großen und im kleinen, was zur Erfüllung Ihres Traumes beitragen kann.

Lassen Sie sich eine einfache, praktische Technik verraten, die Ihnen dabei hilft, daß Sie ab heute glücklicher und erfolgreicher werden. Wenn Sie diese einfache Technik praktizieren, werden Sie zu größerem Reichtum gelangen! Es handelt sich um folgendes: Die Alten glaubten, daß die Zahl »zehn« magische Vermehrungskraft besäße. Fangen Sie darum sofort an, bei jedem Gedanken an Geld – sei es das Einkommen, seien es Ausgaben, die Höhe Ihres Bankkontos, die Summe in Ihrer Brieftasche, Spareinlagen oder Investitionen – sich den zehnfachen Betrag vorzustellen, der zu Ihnen kommt. Das ist eine angenehme und faszinierende Technik, um Geld zu vermehren.

Schauen Sie zum Beispiel in Ihre Brieftasche. Nehmen wir an, Sie hätten darin fünf Dollar. Erklären Sie: *Ich danke dafür, daß diese fünf Dollar ein Symbol sind für die unerschöpfliche Substanz des Universums. Ich danke dafür, daß die zehnfache Summe oder 50 Dollar jetzt zu mir auf dem Wege sind und sich schnell in vollkommener Weise manifestieren.* Verzehnfachen Sie jede Zahl, die Ihnen vor Augen kommt, und erwarten Sie dann, daß diese Summe zu Ihnen kommt. Auf diese Art und Weise beginnen Sie, über das nachzudenken, was Sie haben und was Sie haben werden, anstatt den gewohnheitsmäßigen tödlichen Gedanken nachzuhängen, daß Sie nicht genug haben. Indem Sie alles mit zehn multiplizieren, verlagert sich Ihr Denken automatisch von Mangel auf Reichtum. Da das geistige Bewußtsein rasch auf *festumrissene Zahlen* anspricht, wird es den Anschein haben, als würden Himmel und Erde sich bemühen, Geld in Ihre Richtung fließen zu lassen.

Schauen Sie sich den Saldo Ihres Scheckheftes an. Vielleicht stehen da 50 Dollar. Anstatt nun zu denken: »Das reicht nicht zur Bezahlung der Rechnungen«, ändern Sie Ihren Gedanken in: *Dieses ist ein Symbol für die reiche Substanz des Universums, die mir zur Verfügung steht. Ich danke dafür, daß das Zehnfache oder 500 Dollar jetzt zu mir auf dem Wege sind und rasch greifbare Form annehmen, damit ich allen Verpflichtungen nachkommen kann.*

Auf die gleiche Weise dürfen Sie, wenn am Ersten des Monats die Rechnungen hereinkommen, nicht denken: »Diese Rechnung von 20 Dollar ist diesen Monat viel zu hoch. Wir müssen unsere Ausgaben herabsetzen.« Denken Sie statt dessen: *Zwanzig Dollar sind ein Symbol für die reiche Substanz des Universums, die mir zur Verfügung steht. Ich danke dafür, daß der zehnfache Betrag oder 200 Dollar nun zu mir unterwegs sind und schnell sichtbar werden, damit ich jede finanzielle Verpflichtung sofort und vollständig mit der reichen Universalsubstanz abtragen kann.*

Nachdem Sie im Geiste Ihr Geld verzehnfacht haben, sollten Sie im Falle eines finanziellen Engpasses das, was Sie an Substanz haben, ausgeben, um der Forderung zu begegnen. Das öffnet den Weg, auf dem die vervielfältigte Menge hereinfließen kann. Die Ausgabe bereitet den Weg für die Einnahme.

Wenden Sie die Technik der Verzehnfachung bei jeder finanziellen Transaktion an, die sich Ihnen stellt, danken Sie, daß der zehnfache Betrag für Ihren persönlichen Bedarf zu Ihnen kommt. Es ist der schnellste, sicherste und köstlichste Weg, auf dem Sie Ihr Doktorexamen im positiven Denken machen werden!

Eine Verkäuferin, die von diesem Reichtumsprinzip hörte, beschloß, es sofort anzuwenden. An dem Abend, da man es ihr erklärte, hatte sie einen Dollar in ihrem Portemonnaie. Sie nahm ihn heraus, betrachtete ihn und dachte: »Der zehnfache Betrag kommt sofort zu mir. Zehn Dollar werden Wirklichkeit.« Dann gab sie den einen Dollar nach Beendigung des Vortrags als Spende. Am nächsten Tag fuhr sie fort, bei jedem Verkauf, den sie tätigte, die Rechnungssumme geistig zu verzehnfachen. Das Ergebnis war,

daß sie während dieses einen Tages mehr verkaufte als alle Angestellten von zwei weiteren Stockwerken desselben Kaufhauses.
Als sie abends heimkam, fand sie in der Post zwei Schecks über je
fünf Dollar. Es handelte sich um völlig unerwartete Geschenke. So
hatte sich ihr Dollar verzehnfacht, und ihr Verkaufserfolg war an
dem Tag durch Anwendung der magischen Zahl zehn sprunghaft
in die Höhe geschnellt.

Diesen Gedanken können Sie noch weiter entwickeln, sobald er
in Ihrem Bewußtsein Fuß gefaßt hat und für Sie arbeitet... Ein
Arzt, dem man dieses Prinzip erklärte, dachte im stillen: »Warum
soll ich mich mit der Multiplikationskraft zehn zufriedengeben?
Warum soll nicht die Zahl hundert, die zehn mal zehn ist, eine
noch mächtigere Multiplikationskraft haben?« Und er beschloß,
das auszuprobieren. Auch er gab eine Spende von einem Dollar am
Ende der Vorlesung, die er über dieses Thema gehört hatte, und
dachte: »Ich gebe etwas und rufe damit das Gesetz des Nehmens
an. Ich erwarte, den hundertfachen Betrag, das heißt 100 Dollar,
zu erhalten. Ich danke, daß er auf vollkommene Weise in Erscheinung tritt.« Am nächsten Nachmittag kam eine Frau in seine
Sprechstunde, überreichte ihm einen Scheck und sagte: »Ich
schulde Ihnen kein Geld, da ich in letzter Zeit nicht von Ihnen behandelt worden bin. Aber ich bin Ihnen sehr dankbar für die Hilfe,
die Sie vor kurzem mehreren meiner Familienangehörigen zuteil
werden ließen. Sie sind aufgrund Ihrer Behandlung wieder vollkommen gesund geworden. Um das zu würdigen, möchte ich Ihnen einen Teil des Geldes geben, das ich vor kurzem unerwartet
erhalten habe.« Der Scheck war über hundert Dollar ausgestellt!

Eine Hausfrau, die von der Multiplikationskraft zehn hörte,
dachte so wie der Arzt und beschloß, den Dollar in ihrem Portemonnaie mit der magischen Zahl hundert zu vervielfältigen. Nach
zwei Tagen erhielt sie von einer Bekannten einen Scheck über hundert Dollar, die sie ihr seit langem schuldete!

Wie sehr befreit uns diese eine einfache Technik vom Denken an
Mangel, Armut und »Nicht-genug-Haben«! Unsere veränderte

Einstellung drückt sich jetzt so aus: »Dieses ist ein reiches Weltall, in dem es von allem genug für dich und für mich gibt.«

Weitere Hilfen zur Erlangung finanzieller Unabhängigkeit

Neben der Verzehnfachung – oder Verhundertfachung – jeder Summe schlage ich vor, daß Sie eine Reihe anderer Dinge unternehmen, um Ihr hohes Ziel finanzieller Unabhängigkeit zu erreichen.

Fangen Sie an, sich geistig Bilder von dem Leben auszumalen, das Sie gern führen würden, wenn Sie finanziell gesichert sind. Schauen Sie sich Zeitungen und Zeitschriften mit luxuriösen Inseraten von Kleidern, Häusern, Hobbies und anderen Dingen des Lebens an, welche Sie gern haben möchten. Bauen Sie sich immer und immer wieder innere mentale Bilder von einem Leben ohne Geldsorgen, das Freiräume bietet für Reisen, Hobbies, Kunstgenuß und geistesverwandte Bekanntschaften. Was Ihre Talente und Fähigkeiten anbelangt, die Sie gern entwickeln möchten, so beginnen Sie mit dem Studium von Büchern und füllen Sie Ihren Geist mit entsprechenden Erfolgsbildern. Denken Sie an die Organisationen und Einrichtungen, denen Sie gern helfen möchten, und an all das Gute, für das Ihr Reichtum Verwendung finden soll.

Schaffen Sie auch ein inneres Bild finanzieller Unabhängigkeit für Ihre Lieben in Ihrem eigenen Denken. Geistig sollten Sie die ganze Welt finanziell unabhängig sehen. Machen Sie sich frei und beginnen Sie, das Massendenken von allem zu befreien, was geringer ist als reiche finanzielle Unabhängigkeit. Millionen von Menschen in der ganzen Welt sind Sklaven von Krieg, Verbrechen, Kriminalität, Krankheit und Gottlosigkeit, weil sie unwissend sind und meinen, ihr Wohl sei außerhalb ihrer selbst zu finden und daß sie von anderen abhängig seien. Helfen Sie diesen irrigen, destruktiven, hypnotischen Glauben für andere wie für sich selbst aufzulösen, indem Sie unerschrocken die herrliche Wahrheit akzeptieren, daß finanzielle Sicherheit eines der von unserem Schöpfer gegebenen Rechte für die ganze Menschheit ist, die man durch seine eigene Einstellung, Taten und Reaktionen hervorbringen kann.

Sie sollten auch beginnen, Erwartung und Glauben an finanzielle Unabhängigkeit dadurch aufzubauen, daß Sie das Gebiet Finanzen, Wirtschaft und Investitionen studieren. Sie sollten für finanzielle Unabhängigkeit meditieren und buchstäblich beten. Denken Sie daran, daß Sie nicht tagein, tagaus an das Arbeitsrad gebunden sind. Sie sind kein Diener des Gottes Mammon, sondern ein strahlender Sohn des Schöpfers eines universalen Reichtums!

Zehn glückbringende Schritte

Um Ihnen zu helfen, finanzielle Unabhängigkeit auf solider Basis zu erlangen, möchte ich Ihnen die folgende Formel geben, die ich gern die »zehn glückbringenden Schritte« zum positiven Denken und zur finanziellen Unabhängigkeit nenne:

1. Werden Sie still, meditieren Sie und fragen Sie Ihren Sie liebenden Vater, ob es irgendeinen Grund gibt, warum Sie nicht finanziell gesichert sein sollten. (Diese Hinwendung wird Ihren Geist von aller Ungewißheit befreien, denn Ungewißheit ist es, die Ihren Erfolg verzögert.)

2. Nachdem Sie sich entschieden haben, finanzielle Unabhängigkeit zu erlangen und ein Gefühl des Friedens hinsichtlich der Rechtmäßigkeit derselben für sich haben, machen Sie sich ein mentales Bild von der höchsten Stufe dessen, was Sie sich wünschen. Stellen Sie sich geistig die Einkommenshöhe vor, die Sie sich wünschen, und wie Sie leben werden, wenn Sie unabhängig sind. Gestalten Sie das innere Bild so detailliert wie möglich. Je mehr Sie daran denken, desto mehr Einzelheiten wird Ihr Bild aufweisen. Denken Sie sich aus, welche Art Heim Sie sich wünschen, wie die Kleider sein sollen, die Sie tragen möchten, welcher Art Ihre Tätigkeiten sein sollen, welche Orte Sie besuchen möchten.

3. Gestalten Sie ein geistiges Bild von dem, was Sie *wirklich* wünschen, nicht was jemand anders für Sie wünscht oder was

Sie meinen, daß es Ihre Pflicht sei, es zu haben – nein, das, was Sie *wirklich* wollen. Viele Leute führen ein elendes Leben konstanten Mißerfolgs, weil sie versuchen, anderen zu gefallen. Ihr Leben ist eine göttliche Gabe für Sie zu leben und nicht für einen anderen, daß er es für Sie lebt. Nur das, was Sie wirklich wollen, kann Sie glücklich machen. Machen Sie sich davon und von nichts anderem mentale Bilder.

4. Sagen Sie anderen wenig über Ihre inneren Pläne, denn andere können Ihnen nur sagen, wie sie meinen, daß Sie Ihr Leben leben sollten, aber sie können es nicht erfolgreich für Sie tun. Behalten Sie Ihre Erfolgspläne für sich. Zerstreuen Sie sie nicht und unterwerfen sie nicht einer Gegenströmung, indem Sie anderen die Gelegenheit geben, sie zu zerreden.

5. Folgen Sie Ihrer inneren Führung, wenn Sie den ersten Schritt in Richtung eines geistigen Bildes von finanzieller Unabhängigkeit machen. Tun Sie, was Sie an großen oder kleinen Dingen tun können, um sich zu überzeugen, daß Sie auf dem Weg zum Glück sind. Setzen Sie sich eine zeitliche Grenze und planen Sie, gewisse Dinge innerhalb von sechs Monaten zu erreichen, andere innerhalb eines Jahres und wieder andere in zwei Jahren. Setzen Sie sich ein Datum, zu dem Sie vollständige finanzielle Unabhängigkeit erreichen wollen.

6. Werden Sie nicht ängstlich, unsicher oder erregt, wenn die Angelegenheiten nicht sofort die gewünschten Resultate bringen. Versuchen Sie nie, Ihr Wunschbild gewaltsam oder voreilig zur Erfüllung zu bringen. Ängstliche, erregte, emotionsgeladene, gehetzte, forcierte Gemütszustände erzeugen gewalttätige Resultate, die selten befriedigen und die äußerst entmutigend und destruktiv sein können.

7. Anstatt sich darum zu kümmern, was die Leute sagen oder denken, fahren Sie ruhig fort, beharrlich Ihr inneres Bild von der finanziellen Sicherheit hervorzubringen, und folgen Sie dabei den Wegen, die sich vor Ihnen auftun. Erinnern Sie sich immer von neuem daran, daß Sie durch Ihr positives Denken

mit der reichen Universalsubstanz wirken und daß Sie gar nicht versagen können, weil die Gesetze des Universums unveränderlich sind und nicht versagen. Daher kann nichts den Erfolg von Ihnen fernhalten, wenn Sie beständig daran denken und auf ihn zuarbeiten.

8. Sie müssen erkennen, daß Ihre Träume von der finanziellen Unabhängigkeit auf der mentalen Ebene bereits wahr geworden sind, sobald Sie sie wünschen oder sie voll erfassen. Darum gehört das große Glück Ihnen bereits, bevor es sichtbar wird, aber es liegt an Ihnen, es sichtbar zu machen. Sie können das, indem Sie bejahen: *Göttliche All-Substanz, gib mir dieses jetzt auf deine eigene vollkommene Weise.* Oder: *Göttliche Substanz, nimm dich dieser Anforderung in deiner eigenen vollkommenen Weise an. Es gehört mir jetzt und vergegenständlicht sich rasch auf zufriedenstellende Weise.* Sagen Sie nie: »Das kann nie geschehen«, sondern: »Dieses oder etwas Besseres tritt jetzt in Erscheinung.«

9. Rufen Sie sich häufig in Erinnerung, daß Sie genausogut wie andere finanzielle Unabhängigkeit erlangen können. Was einer getan hat, können viele tun. Was in kleinem Maße getan werden kann, kann mit Ausdauer, ständiger Wiederholung und Ernsthaftigkeit in unbegrenztem Maße geschehen. Es liegt ganz bei Ihnen.

10. Bedenken Sie immer wieder, daß alle guten Dinge im Reich der Allsubstanz bereits vorhanden sind. Durch Ihre hohe Erwartung, die geistigen Bilder, das positive Denken und Handeln werden Sie Herr über das Reich der Substanz und können Sie alles, was Sie daraus wünschen, hervorbringen. Die Weltgeschichte beweist, daß noch jeder gedanklichen Forderung des Menschen begegnet worden ist. Stellen Sie jetzt die Ihrigen, halten Sie daran fest, und Sie werden erfolgreich sein!

Es mag vielleicht nicht über Nacht geschehen, aber es kann. Es wird geschehen, wenn Sie bereit sind, beharrlich es zu erwarten, es geistig zu gestalten und die Idee von der finanziellen Unabhängigkeit für sich und alle anderen in Gedanken zu akzeptieren. Zunächst mag es Ihrerseits einiger Anstrengungen bedürfen, um daran zu glauben, daß für Sie Erfolg möglich ist, aber die Früchte jener Anstrengung werden jeden positiven Gedanken, jedes klar umrissene geistige Bild rechtfertigen.

Bejahen Sie immer wieder: *Täglich gehe ich mit Gottes Hilfe auf alle mögliche Weise der finanziellen Unabhängigkeit entgegen.* Sie werden sehen, daß sie zu Ihnen kommt!

11. Kapitel

Das Gesetz der Liebe und des guten Willens

Vor einiger Zeit sagte ein Geschäftsmann zu mir: »Ich glaube, das größte Reichtumsgesetz ist das Gesetz der Liebe und des unpersönlichen guten Willens.« Dann erzählte er mir einige seiner Geschäftserfahrungen, in denen Liebe in Form von unpersönlichem guten Willen über Disharmonie und scheinbaren Fehlschlag triumphiert hatte.

Er erwähnte das Beispiel einer reichen Kundin, der er immer alles recht machen konnte, wenn sie guter Laune war. War sie aber übellaunig, dann empfing er häufig in scharfem Ton gehaltene Briefe oder Telefonanrufe, in denen sie beißende, unfreundliche Bemerkungen über seine schlechte Handhabung ihrer Geschäftsinteressen zu machen pflegte.

Sein Gegenmittel für diese Frau war folgendes: Die Anwendung von Liebe in Form von unpersönlichem guten Willen. Er sagte, wenn diese Kundin (oder andere) im Laufe seiner Geschäftszeit ihre »Schau abziehe«, habe er eine besondere Methode entwickelt, um sie in ihre Grenzen zu weisen. Anstatt es ihr zurückzugeben oder sich zu verteidigen, wenn sich Unfriede, Kritik oder ein persönlicher Konflikt erhebt, pflegt er einige wenige Minuten still zu sitzen und an die fragliche Person zu denken, wobei er bestimmte liebevolle Gedanken guten Willens an sie richtet. In seinen Gedanken sehe er den betreffenden Menschen umgeben und eingehüllt von Liebe, einem Gefühl der Sicherheit, Ruhe, guten Laune und von unpersönlichem guten Willen.

Das Ergebnis? Er stellt fest, daß die Resultate oft atemberaubend schnell und ausgesprochen auffällig sind. So hat zum Beispiel jene reiche, launische Dame ihn mehrmals in einem Ferngespräch um Entschuldigung gebeten, nachdem er erst eine Stunde vorher sie im Geiste freundlich und liebenswürdig gezeichnet hatte. Kam aber so ein Anruf nicht, dann folgte gewöhnlich ein Brief, der zeitlich mit seiner Meditation über diese Angelegenheit zusammenfiel.

Wenn sich in geschäftlichen Angelegenheiten, in die mehrere Personen verwickelt sind, Schwierigkeiten ergeben, dann befaßt sich dieser Mann mit jedem einzelnen geistig und segnet ihn mit unpersönlichem guten Willen. Dann sieht er in Gedanken die Situation wieder harmonisiert. Bald darauf pflegt sich die Aufregung zu legen, Mißverständnisse verschwinden, und es können erfolgreiche Transaktionen abgewickelt werden.

Es ist anzuraten, diese Methode zu Beginn und am Ende eines jeden Tages anzuwenden. Wenn Sie Ihren Tag in Gedanken noch einmal überblicken, dann gehen Sie mutig daran, alles Unerfreuliche in Gedanken umzuformen. Sehen Sie alle Beteiligten als liebevolle, verständige und harmonische Wesen, und Sie werden überrascht sein, wie häufig die Betreffenden eine Kehrtwendung machen und ihre vorherige Haltung korrigieren.

Beginnen Sie Ihren Tag, indem Sie in Gedanken die für die nächsten vierundzwanzig Stunden geplanten Ereignisse durchgehen und sich dieselben als angenehme, harmonische und erfolgreiche Begebenheiten vorstellen. Sie werden anfangen, Pfade des Glücks, der Freude und des Friedens zu beschreiten, von denen Salomo geschrieben hat. Wenn Sie in den frühen Morgenstunden gedanklich einen erfolgreichen Tag planen, bildlich gestalten und erwarten, brauchen Sie für gewöhnlich am Abend nur wenig gedankliche Änderungen vorzunehmen.

Liebe versagt nie

Ganz gleich, wie viele Reichtumsgesetze Sie kennen, wenn Sie nicht fähig sind, mit anderen harmonisch zusammenzuleben und zu arbeiten, ist alles andere nur von geringem Wert. Man hat geschätzt, daß der finanzielle Erfolg eines Menschen nur zu 15% von seinen technischen Kenntnissen, zu 85% aber von der Fähigkeit abhängt, mit anderen Leuten auszukommen.

Das Talent, mit anderen durch Anwendung des unpersönlichen guten Willens – welches aktive Liebe ist – gut auszukommen, kann nicht genug betont werden. Vielleicht haben Sie sich schon gefragt, welches der häufigste Entlassungsgrund von Angestellten ist – Unfähigkeit, Unpünktlichkeit, Unehrlichkeit? Personalchefs stimmen darin überein, daß zwei Drittel aller Leute ihre Arbeitsstelle verlieren, weil sie »nicht mit anderen auskommen können«. Ungefähr zehn Prozent werden wegen ungenügender Ausbildung in den geforderten Fähigkeiten entlassen. Der Rest fällt unter die Rubrik »Persönlichkeitsprobleme«.

Wundern Sie sich noch, warum unpersönlicher guter Wille und die Fähigkeit, mit anderen auszukommen, so mächtig sind? Wundern Sie sich, warum all Ihr Können und Ihre Anstrengungen im allgemeinen nutzlos sind, solange Sie sich im Berufsleben oder zu Hause nicht mit anderen vertragen können?

Die Bibel versichert, daß *Liebe nie versagt* (I. Joh. 4,16). Jesus wies den Rechtsgelehrten darauf hin, daß Liebe die Erfüllung des Gesetzes sei (Matth. 22,40); damit meinte er das ganze Gesetz eines gesunden, glücklichen, harmonischen und erfolgreichen Lebens. Die Liebe hat unvergleichliche Macht, denn sie ist die Macht, die die ganze Welt und alles in ihr vereinigt. So ist zum Beispiel das Gesetz der Schwerkraft tätige Liebe. Liebe ist die ausgleichende, harmonisierende, das Gleichgewicht herstellende, verbindende Kraft, die beständig im ganzen Universum am Wirken ist. In solcher Weise wirkend, kann die Liebe für Sie das tun, was Sie menschlich gesehen für sich nicht tun können.

An der Harvard-Universität haben weltberühmte Soziologen Forschungen über die Macht der Liebe angestellt. Die Universität schuf dafür ein Forschungszentrum, zu dem seriöse Wissenschaftler gehörten, die ihre kostbare Zeit dem Studium des Gegenstandes Liebe widmeten. Das Ergebnis ihrer Untersuchungen war, daß Liebe, wie andere gute Dinge auch, bewußt von Menschen erzeugt werden kann! Gemäß ihren Erkenntnissen gibt es keine Gründe dafür, warum der Mensch nicht lernen sollte, Liebe zu erzeugen, so wie er auch andere Naturkräfte beherrscht.

Liebe ist persönlich und unpersönlich

Wie aber schaffen und erzeugen wir Liebe? Zunächst, indem wir erkennen, daß Liebe sowohl persönlich als auch unpersönlich ist. Auf der persönlichen Ebene kann man Liebe als Ausdruck von Verehrung, Zärtlichkeit, Freundlichkeit, Wertschätzung und Annahme seiner Familienmitglieder und der engeren Freunde erzeugen.

Auf der unpersönlichen Ebene ist Liebe die Fähigkeit, mit anderen Menschen auszukommen oder sie äußert sich im guten Willen gegenüber anderen ohne persönliche Verhaftung. Um dieses Ziel zu erreichen, sollten Sie häufig bejahen: ICH LIEBE ALLE MENSCHEN, UND ALLE MENSCHEN LIEBEN MICH OHNE BINDUNG.

Ein chinesischer Arzt, der heute in Malaysia lebt, ist besonders daran interessiert, der Menschheit dadurch zu helfen, daß sie für die Lösung all ihrer Übel die unpersönliche Macht der Liebe entdeckt. Er hat über 150 000 Kopien einer Wahrheitsbejahung über die Macht der Liebe in alle Welt gesandt. Mit diesen Bejahungen fordert er die Menschen aller Rassen und Nationen auf, täglich fünf Minuten lang nur an die göttliche Liebe zu denken. Er fügt eine synchronisierte Zeittafel bei, falls Leute aus verschiedenen Ländern gemeinsam mit anderen zur selben Zeit über göttliche Liebe meditieren möchten. Das ist der Glaube eines einzelnen Mannes an die Macht der Liebe für Harmonie, Gerechtigkeit und Weltfrieden.

Wie man Liebe erzeugt

Wenn man das, was man Liebe nennt, analysieren will, wird man die Entdeckung machen, daß das Leben ein Prozeß des Gebens und Nehmens von Liebe in mannigfachen Formen ist und daß jene Menschen, die nicht im Strom der Liebe leben, ihren Mangel als

Schwierigkeit in geistiger und körperlicher Hinsicht oder in ihren Angelegenheiten empfinden. Durch bewußte Entwicklung von Liebe können Sie in den Strom eines gütigen Lebens gelangen, wie Sie auch anderen helfen können, einen solchen zu erfahren.

Ist es nicht herrlich, so wie die Wissenschaftler von Harvard zu erkennen, daß Sie nicht länger in Ihre Außenwelt blicken und warten und hoffen müssen, daß irgendwie in der Zukunft die Liebe Sie vielleicht finden wird? Sie können jetzt bewußt anfangen, Liebe zu Gott, sich selbst und zur gesamten Menschheit aus dem Innersten Ihres Seins zu erzeugen. Wenn Sie das tun, werden Sie unfehlbar den vollkommenen Ausdruck der Liebe in Ihr eigenes Leben ziehen.

Ich habe bemerkt, daß einige Leute Schuldgefühle wegen ihres Wunsches nach Liebe in ihren mannigfachen Formen entwickeln und meinen, sie müßten ihren Wunsch unterdrücken. Es ist an der Zeit, daß Sie erkennen, daß Sie Ihren Wunsch nach Liebe ausdrücken sollen – von innen nach außen, Gott gegenüber, sich selbst gegenüber und Ihren Mitmenschen gegenüber. Ein liebender Vater kann nur das für Sie tun, was er durch Sie tun kann. Durch Ihre eigenen Gedanken, Gefühle und Erwartungen wird diese Liebe geboren. Wenn Sie bewußt Liebe ausdrücken, kommt sie vermehrt zu Ihnen zurück.

Kontrollieren Sie bewußt Gedanken und Gefühle, und beginnen Sie sofort, ein unpersönliches Bewußtsein von Liebe zu entwickeln, wobei Sie wissen, daß dieses sowohl der schnellste Weg zur Lösung Ihrer eigenen Probleme als auch ein machtvoller Weg ist, um der Menschheit zu helfen. Sie können dies auf sehr einfache Art und Weise tun: Beginnen Sie damit, daß Sie sich täglich ein paar Minuten nehmen, um bewußt Liebe zu entwickeln. Bejahen Sie: MIT GOTTES HILFE STRAHLE ICH JETZT BEWUSST UND FREUDIG GÖTTLICHE LIEBE AUF MICH, MEINE WELT UND ALLE MENSCHEN AUS. Bitten Sie täglich darum, daß göttliche Liebe in Ihnen lebendig werde. Machen Sie von sich selbst das mentale Bild einer gesunden, glücklichen, erleuchteten, harmonischen, gesegneten, freien und ungebundenen Person. Schenken Sie diesem Bild im stillen Ihre Liebe, indem Sie bejahen: ICH LASSE GÖTTLICHE LIEBE JETZT IN MIR LEBENDIG WERDEN.

Immer, wenn Sie bewußt Liebe erzeugen und lebendig werden lassen, tun Sie es auf folgende Weise: Stellen Sie sich die Liebe als ein strahlendes Licht vor, das zu Ihrer Entwicklung beiträgt, Sie erhellt, erleuchtet und erhebt. Stellen Sie sich vor, daß Liebe Ihr ganzes Sein durchdringt und sättigt. Wenn es dunkle, sorgenvolle Dinge in Ihrem Leben gibt, dann stellen Sie sich vor, daß dieselben mit dem Licht der göttlichen Liebe in Berührung kommen und auf wunderbare Weise geregelt werden.

Fahren Sie in Ihrer Meditation fort, Gedanken, Gefühle und das wunderbare Bild der Liebe auf sich selbst und Ihre Welt anzuwenden. Sie können nicht andere lieben oder Liebe nach außen ausstrahlen, solange Sie sich selbst nicht lieben und dieses im Innern fühlen. Liebe beginnt daheim, in Ihnen. Die Psychiatrie unterstreicht die Notwendigkeit der Selbstliebe und -achtung. Als Jesus sagte: »Du sollst Gott, den Herrn, von ganzem Herzen, mit ganzer Seele und all deinem Gemüt lieben. Dieses ist das große und erste Gebot« (Matth. 22,35), meinte er des Menschen Liebe zum Gotteswesen in ihm genauso wie zum universalen Schöpfer.

Haben Sie den Mut, sich bewußt zu lieben, Ihr Leben und Ihre Angelegenheiten zu lieben, lieben Sie jedes kleine bißchen Gutes in allem. Wenn Sie in Ihren Meditationszeiten Liebe erzeugen, dann lieben Sie besonders jeden Teil Ihres Körpers, der nach Heilung schreit. Erklären Sie unerschrocken: ICH LIEBE DICH. Wagen Sie es, in jede Situation Ihres Lebens, die schwierig zu sein scheint, Liebe zu leiten. Denken Sie an die Situation und bejahen Sie: MÖGE IN DIR JETZT GÖTTLICHE LIEBE LEBENDIG WERDEN!

Wenn Sie zur Genüge ein geistiges Bild oder das befriedigende Gefühl vom Licht der Liebe gewonnen haben, das Ihr ganzes Sein durchflutet, dann können Sie gewiß sein, daß Sie die größte Macht auf Erden erzeugt und zugelassen haben, daß sie in Geist, Körper und Angelegenheiten einfließt. Das Licht der Liebe wird als neue

Energie hervorbrechen, als neuer Seelenfriede, als neue beherrschende Macht, Ruhe, Schönheit, Wohlhabenheit und Harmonie; in der Tat, es wird neues Gutes in jeden Ihrer Lebensabschnitte bringen.

Die Hinwendung zur Liebe bringt praktische Ergebnisse

Die Wissenschaftler von Harvard machten auch die Entdeckung, daß man tatsächlich Leute, Situationen und Gegebenheiten mit Liebe bombardieren kann, wodurch wunderbare Veränderungen hervorgerufen werden. Sie sagten voraus, daß die »Hinwendung zur Liebe« bald ein weltweites Rezept zur Heilung der Übel dieser Welt sein würde.

Es liegt eine praktische Resultate erzielende Macht in der Erzeugung und Anwendung von Liebe. Eine Freundin sprach kürzlich davon, wie sie beobachten könne, daß ihr Teint immer reiner werde, nachdem sie begonnen habe, täglich an ihn in ihrer Meditation zu denken und ihn mit Gedanken an Schönheit und strahlendem Aussehen zu lieben. Sie hat jetzt eine strahlend reine und schöne Haut. Ein Seminarleiter sagte vor einiger Zeit, daß ihn seine Vorlesungen sehr ermüdeten. Dann erinnerte er sich, daß er seinen Körper in der Meditationszeit lieben solle, und sehr schnell reagierte dieser mit neuem Leben, Kraft und Vitalität.

Es ist nicht nur gut, über Liebe zu meditieren, sondern es ist gut, während des Tagesablaufs allen Dingen in Ihrer Welt gegenüber zu bejahen: Möge göttliche Liebe in dir lebendig werden. Bejahen Sie göttliche Liebe für die Kleider, die Sie tragen, den Wagen, den Sie fahren, die unbelebten Gegenstände in Ihrem Heim oder Büro, die Rechnungen, die Sie bezahlen, das Einkommen, das Sie empfangen, sowie für das angestrebte Gute, das noch nicht in Erscheinung getreten ist.

Alles scheint auf Ihre Gedanken der Liebe zu antworten. Es ist empfehlenswert, Fremde, Bekannte und Familienmitglieder, denen Sie tagsüber begegnen, im stillen zu bejahen: Göttliche Liebe möge in dir lebendig werden.

Kürzlich sprach ich mit einer Sekretärin über die Spannungen und Eifersüchteleien in ihrem Büro. Da ihr alles »leicht von der Hand geht«, ließ man sie einen großen Teil der Arbeit verrichten, die normalerweise von zwei anderen Sekretärinnen erledigt werden müßte, wofür diese sehr gelobt wurden und Gehaltserhöhung empfingen. Sie hatte verschiedentlich versucht, mit ihrem Chef über die Ungerechtigkeit ihrer Extraarbeit zu sprechen, aber er hatte sich geweigert, ihr zuzuhören. Recht verzweifelt kam sie zu mir und wußte nicht, ob sie ihre Stellung, die im übrigen angenehm und angemessen war, aufgeben oder versuchen solle, »es durchzustehen«, auch wenn es noch so ungerecht erschien.

Ich schlug vor, daß sie folgende Bejahung anwenden möge: MÖGE GÖTTLICHE LIEBE JETZT IN ERSCHEINUNG TRETEN. Ich wies darauf hin, daß es nicht notwendig sei zu versuchen, andere zu beschwichtigen oder gegen seine Überzeugung zu handeln, um andere zu befriedigen; denn jedes Zeichen von Schwäche und Unsicherheit würde nur zu weiterem Unbefriedigtsein und weiterer schlechter Behandlung führen. Statt dessen sollte sie beginnen, Frieden, Macht, Ruhe, innere Stabilität und Sicherheit hinsichtlich dessen auszustrahlen, was sie tun und nicht tun wolle; und sobald sie das täte, würden ihre Kollegen mit Frieden, Ruhe und innerer Sicherheit reagieren.

Innerhalb einer Woche begann die Lage sich zu wandeln. Ihre Mitarbeiterinnen fingen an, ihre neue Haltung zu respektieren; sie hörten damit auf, ihr Extraarbeit aufzubürden, und begannen, ihre eigene Arbeit zu verrichten. Ihre Haltung ihr gegenüber wurde harmonisch und respektvoll. Der Chef begann, sie freundlicher zu behandeln. Eintracht und guter Wille nahmen allmählich den Platz ein, wo es früher Spannung, Zank und Eifersucht gab.

Ella Wheeler Wilcox hat einmal gesagt, Gott messe die Seelen an ihrer Fähigkeit, seinen besten Engel, die Liebe, zu engagieren. Wahrhaftig, Liebe versagt nie.

Liebe wird siegen

Nachdem in einem Rechtsstreit bestimmte Punkte gegen einen Mann entschieden worden waren, sah sich dieser dem finanziellen Ruin gegenüber, und er beklagte sich, das sei ungerecht und ungesetzmäßig. »Es gibt keine Gerechtigkeit«, klagte er bitter. Dann wandte er sich an einen geistigen Ratgeber, der ihm vorschlug, in dieser Situation die Macht der göttlichen Liebe anzuwenden, indem er für seine eigene richtige Einstellung und gefühlsmäßigen Reaktionen bejahte: Ich lebe durch das Gesetz der Liebe, und Liebe wird siegen! Man riet ihm, jedesmal, wenn er an die gegnerische Partei in diesem Rechtsstreit denken würde, solle er für sie bejahen: Du lebst durch das Gesetz der Liebe, und die Liebe wird siegreich sein!

Nachdem er begonnen hatte, auf diese Weise kontrolliert zu denken, sah er die Angelegenheit schon mit ganz anderen Augen an. Feindseligkeit, Rachegefühl und der Wunsch, mit dem anderen abzurechnen, wichen von ihm. Plötzlich ergab sich eine unerwartete Gelegenheit, seinem Gegner in dem Rechtsstreit einen echten Gefallen zu erweisen. Er tat dies, und sofort hatte er das Gefühl, daß alles besser geworden sei. Bald machte er die Entdeckung, daß sich in dem Maße, wie seine Einstellung sich änderte, auch die Einstellung des Gegners sich wandelte. Jeder gab in bestimmten Punkten nach, und bald darauf wurde der Fall außergerichtlich in fairer und für alle Beteiligten angenehmer Weise beigelegt.

In einer großen Stadt eröffnete eine Frau ein Restaurant und ein Süßwarengeschäft an einem Platz, an dem vor ihr zwei Eigentümer Schiffbruch erlitten hatten. Sie machte aus ihrem Unternehmen einen glänzenden Erfolg. Als man sie danach fragte, wie es möglich sei, daß sie an demselben Ort erfolgreich ist, an dem andere scheiterten, erwiderte sie: »Ich habe einfach all meinen Kunden Liebe entgegengebracht und sie gesegnet. Wenn Kunden mein Lokal verlassen, bitte ich sie nicht nur wiederzukommen, sondern gebe ihnen im stillen einen Segensgruß der Liebe und eine Bejahung für ihr Wohlergehen und Glück mit auf den Weg. Sind keine Kunden

im Laden, dann betrachte ich all die Leute, die auf der Straße vorübergehen, mit Augen der Liebe.«

Die heilende Kraft der Liebe

Man kann ganz bewußt göttliche Liebe erzeugen, wenn man liebevolle Gedanken über sich und andere denkt und göttliche Liebe
bejaht. Außerdem habe ich erfahren, daß es ein wundervolles Erfolgsgeheimnis ist, an andere lobende, freundliche und verständ-
nisvolle Worte zu richten. Freundliche Worte erzeugen Ergebnisse ihrer Art – jene Art Ergebnisse, die neues Leben, Wachstum
und wahres Glück für Sie bedeuten!

Ein Geschäftsmann wurde mit sehr hohem Fieber in das Krankenhaus eingeliefert, da keine Medikamente dieses Fiebers Herr
zu werden schienen. Es hieß, dieser Mann habe ein altes Herzleiden, und man nahm an, daß dieses Leiden wieder aufgebrochen
sei. Ein Freund, der um die heilende Kraft der Liebe wußte, besuchte ihn im Krankenhaus. Er erkannte schnell, daß dieser Mann
wegen irgendwelcher verwirrten Beziehungen in seinem Leben
sich sehr ungeliebt fühlte.

Der Freund faßte sich ein Herz und sagte zu dem Patienten:
GOTT LIEBT DICH. GOTT BEHÜTET DICH. GOTT ZEIGT DIR DEN
WEG. DU WIRST VON GOTT UND MENSCH GELIEBT. Zusammen
meditierten sie darüber, daß die Liebe des Unendlichen in Geist,
Körper und Angelegenheiten dieses Mannes ihr vollkommenes
Werk tue.

Da durchfuhr plötzlich eine intensive Hitzewelle den Körper
des kranken Mannes und verließ ihn wieder. Das hohe Fieber war
verschwunden. Später sagte sein Arzt, das Herz arbeite wieder
vollkommen normal. Heute erfreut er sich der besten Gesundheit,
und der Balsam der Liebe hat inzwischen auch seine zuvor so verwickelten Familienverhältnisse geklärt.

Eine Krankenschwester wurde mit einem Fall betraut, in dem
die Patientin mehrere Monate lang bereits an einer psychisch-gei-
stigen Erkrankung litt. Man hatte sie mit Elektroschocks und Psy-

chopharmaka behandelt, was ihren Zustand aber nicht verbesserte. Schließlich hatte man vorgeschlagen, es einmal mit vollkommener Ruhe zu versuchen. Man hatte die Patientin in ihr Sommerhaus an der Küste gebracht.

Die hierfür engagierte Privatschwester hatte gelernt, Liebe zu anderen zum Ausdruck zu bringen. Sie begann sofort, täglich für ihre Patientin zu meditieren und sie als lieben, freundlichen, gesunden und wieder vollkommen glücklichen Menschen zu bejahen. Wenn sie ihre Patientin an den Strand und ins Wasser begleitete, stellte sie sich vor, daß dieselbe in Gottes heilende Liebe eintauche. Wenn die Patientin im Wasser spielte, pflegte die Schwester sich ein wenig zu entfernen und im stillen die Kranke mit Gedanken der Liebe und ihrer heilenden Kraft zu umgeben.

Häufig fragte die Patientin ihre Schwester auf rührende Weise: »Glauben Sie wirklich, daß ich ganz geheilt werden kann? Gibt es für mich noch eine Hoffnung?« Und immer erwiderte die Schwester, die um die Macht des gesprochenen Wortes der Liebe wußte: »Meine Liebe, Sie sind auf dem Wege der Heilung. Gottes Liebe tut jetzt in Ihrem Geist, Körper und in all Ihren Angelegenheiten ihr vollkommenes Werk, und Sie werden geheilt.« Das versicherte sie ihrer Patientin in dieser Weise immer wieder mehrmals täglich. Nach sechs Wochen konnte die Schwester den Fall abgeben, weil die Patientin auf ganz wunderbare Weise auf die heilende Macht der Liebe angesprochen hatte.

Es ist einfach, Worte der Liebe zu sprechen oder liebevoll über Menschen zu meditieren, zu denen wir in harmonischen Beziehungen stehen. Aber gerade jene Menschen, die so schwierig zu sein scheinen, ja die vielleicht sogar feindselig erscheinen, brauchen die Ausstrahlung Ihrer Liebe am meisten. Gerade ihre Feindseligkeit ist der Schrei ihrer Seele nach liebevoller Anerkennung. Wenn man für sie genügend Liebe aufbringt, wird der Mißklang verschwinden.

Ein Genickschuß – mit Liebe!

Ein Regierungsangestellter erzählte mir, daß er eine besondere Art habe, Liebe auszustrahlen. Es gehört zu seinen Aufgaben, Leute zu empfangen, ihre Klagen und Beschwerden entgegenzunehmen, ihnen zu helfen und dabei seinem Arbeitgeber, dem Staat, gerecht zu werden. Seine Aufgabe ist es, beide Seiten zufriedenzustellen! Das mag jedem anderen unmöglich erscheinen.

Aber dieser Mann hat gelernt, daß »Liebe nie versagt«. Er empfängt sein Publikum mit einem Lächeln, egal was es zu sagen hat. Und während die anderen sprechen, bejaht er die ganze Zeit über im stillen: GÖTTLICHE LIEBE ÜBERNIMMT DIE KONTROLLE, UND ALLES IST IN ORDNUNG. Wenn problembeladene Kundschaft ihn verläßt, sagt er, ist dies der Augenblick, in dem er es ihr »wirklich gibt«. Er bejaht: »Ich gebe dir einen Genickschuß – mit Liebe!«

Zahlt es sich aus, Leuten mit Liebe in den Rücken zu schießen? Dieser Mann behauptet, daß die Einstellung und das Betragen vieler Beschwerdeführer, die zu ihm kommen, sich merklich zu ändern scheinen, sobald er göttliche Liebe bejaht.

Ich kann mich dafür verbürgen, daß dieser Regierungsangestellte erfolgreich sein muß, denn erst kürzlich kam ein Geschäftsmann zu mir und sagte: »Ich möchte wirklich gern Mr. Blacks Erfolgsgeheimnis kennenlernen. Er scheint immer so ruhig und glücklich zu sein, und doch hat er eine der schwierigsten Positionen hier in der Stadt.« Er war entzückt, als ich ihm sagte, daß ich wüßte, das Erfolgsgeheimnis dieses Mannes sei es, anderen Leuten mit Liebe einen Genickschuß zu geben! Als wir uns trennten, glaubte ich aus seiner Miene ablesen zu können, daß er entschlossen war, das gleiche zu tun.

Liebe gibt Schutz

Eine Frau in Kansas City schützte sich vor einem Überfall, indem sie Worte der Liebe sprach. Eines Abends ging sie durch eine dunkle Straße in der Nähe des alten Gebäudes der Unity-Gesellschaft auf der Tracy Avenue, als ein Mann aus dem Schatten auf sie zutrat, ihr einen Revolver vor die Brust hielt und sagte: »Gib mir deine Brieftasche, oder ich knalle dich nieder!« Sie wendete sich ihm zu und sah ihm gerade ins Gesicht. Dann sagte sie: »Du kannst mir nicht weh tun, denn du bist Gottes Kind, und ich liebe dich.« Nachdem er zweimal seine Drohung wiederholt und zweimal die gleiche Antwort erhalten hatte, schüttelte er schließlich den Kopf, murmelte etwas über »dieses verrückte Weib«, ließ die Waffe sinken und floh.

Diese Frau begegnete einer ungewöhnlichen Situation auf eine ungewöhnliche Weise – durch die Bekundung von Liebe.

Erwecken Sie unpersönliche Liebe

Natürlich sollen Sie nun nicht umhergehen und zu allen möglichen Leuten außerhalb Ihrer Familie sagen: »Ich liebe dich!« Die meisten Leute würden glauben, Sie meinen dies persönlich, und das könnte zu Verlegenheiten und Fehlinterpretationen führen. Ich kenne einen Anwalt, der den Fehler machte, zu einigen seiner weiblichen Klienten zu sagen: »Ich liebe dich«, und er versucht heute noch ihren Ehemännern zu erklären, wie er das meinte.

In weniger persönlichen Wendungen können Sie andere Ihres Interesses, Ihrer Wertschätzung versichern. Freundlichkeit und Höflichkeit entsprechen immer dem guten Geschmack; auf solche unpersönliche Weise können Sie Liebe in Form von gutem Willen auf andere ausstrahlen.

Der Leiter der Öffentlichkeitsarbeit einer weltweiten Versicherungsgesellschaft erzählte mir kürzlich, daß er bei seinem Umgang mit Hunderten von Angestellten die Erfahrung gemacht habe, daß sie nichts dringender brauchten als Freundlichkeit. Er glaubt, daß man das Bedürfnis nach Freundlichkeit bei anderen allein schon dadurch befriedigen könne, daß man sich ihnen gegenüber »anständig benimmt«.

Schreiben Sie Bejahungen über Liebe auf

Im Verein mit Meditationen über Liebe, der Bejahung von Liebe, dem Sprechen von Worten der Liebe ist es gut, Bejahungen über Liebe schriftlich zu fixieren, damit Liebe verwirklicht werde.

Da hörte zum Beispiel einmal eine Dame, daß eine frühere Freundin hinter ihrem Rücken böse über sie klatschen solle. Die Anklage war schwer und unverantwortlich. Eine Reihe von Leuten wurde angerufen oder aufgesucht in dem Bemühen, dieser Dame die Stellung zu entziehen. Als die Betroffene von diesen negativen Umtrieben hörte, begann sie zu bejahen, daß in dieser Lage göttliche Liebe am Werke sei. Bald darauf sagte eine Freundin, die weitere kritische Nachrede erfahren hatte, zu ihr: »Dies muß ein Ende haben. Du mußt endlich handeln!« Die Dame setzte sich einen ganzen Nachmittag lang still hin und schrieb wieder und wieder: GÖTTLICHE LIEBE WIRKT IN DIESER SITUATION JETZT AUF VOLLKOMMENE WEISE, UND ALLES IST GUT. Das war ihr ganzes Handeln.

Schon nach wenigen Tagen erhielt sie von der Frau, die sie so schwer verleumdet hatte, ein Geschenk mit einem Brief, in dem sie ihrer Bewunderung und Liebe für sie Ausdruck gab. – Göttliche Liebe hatte die Tide gewendet.

Das bewußte Ausstrahlen göttlicher Liebe hilft besonders bei den »kleinen Dingen des Lebens«, die manchmal recht verwirrend sein können. Eine Reihe kleiner Dinge, kleiner Ereignisse, kleiner Veränderungen formt oft unseren Tag und unsere Welt. Wenn wir sie meistern, nähern wir uns der Meisterschaft in unserem Leben.

Der persönliche Ausdruck der Liebe ist wichtig

Wir haben eine Reihe Methoden erwähnt, wie man Liebe in den unpersönlichen Lebensphasen erzeugt und ausstrahlt, aber wir wollen nicht die Tatsache übersehen, daß in jeder Familie die persönlichen Aspekte der Liebe regelmäßig zum Ausdruck gebracht werden müssen. Psychologen erzählen uns, daß es für einen jeden eine Notwendigkeit ist, sich geliebt zu fühlen, anerkannt und benötigt zu sein. Das ist ein Grundbedürfnis aller Menschen. Häufig liegt die Ursache für eine kritische Situation im Heim und in der Familie darin, daß zu wenig Liebe auf persönlicher Basis zum Ausdruck gebracht wird.

So fragte ich zum Beispiel kürzlich eine Frau, die Eheschwierigkeiten hat: »Wann haben Sie Ihrem Mann zum letztenmal gerade in die Augen gesehen und zu ihm aufrichtig gesagt: ›Ich liebe dich und halte dich für wundervoll‹?« Erschreckt erwiderte sie: »Sie meinen, ich müßte solche Dinge sagen, um meine Ehe zu retten?« Ich hörte mich antworten: »Nun, haben Sie Ihrem Mann denn nicht auf diese Weise die erste Stelle eingeräumt?«

Ehefrauen sollten ihren Männern das Gefühl geben, daß sie wichtig sind und gebraucht werden. Ich habe in meinen Beratungsstunden Männer vor mir sitzen gehabt, die »etwas mit anderen Frauen« hatten. Auf meine Frage: »Warum blicken Sie nach einer anderen Frau, wo Sie doch ein schönes Weib und ein herrliches Zuhause haben?« lautete die Antwort gewöhnlich: »Die andere gibt mir das Gefühl, daß ich wichtig bin und ihr etwas bedeute, welches mir meine Frau nicht vermittelt.«

Sex – ein bedeutender Ausdruck der Liebe

Die sexuelle Beziehung in der Ehe ist ebenfalls eine wichtige Ausdrucksform der Liebe. Recht verstanden, ist Sex sogar ein vitaler Teil des heiligen Sakraments der Ehe. In seiner vollen Bedeutung ist Sex unvergleichlich herrlich. Die sexuelle Begegnung in der Ehe kann das Band der Liebe wesentlich festigen.

Liebe Kindern gegenüber

Kinder haben es genauso nötig wie Erwachsene, sich geschätzt und erwünscht zu fühlen. Vor kurzem machte eine Wissenschaftlerin ein interessantes Experiment mit 12- und 13jährigen Schülern. Sie gab 190 Jungen und Mädchen Papierstreifen, auf die sie anonym ihre größten Lebensprobleme schreiben sollten. Sie las mir später einen großen Teil der Antworten vor.

Ein 12jähriger Junge schrieb:
»Mein Bruder ist ein Teenager, und all seine Freund sind Teenager, die beständig auf mir herumhacken. Mein Problem ist, daß ich allen Teenagern gegenüber allergisch bin. Wie kann ich das ändern?«

Ein anderer Schüler schrieb:
»Meine Mutter und mein Vater geben mir alles, was ich mir in bezug auf Anziehsachen, Geld und Geschenke wünsche. Aber sie haben nie Zeit, sich mal zu mir zu setzen und mit mir zu sprechen. Meine Freunde sagen, ich hätte viel Glück, so großzügige Eltern zu haben. Ich aber würde lieber mehr von ihrer Zeit und weniger von ihrem Geld haben.«

Wenn man mit Eltern über ihr sogenanntes »Problemkind« spricht, entdeckt man schnell, daß häufig die Einstellung der Eltern zum Kind das Problem ist. Zur Herstellung einer glücklichen Beziehung bedarf es häufig nur einer Veränderung der Haltung eines oder beider Elternteile dem Kind gegenüber. In einer kürzlichen Unterhaltung mit mir zeigte sich ein sehr erfolgreicher Geschäftsmann recht besorgt über seinen nicht anpassungswilligen Teenager-Sohn. Dieser Mann hatte zwei Söhne, von denen einer all das geworden war, was sein Vater als liebevollen, gehorsamen Jungen sich gewünscht hatte. Der andere Sohn weigerte sich einfach, nach seines Vaters Vorstellung zu dem Menschentyp geformt zu werden, den er sich wünschte.

Dieser jüngere Sohn besaß hohe schöpferische Talente und interessierte sich für die Welt der Kunst, Musik und Schriftstellerei. Der Vater jedoch verurteilte diese künstlerischen Neigungen in seinem Sohn, anstatt anzuerkennen, daß sie ihm von Gott gegeben wurden. Als der Vater schließlich begriff, daß bei seinem Sohn nichts »schief« lief, daß er nur ein anderer Typ und nicht vergleichbar war mit dem älteren Sohn oder einem anderen Familienmitglied, schien er erleichtert zu sein und stimmte zu, daß er die künstlerischen Fähigkeiten seines Sohnes loben wolle. Später ermunterte er den jüngeren Sohn, die Kunstkurse zu belegen, die er immer angestrebt hatte.

Die liebevollste Art, wie Sie etwas für Kinder – Ihre eigenen oder andere, die Schwierigkeiten zu haben scheinen – tun können, ist die, oft für sie zu bejahen: ICH SEHE DICH MIT DEN AUGEN DER LIEBE, UND ICH SEHE DICH VERHERRLICHT IN DER DIR VON GOTT GEGEBENEN VOLLKOMMENHEIT. DU BIST GOTTES KIND, UND ER LIEBT DICH.

Eine weitere gute Bejahung ist: GÖTTLICHE LIEBE, VERWIRKLICHE DICH JETZT IN, DURCH UND FÜR DIESES KIND.

Kinder gedeihen durch Ermutigung

Genau wie die Erwachsenen gedeihen Kinder besonders durch aufrichtiges Lob, Anerkennung und Ermutigung; das ist ein Tonikum für sie. Ich weiß zum Beispiel von einem kleinen Jungen, der in der Schule überhaupt nicht mitkam. Seine Mutter ärgerte sich darüber und traf eine Verabredung mit einem Psychiater, die Zusammenkunft wurde für einige Wochen später vereinbart. Rein zufällig erwähnte sie ihren Sohn mir gegenüber, und ich wies auf seine Feinfühligkeit und künstlerische Veranlagung hin. Ich erklärte ihr, daß seine Andersartigkeit, die sie so sehr beunruhige, sein potentielles Erfolgsvermögen sei. Ich riet ihr dringend, in ihrem von beruflichen Belangen überfüllten Terminkalender Zeit zu schaffen, daß sie sich täglich zu ihm setzen und mit ihm über alles sprechen könne, was ihn bewege; ganz besonders solle sie jede kleinste Verbesserung und jeden guten Willen seinerseits loben.

Sie begann sofort damit, ihn täglich und aufrichtig zu loben, und sofort reagierte er mit entsprechenden schulischen Leistungen darauf. Seine Musikalität blühte auf. Bald wurde er als einer von sechs Kindern seiner Jahrgangsstufe aus der ganzen Stadt für ein besonderes Orchesterkonzert ausgewählt. Der vornotierte Termin beim Psychiater wurde abbestellt.

Strafen Sie mit Liebe

Damit will ich nicht sagen, daß Sie schlechtes Betragen der Kinder nicht korrigieren oder auf Disziplinierung verzichten sollten. Die Urbedeutung des Wortes Disziplin ist »vollkommene Ordnung«. Ihre Methoden der Korrektur und Erziehung sollten zur Vervollkommnung, nicht aber zu Rebellion, Widerstand und weiterem negativen Verhalten führen. Ich habe die Erfahrung gemacht, daß man bezüglich eines jeden Kindes besser um göttliche Führung betet, als sich um Rat an andere Leute zu wenden oder sich mit zuviel theoretischer Weisheit über dieses Gebiet zu beladen.

Lange Zeit waren Eltern der Meinung, daß sie persönlich die Aufgabe hätten, durch Herantragen von Kenntnissen von außen her die Kinder auf das Leben vorzubereiten, wodurch, wie sie glaubten, die Kinder besser für das Erwachsenenleben ausgerüstet würden. Wenn Sie versuchen, allein von diesem Standpunkt aus Kinder aufzuziehen, so kann sich dies für alle Beteiligten als sehr schwierig und enttäuschend erweisen.

Intellektuelle Erziehung hat ihren Stellenwert, aber sie ist nur ein Teil der wahren Erziehung und Entwicklung eines Kindes. Das Wort »erziehen« bedeutet tatsächlich das »Herausziehen« von etwas, das inwendig eingeboren ist. Dr. Emilie Cady schrieb: »Gott liegt als unendliche Liebe in jedem menschlichen Wesen und wartet nur darauf, zur sichtbaren Erscheinung gemacht zu werden. Dies ist wahre Erziehung.«

Eine andere Art, Kinder zu lieben, ist, sie zu lehren, daß es nie die Absicht ihres Schöpfers war, daß sie erfolglos sein oder Mangel leiden müssen. Ich kenne eine Familie, in der die Kinder sich in wirklichem Selbstvertrauen entfalten, weil ihre Eltern ihnen immer wieder sagen, daß sie erfolgreich sein können und Mißerfolge nicht nötig sind. Diese Kinder sprechen zur Bettgehzeit gemeinsam ihr Nachtgebet. Neben den gewöhnlichen Kindergebeten sprechen die Eltern mit ihren Kindern Wohlstandsbejahungen. Die Kinder nehmen somit den Gedanken an Glück und Wohlbefinden als ihr natürliches Recht von Anfang an in ihre Vorstellungswelt auf. Jedes Geschenk, das sie erhalten, kommt als »göttlicher Reichtum« zu ihnen; genauso betrachten sie ihre Kleidung. Wen nimmt es da wunder, daß diese Kinder ständig Geschenke und reichliche Versorgung anziehen?

Beginnen Sie dort, wo Sie sind, Liebe zum Ausdruck zu bringen
Erinnern Sie sich bitte, daß Liebe sowohl auf der persönlichen als auch unpersönlichen Lebensebene wirkt. Wenn es in Ihrem persönlichen Leben an Liebe zu mangeln scheint, können Sie sicher sein, daß Sie auch in dieser Beziehung Liebe erfahren werden, wenn Sie beharrlich unpersönliche Liebe durch den guten Willen und Dienst am Nächsten ausstrahlen. Sollte es im unpersönlichen Bereich Ihres Lebens an Liebe mangeln, so dürfen Sie versichert sein, Verständnis, Glück und Erfolg erleben zu dürfen, wenn Sie beharrlich in Ihrem persönlichen Leben und in all Ihren mitmenschlichen Beziehungen die Liebe des Unendlichen zum Ausdruck bringen.

Beginnen Sie dort, wo Sie sind, und lassen Sie jetzt Liebe in Ihrem Leben regieren. Segnen Sie sie, und danken Sie dafür, sei es im persönlichen Teil Ihres Lebens in Form von glücklichen Familienbeziehungen oder im unpersönlichen Teil als beruflicher Erfolg. Wenn Sie für jeden kleinen und größeren Ausdruck der Liebe in Ihrem Leben danken, geben Sie deren Multiplikationskraft frei, die jede Lücke auszufüllen vermag.

Charles Fillmore hat die Macht der Liebe wie folgt beschrieben:
»Du mußt darauf vertrauen, daß die Liebe dich aus deinen Schwierigkeiten herausführt. Nichts ist für sie zu schwer, um es für dich zu erledigen, wenn du im Vertrauen daran festhältst.«

Seriöse Wissenschaftler haben ein spezielles Studium der Liebe absolviert. Jesus Christus, der Meister des sieghaften Lebens, räumte ihr den ersten Stellenwert an Bedeutung ein. Einer der frühen Begründer der Christenheit, der Apostel Paulus, schrieb ihr Allmacht zu.

Geben Sie sich jetzt das Versprechen, daß auch Sie beginnen

wollen, ganz bewußt göttliche Liebe zu sich selbst, zu Ihrer Familie und für die ganze Menschheit zu erzeugen. Wenn Sie das tun, werden Ihre Probleme sich in Lösungen verwandeln, und Ihr Glück wird sich vermehren. Sie können das erreichen, wenn Sie häufig bejahen: GÖTTLICHE LIEBE SIEHT ALLES VORHER UND BESCHAFFT JETZT ALLES REICHLICH. DIE VOLLKOMMENEN ERGEBNISSE DER GÖTTLICHEN LIEBE TRETEN JETZT IN ERSCHEINUNG.

12. Kapitel

Meditation und wissenschaftliches Gebet

In unseren modernen Zeiten hören wir viel über die Macht des wissenschaftlichen Gebets. Meditation und Gebet werden häufig die mächtigste Kraft der Welt genannt. Da hört man Sätze wie: »Beten verändert die Dinge« oder: »Die Familie, die zusammen betet, bleibt zusammen«. Auf Briefen, die Sie erhalten, finden Sie vielleicht Stempelaufdrucke: »Betet für den Frieden« oder: »Geistiges Handeln ist konstruktiv – die Vereinten Nationen brauchen Ihre Gebete«. Überall wird die Macht solch geistigen Handelns beschrieben, besprochen und angewandt wie nie zuvor. Irgend jemand hat diese Macht kurz und bündig so beschrieben: »Das Gebet ist zutiefst einfach und einfach tiefgründig.«

Kürzlich sprach der Vizepräsident einer großen Immobilienfirma mit mir ausführlich über die Macht des Gebets. Er sagte: »Diese Welt ist geistiger als viele Leute wahrhaben wollen. Die Leute tragen oft eine Maske, sie wagen es nicht, über ihren Glauben an das Gebet oder über eigene Erfahrungen von Gebetserhörungen zu sprechen.« Dann berichtete er, wie ihn, als er kürzlich krank gewesen war, seine angeblich »hartgesottenen Geschäftsfreunde« still im Krankenhaus und später zu Hause besucht hätten, um mit ihm über die Macht des Gebets zur Wiederherstellung seiner Gesundheit zu sprechen. Selbst nachdem er wieder an seine Arbeit zurückgekehrt sei, hätten verschiedene seiner Geschäftsfreunde die ganze Mittagszeit bei ihm verbracht, um ihm zahlreiche eigene Lebenserfahrungen mit Gebetserhörungen zu berichten.

Beten ist etwas Natürliches

Man hat gesagt, das Gebet sei des Menschen fortwährendes Bemühen, den Unendlichen kennenzulernen. Ganz im Gegensatz zu dem, was die meisten Menschen denken, ist die Hinwendung zum Weltengeist etwas Natürliches und keineswegs eine seltsame, mystische Angelegenheit. Immer haben Menschen Meditation, Kontemplation und Gebet gepflogen und werden es immer tun. Mit seinem ursprünglichen Verständnis betete der Primitive Sonne und Sterne, Feuer und Wasser, Tiere und Pflanzen, Götzenbilder und mythische Gegenstände an, doch auf jeden Fall pflegte er geistige Einkehr und Hinwendung.

Später, als sich der Intellekt des Menschen entwickelte, machte er auch in seiner Vorstellungswelt Fortschritte und begriff den unendlichen Schöpfer als eine göttliche Person mit durchaus menschlichen Gefühlen und Vorstellungen. Die frühen Hebräer wandten sich an diese Art Gott, einen Gott mit menschlichen Zügen, einen Gott, dessen Zorn sie glaubten mit Opfergaben besänftigen zu müssen und den sie um Gnade anflehten. Aufgrund ihres unentwickelten geistigen Verständnisses meinten die frühen Hebräer, daß Gott auf sie wie auf »im Staub kriechende Würmer« herabblicken würde. Es gibt heute noch Leute, die zu dieser Art Gott beten, nicht weil der Unendliche dieses Wesen hat, sondern aufgrund ihres begrenzten Verständnisses von der wahren Natur des Schöpfers.

Alle Menschen aller Zeitalter haben in der einen oder anderen Weise gebetet. Zu guter Letzt gelangt die Menschheit jetzt aus der primitiven oder rein intellektuellen Gottesschau zum wahren geistigen Verständnis. Unsere Gebetsmethoden wandeln sich, erweitern, verbessern sich. Endlich erkennt die Menschheit, daß ihr Schöpfer kein feindliches Wesen mit einer gespaltenen Persönlichkeit von Gut und Böse ist, sondern daß Gott ein Gott der Liebe ist, das unwandelbare Prinzip des höchsten Guten, welches das geordnete Weltall durchdringt. Es ist einfach, sich an diese Art Weltengeist zu wenden!

Erfolgreiches Beten

Wenn auch in diesem Buch die verschiedensten Gesetze für Glück und Wohlstand erörtert werden, kann doch die Macht des Gebets für einen dauerhaften und befriedigenden Reichtum nicht genug betont werden. Wer täglich Hinwendung und Einkehr übt, darf gewiß sein, daß er Erfolg haben wird, denn er stimmt sich auf die reichste, erfolgreichste Kraft der Welt ein. Jesus versprach: »Alle Dinge, um die ihr bitten werdet, glaubet nur, daß ihr sie empfangen habt.«

Dieses Versprechen zeigt deutlich, daß es nicht falsch ist, um Dinge zu beten. Viele Leute haben diese geistige Macht nicht angewandt, weil sie der irrigen Ansicht sind, daß man nicht um Dinge bitten darf. Jesus meinte nicht, daß das Bitten um Dinge die einzige Form oder gar die höchste Form des Gebets sei, als er diesen Ausspruch tat. Aber er wußte, daß man, wenn man zunächst um Dinge bittet, die Macht des Gebets kennenlernen wird und daß man dann den Wunsch haben wird, weiterzugehen und die Macht des Gebets tiefer zu entfalten.

Man erzählt sich die Geschichte einer Frau, die ganz entschieden die Bitte nach einem Ehemann in ihre Meditation aufnahm und diesen innerhalb von sechs Wochen fand. Danach betete sie sechs Jahre lang, um ihn wieder loszuwerden! Diese Frau hatte nicht erkannt, daß man, wenn man um etwas Konkretes betet, die Bedingung der »göttlichen Auswahl« mit aufnehmen sollte, die immer die richtige, höchste Antwort auf unsere ganz persönlichen Bedürfnisse darstellt.

Es ist richtig und gerecht, durch bejahendes Gebet um konkrete Sachen zu bitten, wenn wir ihrer bedürfen, denn wir leben in einer reichen Welt, die sich danach sehnt, unsere Nöte zu sättigen. Unter den biblischen Gestalten, die für bestimmte Dinge beteten, sind Abraham, Asa, Daniel, David, Elias, Ezekiel, Habakuk, Hannah, Jehoshaphat, Jeremia, Jona, Josua, Moses, Nehemia, Samson und Salomo. Jesus betete bei verschiedenen Gelegenheiten um konkrete Dinge.

Tennyson drückte die Macht des Betens um Dinge in seiner Weise poetisch aus: »Mehr Dinge wurden durch Gebet erschaffen als diese Welt sich träumt!«

Emmet Fox hat einmal die Macht des Gebets für Dinge beschrieben:

»Das Gebet verändert die Dinge. Gebet bewirkt, daß Dinge ganz anders geschehen, als sie ohne das Gebet geschehen wären. Es macht gar keinen Unterschied, in welcher Schwierigkeit Sie sich befinden mögen. Es ist unwichtig, welches die Ursachen waren, die dazu führten. Beharrliches Gebet wird Sie aus Ihrer Schwierigkeit herausführen, Sie müssen nur in Ihrer Hinwendung an den Unendlichen beharrlich genug sein.«

Vielleicht haben Sie die abgedroschene Phrase schon gehört: »Bete darüber, und alles wird in Ordnung sein.« Ich aber möchte Ihnen einige grundlegende Regeln für wissenschaftliches Gebet geben, damit alles in Ordnung kommt:

1. Allgemeines Gebet

Als erstes gibt es das allgemeine Gebet. Es ist die Hinwendung zu Gott als dem liebenden, verständnisvollen Vater, in unserer eigenen persönlichen Weise. Man kann dies kniend tun oder in irgendeiner bequemen Haltung. Man kann sein Anliegen laut aussprechen oder schweigend Gemeinschaft mit dem Unendlichen halten. Vielleicht haben Sie ein Gebetbuch vor sich oder durchblättern dabei die Bibel, wobei Sie bei Lieblingszitaten verweilen oder bestimmte Bibelzitate auswendig lernen, um damit Ihre Schwierigkeiten zu bekämpfen.

Besondere Gebetsmethoden

Ein guter Weg, um die Hinwendung zum Unendlichen zu lernen, ist es, mit dem Vaterunser anzufangen und jede einzelne Zeile im stillen und verbal zu überdenken. Die Altvorderen glaubten, daß das Gebet des Herrn allmächtig sei; häufig sprachen sie es zwölf- bis fünfzehnmal immer wieder, ohne eine Pause zu machen. An der

Grotte von Lourdes wurde den Heilungssuchenden gesagt, daß sie das Vaterunser fünfzehnmal beten sollten, während sie in das Wasser gingen. Man schrieb der Zahl fünfzehn die Macht zu, Anfälligkeiten und Unglück abwenden zu können.

Ich weiß aus eigener Erfahrung, daß man durch ständiges Wiederholen des Vaterunsers, sei es schweigend oder laut, eine tiefe geistige Kraft berührt und zum Leben erweckt.

Ein weiterer effektiver Weg, um durch innere Einstimmung die geistigen Kräfte zu berühren, ist der, den Namen »Jehova« aus dem Alten Testament oder »Jesus Christus« aus dem Neuen Testament schweigend oder verbal immer wieder anzurufen. Eine Hausfrau erzählte mir einmal, daß ihr Mann in seinem Berufsleben endlich erfolgreich wurde, nachdem er zuvor verschiedene Rückschläge erlitten hatte, als sie begann, täglich den Namen »Jehova« anzurufen und bei ihm zu verweilen. Damit schien eine geistige Kraft in Gang gebracht worden zu sein, die die richtigen Ideen, Handlungen und Ergebnisse freisetzte.

Was aber die Macht anbetrifft, die durch das Anrufen des Namens »Jesus Christus« erzeugt wird, so schrieb Charles Fillmore dazu folgendes:

Jesus Christus lebt noch im geistigen Äther dieser Welt und ist in ständiger Verbindung mit jenen, die ihre Gedanken zu ihm erheben... Durch das Sprechen des Namens Jesus Christus wird die mächtigste Schwingung hervorgerufen. Dies ist der Name, der über allen Gesetzen und aller Autorität steht, der Name über allen Namen, der in sich alle Macht im Himmel und auf Erden beinhaltet. Es ist der Name, der die Macht hat, die Substanz des Weltalls zu formen... und sobald er ausgesprochen ist, setzt er Kräfte in Bewegung, die Ergebnisse bringen, wie Jesus versprochen hat, als er sagte: »Was ihr den Vater in meinem Namen bitten werdet, wird er euch geben.« »Wenn ihr etwas in meinem Namen erbitten werdet, will ich das tun.«

Eine andere Form des allgemeinen Gebets durch Anrufung des Namens, der Gegenwart und Macht Jesu Christi ist die, sich gedanklich vorzustellen, wie Jesus Christus die Sorge für alles übernimmt, für jegliche Situation oder Person, die uns Schwierigkeiten bereiten mögen. So schrieb mir zum Beispiel einmal eine Frau und beschrieb dabei diese Art der geistigen Einstimmung:

»Seit zwanzig Jahren habe ich einen Mann zum Gemahl, den ich allmählich hassen gelernt hatte. Ich bin noch mit demselben Mann verheiratet, einem Mann, der täglich kameradschaftlicher und liebenswerter wird. So sehr ich mich auch darum bemüht hatte, konnte ich doch den ersten Mann nicht lieben. Er schien geistig tot zu sein, war sehr selbstsüchtig, roh, hart, sorg- und lieblos. Es schien ein hoffnungsloser Fall zu sein, und wie sehnte ich mich nach Freiheit. Ich hatte kleine Kinder, um die ich mich kümmern mußte, und konnte daher für deren Erhaltung nicht arbeiten gehen, und so mußte ich natürlich bei meinem Mann bleiben. Da begann ich, an die Gegenwart und Macht Jesu Christi zu denken und beschloß, mir meditativ vorzustellen, wie Jesus Christus in dieser Situation wirksam werde. Täglich stellte ich mir nunmehr vor, wie Jesus Christus mit meinem Mann zur Arbeit ging. Ich sah Christus in und durch ihn wirken, sah ihn mit ihm arbeiten und mit ihm das Mittagsbrot teilen. Vor meinem geistigen Auge sah ich, wie mein Mann zusammen mit Christus heim zu seinem Weib und den Kindern kam, zu einem gut zubereiteten Abendessen, zufrieden und guter Laune.

Nun, das Ergebnis ist, daß ich, obgleich ich immer noch mit demselben Mann verheiratet bin, doch einen ganz anderen Mann habe, einen, der freundlich, aufmerksam, fröhlich und liebevoll ist. In diesem Augenblick sitzt er auf der hinteren Veranda und flötet fröhlich ein Lied, während er für die morgige Arbeit seine Lederjacke flickt. Dadurch, daß ich Jesus Christus in die Situation eingebracht habe, fand ich die Gemeinschaft, nach der es mich immer verlangt hatte. Ich liebe meinen Mann jetzt aufrichtig. Ich hatte das Bedürfnis, dieses anderen Frauen zu erzählen, die beständig mit ihren Männern zanken und sie verurteilen, und rate ihnen, mein Rezept zu versuchen.«

Zuweilen wird das allgemeine Gebet Ihnen helfen können, und bei anderer Gelegenheit wird eine andere Art der Hinwendung zum Numinosen Ihre Not besiegen. In dieser Zeit, da wir eine Menge über das bejahende Gebet, das häufig auch das »wissenschaftliche Gebet« genannt wird, sowie über Meditation und schweigende Hinwendung hören, ist es gut, sich daran zu erinnern, daß das altmodische ernste Gebet, ganz allgemein angewandt, nicht aus dem Rennen gekommen ist und nach wie vor große geistige Kraft enthält.

Gebet heilt

Einmal war ich Zeuge des Berichts eines Mannes, wie das allgemeine Gebet einen Notstand in seiner Familie behoben hatte. Sein kleiner Sohn hatte viele Wochen lang an einem schweren Husten gelitten. Medizinische Betreuung war wirkungslos, der Husten blieb. Verzweifelt nahm dieser Mann eines Nachts seinen nur mit einem Pyjama bekleideten Sohn in die Arme und setzte sich mit ihm in der Halle seines Hauses in den nächsten Stuhl. Dann drückte er mit kurzen, einfachen Worten seinen Dank dafür aus, daß sein Sohn jetzt vom Husten und der Infektion geheilt sei. Vielleicht war es ein ähnliches Gebet wie das, mit welchem Jesus Lazarus wieder ins Leben rief: »Vater, ich danke dir, daß du mich erhört hast, und ich weiß, daß du mich immer hörst.« Auf jeden Fall hustete das Kind danach nur noch zweimal und genas vollkommen. Das ist die Macht des Gebets!

Überwundene Bitterkeit

Kürzlich schrieb mir eine Hausfrau über einige ihrer Erfahrungen mit dem allgemeinen Gebet. Sie und ihr Mann wünschten sich sehnlichst ein Kind. Drei Jahre lang bejahten sie täglich, daß Gottes Wille in dieser Hinsicht geschehen möge. Dann wurde ihre Bitte erfüllt, und sie haben heute ein reizendes kleines Mädchen.

In einem anderen Fall war eine Frau lange Zeit ihrem Vater völlig entfremdet gewesen, der sich von ihrer Mutter hatte scheiden lassen, als sie noch sehr klein gewesen war. Nachdem sie jahrelang nichts von ihm gehört hatte, erreichte sie ein Brief, in dem er sagte, daß er sie gern besuchen möchte. Zuerst stieg in dieser Frau die alte Bitterkeit vergangener Tage hoch, als sie daran dachte, daß sie ihren Vater wiedersehen würde. Dann kniete sie neben ihrem Bett nieder und betete, daß Gottes Wille in der Angelegenheit geschehen möge. Ein Gefühl des Friedens und der Ruhe überkam sie, und sie fühlte sich getrieben, ihm zu schreiben, er möge kommen. Als er eintraf, war sie überrascht, welche geistigen Beziehungen zwischen ihm und ihr sowie ihrem Mann und Kind zu bestehen schienen. Sie sagte: »Er war der beste Hausgast, den ich je beherbergte.« Während seines zehntägigen Aufenthaltes lachten sie zusammen, hatten Anteil an vielen gemeinsamen Unternehmungen und fühlten sich glücklich. Sechs Monate später erfuhr sie, daß er in einer weit entlegenen Stadt verstorben war, und sie war nun sehr dankbar dafür, daß sie damals um Führung gebeten und sich seines letzten glücklichen Besuchs erfreut hatte.

Beten für eine Ehe

Eine Sparkassenangestellte bemerkte vor einiger Zeit, daß sie allmählich daran denken müsse, sich zu verheiraten. Sie war ein attraktives Mädchen, das viele Freunde hatte und sich auf vielen Gebieten betätigte, aber sie war eben noch nie dem »Richtigen« begegnet. Der Portier der Sparkasse hörte ihre Bemerkung und sagte zu ihr, es sei gewiß möglich, daß sie dem Richtigen begegnen und sich glücklich verheiraten könne. Er gab ihr den Rat, die Angelegenheit meditativ zu behandeln. Sie entgegnete, sie habe schon häufig ohne Erfolg gebetet. Zögernd willigte sie ein, es noch einmal zu versuchen, wenn er sie täglich meditativ begleiten würde, was er auch tat.

Einige Monate später lief sie frühmorgens aufgeregt in die Bank, einen schönen Diamantring am Finger, und verkündete ihren Kolleginnen und Kollegen, daß sie in Kürze heiraten würde. Sie hatte ihren Zukünftigen beim Golfspielen kennengelernt, und es war

»Liebe auf den ersten Blick« gewesen. Seitdem betonte sie, daß ihre glückliche Ehe das Ergebnis ihres Gebets sei.

Bitte um Arbeit

Ein Musiker war arbeitslos. Das Orchester, in dem er beschäftigt gewesen war, sollte in Florida spielen. Als sie dort eintrafen, konnte das geplante Konzert nicht stattfinden. Dieser Musiker zog sich zum Zwiegespräch mit seinem Schöpfer zurück und bejahte, daß Sein Wille in der Angelegenheit geschehen möge. Eines Tages traf er sich mit den anderen Mitgliedern des Orchesters in der Hoffnung, daß sich etwas Neues ergeben würde, als sie ein Anruf ihres Agenten aus New York erreichte, der ihnen mitteilte, daß er einen Auftrag für sie in Texas habe. Niemand in der Gruppe wußte, daß dieser Musiker an die Macht des Betens glaubte und sie praktizierte. Er aber hatte das bestimmte Gefühl, daß hier geistige Führung im Spiel war, als sie nach Texas fuhren, wo sie ein lange währendes, erfolgreiches Engagement erwarteten.

Bitte um Schutz

Eine Frau lebte in ihrem Farmhaus in einem großen Waldgebiet. Während sich ihr Mann auf einer Geschäftsreise befand, entstand ein großer Waldbrand, der rund um ihren Besitz wütete. Vom Feuer eingeschlossen, war es ihr nicht möglich, fortzugehen und ihren Mann zu benachrichtigen, der zwischen zwei Orten reiste und zeitweise nicht zu erreichen war. Da betete sie: »Vater, es liegt bei dir, mich, unser Haus und unseren Besitz zu retten. Ich kann nichts tun.« Dann ließ sie alle Sorge fallen, ging zur Nachtzeit zu Bett und schlief bald ein. Am nächsten Morgen erwachte sie früh und sah nur noch wenige Baumstümpfe hier und dort brennen. Dann inspizierte sie die Gegend und wurde gewahr, daß das Feuer bis an die Grenzen ihres Gutes herangekommen und dann verlöscht war! Es schien ein Wunder geschehen zu sein. Als später am Tag ein Waldarbeiter bei ihr eintraf, sagte er: »Es gibt dafür nur eine Erklärung. Sie müssen gebetet haben.«

Gebet ist dynamisch

Nun denken Sie vielleicht genauso wie einst mein Sohn. Ein Freund traf ihn auf der Straße und fragte nach mir. Er erwiderte, mir ginge es gut, mit einer Ausnahme: »Etwas ist mit meiner Mutter nicht in Ordnung.« Alarmiert fragte der Freund, was mir fehle. Die nachdrückliche Antwort lautete: »Sie betet zu viel.« Der Freund fragte nun: »Geschieht irgend etwas, wenn deine Mutter betet?« Worauf mein Sohn antwortete: »O ja, *etwas* geschieht immer, wenn Mutter betet.«

Wenn Sie das Gefühl haben, daß Ihre Gebetserfahrung vielleicht nicht befriedigend oder machtvoll genug und daß nichts Besonderes als Ergebnis Ihrer Hinwendung geschehen wäre, dann sollten Sie vielleicht ganz besondere Formen der Anrufung wählen außer dem allgemeinen Gebet.

2. Das Gebet der Verneinung

Die zweite Gebetsart ist wenig bekannt und wird kaum verstanden. Es handelt sich um das Gebet der Verneinung.

Viele Leute zucken vor dem Wort »Verneinung« zusammen, weil sie meinen, seine einzige Bedeutung sei »etwas wegnehmen oder zurückhalten«. Aber das Wort »verneinen« bedeutet auch »auflösen; etwas auslöschen, um davon frei zu sein; sich weigern, etwas für wahr oder richtig zu akzeptieren, was angeblich wahr sein soll«. Gebete der Verneinung dienen dem letzteren Zweck – sich zu weigern, etwas als notwendig, wahr, dauerhaft oder richtig zu akzeptieren, was nicht befriedigend oder gut ist.

Gebete der Verneinung sind »Nein«-Aussagen. Sie helfen uns, Dinge so, wie sie sind, zurückzuweisen und unsere negativen Gedanken darüber aufzulösen, wodurch der Weg für etwas Besseres bereitet wird. Verneinungen helfen uns, alles, was geringer als das Beste in unserem Leben ist, auszuradieren und uns davon zu befreien. Verneinungen geschehen in einer Haltung, in der man denkt: »Ich will diese Erfahrung nicht annehmen oder für notwendig, dauerhaft oder richtig halten. Ich weigere mich, die Dinge so, wie sie sind, zu akzeptieren. Ich bin ein Kind des Allerhöchsten und will nichts anderes als sein vollkommenes Gutes für mich annehmen.«

Die Menschheit bedarf sehr der Verneinung oder »Nein«-Gebete. So viele Leute führen ein Zwergendasein der Angst, des Kompromisses und der Unzufriedenheit, während sie doch ein Leben von gigantischem Guten genießen könnten, wenn sie nur wüßten, wie man »nein« zu allem sagt, was geringer als das Beste in ihren Lebenserfahrungen ist.

Es ist gut, Gedanken darüber, was man nicht möchte, andere Gedanken folgen zu lassen, die besagen, was man gern möchte. Nachdem man entschieden gesagt hat: »Nein, das will ich nicht akzeptieren«, sollte man hinzufügen: »Ja, ich will jenes oder etwas Besseres annehmen.«

Jesus sprach über unser Vermögen, ja und nein zu sagen, als er erklärte: »Deine Rede sei ja, ja und nein, nein« (Matth. 5,37). Der Prophet Hosea ging noch mehr ins Detail, um uns zu zeigen, wie man seine Ja- und Nein-Macht anwendet, als er riet: »Nehmt diese Worte mit euch und wendet euch an den Herrn; sagt zu ihm: Nimm alles Schlechte hinweg und akzeptiere das, was gut ist« (Hosea 14,2).

Diese Passage ist eine dynamische Gebetsformel für Verneinung und Bejahung. Man kann jede unbefriedigende Situation verneinen, indem man einem liebenden Vater gegenüber erklärt: NIMM ALLES SCHLECHTE HINWEG. Und dann folgt man mit der Bejahung: ICH WILL NUR DAS AKZEPTIEREN, WAS GUT IST.

Lange vor Jesus' Zeit folgten die Ägypter dem Gebot, alles Schlechte durch die Macht der Verneinung hinwegzunehmen. Die Ägypter benutzten das Zeichen des Kreuzes, um ein Ausstreichen oder Durchkreuzen von Bösem zu bezeichnen, eine Art der Verneinung, die noch heute von einigen Kirchen angewandt wird.

Daniel in der Löwengrube wandte zweifellos Verneinungen an, um seine Sicherheit zu gewährleisten. Ein berühmtes Gemälde zeigt Daniel, wie er nicht auf die Löwen, sondern, ihnen den Rükken zukehrend, durch einen Mauerspalt nach Jerusalem blickt. Als der König fragte, warum Daniel nicht von den Löwen in Stücke zerrissen worden sei, erklärte dieser: »Mein Gott sandte seinen Engel und schloß die Mäuler der Löwen, und sie haben mich nicht verletzt« (Daniel 6).

Wie man Angst, Sorgen und Spannungen auflöst

Verneinungen lösen Angst, Sorgen, Kummer, Krankheit, Spannungen und andere negative Gefühle auf. Das »Nein«-Sagen scheint die Wirkungen des Negativen zu neutralisieren. Beispielsweise sprach einmal ein Mann mit mir darüber, daß er eine Frau heiraten wolle, die gerade aus dem Gefängnis entlassen worden war. Sie liebten sich sehr; sie hatte eine lange Haftstrafe abgesessen und war eine Mustergefangene gewesen. Er fürchtete sich aber, »was die Leute wohl denken würden«. Ich fragte ihn, ob irgend jemand von seinen Freunden von ihrem Vorleben wüßte, und er erwiderte, das sei nicht der Fall, doch fürchte er, sie könnten das herausfinden.

Nachdem ich mit ihm meditiert hatte, fühlte ich, daß es für ihn in göttlicher Ordnung sei, diese Frau zu heiraten, der eine zweite Chance in der Gesellschaft zustand, nachdem sie für ihren Fehler gezahlt hatte. Wenn irgendwelche Furcht oder Sorge ihn zu übermannen versuchte, sollte er dies verneinen, indem er erklärte: MEIN GOTT HAT SEINE ENGEL GESANDT UND DIE MÄULER DER LÖWEN GESCHLOSSEN. SIE KÖNNEN UNS NICHT VERLETZEN. Er nahm dieses Gebet auf und erlebte nie irgendeine unfreundliche Reaktion auf seine Heirat.

In bezug auf diese zweite und dritte Gebetsart – Verneinungen und Bejahungen – möchte ich darauf hinweisen, daß sie sowohl eine geistige Einstellung als auch eine formale Gebetsmethode ist. Man kann sie, wo immer man sich auch gerade befinden mag, im stillen oder verbal anwenden.

Jede Sekretärin kennt das Gefühl, das einen befällt, wenn man in Eile zum Diktat gerufen und einem gesagt wird, daß die Arbeit schnell erledigt werden müsse. Das kann einen aufregen und verwirren, solange man nicht weiß, wie man die geistige »Nein-Haltung« anwendet. Ich erinnere mich, wie mir damals, als ich noch eine Anwaltssekretärin war, mitgeteilt wurde, daß ein langer Rechtsvertrag, den man mir diktiert hatte, sofort (wenn nicht schon eher!) für einen der prominenten Klienten des Chefs getippt werden müsse. Die Aufgabe schien unmöglich zu sein, und so begann ich, immer und immer wieder zu denken: EILE TUT NICHT NOT. ES HERRSCHT GÖTTLICHE ORDNUNG, DIE DIESE SITUATION REGIERT. Wenige Minuten später änderte der Klient seine Meinung über die Dringlichkeit der Angelegenheit und meldete dem Chef, daß er am nächsten Tag zurückkehren würde, um die Papiere zu unterzeichnen. Dadurch war genug Zeit gegeben, um sie sorgfältig vorzubereiten.

So erhalten viele Leute die irrige Vorstellung, daß irgend jemand ihnen ihren Frieden nehmen könne, und sie schlagen sich unglücklich durchs Leben, indem sie dies glauben. Derartige falsche Vorstellungen kann eine Verneinung auflösen. Wenn Sie sich dabei ertappen, daß Sie so begrenzt denken, dann ändern Sie den Lauf Ihrer Gedanken, indem Sie erklären: NICHTS KANN SICH MEINEM GUTEN ENTGEGENSTELLEN. Wenn Sie das tun, werden Sie feststellen, daß da, wo Menschen und Umstände gegen Sie zu wirken schienen, sich alles ändern und beginnen wird, für Sie zu arbeiten.

Eines der größten Probleme der Menschheit ist die Frage, wie man die Furcht überwindet und auflöst. Wenn man seine Furcht vor einer Schwierigkeit überwinden kann, hat man die Kontrolle darüber erlangt; man wird nicht länger von dem Problem beherrscht, und man ist auf dem Weg, es vollends zu lösen. Ein erfolgreiches Gebet zur Verneinung von Furcht ist: DIE VOLLKOMMENE LIEBE TREIBT DIE FURCHT AUS.

Sagen Sie »nein« zum Unglück

Eine ausländische Kriegsbraut kam mit ihrem amerikanischen Mann in unser Land. Ein paar Jahre lang schienen sie glücklich miteinander zu sein, aber dann begannen die alten Erinnerungen an ihre Kriegserlebnisse in ihrer Seele aufzusteigen und sie zu verwirren. Sie wurde depressiv und sehr unglücklich. Schließlich lieferte ihr Mann sie in eine psychiatrische Klinik ein. Später ließ er sich scheiden und verheiratete sich wieder.

In all diesem Unglück, fern ihrer Heimat unter lauter Fremden, lernte diese Frau die geistige »Nein«-Einstellung. Sie hatte nur eine Freundin außerhalb der Klinik, mit der sie korrespondierte. »Ich werde nicht in den gegenwärtigen Umständen bleiben. Ich weiß, daß mir geholfen werden kann. Ich weiß, daß ich wieder gesund werde.« Allmählich besserte sich ihr Befinden. Sie wurde aus der Klinik entlassen und nahm eine Arbeit in einem anderen Krankenhaus auf. Als das der Fall war, sagte sie zu ihrer Freundin: »Siehst du, ich sagte dir ja, daß ich wußte, wie das verschwindet.« Bald darauf schloß sie eine glückliche Ehe mit einem Arzt, den sie an ihrer neuen Arbeitsstätte kennengelernt hatte.

Wenn die Menschen nur wüßten, wie man angesichts von unglücklichen Erfahrungen »nein« sagt, anstatt sich von ihnen niederdrücken zu lassen! Die Hebräer wurden wiederholt gewarnt, sich nicht unterkriegen zu lassen und falschen Idolen oder Göttern zu huldigen. Die Götter von Unglück, Mangel und Begrenzung sind »heidnische Götter«, die immer noch bei uns sind. Sie richten bei uns genauso viele Verheerungen an wie einst die Verehrung falscher Götter bei den Hebräern.

Wenn man erklärt: Es GIBT FÜR MICH NICHTS ZU FÜRCHTEN. GOTTES GEIST DES GUTEN WIRKT UND ERZIELT GÖTTLICHE RESULTATE, dann löst man Furcht, Sorge, Angst und Spannungen auf. Wenn man (wie die Wissenschaftler wissen) erklärt: Es GIBT KEINE ABWESENHEIT VON LEBEN, VON SUBSTANZ ODER INTELLIGENZ, DARUM GIBT ES AUCH KEINEN MANGEL AN LEBEN, SUBSTANZ ODER WEISHEIT IN DIESER SITUATION ODER IN MEINEM LEBEN, dann werden Ungewißheit und Verwirrung aufgelöst, und häufig verschwinden psychosomatische Krankheiten oder finanzieller Mangel. Als vor einigen Jahren die asiatische Grippe herrschte, erklärte ich hartnäckig: Es gibt nirgendwo Mangel an Leben, Substanz oder Intelligenz. Eines Tages kam mein Sohn von der Schule nach Hause und sagte: »Mutter, ich war heute der einzige Junge, der in der Sportstunde zum Fußballtraining antrat. Alle anderen sind mit asiatischer Grippe zu Hause. Was bedeutet das?«

Immunisieren Sie sich gegen Negatives

Die Verneinungsmethode verhindert die Vermehrung von Schwierigkeiten durch Erörterung derselben. Die Verneinungsmethode sagt »nein« zu einem Gespräch mit anderen, welches weniger als das Beste beschreibt oder das die Aufmerksamkeit auf etwas lenkt, das man nicht erfahren möchte. Anstatt die Probleme zu vervielfältigen und sich über die Zustände in der Welt oder die Sorgen anderer aufzuregen, tun Sie lieber alles, was Sie konstruktiv tun können, um sie ins rechte Lot zu bringen. Nehmen Sie all dem gegenüber die Einstellung ein: »Nein, ich will dieses nicht als dauerhaft, bleibend oder notwendig ansehen.«

Wenn Leute versuchen, Sie durch negatives Geschwätz aufzuregen oder zu beunruhigen, sagen Sie in Gedanken: »Nein, nein, nein, ich möchte dies nicht hören. Ich akzeptiere dies nicht als wahr oder notwendig.« Sie werden bald auf konstruktivere Schlagzeilen umschalten oder gehen!

Ebenso sollten Sie, anstatt zu denken, daß Sie die Unzufriedenheit in Ihrem Leben als dauerhaften Zustand hinnehmen müssen, Ihre »Verneinungs-Macht« anwenden, indem Sie häufig erklären: Nein, ich muss diese Situation nicht akzeptieren. Der Unendliche entfernt in seiner allmächtigen Güte alles Negative aus meiner Welt. Keine Situation erschreckt mich, denn Gott, der Geist des Guten, ist bei mir, erhält mich und bringt alle Dinge in Ordnung.

Für finanzielle Angelegenheiten gibt es folgende Verneinung: Trotz Steuern, hoher Lebenshaltungskosten und grosser Arbeitslosigkeit kann und wird mein Einkommen jetzt durch göttliche Führung zunehmen.

Wenn Sie sich entschließen, Ihre geistige »Nein«-Kraft in einer lauten, ungestümen, unglücklichen Lage anzuwenden, werden Sie die geistige und seelische Herrschaft darüber erlangen, anstatt sich von den Umständen beherrschen zu lassen. Dann wird Ihnen gezeigt werden, welche äußeren positiven Schritte unternommen werden können, um die Lage siegreich zu meistern.

3. Das Gebet der Bejahung

Die dritte Gebetsform – die Bejahung – sollte zusammen mit der Verneinung angewandt werden. Wenn man verneint, streicht man etwas aus, löst es auf, vernichtet es. Dann wünscht man, etwas neues Gutes zu fixieren, und das geschieht durch die Bejahung.

Ein Reisender erzählte mir einmal, wie er dies handhabe. Er war schwer verschuldet gewesen und hatte versucht, einen Bankkredit aufzunehmen, um die Schulden zu bezahlen. Da er keine geeigneten Sicherheiten bieten konnte, hatte er den Kredit nicht erhalten. In seiner Verzweiflung beschloß er, zu seiner Zahlungsunfähigkeit »nein« und zum Reichtum »ja« zu sagen. Mit Ausdauer bejahte er: GOTT MACHT MICH JETZT REICH. Wenige Tage, nachdem er mit der Bejahung begonnen hatte, schloß er das größte Verkaufsgeschäft ab, das er je zuwege gebracht hatte, woraufhin er alle Schulden abbezahlen konnte und ihm noch ein beträchtlicher Teil seiner Provision übrigblieb. Das bejahende Gebet wird ausführlich in Kapitel 6, »Das Reichtumsgesetz des Königlichen Wortes«, erörtert.

4. Meditation und Stille

Der vierte Gebetstyp ist die Meditation und Stille. Häufig empfindet man die Gegenwart des Unendlichen besonders stark während der Meditation und in der schweigenden, kontemplativen Einkehr. Zum Meditieren bedient man sich weniger Worte besonderer Bedeutung, die man in Gedanken wiederholt und schweigend betrachtet. Durch diese Gedankenarbeit und kontemplative Vorstellung nehmen die auserwählten Worte im Geist die Form ausgeprägter Ideen an, die entweder zum rechten Handeln befähigen oder vielleicht als friedvolle Zusicherung verstanden werden, daß alles gut und kein Handeln nötig ist. Wenn während der Meditation sich nichts zu ereignen scheint, hat man doch sein Bewußtsein für Gottes Gutes auf Empfang geschaltet, so daß zu gegebener Zeit sich als Ergebnis unserer geistigen Übungen Ideen und günstige Gelegenheiten einstellen werden.

Vielleicht denken Sie: »Diese geistige Theorie ist ganz schön und gut, aber wie kann ich wissen, ob Meditation und schweigendes Gebet in meiner Alltagswelt zu greifbaren, befriedigenden Ergebnissen führen können?« Moses, Elias und Jesus bewiesen unter anderen die praktische, erfolgreiche Macht der stillen Meditation.

Vielleicht denken Sie nun: »Aber ich bin nicht Moses, noch Elias oder Jesus, und ich weiß offengestanden nicht, wie ich Meditation und Stille richtig praktizieren soll.« Die Wahrheit ist, daß Sie bereits meditieren, ob Sie sich nun dessen bewußt sind oder nicht. Ein jeder tut das. »Meditieren« heißt »darüber nachdenken, anschauen, etwas tief und beständig bedenken«.

Wie meditiert man?

Das, worüber Sie beständig nachdenken, ist der Gegenstand Ihrer Meditation. Im stillen Gebet meditiert man über die göttliche Lösung irgendeines Problems. Sie können damit anfangen, daß Sie den Begriff »göttliche Lösung« nehmen und diesen Gedanken in Ihrem Bewußtsein wachsen lassen. Sie können irgendein geistiges Wort oder einen Satz nehmen, darüber nachdenken und es in Ihnen zur Entfaltung bringen. Oder Sie reinigen ganz einfach Ihr Bewußtsein, schließen die Augen, wenden Ihre Aufmerksamkeit nach innen Ihrem Wesenskern zu und denken »Gott«, »Liebe«, »Gott ist Liebe«, »Frieden« und ähnliches, wodurch Sie in entspannter Weise ein Gefühl des Einsseins mit allem Guten erhalten.

Ich ziehe mich häufig in die schweigende Meditation zurück, um Führung oder das Gefühl von Erneuerung, Ermutigung, Auftrieb und um neue Kraft zu erhalten. Wenn ich mich nach einem arbeitsreichen Tag um die Abendbrotzeit in mein Zimmer zur schweigenden Meditation zurückziehe, merke ich nach etwa einer halben Stunde Meditierens, daß ich mich erfrischt fühle und bereit bin für einen Abend mit weiteren Anforderungen und Aktivitäten. Irgend jemand hat einmal gesagt, »Gebet würde ernähren«. Ich kann bestätigen, daß die Meditation mich gefühlsmäßig mit Harmonie, geistigem Auftrieb und Frieden speist; daß die Meditation mich intellektuell mit neuen Ideen und häufigen Gedankenblitzen über etwas, was ich unbedingt wissen muß, speist; und daß ich durch das Meditieren physisch mit einem Gefühl körperlicher Erneuerung, mit neuer Energie, Wohlbefinden und dem Abbau von Müdigkeit und Anspannung genährt werde.

Meditation löst Probleme

Mit Hilfe der schweigenden Meditation plane ich häufig meine Tage, meine Vorlesungen und meine schriftstellerische Arbeit. Man muß nicht notgedrungen geistig hochentwickelt sein, um die Macht der Meditation wirksam einzusetzen. Ich wandte die Macht der Meditation schon häufig an, als ich noch im Geschäftsleben stand.

Recht erregende Ergebnisse können erzielt werden, wenn wir ein Problem aufgreifen, uns alleine hinsetzen und wie folgt meditieren: DIE GÖTTLICHE LÖSUNG IST DIE HÖCHSTE LÖSUNG. IN DIESER LAGE RUFE ICH JETZT DIE GÖTTLICHE LÖSUNG AN UND AKZEPTIERE SIE. Erfüllen Sie ganz zwanglos Ihr Bewußtsein mit diesem Gedanken. Die »Energie der Furcht«, die bisher in der Sorge und dem Kampf mit dem Problem verbraucht wurde, wird dann in »Energie des Glaubens« umgewandelt werden, die uns die richtigen Gedanken und rechten Antworten eingibt. Immer wenn Sie ein Problem haben und sich zur stillen Meditation zurückziehen, um die Lösung vom göttlichen Standpunkt aus zu betrachten, wird Ihnen gezeigt werden, was zu tun ist.

Ein Angestellter eines Ingenieurbüros erzählte mir einmal, daß er diese Methode anwende. Wenn er bei einem Konstruktionsprojekt auf Schwierigkeiten stößt, nimmt er das Problem persönlich in der Stille seines Arbeitszimmers in die Meditation und betrachtet es vom göttlichen Standpunkt aus; die Lösung würde sich dann unweigerlich einstellen. Einer der jüngeren Mitarbeiter fragte ihn einmal, wie er es fertigbringe, immer dann, wenn es am nötigsten sei, die richtigen Antworten parat zu haben. Als er seine einfache Methode erklärte, erwiderte der Kollege skeptisch: »Sie wollen sagen, daß Sie nur für die Lösung meditieren, anstatt sich mit dem Problem auseinanderzusetzen?« In der Arbeitswelt leben viele Menschen unter Streß und Anspannung allein darum, weil sie ständig versuchen, ihre Probleme auf äußeren Wegen zu lösen anstatt durch die innere »Abkürzung«.

Jeder sollte sich täglich Zeit für Stille und Meditation nehmen. In der täglichen Meditation liegt Ihr Geheimnis der Kraft. Sie sind vielleicht mit vielen Aktivitäten und Anforderungen so beschäftigt, daß Sie meinen, keine Zeit zum Abschalten zu haben. Wir werden aber aufgefordert: »Lasset uns beiseite gehen und ein wenig ruhen« (Markus 6,31). Es ist die einzige Methode, durch die Sie jemals endgültiges Wissen, Neuartigkeit der Erfahrung, sichere Entschlußkraft sowie die Kraft, dem Unbekannten im täglichen Leben siegreich zu begegnen, erhalten werden. Wenn Sie anfangen, täglich das Meditieren zu praktizieren, werden Sie entdecken, daß einige Ihrer bisherigen Tätigkeiten und Pflichten nicht länger vonnöten sind und daß es das beste ist, sie loszulassen, um nicht Ihre stille Zeit der Einkehr und des Alleinseins mit Ihrem Selbst und Ihrem Schöpfer zu vernachlässigen.

Wenn Sie sich zur Meditation von der Welt zurückziehen, ist es das beste, daß Sie nicht an das denken, was Ihnen mißlungen ist. Werden Sie statt dessen ruhig, konzentrieren Sie Ihre Aufmerksamkeit auf den Unendlichen und seine allmächtige Güte. Lassen Sie möglichst all die kleinen ärgerlichen Sorgen für ein Weilchen los, und wenden Sie Ihre Gedanken einigen einfachen Psalmenworten zu. Halten Sie in Gedanken einige hilfreiche Sätze fest, mögen sie auch noch so einfach sein: »Ich und der Vater sind eins«;

»dein Wille geschehe in mir«; »ich liebe dich, Gott«; »ich danke dir, Vater«; »ich bin in deiner Gegenwart, Herr«; »dies ist der Tag, den der Herr gemacht hat, ich will mich freuen und fröhlich sein darin«; »Frieden, sei stille«.

Solange Sie die Gegenwart Gottes in dieser einfachen Weise nicht geübt haben, können Sie keine Vorstellung davon haben, wie sie alle physische Nervosität, alle Furcht, alle Übersensitivität, all die kleinen Kümmernisse des Alltags befriedet. Eine Zeit der Stille, des ruhigen Wartens, allein mit dem Schöpfer, ist eine Zeit der Erholung und Erneuerung. Dieses ist »der geheime Ort des Allerhöchsten«, von dem der Psalmist spricht. Dies heißt, ins stille Kämmerlein zu gehen und die Tür zu schließen, was Jesus uns empfohlen hat.

Wenden Sie von den vier Gebetsarten: dem allgemeinen Gebet, der Verneinung, der Bejahung oder der Meditation, den Typ an, der Ihnen für den Augenblick geeignet erscheint, und vielleicht werden sich auch die verschiedenen Arten dabei überschneiden. Praktizieren Sie das regelmäßig! Es kann das Geheimnis für Frieden, Macht und Fülle sein.

13. Kapitel

Das Gesetz des Selbstvertrauens

Ein Börsenmakler berichtete, daß er die Gesetze von Reichtum und Glück von allen Ecken und Enden her studiert habe; er habe die vielen positiv denkenden Menschen beobachtet, die Aktien kaufen und verkaufen; er habe viele Biographien erfolgreicher Leute gelesen; und all diese Beobachtungen und Untersuchungen hätten in ihm die Überzeugung gefestigt, daß, wolle man Reichtum mit einem Begriff umreißen, dieser »Selbstvertrauen« lauten müsse, was soviel heißt wie Glauben und Vertrauen in seine eigenen angeborenen Fähigkeiten und Talente, als auch Glaube daran, daß Gott uns hilft, dieselben zu entwickeln.

Psychologen bestätigen, daß Selbstvertrauen gewaltige Macht hat, die unsere Kräfte verdoppelt und unsere Fähigkeiten vervielfacht. Mein Bekannter, der Börsenmakler, erzählte mir, daß sein Einkommen in die Höhe geschnellt sei, nachdem er Vertrauen zu den Reichtumsgesetzen gefaßt und diese bei seiner Arbeit angewandt hatte. Bereits einen Monat, nachdem er begonnen hatte, die in diesem Buch dargelegten Wohlstandsgesetze zu befolgen, wies sein Einkommen das Vierfache der vorherigen Höhe auf. Sein Erfolg ist noch bemerkenswerter, wenn wir erfahren, daß er sich in einer Zeit rückläufiger Geschäftstendenzen einstellte!

Das Geheimnis des Selbstvertrauens

Vielleicht ist das wichtigste Geheimnis des Selbstvertrauens dieses: Es werden Kurse abgehalten und Bücher geschrieben, um Ihnen zu helfen, Selbstvertrauen zu erlangen, und doch haben Sie dieses bereits! Es ist ein Teil Ihres geistigen Wesens, mit dem Sie ausgestattet wurden, als Sie nach dem Bild und Gleichnis Gottes erschaffen wurden. Der Psalmist erinnert uns daran, daß wir kaum niedriger als die Engel erschaffen und mit Herrlichkeit und Ehre gekrönt wurden. Und der Meisterpsychologe erklärte: »*Steht es nicht geschrieben... Ihr seid Götter?*« (Johannes 10,34).

Wie wahr es ist, daß wir mit Vertrauen geboren werden, kann man an den Aktionen und Reaktionen der meisten Kinder ablesen, bevor sie vor Furcht und Angstzuständen und unterdrückten Gedanken erfüllt werden. Kinder haben die köstliche Gewohnheit, vertrauensvoll das zu sagen und zu tun, wozu sie sich geführt fühlen.

Ein hervorragendes Kind, das kein Selbstvertrauen besitzt, hat nicht die Hälfte des Vermögens für ein erfolgreiches Leben wie ein Durchschnittskind mit einer guten Portion Selbstvertrauen. Ich kenne einen Lehrer der Sonntagsschule, der dies weiß und seine Schüler jeden Sonntagmorgen bejahen läßt: GOTT LIEBT MICH. GOTT LEBT IN MIR. ER ATMET DURCH MICH. ICH BIN GOTTES KIND, UND ER LIEBT MICH UND HILFT MIR IMMER. Es ist interessant zu beobachten, wie die Schüler von neuem Mut und Vertrauen aufblühen, die sich auf die Schularbeiten, das häusliche Leben und auch den sozialen Erfolg auswirken.

Ganz anders war der Fall bei einer Frau, mit der ich kürzlich gesprochen habe. Sie behauptete, daß sie vor Jahren die Macht des positiven Denkens mit bestimmten glücklichen Ergebnissen angewandt habe. Aber eine Freundin habe ihr dann gesagt, ein solches Denken sei komisch und nicht richtig, und sie solle sich damit nicht mehr abgeben. Sie vertraute dem Rat ihrer wohlmeinenden, aber irregeleiteten Freundin mehr als ihren eigenen, vom innersten Selbst getragenen Überzeugungen. Das Ergebnis ist, daß sie nun zum positiven Denken zurückkehren muß, um ihr häusliches Leben mit ihrem Mann wieder in Ordnung zu bringen, den Gerichtsvollzieher von ihrer Tür fernzuhalten und ihre Gesundheit wiederherzustellen. Der Mangel an Vertrauen in ihre eigenen innersten Überzeugungen ruinierte fast ihr Leben.

Es muß klargestellt werden, daß Selbstvertrauen und Eigendünkel zweierlei Dinge sind. Selbstüberzogenheit ist die Einstellung: »Nicht dein Wille, sondern meiner geschehe, Herr; ich schätze deine Hilfe, aber ich ziehe es vor, die Dinge auf meine Weise zu regeln.« Selbstvertrauen bedeutet demütigen Glauben an das innere göttliche Selbst und an die eigenen aufrichtigen innersten Überzeugungen.

Warum sollten Sie nicht großen Glauben und Vertrauen in Ihre tiefen Überzeugungen haben? Schließlich behaupten doch die Wissenschaftler, daß Sie über angeborene innere Intelligenz verfügen.

Jedes Atom Ihres Wesens vibriert vor aktiver Intelligenz. Selbst die Luft, die Sie atmen, und die Welt, in der Sie leben, ist erfüllt mit göttlicher Weisheit, die danach strebt, Ihnen all das mitzuteilen, was Sie wissen möchten. Die gleiche göttliche Weisheit wird für Sie Wunder wirken, wenn Sie glaubensvoll mit ihr Kontakt aufnehmen.

Sie müssen Selbstvertrauen in Ihrem Erfolg haben

Vielleicht haben Sie sich zuweilen, so wie ich es tat, gefragt, warum einige Leute so hoch bezahlte Stellungen erreichen, während andere, die die gleichen oder besseren Qualitäten haben, nicht gefördert werden. Wenn Sie das genau untersuchen, werden Sie feststellen, daß diejenigen, die vorankommen, wirklich an sich und ihre Fähigkeit, Erfolg zu haben, glauben. Sie scheinen ein inneres Ohr zu besitzen, mit dem sie auf Führung und Wissen lauschen. Sie scheinen zu wissen, daß es etwas Besonderes in ihnen gibt, das ihnen ständig Zugang zu Weisheit und höherer Sicht gewährt. Sie werden gewöhnlich bemerken, daß diese Menschen Ruhe und Sicherheit ausstrahlen, so daß die Leute ihrer Umgebung natürlicherweise an sie glauben und ihren Vorstellungen folgen.

Einer der herrlichsten Gründe für die Entwicklung von mehr Selbstvertrauen ist der, daß dieses ansteckend ist! Es treibt andere an und überzeugt sie. Josua, der erste kommandierende General der Hebräer, erbrachte hierfür den Beweis. Obgleich das Volk Israel mehr als 40 Jahre lang in der Wüste umhergewandert war, war es die erste Tat Josuas, als er nach dem Tod Moses' das Kommando übernahm, seinem Volk zu versichern, daß sie in drei Tagen den Jordan passieren und das Gelobte Land betreten würden – und das geschah auch! Es ist interessant, daß das Wort »Erfolg« nur zweimal in der Bibel gefunden wird, und beide Male im Buche Josua.

Niemand beachtet denjenigen besonders, der Mangel an Selbstvertrauen hat. Er zieht andere nicht an oder überzeugt sie von seinem Wert, denn sein Bewußtsein ist eine negative Kraft, die eher abstößt als anzieht.

Eine der Bejahungen, die wir in unseren Wohlstandskursen Hunderte von Malen angewandt haben, um die angeborene Intelligenz als Selbstvertrauen hervorzurufen, lautet:

NICHTS IST SO ERFOLGREICH WIE DER ERFOLG. ICH GEHE JETZT MIT MEINES SCHÖPFERS REICHEM WISSEN VON ERFOLG ZU GRÖSSEREM ERFOLG. ICH DANKE DAFÜR, DASS JETZT MEIN ERFOLG UNWIDERSTEHLICH UND MÄCHTIG IN ERSCHEINUNG TRITT!

Selbstvertrauen treibt Minderwertigkeitskomplexe aus

Sie vermögen selbst übernatürliche Heldentaten zu vollbringen, wenn Sie Ihrem göttlichen Wesen vertrauen und dieses immer wieder anerkennen. Es ist ratsam, daß Sie zu sich täglich eine Bejahung des Glaubens und Vertrauens sprechen, wie etwa: »...(setzen Sie hier Ihren Namen ein«, *ich vertraue deiner von Gott gegebenen Führung und deinen Fähigkeiten. Ich sehe dich jetzt mit Gottes Willen von Erfolg zu größerem Erfolg gehen. Dein Erfolg ist groß, mächtig und unwiderstehlich und tritt jetzt in Erscheinung!«*

Ich kenne mehrere Fälle, in denen Minderwertigkeitskomplexe aufgelöst und Selbstvertrauen gefestigt wurde, als die Betreffenden ihr Bewußtsein mit kühnen, mutigen Bejahungen erfüllten.

Sollten Sie sich verwundert fragen, ob laut gesprochene Worte positiven Inhalts tatsächlich solche Macht haben können, dann wird es Sie interessieren, folgendes zu erfahren: Eine Bejahung des Guten ist mächtiger als tausend negative Gedanken; und zwei Bejahungen des Guten sind mächtiger als zehntausend negative Gedanken.

Bejahen Sie deshalb, wenn Entmutigung, Zweifel oder Furcht vor Versagen Sie zu überwältigen drohen: ICH BIN STARK IM HERRN UND IN DER KRAFT SEINER MACHT. ALLE MACHT IST MIR GEGEBEN FÜR HÖCHSTES GEDEIHEN IN GEIST, KÖRPER UND ANGELEGENHEITEN. DAS BEANSPRUCHE UND ERFAHRE ICH JETZT.

Bauen Sie Gedanken der Zuversicht auf, bevor Sie schlafen gehen

Ein erfolgreicher Weg zur Entwicklung von Selbstvertrauen – Ihrer Anziehungskraft für Reichtum und Glück – ist es, Ihr Bewußtsein mit zuversichtlichen Gedanken zu erfüllen, bevor Sie sich schlafen legen. Psychologen glauben, daß es die letzten Gedanken des Wachzustandes sind, die während des Schlafes in Ihrem Unterbewußtsein wirksam werden. Erfüllen Sie nun Ihr Bewußtsein mit glücklichen, erwartungsvollen Gedanken des Erfolgs, der Bejahung und glücklicher Ereignisse, dann wird Ihr Unterbewußtsein diese als Befehle übernehmen. Während Sie schlafen, wird Ihr Unterbewußtsein gehorsam ans Werk gehen, um für Sie ein glückliches Morgen zu bereiten. So können Sie die Nacht zuvor die Kontrolle über jeden Tag gewinnen, indem Sie sich das Morgen so denken und empfinden, wie Sie es sich wünschen.

Eine schöne junge Dame, die als Fotomodell tätig war, erzählte mir einmal, wie sich auf diese Weise ihre Wünsche erfüllten. Sie hatte sich unglücklich, niedergedrückt und verunsichert wegen des Abbruchs einer Liebesaffäre gefühlt. Als sie eines Nachts völlig entmutigt war, nahm sie ein Buch zur Hand, das ihr irgend jemand einmal gesandt hatte und das von der Macht des Unterbewußtseins im Schlaf handelte.

Als sie erkannte, welche Macht sie hatte, ihre unglückliche Lage durch Veränderung der vorherrschenden Stimmung und Gedanken zu verwandeln, begann sie daran zu denken, wie spannend es sein würde, einen netten Menschen kennenzulernen, der zu ihr passen würde. Im stillen begann sie, sich den Typ Mann auszumalen, dem sie gern begegnen würde. In dieser Stimmung entspannte sie sich und sank in einen tiefen Schlaf. Am nächsten Morgen weckte sie das Telefon. Im Laufe der Unterhaltung erfuhr sie, daß der Anrufer ein steinreicher Junggeselle war, dem ein gemeinsamer Freund geraten hatte, sie bei seinem nächsten Besuch in der Stadt anzurufen. Es erwies sich, daß er die Antwort auf ihre Heiratsträume war!

Einer meiner Freunde, Dr. John Lee Baughman, empfiehlt folgende kraftvolle Bejahung vor dem Schlafengehen: MEIN SCHÖPFER LIEBT MICH, ER LEITET MICH, ER ZEIGT MIR DEN WEG. Warten Sie nicht darauf, daß andere Ihnen Zuspruch geben, Sie loben oder Ihnen ihr Vertrauen aussprechen. Anstatt sich zu grämen, weil sie das nicht tun, versichern Sie sich lieber, daß: »Einer sich kümmert« – der Eine, der Sie geschaffen hat und der immer daran interessiert ist, Ihnen zu helfen.

Bejahungen stärken Ihr Vertrauen

Um Ihr angeborenes Selbstvertrauen in Ihr Erfolgsvermögen zu entwickeln, schlage ich Ihnen vor, Kapitel 6: »Das Reichtumsgesetz des Königlichen Wortes« noch einmal zu lesen und die darin enthaltenen Herrenworte anzuwenden. Um Ihr Selbstvertrauen zu stärken, wenden Sie Bejahungen auf dreierlei Weise an: Sprechen Sie täglich mindestens fünf Minuten lang irgendwo, wo Sie allein sind, laut Bejahungen.

Zu anderen Tageszeiten sollten Sie sich Bejahungen ansehen, die Sie auf Karten oder in ein Buch schreiben können. Holen Sie sie hervor, und lesen Sie sie, sobald Furcht oder Unsicherheit Sie befallen sollten. Sie können das tun, wenn Sie mit vielen Menschen zusammen sind, das Telefon klingelt und Hektik Sie umgibt, und niemand braucht je zu erfahren, woher Sie Ihren »Raketenantrieb« des Vertrauens erhalten haben.

Der Leiter einer Vertretergruppe von Buchverkäufern versuchte während einer wirtschaftlichen Flaute seine Leute zu trainieren, wie man Konversationslexika verkauft. Regelmäßig aber kamen sie von ihren Verkaufstouren erfolglos zurück und klagten, daß die Zeiten zu schlecht seien und niemand kaufen wolle. Da er wußte, daß er positiv eingestellt bleiben und vertrauensvoll auftreten mußte, gab es, wie mir der Verkaufsleiter erzählte, für ihn nur eine Möglichkeit, den allgemeinen Pessimismus zu neutralisieren und die Leute von ihren Verkaufsmöglichkeiten zu überzeugen, indem er in einen anderen Büroraum ging, seine Bejahungen hervorholte und diese immer wieder überlas.

Dann pflegte er sich aufzurichten, tief Luft zu schöpfen und zurückzukehren mit positiven Bemerkungen über seinen Glauben an die Vertreter, an ihre Verkaufstüchtigkeit und an die Qualität ihres Verkaufsartikels sowie den Nutzen, den die Kunden daraus ziehen würden, ungeachtet der wirtschaftlichen Situation. Auf diese Weise richtete er ihr Vertrauen in ihre Verkaufstüchtigkeit wieder auf, und sie begannen tatsächlich, Abschlüsse zu tätigen.

Als drittes rate ich Ihnen, mindestens fünfzehnmal täglich eine Lieblingsbejahung über Erfolg, Vertrauen und vollkommene Ergebnisse aufzuschreiben. Wenn Sie Worte des Vertrauens schreiben, wird der Gedanke daran in Ihrem Unterbewußtsein besser Fuß fassen, welches dann rascher und wirkungsvoller glückliche Resultate erarbeitet. Bejahungen sind Ihre stärksten Vertrauens-Baumeister.

Wenn hinsichtlich Ihrer Erfolgsfähigkeiten Sie Furcht oder Zweifel beschleichen sollten, schlage ich Ihnen folgende Bejahungen vor, die ich selbst angewandt habe, um Schüchternheit und ein Unzulänglichkeitsgefühl zu überwinden: DAS GUTE MEINES SCHÖPFERS IST FÜR MICH, ICH SOLL ES HABEN, UND ICH BEANSPRUCHE ES JETZT!

Wenn eine Situation, ein Problem oder eine Person versuchen sollte, Ihren Glauben und Ihr Vertrauen in des Unendlichen Güte herabzureißen, dann bejahen Sie: ICH HABE UNERSCHÜTTERLICHEN GLAUBEN AN DEN VOLLKOMMENEN AUSGANG JEDER LEBENSSITUATION, DENN GOTT HAT DIE ABSOLUTE HERRSCHAFT.

Gönnen Sie sich, nachdem Sie die Bejahungen angewandt haben, eine Erfrischung, und gehen Sie dann ans Werk und tun Sie das, was getan werden muß und vor dem Sie sich zuvor gefürchtet haben. Erklären Sie zunächst: DIE ALLMÄCHTIGE KRAFT DES UNENDLICHEN GEHT VOR MIR HER UND MACHT MEINEN WEG LEICHT, ERFOLGREICH UND ANGENEHM. Wenn Sie auf dem Weg anfangen zu schwanken, dann richten Sie sich durch folgende Meditation auf: ICH VERMAG ALLES DURCH DEN, DER MICH MÄCHTIG MACHT. ICH BIN STARK IM HERRN UND IN DER KRAFT SEINER ALLMACHT. DAS VOLLKOMMENE ERGEBNIS WIRD JETZT SICHTBAR!

Bleiben Sie standhaft im Vertrauen

Ein anderer kraftvoller Gedanke, mit dem Sie Ihr Bewußtsein mit Selbstvertrauen füllen, ist dieser: UNENDLICHE WEISHEIT LEITET MICH, GÖTTLICHE LIEBE BEREICHERT MICH, UND ICH BIN ERFOLGREICH BEI ALLEM, WAS ICH UNTERNEHME.

Ein Geschäftsmann wies kürzlich darauf hin, daß häufig sein Glaube und Vertrauen geprüft würden, wenn er Erfolg bejahe und entsprechende äußere Schritte unternehme. So machte er zum Beispiel die Erfahrung, daß häufig, nachdem er einen neuen Lagervorrat gekauft hatte, der Preis vorübergehend herunterging und es den Anschein hatte, daß er sein Geld unklug anlegte. In solchen Zeiten der Prüfung pflege er dann diese Bejahungen anzuwenden. Das gebe ihm den nötigen Glauben und das Vertrauen, an seinen Entschlüssen festzuhalten, und danach würden die Preise wieder anziehen, so daß er einen guten Verkaufsprofit erzielen könne.

Dieses ist ein wichtiger Punkt, an den Sie denken sollten, wenn Sie den Mut haben, Ihren Überzeugungen zu folgen. Es ist gerade so, als würden Sie von einer unsichtbaren Macht herausgefordert, die Ihr Vertrauen in Ihre Entscheidungen testen will. Häufig werden Ihre Mitmenschen versuchen, Sie zu entmutigen. Dann ist es an der Zeit, an dem festzuhalten, was Sie wirklich für richtig halten. Sie haben bereits das innere Fundament durch die Bejahung von Erfolg und vollkommenen Ergebnissen gelegt.

Sie müssen jetzt sich selbst und anderen den Beweis erbringen, daß Sie das Vertrauen haben, dessen man bedarf, wenn man seinen Überzeugungen folgen will. Wenn Sie das tun, muß sich die Tide notwendigerweise wenden, wodurch Ihr Vertrauen vermehrt wird; gleichzeitig verdreifacht sich häufig das Vertrauen, das die anderen in Sie haben. Und genau an diesem Punkt können Sie aufrichtig bejahen: NICHTS IST SO ERFOLGREICH WIE DER ERFOLG.

Wenn Sie sich in furchteinflößenden Umständen befinden, ist es ratsam, durch folgende Bejahung Ihr Vertrauen zu stärken: GOTT HAT SEINEN ENGELN ÜBER MIR BEFOHLEN, MICH AUF ALL MEINEN WEGEN ZU BEHÜTEN. – Kürzlich erzählte mir ein Mann, daß es einmal in einer dunklen Nacht den Anschein hatte, als habe er einen persönlichen Schutzengel. Er hatte gerade einen Scheck kassiert und die Taschen voll Geld. Da ein Freund ihm versprochen hatte, ihm geborgtes Geld zurückzuzahlen, befand er sich auf dem Wege, dieses zu kassieren, und durchquerte eine wenig beleuchtete Straße. Als er bei einem dunklen Gebäude um die Ecke bog, sah er dort zwei Männer im Schatten stehen, von denen einer seinen Arm derartig vorgestreckt hielt, daß er einen Vorübergehenden leicht hätte ergreifen können. Der zweite Mann stand als Komplice sprungbereit. Als unser Freund jedoch um die Ecke bog, standen die beiden vollkommen still und ließen ihn unbehelligt vorübergehen, obwohl seine Taschen voll Geld waren. Er hatte, als er die dunkle Straße betrat, im stillen die Worte des 23. Psalms memoriert: ICH WILL KEIN ÜBEL FÜRCHTEN, DENN DU BIST MIT MIR.

Entwickeln Sie Ihr Vertrauen durch geistiges Bildern

Damit Sie Ihr Vertrauen in den Ihnen zustehenden Erfolg vertiefen, schlage ich ferner vor, daß Sie Kapitel 5, »Das Gesetz der Vorstellungskraft« noch einmal lesen, daß Sie sich ein Glücksrad anfertigen und darauf Bilder von dem, was Sie sich wünschen, anbringen. Sie erfüllen Ihr Bewußtsein mit zuversichtlichen Bildern des gewünschten Gutes, wenn Sie die Bilder Ihres Glücksrads täglich betrachten.

Ich habe einmal auf mein Glücksrad folgende Bejahung angebracht: ES FANGEN GUTE DINGE AN SICH ZU EREIGNEN – und ich erlebte eine ganze Serie glücklicher Ereignisse. Eine weitere kraftvolle Bejahung eines meiner Glücksräder war diese: DIES IST DIE
ZEIT GÖTTLICHER ERFÜLLUNG. WUNDER FOLGT JETZT AUF WUN-
DER, UND GOTTES SEGNUNGEN HÖREN NICHT AUF. Indem Sie Ihr
Vorstellungsvermögen mit gedanklichen Bildern positiven Inhalts
erfüllen, erhält Ihr Bewußtsein das Vertrauen, diese Bilder in
sichtbare Ergebnisse umwandeln zu können.

Wahrhaftig, das Vorbild schafft den Zustand, wenn Sie das mentale Bild gestalten. Wenn Sie nicht bewußt vertrauen, daß sich Ihre
Wünsche erfüllen können, dann stellen Sie sich ein Bild von dem
ersehnten Ergebnis da auf, wo Sie es täglich sehen können. Ihr Unterbewußtsein wird es aufgreifen, und Ihre Überzeugungen werden sich erfüllen.

Ein weiterer einfacher Weg zur Entfaltung des Selbstvertrauens
ist es, einen liebenden Vater direkt um Führung bei allem, was Sie
betrifft, zu bitten. Wie schon gesagt wurde, die göttliche Lösung
ist immer die großartigste Lösung.

Verkehren Sie mit selbstsicheren Leuten

Eine weitere angenehme Möglichkeit, Selbstvertrauen zu entwik-
keln, ist die, sich mit selbstsicheren Menschen zu umgeben. Sie
werden unterbewußt anfangen, ihre sichere Haltung zu übernehmen, und bald werden auch Sie so auftreten.

Indem Sie mit ein oder zwei erfolgsbewußten, selbstsicheren
Menschen Kontakt aufnehmen, werden Sie von ihnen unterbewußt inspiriert und auf eine höhere Ebene des Bewußtseins und
der Erwartung erhoben werden. Jesus mag an die Macht des
Selbstvertrauens gedacht haben, als er sagte: »*Wenn ich erhoben
werde, will ich alle Menschen zu mir ziehen*« (Johannes 12,32).

Entwickeln Sie Ihre inneren Kräfte des Selbstvertrauens

Es gibt noch andere Mittel und Wege, wie Sie beginnen können, Ihr Selbstvertrauen zu vertiefen. Sie sollten in diesem aufregenden Zeitalter, an dessen Anfang wir stehen, alle diese Methoden kennenlernen, denn es handelt sich um wissenschaftliche Erfolgsmethoden.

Zwei dieser Methoden zum Aufbau von Selbstvertrauen werden in den nächsten Kapiteln ausführlich beschrieben; sie behandeln die Entwicklung Ihrer Intuition und Ihrer schöpferischen Vorstellungskraft. Ihre Intuition ist jene »stille, kleine Stimme« in Ihnen, die, voll inneren Wissens, Sie zu größerem Erfolg führen wird, wenn Sie lernen zu lauschen und ihrer Führung zu folgen. Das wird Ihnen im nächsten Kapitel gezeigt.

Ihre schöpferische Vorstellungskraft wird entfaltet, wenn Sie mit zumindest einem anderen Menschen über das, was Sie betrifft, sprechen und denjenigen bitten, in Übereinstimmung mit Ihnen auf das vollkommene Ergebnis zuzuarbeiten. Dadurch ergießt sich vermehrte geistige Kraft in die Situation. Wissenschaftler haben Intuition und schöpferische Vorstellungskraft als Mächte Ihres Genius bezeichnet. Und das sind sie auch, wenn sie richtig verstanden und entwickelt werden, wie wir es im nächsten Kapitel erörtern werden.

Wissenschaftler haben auch festgestellt, daß wir fünf besondere Kraftquellen oder Übersinne haben, die für ein erfolgreiches und glückliches Leben wirksam gemacht werden können. Wenn Sie diese speziellen Kräfte kennen und beginnen, sie in Gang zu setzen, dann werden sie ungeheuerlich zu Ihrem Selbstvertrauen und Erfolgsvermögen beitragen. Diese fünf besonderen Kraftquellen werden in Kapitel 15 als Telepathie, Hellsichtigkeit, außersinnliche Wahrnehmung, Präkognition und Psychokinese beschrieben.

Rufen Sie das Gute in anderen hervor

Lassen Sie uns schließlich noch einen weiteren Weg untersuchen, auf dem man sein eigenes Selbstvertrauen stärken und es in anderen hervorbringen kann. Beginnen Sie mit Lob und Anerkennung, dann rufen Sie in anderen das Gute hervor. Sprechen Sie voller Vertrauen mit anderen über deren starke Seiten. Scheuen Sie sich nicht, sie zu loben. Sprechen Sie freundliche, aufrichtende, erfolgverheißende Worte. Ich kenne einen Geschäftsmann, dessen anfängliche Pechsträhne sich in Erfolg verwandelte, nachdem seine Frau neues Vertrauen zu seinen beruflichen Fähigkeiten faßte und ihm dies täglich sagte.

Kürzlich hörte ich von einem kommerziellen Fotografen, der behauptete, sein großer Erfolg als Fotograf prominenter Modelle der Modewelt basiere darauf, daß er vor den Aufnahmen immer den Fotomodellen gegenüber sein Vertrauen in ihre Fähigkeit, sich gut vor der Kamera zu bewegen, zum Ausdruck bringe. Allein durch diesen Vertrauensbeweis, meinte er, würden sie vor der Kamera strahlend auftreten, und er brauche dann nur die Hälfte der Zeit, um das Doppelte an Arbeit wie gewöhnlich zu verrichten. Nur wenige Aufnahmen müßten wiederholt werden.

Wenn Sie etwas Gutes über jemanden denken, lassen Sie es ihn wissen! Wenn Sie jemandem, der noch um seinen Erfolg kämpft, vertrauen, sagen Sie es ihm. Warten Sie nicht, um ihm erst nach seinem Erfolg auf den Rücken zu klopfen und zu sagen: »Hans, ich bin stolz auf dich, aber ich wußte schon immer, daß du das schaffen würdest.« Sprechen Sie Lob und Zuversicht in seinen Erfolg aus, *bevor* er am Ziel ist. Denn dann braucht er das wirklich.

Die meisten Menschen tragen eine Maske. Wenn Sie hinter die Maske ihres Lebens blicken könnten, würden Sie erkennen, welches Tonikum Ihre freundlichen Worte für sie bedeuten. Es ist gerade so, als würde man einem Ertrinkenden einen Rettungsring zuwerfen. Besser, man übertreibt das ein bißchen – wenn das überhaupt möglich ist –, als daß man eine Gelegenheit, den anderen zu loben und aufzubauen, ungenutzt vorübergehen läßt. Es könnte der Wendepunkt beim Aufstieg eines Menschen zum Erfolg sein. Und irgendwer wird es für Sie tun, wenn Sie es am allernötigsten haben. Selbst Leute, die die Welt für sehr erfolgreich hält, sehnen sich nach Worten des Vertrauens, des Gedenkens und der Anerkennung. Ganzherziges Vertrauen in uns selbst und in andere hat, wenn es zum Ausdruck gebracht wird, eine wunderwirkende Macht.

Diese Wahrheit wurde mir kürzlich von einer Hausfrau bestätigt, die folgendes schrieb:

»Bestimmt kennt niemand besser als ich die gewaltige Macht von lobenden und anerkennenden Worten anderen gegenüber. Bevor ich das erkannte, war ich eine chronische Nörglerin, und überall in meiner Welt glaubte ich Fehler und Gründe zur Beschwerdeführung zu finden. Dann entdeckte ich, daß Worte des Vertrauens, Verständnisses und der Anerkennung nicht nur anderen halfen, sondern mich auch von körperlichen Schmerzen befreiten und die Sorgen von meiner Seele nahmen.

Seitdem ich die Methode, andere zu loben und ihnen mein Vertrauen auszudrücken, systematisch anwende, hat sich in meinem Haushalt viel verändert; das gilt ganz besonders für meine Haushaltshilfe und meine Kinder. Ich kontrolliere sie nicht mehr wegen scheinbarer Nachlässigkeit oder halte ihnen gelegentliche Scherben vor, sondern ich lobe die guten Absichten, die Treue und Umsicht. Ich habe die Erfahrung gemacht, daß allein durch ein vertrauensvolles Wort die notwendigen Qualitäten hervorgerufen werden. Ich konnte beobachten, daß diese Methode das bewirkt, was einige ein Wunder nennen würden.«

Die Macht des gesprochenen Lobes

Kürzlich beobachtete ich die Macht, die gesprochene Worte des Vertrauens haben, als ich eine glückliche Familie besuchte, die aus dem Vater, der Mutter und fünf Kindern besteht. Ich bewunderte die fünf wohlerzogenen, anständigen Kinder. Ich konnte nicht umhin zu fragen: »Welches ist Ihr Geheimnis, fünf so gut geratene, glückliche Kinder in diesem Zeitalter der Ungeratenen zu haben?« Die Mutter, eine stille, nach innen gekehrte Frau, erwiderte rasch: »Mein Mann ist das Geheimnis. Er ist so wunderbar mit den

Kindern.« Ich dachte: »Wie kann dein Mann so wunderbar mit den Kindern sein, wenn er an sechs Tagen der Woche täglich zehn Stunden zur Arbeit geht und nicht zu Hause ist?« Ich bemerkte aber, wie ihr Mann sie verehrungsvoll anschaute. Er *glaubte* wirklich, daß er so gut zu den Kindern sei!

Später, als sie draußen ein Feuer für ein Gartenpicknick bereiteten, sagte die Frau zu ihrem Mann in aufrichtiger Bewunderung: »Was für ein herrliches Feuer hast du gemacht, mein Lieber!« Und wieder dachte ich: »Wer hat je gehört, daß ein Mann für ein Feueranmachen gelobt wurde?« Aber es wirkte – er fabrizierte nahezu ein Freudenfeuer. Ich glaube gar, wenn er das gemacht und wenn er den ganzen Garten in Brand gesteckt hätte, würde seine Frau wahrscheinlich noch gesagt haben: »Ist mein Mann nicht der herrlichste Feuerwerker?« Man braucht sich kaum zu wundern, daß diese Familie so glücklich ist.

Rufen Sie Vertrauen schweigend hervor

Neben den bewußten Worten der Aufmerksamkeit und Anerkennung eines anderen ist es gut, im stillen für ihn und an ihn folgende Worte zu richten: ... (Setzen Sie hier seinen Namen ein), ICH VERTRAUE DEINEN ANGEBORENEN FÄHIGKEITEN UND DEINER GÖTTLICHEN FÜHRUNG. ICH SEHE, WIE DU JETZT MIT GOTTES REICHER HILFE VON ERFOLG ZU NOCH GRÖSSEREM ERFOLG GEHST. DEIN ERFOLG IST GROSS, MÄCHTIG UND UNWIDERSTEHLICH. ER TRITT JETZT IN ERSCHEINUNG.

Das bedeutet nicht, daß Sie das Bewußtsein eines anderen hypnotisch beherrschen sollen. Sie geben ihm ganz einfach den Vorzug Ihrer besten Erfolgsgedanken. Die Gedankenkontrolle eines anderen zu gewinnen, ist nie das Ziel eines positiv Denkenden. Die Hypnose hat ihren Platz in der medizinischen oder naturwissenschaftlichen Forschung, kann aber nicht allgemein angewandt werden. Niemand hat geistig das Recht, das Denken eines anderen zu beherrschen. Solche Versuche bringen im allgemeinen für alle Beteiligten nur Unglück und Verwirrung.

Freiheit ist eines der großen geistigen Gesetze des Universums, und ein positiv Denkender weiß dies. Solange Sie lediglich Gedanken allgemeinen Erfolges und Wohlbefindens für einen anderen bejahen, besteht keine Gefahr, daß Sie versuchen, ihn geistig zu beherrschen. Ein solcher Eingriff geschieht, wenn man versucht, ins Detail zu gehen, und einen anderen mental dazu zwingt, seinen eigenen selbstsüchtigen Gedankengängen entsprechend zu handeln. Bejahungen, die wir für uns selbst sprechen, hypnotisieren uns ebensowenig. Ganz im Gegenteil, sie enthypnotisieren uns von Vorstellungen negativer Art, die wir gewohnheitsmäßig akzeptiert hatten, bevor wir die Macht der Gedanken erkannten.

Der Geschäftsführer einer großen Gesellschaft, der allgemein beliebt war, verzeichnete so viel Erfolg, weil er seinen Angestellten gegenüber immer Lob, Anerkennung und Vertrauen zum Ausdruck brachte. Einmal brachte man ihm einen Sträfling, der Urlaub auf Ehrenwort hatte, als möglichen Arbeiter. Der Geschäftsführer drückte dem Gefangenen sein Vertrauen aus; er glaube, daß er Anlagen zum Guten habe. Und er stellte ihn ein. Der ehemalige Strafgefangene wurde zu einem langjährigen Angestellten, der von seinem Chef immer wieder Worte der Ermutigung und des Vertrauens hörte. Und heute ist er selbst Abteilungsleiter in derselben Gesellschaft!

Ihr Selbstvertrauen vermehrt sich
Sie werden niemals in Erfahrung bringen, wieviel Ihre Worte des Vertrauens bedeuten können, noch inwieweit sie für einen anderen Gutes bewirken. Hier gilt die uralte Weisheit: Wenn Sie Worte des Vertrauens über andere sprechen, können Sie nicht umhin, dieses Vertrauen zu sich selbst zu ziehen, denn das, was Sie aussenden, kommt vermehrt zu Ihnen zurück.

Neben diesen verschiedenen Methoden zur Entwicklung Ihres Selbstbewußtseins und den mehr wissenschaftlichen Methoden, die Sie aus den beiden nächsten Kapiteln erfahren, gibt es noch eine weitere, die man nicht unterschätzen sollte. Psychologen erklären, daß die Zwiesprache mit dem Unendlichen eine der größten Vertrauensquellen der Welt sei, und ich glaube das. Ich schlage vor, daß Sie Kapitel 12 ein zweites Mal lesen, das Sie mit den vier Grundmethoden des Gebets vertraut macht. Durch Hinwendung, durch Meditation und Kontemplation berühren Sie das göttliche Etwas in sich und um Sie herum, das ungeheure Kraft und großen Glauben freisetzt. Dann werden Sie mit Vertrauen und dem sehnsüchtigen Verlangen, voranzukommen, erfüllt.

Irgend jemand hat einmal gesagt, daß der Mensch Erfolg hat, der »denkt, daß er es kann«. Denken Sie daran, wie wichtig es für Ihr Selbstvertrauen ist, daß Sie den besten Fuß zuerst vorsetzen. Wenn Sie alles, was in Ihrer Macht steht, tun, um sich und anderen ein Gefühl des Vertrauens und ein zuversichtliches Aussehen zu geben, erzeugen Sie in sich und anderen den Eindruck des sicheren Erfolgs. Ihre eigenen und die Gedanken der anderen werden dann hinsichtlich der erwarteten guten Ergebnisse vervielfältigt.

Durch die hier dargelegten verschiedenen Methoden wird Ihr Denken auf eine höhere Ebene gebracht, und Selbstvertrauen wird zu einem natürlichen Bewußtseinszustand und kann unbewußt für Sie ans Werk gehen. Dann wird Ihr Glück in einer Lawine hochgepriesenen Erfolgs auf Sie zukommen!

14. Kapitel

Das Glücksvermögen Ihres innersten Wesens

Zusätzlich zu den normalen Sinnen der Wahrnehmung besitzen die Menschen die tiefere geistige Befähigung der Intuition und schöpferischen Vorstellungskraft neben anderen besonderen Fähigkeiten, die im nächsten Kapitel behandelt werden.

Leute, denen die Welt geniale Fähigkeiten zuschreibt, sind solche, die den Mut und das Vertrauen hatten, auf ihre Intuition und schöpferische Vorstellungskraft zu achten und ihrer Führung zu folgen. Da sie ihrer inneren Stimme folgen, sind die Resultate gewöhnlich so wunderbar, daß die anderen glauben, sie verfügten über ungewöhnliche Begabungen. Tatsächlich besitzen sie keine ungewöhnlichen Fähigkeiten. Sie wenden vielmehr ganz aktiv ihre Intuition und schöpferische Imaginationskraft an, anstatt diese geistigen Kräfte zu ersticken, wozu die meisten von uns neigen. Auch wir können unsere Intuition und Einbildungskraft anregen, die unsere innersten Fähigkeiten für Glück, Erfolg und ein befriedigendes Leben sind.

Wenn Sie Ihre genialen Fähigkeiten entwickeln, scheinen Sie zuweilen jenem »anderen Trommler« zuzuhören, von dem Henry David Thoreau geschrieben hat. Ich habe immer ein gutes Intuitionsvermögen gehabt, das mich häufig in Verwirrung brachte, weil ich es nicht verstand. Ich hatte manchmal den Eindruck, daß ich, wenn ich der Eingebung folgen würde, seltsam, exzentrisch, ja anomal wäre. Als Kind konnte ich anderen Leuten oft nicht erklären, was es war oder warum ich mich zuweilen gezwungen fühlte, dem inneren Drängen zu folgen. Andererseits machte ich die Erfahrung, daß, gehorchte ich nicht der inneren Stimme oder dem »sechsten Sinn«, den ich hatte, meine Welt in Unordnung geriet und ich unglücklich wurde. Ich entdeckte, daß ich, wenn ich meinen Eingebungen folgte, unvermeidlich zum rechten Ziel geführt wurde.

Wenn Sie die Menschen in Ihrem Leben überdenken, die irgendwie mit Originalität behaftet sind, werden Sie finden, daß sie sich den Gedankengängen der Welt nicht angeschlossen haben; und dadurch wurde schöpferisches, neues Wissen frei, das durch sie ausgedrückt werden konnte. Die Welt bedarf dieser Art von Original-Denken in diesem erregenden, progressiven Zeitalter, in dem wir leben.

Vom Standpunkt des positiven Denkens aus gesehen, haben die Menschen nicht gewußt, was sie mit ihren angeborenen innersten Fähigkeiten, der Intuition und der schöpferischen Vorstellungskraft anfangen sollen. Diejenigen, die dieses innere Gefühl oder Wissen, das zuweilen in einem jeden von uns aufflammt, entwickelt haben, wurden von ihren Mitmenschen gewöhnlich für komisch oder unnormal angesehen, wenn sie ihre besondere Fähigkeit nicht unterdrückten, sondern ausdrückten. Die meisten von uns lehrte man, solche Leute nicht ernst zu nehmen.

Sie sind mit genialen Fähigkeiten ausgestattet

In diesem erleuchteten Zeitalter beginnen wir jedoch einzusehen, daß wir als Menschen zwar mit nur fünf physischen Sinnen ausgestattet sind, während wir als geistige Wesen Fähigkeiten mitbekommen haben, die nur wenig erkannt und genutzt werden. Diese unerforschten geistigen Eigenschaften sind es, die außergewöhnliche Macht für die Erzeugung eines guten, erfolgreichen Lebens haben.

Weil unsere Aufmerksamkeit gewöhnlich auf die äußere Welt der Aktivitäten gerichtet ist, hören und beachten wir die intuitive Führung nicht. Kürzlich sagte ein Bekannter zu mir, wenn wir unsere intuitiven Eingebungen auflisten würden, wären wir erstaunt, wie oft uns der richtige Weg gezeigt worden wäre, hätten wir nur auf das innere Drängen gehört.

Wir alle haben schon gehört, daß oft in humorvoller Weise von »weiblicher Intuition« gesprochen wird. Allgemein scheint man der Ansicht zu sein, daß die Intuition eine eigentümliche, aber bedeutungslose Beigabe der Frauen sei, auf die sich Männer besser nicht verlassen. Heute jedoch lernen wir, daß ein jeder, Männer wie Frauen, Intuition hat. Wenn Frauen diese Fähigkeit sichtbarer als Männer entwickelt zu haben scheinen, so ist das vielleicht darauf zurückzuführen, daß die Männer sich mehr der Welt des Berufes und anderen äußeren Anforderungen zugewandt haben. Solche Interessen können uns zerstreuen, wenn wir mentale Kräfte entwickeln wollen. Der traditionelle Platz der Frau ist das Heim, in dem gewöhnlich eine ruhige Atmosphäre herrscht, die für die Aufnahme innerer Befehle des intuitiven Wesens dienlicher ist.

In unseren Zeiten jedoch hat sich die Lage geändert. Männer und Frauen widmen ihre Aufmerksamkeit dem Berufsleben und anderen äußeren Aktivitäten. Um die angeborene innere Fähigkeit der Intuition zu entwickeln, sind bestimmte Belehrungen angebracht.

Das Intuitionsvermögen sollte gefördert werden

Im Wörterbuch wird Intuition definiert mit: »Das unmittelbare Wissen oder Erkennen einer Sache ohne bewußte Anwendung des Verstandes; plötzliches Begreifen«. Intuition ist buchstäblich Ihr inneres Wissen. Sie gleicht einem Radioempfänger, durch den Ideen, Pläne und Gedanken in das Bewußtsein gelangen. Solche Gedankenblitze hat man Eingebungen, Ahnungen oder Anweisungen der inneren »stillen, kleinen Stimme« genannt.

Elias machte die Entdeckung, daß die »stille, kleine Stimme« die Stimme Gottes als höchste Weisheit und Führung war (I. Kön. 19,12). Die »stille, kleine Stimme« ist eine geniale Fähigkeit, denn sie ist eine göttliche Kraft.

In unserer Zeit der Konformität ist es notwendig zu erkennen, daß rechtes Gelingen und erfolgreiches Handeln aus dem »Anderssein« resultiert, indem man seine besondere Individualität zum Ausdruck bringt. Das soll nun nicht heißen, daß Sie unter allen Umständen ein Antikonformist, ein Beatnik, werden sollen! Sondern so, wie Charles Fillmore geschrieben hat: »Wenn du nach dem gewöhnlichen Muster der Menschheitsfamilie erzogen und geformt bist, wirst du vielleicht ein Durchschnittsleben leben, aber nie einen eigenen Gedanken haben.«

In den letzten Jahren war man allgemein der Ansicht, daß ein Mensch, der nicht in ein gewisses Gedankenschema paßte und sein Betragen der Allgemeinheit anglich, sich nicht in die Mechanismen der Gesellschaft einfügen ließ. Die Gefahren einer solchen Konformität werden heute erkannt, wenn es auch von gewissen Seiten immer noch Druck in Richtung auf eine strikte Anpassung gibt. So haben zum Beispiel vor kurzem einige große Gesellschaften ihre Haltung geändert. Sie finden heute, daß allzu große Anpassung bei ihren Angestellten zu Stagnation und Produktionsminderung führe. Verschiedene Firmen suchen daher nach Wegen, um einen neuen Individualismus anzuregen. Was man auf den verschiedensten Gebieten amerikanischen Fortschritt nennt, ist das Ergebnis von Einfallsreichtum und Individualismus. Ein Schriftsteller hat darauf hingewiesen, daß das Zeitalter der Raumfahrt »wagemutigen und beharrlichen Individualismus« verlange, und diese Eigenschaft wird gewöhnlich bei dem gefunden, der gelernt hat, nach innen zu lauschen, und der seinen Eingebungen folgt.

Vielleicht sind Sie Ihren Eingebungen nicht gefolgt, weil sie Ihnen zu phantastisch erschienen, und Sie haben versucht, das alles erst einmal logisch zu durchdenken, bevor Sie sich zum Handeln entschlossen. Intuition hat aber nichts mit logischem Denken zu tun, denn sie ist eine geistige Eigenschaft, die nichts erklärt. Sie weist nur den Weg und überläßt es Ihnen, die Sache aufzugreifen oder fallenzulassen, die Eingebung zu beachten oder zu ignorieren. Geniale Menschen haben das Selbstvertrauen und den Glauben an ihre innere Stimme, daß sie ihr folgen, ohne darüber nachzudenken. Und gerade darum nennt man sie genial. Durchschnittsmenschen warten gewöhnlich auf »Beweise« und quälen sich infolgedessen durch die Auseinandersetzung mit ihren intellektuellen Fragestellungen.

Durch Intuition haben Musiker, Maler und Schriftsteller, Wissenschaftler und Heilige Kontakt mit dem allwissenden Kosmischen Bewußtsein aufgenommen und ihre Inspirationen dann in die Welt einfließen lassen.

Auch zu Ihnen gelangt auf inneren Wegen Intuition, wie auch von außen her Eingebungen zu Ihnen kommen; auf jeden Fall werden Sie Intuitionen haben, wenn Sie keine Hindernisse dagegen aufbauen.

Die »Ja«- und »Nein«-Phasen der Intuition

Es gibt »Ja«- und »Nein«-Phasen der Intuition. Häufig kommt die »Ja«-Phase auf eine so stille, sanfte Weise, daß man geneigt ist, zumindest am Anfang ihre Eingebungen zu übersehen. Sie versucht nicht, Sie von irgend etwas zu überzeugen. Dennoch pflegt dieselbe Idee, wenn man sie zunächst mißachtet, ganz sanft immer wieder unser Bewußtsein zu berühren, bis man sie wahrnimmt.

Die »Nein«-Phase der Intuition tritt häufig betonter auf. Jahrelang schien es mir, daß meine Eingebungskraft nur dann lebendig wurde, wenn sie durch ein inneres Gefühl der Rastlosigkeit, des Unbehagens oder der Unzufriedenheit ganz entschieden »nein« zu etwas sagte. Die »Nein«-Phase der Intuition scheint häufig lauter und nachdrücklicher zu sein. Man hat ein unangenehmes Gefühl, von dem man sich nicht befreien kann, solange man der »Nein«-Führung nicht folgt.

Man kann es lernen, mit den »Ja«- und »Nein«-Phasen seiner Intuition Kontakt aufzunehmen und sich dadurch führen zu lassen, indem man täglich Zeiten der Stille einhält, in denen das Bewußtsein frei von herumschweifenden Gedanken und entspannt empfangsbereit für die innere Führung ist. Die Intuition erzwingt sich normalerweise ihren Weg nicht, sondern wartet geduldig auf eine entspannte Gemütshaltung, durch die sie effektiver zu wirken vermag. Eine Vorahnung vermag sich jedoch, wenn es dringend nötig ist, auch durch ein geschäftiges Bewußtsein vernehmlich zu machen.

Fünf einfache Schritte zur Entfaltung der Intuitionsgabe

Nachfolgend eine Regel zur Entwicklung der »Ja«- und »Nein«-Kräfte Ihrer Intuition.

Erstens: Verdeutlichen Sie sich, daß die Intuition eine geistige Fähigkeit des Bewußtseins ist, die nichts erklärt, sondern nur den Weg zu größerem Glück für Sie aufweist. So bewarb sich zum Beispiel eine Sekretärin um drei verschiedene Stellungen. Die eine Arbeit sollte sehr gut bezahlt werden, die andere Position wurde mittelmäßig bezahlt, und das Anfangsgehalt der dritten Stelle war eher niedrig, aber diese Firma bot die besten Möglichkeiten für Aufstieg und berufliche Befriedigung.

Menschliche Überlegungen versuchten ihr einzureden, daß sie die erste Stelle annehmen solle, die ihr sofort ein hohes Einkommen bot. Menschliche Überlegungen wiesen auch darauf hin, daß das zweite Angebot mit der mittelmäßigen Bezahlung eine »Traumstellung« sei aufgrund der schönen Umgebung, die sich bot.

Aber das innere Gefühl der Sekretärin sagte ihr, sie solle die dritte Stellung annehmen, die zunächst am geringsten bezahlt wurde und keine bezaubernde Umgebung zu bieten hatte. Aber die Möglichkeiten waren hier größer, weil der Arbeitgeber eine unbegrenzte Zukunft in dem neu geschaffenen Geschäftszweig vor sich hatte.

Sie folgte ihrer Eingebung, die ihr keine logischen Anhaltspunkte bot oder Beweise lieferte, sondern lediglich den Weg wies. Es dauerte nicht lange, da wurde das Büro mit herrlichen Möbeln neu ausstaffiert. Und mit der Zeit gelangte ihr Arbeitgeber an die Spitze seines Geschäftszweiges, und ihr Gehalt erreichte das Dreifache des Betrages, den ihr die anderen Firmen geboten hatten.

Es liegt ganz bei Ihnen, ob Sie in Glauben und Vertrauen dem von der Intuition gewiesenen Pfad folgen wollen, um Ihr Gutes zu

beanspruchen. Alles, was Sie an Großem in der Welt sehen können, wurde geschaffen, weil irgendeiner das zwingende Gefühl
hatte, daß es erreicht werden könnte. Auch Sie können Ihre Ideen
und inneren Gefühle nehmen, um eine schönere Welt zu schaffen.

Zweitens: Ob Ihre Arbeit geistiger oder körperlicher Art ist –
handeln Sie im täglichen Leben so, als sei die göttliche Weisheit,
die Intuition des höchsten Bewußtseins, bei Ihnen. Üben Sie sich
darin, anzuerkennen, daß die göttliche Eingebung mit Ihnen ist, an
Ihnen interessiert ist, alles über Sie weiß und sich freut, Ihnen helfen und Sie führen zu können.

Wenn Sie diese Geisteshaltung bei allem, was Sie tun und was Sie
angeht, einnehmen, werden Sie feststellen, daß eine neue Kraft für
Sie am Werk ist und Sie umgibt. Sie werden eine neue Fähigkeit zur
Erreichung Ihrer Ziele entdecken. Sie werden bessere Bedingungen und glücklichere Umstände anziehen. Je mehr Sie an die liebevolle, allwissende göttliche Weisheit und ihre intuitive Führung
denken, die mit Ihnen und für Sie wirkt, desto weniger werden Sie
sich anstrengen müssen, um die Dinge richtig zu machen.

Damit Ihnen geholfen wird, diese Geisteshaltung zu erlangen,
sollten Sie häufig folgende Bejahung sprechen: DIE GÖTTLICHE
EINGEBUNG ZEIGT MIR JETZT DEN WEG. GÖTTLICHE INTUITION
WIRKT JETZT IN MIR UND DURCH MICH, IN UND DURCH ALLE BE-
TROFFENEN UND SCHAFFT MÜHELOS UND SCHNELL DAS VOLLKOM-
MENE ERGEBNIS, DAS PERFEKTE RESULTAT.

Drittens: Wenn Sie gedanklich diese Schritte vollziehen, werden
Sie feststellen, daß Sie selbst im Denken nicht zu kämpfen brauchen, um die Dinge richtig und besser zu machen. Vielmehr werden Sie entdecken, daß alles, woran Sie denken, dem Sie Ihre Aufmerksamkeit schenken oder für das Sie Interesse bezeugen, seine
Geheimnisse zu enthüllen beginnt. Das Wörterbuch beschreibt
Intuition ferner als die Fähigkeit, etwas zu betrachten oder kon-
templativ anzusehen. Mehr und mehr werden Sie die Entdeckung
machen, daß das, was Sie betrachten oder gedanklich anschauen,
Sie kennenlernen will.

Sie werden nun aufhören, das ersehnte Gute als fern und von Ihnen getrennt zu betrachten. Sie werden aufhören zu denken, daß es schwierig sei, das Erwünschte zu erreichen. Sie werden aufhören, Pläne zu machen, Tricks zu versuchen und Leute oder Ereignisse zu manipulieren. Statt dessen beginnen Sie einzusehen, daß mit Hilfe der göttlichen Intuition alles bereits in greifbarer Nähe ist, bereit, als Idee, festumrissener Plan und Ausführungsmethode zur rechten Zeit hervorzutreten und glückliche Ergebnisse zu bringen.

Viertens: Nachdem Sie begonnen haben, alles so zu tun, als wären Sie in der Gegenwart der göttlichen Weisheit und des intuitiven Wissens, das Ihre Bedürfnisse kennt, daran interessiert, dazu fähig und glücklich ist, Ihnen zu helfen, werden Sie nicht nur finden, daß sich Ihre Fähigkeiten mehr und mehr entfalten, sondern daß Sie auch von innen über viele Dinge Anweisungen erhalten, die Sie unbedingt wissen müssen. Plötzlich werden Sie »ein Gefühl haben« oder »einen Einfall aufgreifen« und werden wissen, was zu tun oder zu lassen ist. Wenn Sie dem Einfall oder der Eingebung folgen, werden Sie angenehm überrascht sein, feststellen zu dürfen, daß die göttliche Intuition, die Ihnen die Eingebung vermittelte, schon vor Ihnen den Weg für die Erfüllung bereitet hat! Sie werden die Erfahrung machen, daß in dem Augenblick, da Sie dem inneren Gefühl glaubensvoll und ohne intellektuelles Argumentieren folgen, sich Ihr Gutes vor Ihnen schneller entfalten wird, als Sie es annehmen können.

Somit zeigt eine Vorahnung oder eine innere Eingebung lediglich an, daß das, was man sich wünscht, tatsächlich unser sein möchte. *Ein Wunsch ist das Anklopfen Gottes an die Pforte unseres Bewußtseins, um uns mehr Gutes zu geben.* Wenn man etwas zutiefst ersehnt, beweist das positiv, daß es schon für uns bereit ist und nur darauf wartet, von uns erkannt und akzeptiert zu werden. Das bedeutet nicht, daß man das, was einem anderen gehört, ersehnen oder sich wünschen soll. Man kann sich das göttliche Äquivalent vom Guten eines anderen wünschen, und man sollte danken für sein eigenes ererbtes »göttliches Gegenstück«.

Wenn Sie über eine innere Eingebung noch nachdenken und etwas mehr Gewißheit brauchen, bevor Sie sich auf unbekanntes Gebiet vorwagen, dann bedenken Sie, daß Sie Selbstsicherheit dadurch erhalten, indem Sie darum bitten. Bitten Sie um ein Zeichen dafür, daß Sie die rechte Richtung einschlagen. Eine machtvolle geistige Haltung gewinnt man in solchen Zeiten durch folgende Bejahung: ICH ENTSCHEIDE MICH HIERFÜR, WENN ES MEINEM HÖCHSTEN GUTEN DIENT. WENN NICHT, DANN, GÖTTLICHE EINGEBUNG, SENDE MIR DAS GÖTTLICHE ÄQUIVALENT.

Stellen sich Zweifel über die inneren Eingebungen ein, dann bejaht man am besten: WELCHES, GÖTTLICHE INTUITION, IST DIE VOLLKOMMENE WAHRHEIT IN DIESER SITUATION? OFFENBARE ES MIR JETZT, SO DASS ICH KEINE FEHLER MACHE.

Fünftens: Nachdem Sie einen Entschluß über die göttliche Weisheit in Ihrem Innern getroffen haben, müssen Sie sich auf Überraschungen gefaßt machen. Ihre Probleme werden nicht immer in der Art und Weise gelöst, wie Sie es sich dachten, genausowenig, wie Ihr göttliches Erbe des Guten immer auf den von Ihnen erwarteten Wegen zu Ihnen kommt. Wenn Sie an dieser Stelle nicht für Überraschungen bereit sind, könnten Sie an Ihrem Glück vorbeigehen.

Treffen Sie an diesem Punkt den eindeutigen Entschluß, daß Sie in den verschiedenen Erfahrungen, die folgen, nur das Gute wählen und nur das Gute akzeptieren wollen. Resultate folgen immer Beschlüssen; es werden sich Dinge ereignen, die mit Ihren Entschlüssen übereinstimmen.

Auf diese Weise können Sie Ihre Intuitionsfähigkeit, die als Ahnung oder Eingebung oder als direkte Mitteilung durch die stille, kleine Stimme im Innern zu Ihnen kommt und »ja« oder »nein« sagt, entwickeln.

Intuition tut sich auch äußerlich kund

Aber genausogut kann sich Intuition auch äußerlich kundtun. Wenn Sie um Führung gebeten haben, kann die Antwort darauf durch die Worte eines Freundes, durch einen Satz in einem Buch oder in einer Zeitschrift oder durch eine Serie äußerer Ereignisse, die sich um Sie herum begeben, erfolgen.

So bat zum Beispiel eine Freundin um Führung, ob sie sich einen Urlaub gönnen solle. Einige Tage, nachdem sie darüber meditiert hatte, verspürte sie immer noch keine innere Führung oder Eingebung. Als sie aber eine Zeitschrift durchblätterte, fielen ihr folgende Worte in Fettdruck auf: »Warum gehst du nicht?« Das entschied die Sache! Sie akzeptierte die Vorstellung, daß der Urlaub möglich war, und danach ergaben sich rasch eine Reihe von Umständen, die zur Erfüllung des Vorhabens führten.

Die äußeren Möglichkeiten der Intuition sind so vielseitig wie sie interessant sind. Eine Mutter machte sich Sorgen um ihren Sohn, dessen Betragen sehr zu wünschen übrig ließ. Sie erwog die Möglichkeit, ihn auf eine Privatschule zu schicken, doch schien er noch reichlich jung dafür zu sein, um von zu Hause fort zu müssen. Als sie sich fragte, was da zu tun sei, entsann sie sich der meditativen Einkehr mit Bitte um intuitive Führung. Kurz darauf schlug sie die Zeitung auf, und ihr Blick fiel auf folgende hervorstechende Worte: »Das Zuhause ist der Ort für schwierige Kinder.« Sie nahm das als ihre Führung und gab den Gedanken auf, ihr Kind woanders hinzuschicken. Sie lernte dann, ihrem kleinen Sohn mehr liebevolle Aufmerksamkeit zuzuwenden, worauf er rasch mit besserem Betragen reagierte.

Die Intuition eines Geschäftsmannes sagte »nein«

Ein Geschäftsmann erzählte mir kürzlich, wie seine Intuition auf äußere Weise zu ihm »nein« sagte, als es ihm nicht gelungen war, innere Führung zu empfangen. Er wünschte, eine recht teure Reise zu unternehmen, für die er nicht das Geld hatte, wenn es ihm auch möglich war, es sich zu borgen. Der Drang, diese Reise anzutreten, war so stark, obwohl sein Verstand ihm davon aus logischen Überlegungen abriet, daß er fühlte, es sei notwendig, ein bestimmtes äußeres Zeichen zu bekommen. Als er eines Morgens wieder den starken Wunsch, diese Reise trotz der damit verbundenen Verschuldung zu unternehmen, verspürte, beschloß er, die Sache so oder so zu entscheiden. Er beschloß, daß er noch am gleichen Tag wissen wolle, was zu tun sei. Dann versuchte er mehrfach, mich telefonisch zu sprechen, um Gebetshilfe zu erbitten, aber er konnte mich nicht erreichen.

Gegen Nachmittag beschloß er, daß er, sollte er mich nicht bis fünf Uhr erreicht haben, dieses als Fingerzeig dafür betrachten wolle, daß die Antwort »nein« hieß. Ich war schließlich um Viertel nach fünf frei und rief ihn sofort an; seine Grenze war fünf Uhr gewesen. Und so nahm er dies als endgültige Führung, daß er sich nicht das Geld für eine so teure Reise borgen solle. Statt dessen blieb er ruhig zu Hause, ruhte sich aus und erfüllte seine Freizeit mit vielen Dingen, die ihm die Hetze des Alltags normalerweise nicht erlaubte. Er hatte seine »Nein«-Antwort erhalten und erkannte bald, daß dies seinem höchsten Guten diente. Er erkannte auch, daß sein ursprünglich so starker Wunsch, die Reise zu unternehmen, keine tiefe, intuitive Führung gewesen war, sondern mehr die oberflächliche Eigenschaft menschlichen Willens hatte, der versuchte, seinen menschlichen Weg durchzusetzen.

Trachten Sie bei allem nach unmittelbarer Erkenntnis

Ein Arzt erzählte, er würde nie einen Patienten behandeln, bevor er nicht das intuitive Wissen, was zu tun sei, erlangt habe. Solange er sich noch über den Zustand des Patienten unschlüssig sei und keine sichere Diagnose stellen könne, würde er nichts weiter tun, als mit ihm zu sprechen und ihn zu untersuchen. Zuweilen habe er es für nötig erachtet, den Patienten mehrmals zu sich zu bestellen, bevor er hinsichtlich der Therapie intuitive Sicherheit verspürte. Da dieser Arzt eine große und sehr erfolgreiche Praxis hat, scheint er wirklich die Erfolgsmacht der Intuition zu beweisen.

Ich habe häufig die Erfahrung gemacht, daß gerade dann, wenn ich um unmittelbare Erkenntnis oder innere Führung bitte, irgend jemand, der keine bewußte Kenntnis von meinem Problem hat, mich anruft, mir schreibt oder sich mit mir verabredet, um mir gerade das mitzuteilen, was ich wissen muß.

Lösen Sie Ihre Probleme intuitiv

Sobald ein persönliches oder berufliches Problem auftaucht, sollten Sie dasselbe nicht mit sich herumschleppen, es hegen und pflegen und dabei der Ansicht sein, daß Sie geduldig warten müßten, bis Sie diese Last wieder loswerden. Trachten Sie statt dessen nach innerer Führung und Erkenntnis, und achten Sie darauf, was Ihnen die innere oder äußere Intuition mitteilt.

Beginnen Sie sofort damit, diese Fähigkeit zu entwickeln. Wenn Sie die inneren oder äußeren Eingebungen in vollkommenem Glauben befolgen, werden Sie nicht zu früh oder zu spät machen. Lassen Sie sich nicht verwirren, wenn etwas schiefzugehen scheint, nachdem Sie begonnen haben, Ihren Eingebungen gemäß zu handeln. Bejahen Sie, daß die göttliche Intuition vollkommene Resultate erzielt, und Sie werden den guten Erfolg erleben. Zuweilen scheint es anfangs so, als laufe etwas schief, was in Wirklichkeit die Dinge nur wieder ins rechte Lot bringt.

Emerson hat in seinen Essays die Geniekraft der Intuition anerkannt; er weissagte: »Wir sind dabei, in eine neue Welt hinüberzuwechseln. Der Geist wird im Herzen des Menschen den Thron besteigen. Damit verbunden wird eine Philosophie der Innenschau aufkommen, woraus die Verwandlung der Geniekraft in praktische Kraft resultieren wird.« Innenschau ist ein anderer Name für inneres Wissen oder Intuition, aus der Geniekraft in praktische Kraft und praktische Resultate umgeformt werden kann.

Ihre zweite geniale Fähigkeit ist die schöpferische Vorstellungskraft

Salomo hat mit Sicherheit unsere geniale Fähigkeit der schöpferischen Vorstellungskraft beschrieben, als er erklärte: »Wo keine Hellsichtigkeit ist, wird das Volk wild und wüst; wohl aber dem, der das Gesetz hält!« (Spr. 29,18).

Sie können die schöpferische Vorstellungskraft in interessanter Weise anwenden. Vom individuellen Standpunkt aus können Sie sie als eine Macht des Gedeihens auf einfache und angenehme Weise entwickeln. Wir alle wünschen uns, geistige Kontrolle über zukünftige Ereignisse und Pläne für Wohlergehen und Gedeihen zu gewinnen. Um das zu erreichen, ist es gut, jede Nacht vor dem Einschlafen die Pläne des nächsten Tages zu überdenken. Damit Ihre geniale Fähigkeit der schöpferischen Vorstellungskraft beflügelt wird, schlage ich die Anwendung der folgenden Technik vor:

Anstatt sich zu sorgen, wie sich die Ereignisse des nächsten Tages gestalten werden oder anstatt über bestimmte Probleme desselben nachzugrübeln, nehmen Sie bewußt in Ihre Gedanken nur das auf, was Sie von den Ereignissen des nächsten Tages genau wissen. Beginnen Sie mit Ihren morgendlichen Aktivitäten, und malen Sie sich im Geiste den Tag so aus, wie Sie ihn gern sehen möchten. Sobald Sie fühlen, daß bedrückende Möglichkeiten Sie verwirren wollen, nehmen Sie sie unter Ihre Kontrolle, indem Sie bejahen: ICH SEGNE DICH MIT DES ALLERHÖCHSTEN ALLMÄCHTIGEM GUTEN. DAS GUTE DES UNENDLICHEN ÜBERNIMMT DIE HERRSCHAFT, ES IST ALLES IN ORDNUNG. Betonen Sie die positiven Entwicklungen, die Sie gern am nächsten Tag erfahren möchten, und übernehmen Sie die Herrschaft über den Gang der Dinge, indem Sie bejahen, daß Gottes Gutes alles kontrolliert. Bejahen Sie für den Ablauf des ganzen nächsten Tages: ICH DANKE FÜR DIE ZUFRIEDENSTELLENDE ERFÜLLUNG UND DIE GÖTTLICHEN VOLLKOMMENEN RESULTATE. Und dann denken Sie nicht mehr an die Angelegenheit.

Sie haben Ihre schöpferische Vorstellungskraft benutzt, um den richtigen Ablauf einer jeden Situation zu programmieren. Umstände, Situationen und Personen, alle, die betroffen sind, werden zur vollkommenen Lösung beitragen. Dieses ist ein machtvolles Mittel, um das göttliche Bewußtsein zur Erzeugung glücklicherer Umstände in Familie, Geschäft, im sozialen oder geistigen Leben ins Spiel zu bringen.

Die schöpferische Vorstellungskraft
kann unglückliche Erinnerungen löschen

Sie können auch Ihre schöpferische Vorstellungskraft einsetzen, um unglückliche Erinnerungen, geschäftliche Niederlagen, disharmonische zwischenmenschliche Beziehungen und andere negative Erfahrungen der Vergangenheit zu löschen. Im Reich der göttlichen Weisheit gibt es weder Vergangenheit, Gegenwart noch Zukunft. Das Element der Zeit fehlt völlig. Da Sie inmitten dieser gewaltigen kosmischen Weisheit leben, sich bewegen und Ihr Sein haben, können Sie die Herrschaft über Ihre Vergangenheit, Gegenwart und Zukunft erlangen. Daher können Sie dem göttlichen Bewußtsein die Einzelheiten jeder Situation aus der Vergangenheit vortragen, die Sie für immer erledigen und löschen möchten.

Sie sollten sich zunächst Zeit, Ort und die betroffenen Personen bewußt machen. Dann sollten Sie in Gedanken die Einzelheiten des Geschehens durchgehen und dabei erklären: ICH SEGNE DICH MIT DES ALLMÄCHTIGEN ALLGEGENWÄRTIGEM GUTEN. Arbeiten Sie dann in Gedanken das Ereignis erneut durch, indem Sie es jetzt sich so vorstellen, wie Sie es gewünscht hätten. Indem Sie somit der negativen Erinnerung eine konstruktive Behandlung angedeihen lassen, wird das negative Gedankenmuster durch das liebevolle, positive Gedankenmuster aufgelöst, das Sie bewußt einsetzen. Sagen Sie zu der überarbeiteten Erinnerung und allen darin Betroffenen, ob diese nun noch hier auf Erden sind oder nicht: ICH SEGNE DICH. ICH SEGNE DICH UM DER GÜTE GOTTES WILLEN, DIE IN DIR UND DURCH DICH WIRKT. ICH ERKLÄRE FÜR MICH UND FÜR DICH, DASS ES IN DIESER ERFAHRUNG NICHTS GIBT AUSSER DES UNENDLICHEN ALLMÄCHTIGEM GUTEN. ALLES ANDERE WIRD AUF EWIG AUFGELÖST.

Auf diese Art und Weise können Sie Ihren Geist von negativen Erinnerungen befreien, die Ihr Denken vielleicht seit Jahren belastet und beschwert haben. Danach werden Sie sich freier und unbeschwerter denn je zuvor fühlen. Und bald werden neue reiche, glückhafte Gedanken den Platz einnehmen, der früher von den negativen Erinnerungen belegt worden war. Auf diese Art und Weise kann Ihre schöpferische Vorstellungskraft neues Glück für Sie entdecken.

Zu zweit verdoppelt man den Erfolg

Manch einer hat durch Anschluß an eine Gruppe und Gedankenaustausch großen Gewinn davongetragen. Selbst wenn nur zwei Menschen anfangen, eine Sache harmonisch zu bedenken, ergibt sich daraus die doppelte Geisteskraft, das heißt, es ergießt sich vermehrte Energie in die Situation. Jesus sprach von dieser Macht, als er sagte: »*Wo zwei unter euch eins werden auf Erden, all das, worum sie bitten, soll ihnen widerfahren von meinem Vater im Himmel*« (Matth. 18,19).

Jedes vertraute Familienmitglied, jeder eingeweihte Freund genügt hierfür. Einzige Voraussetzung für die Freigabe der genialen Kraft des Guten ist es, daß die Vertrauensperson mit Ihnen in vollkommenem Einklang ist und daß sie Ihr Problem oder Ihr Vorhaben nicht mit anderen erörtert. »In Stille und Vertrauen« liegt in solchen Zeiten Ihre Stärke.

Es ist gut, dem Vertrauten alles zu sagen, was Sie auf dem Herzen haben, alle Bürde vor ihm abzulegen und um seine Meditationshilfe und seine ursprünglichen Ideen zu bitten. Häufig erscheinen sehr rasch frische neue Ideen, ein neuer Gesichtspunkt und richtige Ergebnisse, wenn wir eine Situation mit so einer gleichgesonnenen Seele erörtern. Wenn zwei ihr geistiges Potential auf ein Ziel richten, scheinen sie sich in eine höhere Macht einzustimmen, die mit höherem Gedankengut und allgegenwärtiger Weisheit erfüllt ist, wodurch sich ihnen der richtige Weg, der einzuschlagen ist, offenbart.

Überwinden Sie Depressionen durch schöpferisches Denken

Wenn Sie sich niedergedrückt, entmutigt und depressiv fühlen und meinen, nicht mehr weiterzukönnen, ist es höchste Zeit, die schöpferische Vorstellungskraft ins Feld zu führen. Sprechen Sie mit jemandem, dem Sie vertrauen, reden Sie sich Ihre Last von der Seele, und lassen Sie sich helfen, einen frischen, neuen, erhobenen Standpunkt einzunehmen. In solchen Zeiten können andere Ihr Selbstvertrauen wieder aufbauen, wenn es Ihnen unmöglich erscheint, daß Sie das für sich tun.

Ich erinnere mich eines Ereignisses vor vielen Jahren, als eine Kollegin mir »den Laufpaß gab«. Sie erklärte, ich sei ein vollkommener Versager, hätte keine Ausdauer, hätte nicht den Stoff zum Erfolgreichsein und wäre abwegig und ein Außenseiter. Diese Worte waren für mich ein großer Schock. Hätte ich nichts über die Methode der schöpferischen Vorstellungskraft gewußt, dann würde ich wahrscheinlich ganz aufgegeben haben.

Aber ich erinnerte mich, daß nur ein Mensch, der mir helfen würde, all den gegen mich gerichteten negativen Gedanken entgegenzuwirken, die Tide wenden könnte. In meiner Not vertraute ich mich einer Freundin an, der ich alle Details erzählte und die jede einzelne negative Schilderung über mich ins Gegenteil verwandelte. Sie sagte: »Nun, du weißt selbst, daß du kein Versager bist. Du hast viele Male gesiegt, und du wirst weiterhin Erfolg haben. Du weißt, daß du das hast, was man dazu braucht, und du weißt auch, daß du kein ›abwegiger Außenseiter‹ bist. Vielmehr bist du ein ›Innenseiter, der auf dem Weg nach oben‹ ist!« Dann machte die Freundin mir klar, daß die über mich gesprochenen negativen Feststellungen völlig unbedeutend seien. Einzig und allein meine Reaktion darauf sei wichtig. Mit der verständnisvollen Hilfe meiner Freundin war es mir möglich, wieder Selbstvertrauen zu mir zu fassen. Tatsächlich ist das einzige, was mir von dem Vorfall in reger Erinnerung geblieben ist, die frohe, positive Behauptung: »Du bist auf dem Weg nach oben.« Das habe ich oft voller Glück bejaht.

Wenden Sie in der Familie
die schöpferische Vorstellungskraft an

In der letzten Zeit hört man immer mehr von einer Technik, die eine erweiterte Methode für die Anwendung der schöpferischen Vorstellungskraft als geniale Macht des Guten ist. Geschäftsleute setzen sich zusammen, erörtern ein Projekt und lassen ihre Vorstellungen einfließen, wie man dasselbe verwirklichen könne, wobei häufig erstaunliche Resultate verzeichnet werden. Vor kurzem erzählte mir eine Frau, daß die Firma ihres Mannes dies täte. Ein Ziel, ein Projekt, ein Plan wird vorgestellt; dann läßt man alle »ungläubigen Thomase« der Gruppe zu Worte kommen und vortragen, warum das Vorhaben nicht verwirklicht werden könne. Nachdem jeder sein Bewußtsein von negativen Gedanken über das Projekt befreit hat, erklärt der Leiter der Gruppe: »Nun wissen wir, warum und weshalb wir unser Ziel nicht erreichen können. Das aber ist nicht der Sinn unserer Zusammenkunft. Der Zweck unseres Hierseins ist es, das Ziel *zu erreichen*.« Dann bittet er um Vorschläge für die Durchführung und stellt einen Fertigungsplan aus den eingebrachten Ideen zusammen.

Ein wunderbarer Weg, um die geniale Kraft der schöpferischen Imagination unter den Mitgliedern Ihrer Familie freizusetzen, ist der, daß sich die ganze Familie zusammensetzt und sich über ein Gruppenthema einigt. Häufig rackern sich die Eltern redlich ab, um ihren Kindern einigen Luxus zu bieten; würden sie die Kinder aber daran beteiligen, daß sie sich den Wünschen anschließen, würden die Erfolge sich leichter und mit geringerem Kraftaufwand einstellen.

Ich kenne eine Familie, die so verfährt. Sie bitten jedes der Kinder, eine Wunschliste aufzustellen. Auch lassen sie die Kinder einige Wünsche aufschreiben, welche die ganze Familie betreffen. Interessanterweise hat die vereinte Kraft gemeinsamen Wunschdenkens und die angewandte geistige Kraft der Imagination für diese Familie einige sehr zufriedenstellende Ergebnisse gezeitigt.

Ihre innere Verwirklichungskraft spricht auf Harmonie an

Wo ein gemeinsames Ziel gegeben ist, haben Sie so lange große Verwirklichungskraft, wie Sie mit anderen im Einklang sind, die mit Ihrem Ziel übereinstimmen. Sie stimmen sich dadurch auf höhere Kräfte und Ideen ein, die Ihren Wunsch zur Erfüllung bringen. Allein indem Sie auf diese Weise an eine Sache denken, werden Sie eine eigene Methode der Zielerreichung erfahren, wenn Sie nur die Sache beharrlich im Auge behalten.

Harmonie, Übereinstimmung, gegenseitiges Einverständnis und ein gemeinsames Ziel sind von größter Bedeutung, wenn man in einer Vereinigung oder Gruppe die schöpferische Vorstellungskraft als Genialkraft anwenden will. Wenn nur ein Mensch darunter ist, der in der Angelegenheit nicht mit Ihnen übereinstimmt, kann der eine den Raum mit so viel Gedanken des Zweifels, der Furcht und Feindseligkeit erfüllen, daß die negative Atmosphäre den Strom schöpferischer Ideen zu hemmen imstande ist. Sie müssen Ihre Mitarbeiter sorgfältig auswählen, wenn Sie, vom geschäftlichen Standpunkt aus gesehen, Ihre Genialkraft der schöpferischen Imagination einsetzen wollen.

Beide genialen Kräfte – die Intuition und die schöpferische Vorstellungskraft – sprechen am besten auf ausgeglichene Gemüter an. Diese Geniekräfte sind delikate Mächte, die nur dann hervortreten, wenn Bewußtsein und Atmosphäre empfangsbereit sind.

Notwendige Stille

Sowohl die Intuition als auch die schöpferische Vorstellungskraft bedürfen Zeiten der Stille und Abgesondertheit, ganz besonders während der Freizeit und in Ruhepausen. Ich finde, daß ich die besten intuitiven Gedanken und innere Führung kurz vor dem Schlafengehen habe.

Einmal saß ich nach einem geschäftigen Tag in entspannter Haltung ganz still in meinem Heim. Mein Sohn hatte sich bereits zurückgezogen, es herrschte vollkommener Friede. Plötzlich kam mir zum Bewußtsein, daß ich mich dringend um eine finanzielle

Angelegenheit kümmern mußte, doch da ich nicht wußte, wie ich sie handhaben sollte, hatte ich sie immer wieder hinter anderen Dingen zurückgestellt. Jetzt stand mir die Angelegenheit klar vor Augen, und ich erkannte, daß ich innerhalb weniger Tage einen Entschluß fällen mußte, wie ich die Sache regeln sollte. So stellte ich die Frage: GÖTTLICHE EINGEBUNG, WAS IST DIE WAHRHEIT IN DIESER ANGELEGENHEIT? WIE SOLL ICH SIE REGELN? Mit Blitzesschnelle zogen eine ganze Reihe bestimmter Bilder durch meinen Geist, die mir detaillierte Anweisungen gaben, wie ich vorgehen sollte. Sie schienen nicht so logisch und vernünftig zu sein, wie man solche Dinge normalerweise regelt, aber nichtsdestoweniger folgte ich am nächsten Tag diesen Ideen. Als ich meiner inneren Führung gehorchte, ergaben sich ganz logische weitere Schritte, und zu gegebener Zeit konnte ich auf ein zufriedenstellendes Ergebnis blicken.

Unterschätzen Sie nicht die Macht der Ruhe

Zeiten der Ruhe, reflektive Zeiten, Zeiten des Friedens, wenn Ihr Geist entspannt und irgendwie müßig ist, sind Zeiten, da Ihre inneren Kräfte am besten Ihre Aufmerksamkeit erringen können und durch Sie wahre Inspirationen fließen lassen. Leute, die sich ständig abhetzen und nie ruhige, friedliche Perioden des Nachdenkens innehalten, müssen häufig sehr hart arbeiten. Wenn sie mehr auf ihre innere Stimme hören würden, könnten sie reiche Ideen, frische Vorstellungen, weise Anleitungen empfangen, die ihr Leben leichter und reicher machen würden. Ein kaufmännischer Angestellter erzählte mir vor einiger Zeit, welche wundervollen Ergebnisse er erzielte, nachdem er diese Regel beachtet hatte. Seine Firma hatte vor, ihn in den Ruhestand zu schicken, aber er meinte, daß er für den Schaukelstuhl noch nicht alt genug sei. Er begann zu bejahen, daß die unendliche Weisheit ihm einen Weg für befriedigende Arbeit öffnen werde. Da er nicht wußte, welche Kontakte er aufnehmen sollte, um eine solche Arbeit zu beschaffen, unternahm er gar nichts. Statt dessen verbrachte er viel Zeit damit, ganz ruhig dazusitzen und zu denken: »Göttliche Weisheit, welches ist die Wahrheit über den rechten Ort, an dem ich Dienste leisten kann?« Als er eines Tages nach dem Mittagessen im Rotary Club zurückkehrte, setzte sich wieder still hin und begann wieder zu bejahen, daß es eine göttliche Lösung für seine Lage gäbe; daß es für ihn eine neue vollkommene Arbeit gäbe und daß die Wahrheit hierüber ihm bald enthüllt würde.

Da betrat sein Assistent das Büro und berichtete, daß während der Mittagszeit jemand angerufen habe und daß er zurückrufen solle. Es erwies sich, daß er durch diesen Anruf ein Angebot für eine ähnliche Arbeit in einem anderen Bundesstaat erhielt. Im Laufe der Woche erreichte ihn noch ein Brief einer anderen Gesellschaft mit einem Arbeitsangebot. Wie diese beiden Firmen seinen Namen erfuhren, weiß er heute noch nicht. Er hatte zu niemandem über seinen Wunsch gesprochen, weiter arbeiten zu wollen. Kurz darauf ließ er sich von seiner damaligen Firma in den Ruhestand versetzen, verkaufte sein Haus und wechselte in einen anderen Bundesstaat hinüber, um dort seine neue Arbeit anzutreten, die ihm eine unbegrenzte Zukunft verspricht.

Die genialen Kräfte entwickeln Ihr Selbstbewußtsein

Sie werden größeres Selbstvertrauen über Ihre Vergangenheit, Gegenwart und Zukunft fühlen und ausstrahlen, wenn Sie Ihre Intuitionsgabe und schöpferische Vorstellungskraft entwickeln. Um es zu wiederholen: Entwickeln Sie Ihre *innere* Intuition als »Ja«- und »Nein«-Führung, indem Sie Ihre inneren Gefühle, Eingebungen und Ideen beobachten. Entwickeln Sie Ihre *äußere* Intuition durch Beobachtung von Ereignissen, Situationen und auffallenden Worten, die Ihre Aufmerksamkeit an sich ziehen, nachdem Sie die göttliche Eingebung gebeten haben, Ihnen den Weg zu weisen.

Entwickeln Sie Ihre schöpferische Imagination, indem Sie sich Ihr Gutes vorstellen, wobei Sie im Geist die vollkommene Vergangenheit, Gegenwart und Zukunft sehen; indem Sie mit einem vertrauten Menschen sprechen und ihn oder sie veranlassen, das Gewünschte mit Ihnen zu bejahen; indem Sie eine Gruppe kreativer Imagination bilden, welche mit Ihnen harmonisch in der Zielvorstellung übereinstimmt. Hierbei kann es sich um eine Gruppe von Mitarbeitern, um Familienmitglieder oder um zuverlässige Freunde handeln. Auf diese einfache Weise entwickeln, berühren und veranlassen Sie Ihre Geniekräfte, für Ihr Glück zu wirken.

Unterschätzen Sie niemals diese Ihre genialen Fähigkeiten! Sie wünschen es, für Sie arbeiten zu können, um Ihnen mehr Glück, Erfolg und Vertrauen in Ihre Fähigkeit zu geben, Führung auf jedem Schritt Ihres Lebensweges zu empfangen. Warum wollen Sie ihnen dabei nicht entgegenkommen? Bejahen Sie darum häufig: ICH DANKE DAFÜR, DASS MEINE GENIALEN FÄHIGKEITEN DER INTUITION UND SCHÖPFERISCHEN VORSTELLUNGSKRAFT JETZT UNBEHINDERT WIRKEN KÖNNEN UND DASS ICH GLÜCKLICH MEIN VOM UNENDLICHEN BESTIMMTES SCHICKSAL ERFÜLLE.

15. Kapitel
Besondere psychische Fähigkeiten

Im Raumfahrtzeitalter werden tiefere geistige Kräfte, die in früheren Jahrhunderten nicht in uns geweckt wurden, immer mehr in der Menschheit lebendig. Die wissenschaftliche Welt beschreibt diese tieferen Fähigkeiten als Telepathie, Hellsichtigkeit, allgemeine außersinnliche Wahrnehmung, Präkognition und Psychokinese. Wir wollen diese besonderen Fähigkeiten nicht nur vom wissenschaftlichen Standpunkt aus, sondern auch um unseres Themas willen, der Schaffung von Glück und Wohlstand, betrachten.

Telepathie ist eine alte Kunst

Telepathie ist das Bewußtwerden mentaler Vorgänge bei anderen Personen, ohne daß dieses Wissen durch Sehen, Hören, Berührung oder einen anderen der bekannten Sinne übermittelt wird. Mit anderen Worten, wenn ein Bewußtsein sich mit dem Bewußtsein eines anderen in Verbindung setzt, ohne dazu die Hilfe der physischen Sinne oder mechanischer Apparaturen zu benötigen, dann wird der auf diese Weise stattfindende Gedankenaustausch Telepathie genannt.

Es sollte nichts Spektakuläres an der Telepathie sein. Die Eingeborenen von Hawaii übten diese psychische Fähigkeit Jahrhunderte vor dem Erscheinen des weißen Mannes auf der Szene aus, der kam, um die »Wilden zu zivilisieren«. In Tahiti war die Telepathie viele Jahre lang weit verbreitet. Man weiß, daß in Afrika Nachrichten über politische Entscheidungen durch telepathische Vermittlung Stunden, ja Tage vor der offiziellen Veröffentlichung bekannt wurden. Auch die Heiligen und Meister des Fernen

Ostens übten jahrhundertelang die Telepathie als allgemeine gedankliche Übung. In unserer Zeit hat Dr. J. B. Rhine von der Duke-Universität viel dazu beigetragen, um die Telepathie wissenschaftlich erklärbar zu machen.

Die Bibel gibt viele Beispiele von ihrer Anwendung. Jesus zögerte nicht, seine telepathischen Fähigkeiten für das Gute einzusetzen. Als die Samariterin zu ihm sagte: »Ich habe keinen Mann«, erwiderte Jesus: »Du sagst richtig: Ich habe keinen Mann, denn du hast fünf Ehemänner gehabt, und der, mit dem du jetzt lebst, ist nicht dein Gemahl. Das hast du richtig gesagt« (Joh. 4,17,18).

Mit erhöhter Aufmerksamkeit hierfür und ein wenig Übung können Sie mehr als zufällige telepathische Fähigkeiten entwickeln.

Telepathie kann Ihnen helfen, schneller ein reiches, erfolgreiches Leben zu erfahren, wenn man sie richtig entfaltet. Diese besondere Fähigkeit ist jedoch nur ein Teil Ihrer erfolgbringenden Kräfte. Lassen Sie sich darum von der Telepathie nicht so sehr gefangennehmen, daß Sie sich unter Ausschluß Ihrer anderen Erfolgsfähigkeiten nur noch darauf konzentrieren.

Wie man Telepathie entwickelt

Vielleicht ist einer der Gründe, warum die Öffentlichkeit in der Vergangenheit diese psychische Fähigkeit nicht allzu ernst genommen hat, der, daß man die Beobachtung machte, die auch ich oft anstellte: Leute, die telepathische oder hellsichtige Fähigkeiten haben, scheinen häufig unausgeglichen und unpraktisch zu sein. Unsere psychischen Fähigkeiten können und sollten aber für genau das Gegenteil entwickelt werden: um unser Leben ausgewogener, reicher und erfolgreicher zu gestalten. Sie können aus der Anwendung Ihrer besonderen Fähigkeiten Nutzen ziehen, wenn Sie den in diesem Kapitel enthaltenen Anregungen genau folgen. Bejahen Sie zu diesem Zweck: DIE GÖTTLICHE TELEPATHIE ENTHÜLLT MIR JETZT DIE GANZE WAHRHEIT ÜBER MEINE BESONDERE BEFÄHIGUNG ZUM GLÜCKLICHSEIN.

Wenn Sie den Wunsch haben, mit anderen zum gemeinsamen Nutzen in Verbindung zu treten und äußere Kontakte vielleicht nicht angezeigt erscheinen, dann können Sie sie telepathisch erreichen, indem Sie bejahen: DIE GÖTTLICHE TELEPATHIE ENTHÜLLT DIR, MIR, UNS DIE GANZE WAHRHEIT ÜBER DIESE SITUATION.

Vor einiger Zeit hatte ich den Wunsch, mit einer Jugendfreundin in Verbindung zu treten, von der ich jahrelang nichts mehr gehört hatte. Ich wußte, daß sie sich verheiratet hatte und mehrmals umgezogen war, seitdem wir uns zum letzten Mal getroffen hatten, und ich wußte wirklich nicht, wo sie sich nun aufhielt. Vielleicht hätte ich mit etwas Mühe und Zeitaufwand ihre Spur ausfindig machen können, aber so dringend war mein Anliegen wieder nicht. Ich wollte jedoch gern wieder von ihr hören. Darum sagte ich immer dann, wenn mir der Gedanke an sie in den Sinn kam: DIE GÖTTLICHE TELEPATHIE WIRD DIESE VERBINDUNG FÜR MICH HERSTELLEN, DA ICH NICHT WEISS, WO SIE IST. Etwa zehn Tage später war ich überrascht, zwischen meiner Post einen Brief von ihr vorzufinden, in dem sie all die Fragen beantwortete, die ich über sie im Sinn gehabt hatte, und in dem sie mir ihre neue Adresse mitteilte.

Häufig ergeben sich im Laufe eines geschäftigen Tages Notwendigkeiten, für deren Erledigung Sie nicht sofort Zeit haben. Wenn Sie dann an andere denken, die damit zu tun haben, diese segnen und den Gedanken festhalten, daß die göttliche Telepathie ihnen mitteilen möge, was sie dringend wissen müssen, dann werden sie auf telepathischem Wege Ihre Gedanken empfangen und mit entsprechendem Handeln darauf reagieren.

Telepathie ist eine ausgleichende Kraft

Die Entfaltung Ihrer telepathischen Fähigkeit vermindert nutzlose Gespräche, Telefonanrufe, Briefe oder ermüdendes Handeln, das so viel kostbare Zeit verschlingt. Die Entwicklung dieser psychischen Kraft hilft Ihnen, die Ruhe zu bewahren und wichtige Aufgaben leichter zu erledigen.

Eine Geschäftsfrau mußte bei der Fertigstellung eines Artikels einen toten Punkt überwinden. Einen Abend bevor die Arbeit fertig sein sollte, hatte sie dringend irgendeine technische Hilfe in der Angelegenheit nötig. Immer wieder kam ihr der Name eines Freundes in den Sinn, der ihr diese Hilfe geben konnte. Sie wußte jedoch nicht, wo er sich an diesem Abend aufhielt, und sie versuchte vergeblich, ihn telefonisch zu erreichen. Schließlich zögerte sie auch, den Freund aufzuspüren, denn sie wollte nicht aufdringlich erscheinen. Schließlich entließ sie den Gedanken an den Freund, indem sie sich sagte: »Wenn er mir helfen soll, wird die göttliche Telepathie es ihm offenbaren. Andernfalls danke ich dafür, daß die göttliche Lösung dieses Problems jetzt kommt.« Nach fünfzehn Minuten läutete das Telefon, und ihr Freund sagte zu ihr: »Ich esse gerade in einem Restaurant in der Stadt. Ich habe das bestimmte Gefühl, daß du heute abend meine Hilfe brauchst. Wenn das stimmt, ich habe Zeit, und ich würde mich glücklich schätzen, wenn ich dir meine Mitarbeit anbieten dürfte.« Eine halbe Stunde später lösten sie gemeinsam die Aufgabe.

Ein Pfarrer hatte ein dringendes Anliegen und wünschte, mit einem vertrauten Freund darüber zu sprechen, der in eine weit entlegene Stadt verzogen war. Immer wieder kam ihm der Gedanke: »Wenn ich nur mit meinem Freund über diesen Fall sprechen könnte, würde es mir schon viel besser gehen. Er würde mir helfen, die Dinge im rechten Lot zu sehen.«

Früh am nächsten Morgen erwachte der weit entfernt wohnende Freund mit einem Gedanken an seinen Freund, den Pfarrer. Nach einer Weile dachte er: »Ich möchte mal wieder mit ihm plaudern«, und so rief er den Freund an, der zu ihm sagte: »Das ist unheimlich. Ich muß heute einen bestimmten Entschluß fällen, und ich hatte den Gedanken, daß ein Gespräch mit dir mir bei der Lösung helfen würde. Ich zögerte jedoch, dich anzurufen oder dir zu schreiben, weil ich dich in letzter Zeit so häufig mit meinen Anrufen belästigt habe.« Dann sprachen sie über den Fall und gelangten zu einem glücklichen Entschluß.

Jeder hat telepathische Fähigkeiten

Wir alle haben telepathische Fähigkeiten. Wichtig ist es, dies zu wissen und dann diese Eigenschaft in konstruktiver Form zu entfalten. Natürlich dürfen Sie, wie bei jeder geistigen Kraft, nie versuchen, anderen ihre Art zu denken und zu handeln aufzuzwingen. Wer das tut, handelt destruktiv und wird selbst destruktive Erfahrungen ernten.

Kürzlich lernte ich jemand kennen, der über die psychischen Fähigkeiten so begeistert war, daß er sein ganzes Handeln darauf konzentrierte, sie für sich aktiv zu machen. Er begann dann, sie selbstsüchtig anzuwenden und andere zu zwingen, das zu tun, was er wollte. Das führte mehrmals dazu, daß die anderen sich sehr erregten und gedanklich verwirrt wurden, bevor er schließlich entlarvt werden konnte.

Wenn Sie Ihre mentalen Kräfte selbstsüchtig und zerstörerisch gebrauchen, dann werden sie abnehmen. Sie werden sie aber nicht nur verlieren, sondern Sie werden auch persönlich eine negative Reaktion erleben als Antwort auf den Versuch, sie anderen gegenüber zu mißbrauchen. Im Falle dieses Mannes verwickelten sich seine eigenen persönlichen Angelegenheiten; außerdem erkrankte er. In einem anderen Fall, in dem geistige Kräfte anderen gegenüber mißbraucht wurden, erlitt der Betreffende einen Nervenzusammenbruch, wurde Alkoholiker und mußte schließlich in eine Heilanstalt eingeliefert werden. Wenn man bejaht, daß die göttliche Telepathie alles offenbart, was zum Besten aller Betroffenen nötig ist, kann man gedankliche Verwirrung vermeiden.

Neben dem Sprechen von Bejahungen gibt es einen weiteren Weg, die telepathischen Fähigkeiten zu entwickeln, indem man stark an die Situation, Person oder Bedingung denkt, die einem Fragen aufgibt. Schreiben Sie dann den Namen des Betreffenden zusammen mit der Sie quälenden Frage nieder. Setzen Sie sich daraufhin täglich für eine gewisse Zeit ruhig hin, und betrachten Sie den Namen des Betreffenden, denken Sie an ihn und fragen Sie ihn in Gedanken das, was Sie fragen wollen; gehen Sie dann in die kontemplative Stille, und lauschen Sie dabei auf die Ideen, die Ihnen in den Sinn kommen und aus denen sich Ihre Antwort offenbaren wird. Sollte die Antwort nicht sofort kommen, dann kommt sie vielleicht blitzartig etwas später in einem müßigen Moment. Sonst halten Sie täglich an der vorerwähnten Praxis fest, bis Ihnen telepathisch gezeigt wird, was Sie wissen müssen. Dazu gehört einfach etwas Praxis, und es ist eine viel einfachere, weniger anstrengende und schnellere Methode, um echte Information zu erhalten, als die, die man durch die gewöhnlichen Kanäle bekommt. Sie können auf diese Weise die wahre Einstellung und Motivation eines Menschen erfahren, die man vorher vielleicht vor Ihnen verborgen gehalten hatte.

Ihre zweite Spezialfähigkeit

Clairvoyance oder Hellsichtigkeit ist Ihre zweite Spezialkraft für Reichtum und Glück. Die ursprüngliche Bedeutung ist »klar sehen« und bedeutet die Erkenntnis äußerer Tatsachen und Ereignisse ohne Vermittlung solcher Kenntnis durch die fünf Sinne. Sie kann das Erkennen von vergangenen, gegenwärtigen und zukünftigen Ereignissen umfassen. Wissenschaftler haben jedoch eine Phase der Hellsichtigkeit, nämlich das Vorhersagen zukünftiger Ereignisse, mit »Präkognition« bezeichnet.

Geistliche aller Zeitalter sind in der Entwicklung ihrer Hellseher-Fähigkeiten ausgebildet worden. Im alten China, in Ägypten, Mexiko und im indianischen Amerika trachteten die Menschen danach, ihre Erkenntnis von Ereignissen, die sich weitab begaben, zu entwickeln.

Auch die Bibel legt Zeugnis für die Hellseher-Fähigkeiten des Menschen ab. Jesus sah Nathaniel, bevor er vor dem Meister erschien, als Jesus unter einem Feigenbaum meditierte (Joh. 1,47). Das ist ein Beweis dafür, daß die offene, empfangsbereite und gläubige Seele fähig ist, Dinge zu sehen, die aus dem Unsichtbaren ins Sichtbare treten, vorausgesetzt, daß es einem guten Zweck dient.

Der Schlüssel zur Entfaltung Ihrer Hellsichtigkeit liegt in dem Wissen, daß Sie die Erkenntnis äußerer Tatsachen und Ereignisse nur mit Hilfe Ihres göttlichen Wesens erhöhen möchten. Sie wünschen ja nicht, sensitiv für die mentalen Schichten menschlichen Gedankenguts zu werden, das viele negative Vorstellungen von Krieg, Verbrechen, Krankheit und anderen zerstörerischen Glaubensinhalten beherbergt.

Ich kannte einmal eine Frau, die ihre hellsichtigen Fähigkeiten in dieser negativen Weise entwickelt hatte. Das Sich-Einstimmen auf fremde negative Vorstellungen und Zustände erwies sich für sie als zerstörerisch und aus dem Gleichgewicht werfend. Das Ende war, daß ihr Mann sie verließ, die Kinder ihr genommen wurden, Krankheit sie befiel und ihr Gemütsleben schwer erschüttert wurde.

Sie hingegen wollen Ihre hellsichtigen Fähigkeiten nur zum Guten entwickeln. Wenn Sie die Entfaltung der göttlichen Hellsichtigkeit in Ihnen bejahen, werden Sie geistig wachsen und geführt werden, zum Wohlergehen anderer beizutragen.

In einer Reihe von Zeitungsartikeln wurden kürzlich Hellseher beschrieben, die vorzeitig Kenntnis von negativen Ereignissen bekamen. Kein Wunder, daß die Allgemeinheit dem Gedanken an Hellsichtigkeit ausweicht, denn man möchte nicht gern in die Probleme der Welt verwickelt werden, wo man doch genug eigene hat!

Wenn man durch Hellsichtigkeit nur negative Geschehnisse erfährt, wird das Bewußtsein damit vollgestopft, und es wird verhindert, daß man mental die positiven, progressiven und gedeihlichen Dinge des Lebens aufnimmt. Es ist außerdem nicht notwendig, daß man negative Gedankenströmungen »aufpickt«. Wenn Sie durch Hellsichtigkeit von solchen Möglichkeiten erfahren, können Sie Ihre »Nein«-Fähigkeit des Bewußtseins anwenden, um sie aufzulösen, anstatt sie als unvermeidlich anzunehmen.

Lassen Sie sich durch Hellsichtigkeit führen

Wenn Sie in einer geschäftlichen Angelegenheit Führung brauchen und die Erkenntnis gewisser dieses Problem betreffender Tatsachen und Ereignisse wünschen, dann handeln Sie wie folgt: Werden Sie wie Jesus unter dem Feigenbaum still, und meditieren Sie in einem aufnahmebereiten Bewußtseinszustand. Bewegen Sie dann folgenden Gedanken langsam in Ihrem Sinn: DIE GÖTTLICHE HELLSICHTIGKEIT ENTHÜLLT MIR JETZT DIE GANZE WAHRHEIT ÜBER DIESE ANGELEGENHEIT, SOWOHL IN DER VERGANGENHEIT ALS AUCH IN DER GEGENWART.

Wenn Sie ganz bestimmte Tatsachen oder Ereignisse wissen müssen, dann erklären Sie meditativ: DIE GÖTTLICHE HELLSICHTIGKEIT OFFENBART MIR JETZT DIE GANZE WAHRHEIT ÜBER DIESE BESTIMMTEN TATSACHEN UND EREIGNISSE. Gehen Sie die Einzelheiten dann sanft durch, so gut Sie sie gegenwärtig verstehen. Indem Ihr Bewußtsein den Gedanken der Fragestellung aufnimmt und auch die Vorstellung absorbiert, daß die göttliche Hellsichtigkeit Ihnen die genauere Wahrheit darüber enthüllt, wird plötzlich der erleuchtende Gedanke kommen. Und wahrscheinlich werden auch äußere Dinge geschehen, um Ihre mentalen Eindrücke zu erhärten.

Eine medizinisch-technische Angestellte hatte erkannt, daß sie ihre Hellsichtigkeit vertiefen konnte, und sie bejahte standhaft, daß göttliche Hellsichtigkeit ihr all das offenbaren würde, was sie dringend wissen müsse. Sie plante eine Reise und überdachte die Kleidung, die sie dafür benötigte. Als sie eines Abends während ihrer Meditation an ein schönes Leinenkleid dachte, das sie für den genannten Zweck gern anschaffen wollte, bejahte sie: »Die göttliche Hellsichtigkeit weiß, wo solch ein Kleid ist, und führt mich dorthin, wenn es meinem Besten dient, es zu besitzen.«

Am nächsten Tag erhielt sie den Anruf einer Freundin aus einem Kaufhaus der Stadt: »In der Kleiderabteilung hier hängt ein wunderschönes Leinenkleid, bei dessen Anblick ich sofort an dich denken mußte.« Zwei Stunden später war die MTA mit ihrer Arbeit fertig und suchte das besagte Kaufhaus auf. Als sie ankam, erfuhr sie, daß eine andere das Kleid in der Zwischenzeit gekauft hatte. Da sie wußte, daß sie das Kleid hellsichtig gesehen hatte, machte ihr das nichts aus. Sie sagte nebenbei: »Wenn das Kleid mir gehören soll, werde ich es dennoch erhalten. Wenn nicht, wird ein Gegenstück in Erscheinung treten.«

Am nächsten Tag wurde sie von ihrer Freundin aus dem Warenhaus wieder angerufen: »Die Kundin hat das Leinenkleid wieder zurückgebracht. Es hängt wieder am Ständer, und ich will es für dich beiseite hängen, wenn du kommst und es dir ansiehst.« Sie schloß später den Kauf glücklich ab und erkannte, daß das KLEID VOLLKOMMEN MIT DEM IDENTISCH WAR, DAS IHR WÄHREND IHRER MEDITATION ERSCHIENEN WAR.

Wenn Sie diese psychischen Kräfte, die Ihre gehorsamen Diener sind und gern für Sie arbeiten möchten, entwickeln, werden Sie die Erfahrung machen, daß Sie in der physischen Welt nicht mehr so hart zu arbeiten brauchen, um die rechten Ergebnisse zu erzielen. Diese Wahrheit erfuhr ich kürzlich, als ich früh am Morgen durch ein Ferngespräch erfuhr, daß die Pläne für den Tag geändert worden seien. Ich mußte eine Reise von mehreren hundert Meilen unternehmen, die ich nicht beabsichtigt hatte. Meine erste Reaktion war, daß ich die Reise nicht antreten wollte, da sie nicht in meinen Tagesablauf paßte und daß ich nicht allein fahren wollte. Dann fiel mir ein, daß ich zunächst darüber meditieren müsse, und ich bejahte: DIE GÖTTLICHE HELLSICHTIGKEIT OFFENBART MIR JETZT DIE WAHRHEIT ÜBER DIESES EREIGNIS. Da überkam mich ein friedliches, harmonisches Gefühl bezüglich dieser unerwarteten Änderung meiner Pläne.

Später am Morgen betrat eine Freundin mein Arbeitszimmer und sagte: »Ich bin gekommen, um dich auf deiner Reise zu begleiten.« Überrascht fragte ich: »Woher weißt du, daß ich heute eine Reise antreten will? Ich habe es selbst erst vor wenigen Minuten erfahren.« Meine Freundin erwiderte, während ihrer Morgenmeditation sei ihr der Gedanke gekommen, daß sie noch heute eine

Reise machen würde. Da sie um die Macht der Gedanken wußte, stellte sie sich darauf ein. Als sie dann später mit meiner Sekretärin sprach, hörte sie über meine unerwarteten Reisepläne. Sie begleitete mich nicht nur, sondern sie fuhr uns in ihrem Wagen, welcher Umstand dieses Erlebnis sehr angenehm machte.

Hellsichtigkeit bietet Lösungen an

Ein Geschäftsmann hatte einen Streit mit zwei Kollegen. Er hatte alles versucht, um diesen Streit beizulegen, aber es half nichts. Als er eines Abends mit einem Freund über die vertrackte Lage am Telefon sprach, erwähnte er, daß er alles getan hätte, was in seinen Kräften stünde, und daß er die Angelegenheit jetzt loslassen wolle, damit sie sich wie auch immer auswirken könne. Als er das Gespräch beendete, stand das Gesicht eines der mit dem Streit Befaßten schlagartig vor seinem inneren Auge. Zugleich kam ihm der Gedanke, daß dieser Mann ihn binnen ein, zwei Tagen aufsuchen wolle, um den Streit zu schlichten. Er erzählte niemandem etwas über diesen Blitz von Hellsichtigkeit, aber er bejahte: DIE GÖTTLICHE HELLSICHTIGKEIT OFFENBART SICH ALLEN BETROFFENEN UND BIETET DIE VOLLKOMMENE, HARMONISCHE LÖSUNG.

Am Nachmittag des zweiten Tages, als er gerade eine Konferenz beendete, wurde ihm der Besuch dieses Mannes gemeldet! Der Besucher grüßte ihn herzlich und sagte: »Ich hatte das zwingende Gefühl, daß wir unsere Differenzen beilegen könnten, wenn wir nur zusammenkommen und miteinander sprechen würden.« Und an Ort und Stelle, zur gleichen Stunde, geschah dies auch.

Ein Freund von mir hat häufig von den hellseherischen Fähigkeiten seines Schwiegersohnes gesprochen. Dieser Schwiegersohn weiß immer, wenn zu Hause etwas nicht in Ordnung zu sein scheint. Oft unterbricht er alle dringenden geschäftlichen Dinge, um seine Frau anzurufen. Bei anderen Gelegenheiten hat er gegenüber seiner Sekretärin bemerkt: »Ich wünsche jetzt nicht gestört zu werden, weil meine Frau mich in einer wichtigen Sache anrufen wird.« Seine Prophezeiungen haben sich immer als wahr erwiesen.

Hellsichtigkeit löst die Vergangenheit

Wie bereits gesagt, die Hellsichtigkeit offenbart nicht nur gegenwärtige Ereignisse, die sich in einiger Entfernung zutragen, sondern auch Vergangenes, sofern dieses für die Gegenwart von Bedeutung ist. Ich kenne zwei Menschen, einen Mann und eine Frau, die über diese Fähigkeit verfügen, um in die Vergangenheit zu »sehen«. Allen, die sich um Hilfe an sie wenden, versichern sie, daß sie nie etwas über die Vergangenheit eines Menschen erfahren, sofern dies nicht dem Betreffenden helfen kann, sich von der Vergangenheit zu befreien. Der Hellseher hat häufig in allen Einzelheiten vergangene Handlungen eines Menschen beschrieben, die mit irgendeinem gegenwärtigen Problem verknüpft sind.

Sie können diese Art Hellsichtigkeit für Ihren eigenen Nutzen entwickeln, wenn Sie hinsichtlich irgendeiner Situation, die von einem Geheimnis oder einer Ungewißheit aus der Vergangenheit umgeben ist, erklären: GÖTTLICHE HELLSICHTIGKEIT, OFFENBARE MIR HINSICHTLICH DIESER SITUATION DIE WAHRHEIT DER VERGANGENHEIT UND GEGENWART. Sie werden überrascht sein, wie die Dinge aus der Vergangenheit, die Sie wissen müssen, Ihnen gezeigt werden.

Ein Mann mit einer unglücklichen Vergangenheit begann einzusehen, daß er wegen gewisser künftiger Ereignisse in seine Heimatstadt zurückkehren mußte, die er seit Jahren nicht mehr besucht hatte. Er stellte sich die bange Frage, wie er dort wohl empfangen würde. Er beschloß, daß er durch Hellsehen sich vorzeitig auf die Reaktion vorbereiten wolle, indem er darum bat, daß ihm diese im voraus gezeigt würde. So bejahte er für die vergangenen und gegenwärtigen Geschehnisse: GÖTTLICHE HELLSICHTIGKEIT, OFFENBARE MIR DIE VERGANGENE UND GEGENWÄRTIGE WAHRHEIT HINSICHTLICH DIESES BESUCHES. WAS DENKEN DIE LEUTE ÜBER MEINE VERGANGENHEIT?

Daraufhin bekam er ein Gefühl des Friedens und ließ die Angelegenheit los. Wenige Tage später erhielt er einen Brief von einem früheren Freund aus seiner Heimatstadt, von dem er jahrelang nichts mehr gehört hatte. Der Freund schrieb in herzlichem Ton: »Kürzlich traf ich einen Verwandten von dir auf der Straße. Ich fragte nach dir, da ich in all den Jahren nichts mehr von dir gehört habe. Er erzählte mir erfreut von all dem, was du erreicht hast, und von deinen Plänen, deiner Heimat bald einen Besuch abzustatten. Als ich hörte, was du alles so schaffst, hat mich das so gefesselt, daß ich nicht umhin konnte, es all deinen alten Freunden zu erzählen. Lieber Freund, sie möchten dir mitteilen, wie sehr sie sich mit dir freuen, und wir alle sehen deinem Besuch mit Erwartung entgegen!«

Vielleicht haben Sie schon einmal unbewußt Hellsichtigkeit angewandt, wenn Sie einen verlegten Gegenstand gesucht haben. Wenn man dann still wird und sich den Gegenstand bildhaft vorstellt, kommt einem häufig blitzartig der Gedanke, wo er sein könnte.

Ihre dritte Sonderfähigkeit

Die außersinnliche Wahrnehmung ist Ihre dritte Sonderfähigkeit für Reichtum und Erfolg. Es ist eine Mischung von Telepathie, bei der man sich der Gedanken anderer bewußt wird, und Hellsichtigkeit, bei der man andernorts sich begebende Ereignisse und Tatsachen weiß. Die meisten von uns haben schon einmal diese besondere Fähigkeit in der einen oder anderen Weise erlebt.

So plante zum Beispiel einmal ein Dozent eine Reise in ein fernes Land, wo er von einem Freund eingeladen worden war, um einen öffentlichen Vortrag zu halten. Das Datum stand fest, und es waren provisorische Pläne gemacht worden. Wenige Wochen vor seiner Abreise bekam der Dozent ein unangenehmes Gefühl hinsichtlich dieser Reise und fragte sich, ob es klug sei, sie zu unternehmen. Er meditierte darüber: GÖTTLICHE WAHRNEHMUNG, OFFENBARE MIR DIE WAHRHEIT HINSICHTLICH DIESER REISE. SOLL ICH SIE UNTERNEHMEN ODER NICHT?

Als er fortfuhr, die Angelegenheit meditativ zu behandeln, bekam er den Eindruck, daß ihm aus jenem Gebiet große Feindseligkeit entgegenschlagen würde. Er spürte, daß irgend jemand in der Stadt, in der er seine Vorlesung halten sollte, eine persönliche Feindschaft gegen ihn hatte und seinem Kommen mit Haß entgegensah. Das Ganze schien ziemlich widersinnig zu sein, aber letzten Endes teilte er seinem Freund seine Eindrücke mit. Natürlich antwortete der Freund schnell, daß er sich im Irrtum befinden müsse, es würde keine Feindseligkeit existieren, und alle würden erfreut den Vortrag erwarten. Der Dozent aber blieb hart und sagte die Reise ab. Zwar kam es dadurch zwischen ihm und seinem Freund zu einer zeitweiligen Verstimmung, aber er fühlte sich erleichtert.

Jedesmal, wenn er danach an diesen Fall dachte, pflegte er zu meditieren: DIE GÖTTLICHE WAHRNEHMUNG ENTHÜLLT MIR DIE GANZE WAHRHEIT IM ZUSAMMENHANG MIT DIESER SITUATION. MÖGE SIE MIR ZEIGEN, OB ES IRGENDEINE FEINDSCHAFT GIBT. Etwa sechs Monate später erhielt er einen Brief, der in der Stadt abgestempelt worden war, in der er damals seine Vorlesung halten sollte. Es war ein anonymes Schreiben in einer unbekannten Handschrift und enthielt einige feindselige Bemerkungen über seinen Freund in jener Stadt. Er sandte den unsignierten Brief an seinen Freund, der die Handschrift als die eines guten Bekannten erkannte. Offensichtlich war der Verfasser des Schreibens eifersüchtig auf die enge Freundschaft zwischen den beiden Männern. Später hat man erfahren, daß der Dritte kurz nach dem Absenden des feindseligen Briefes verzogen war. Der Vortrag fand dann, wie ursprünglich geplant, zu einem anderen Zeitpunkt statt.

Wie man außersinnliche Wahrnehmung entwickelt

Die meisten von uns haben schon außersinnliche Wahrnehmungen (ASW) gehabt. Haben Sie nicht gespürt, daß sich etwas Wunderbares ereignen würde, und vielleicht war Ihnen dabei auch bewußt, was es sein würde? Haben Sie nicht ein andermal ein Vorgefühl gehabt, daß etwas Unangenehmes auf Sie zukam, was Sie verunsicherte und rastlos machte?

Wenn Sie fühlen, daß etwas Gutes auf dem Weg zu Ihnen ist, dann haben Sie die Macht und Autorität, es auf vollkommene Weise zur Manifestation zu bringen, indem Sie denken: ICH SEGNE DICH MIT DER HILFE DER GÖTTLICHEN WAHRNEHMUNG UND ER-WARTE DAS VOLLKOMMENE RESULTAT. Wenn Sie andererseits fühlen, daß sich etwas Negatives ereignen könnte, sollten Sie sich immer die Zeit nehmen, um in die Stille zu gehen und das Gefühl aufzulösen, indem Sie erklären: VERSCHWINDE MIT HILFE DER GÖTT-LICHEN WAHRNEHMUNG. Wenn Sie dann weiter daran denken, stellen Sie sich vor, es sei aufgelöst, bis Sie fühlen, daß die Last oder Unrast von Ihnen genommen wird.

Sie wissen vielleicht nicht, was es ist, das Sie da auflösen, wenn es aber bei Ihnen ein unangenehmes, rastloses, negatives Gefühl erzeugt, dann dürfen Sie glauben, daß es sich nicht um eine Erfahrung handelt, die Ihrem höchsten Glück dient. Sie haben die Macht, es geistig zu vernichten, denn alle Schwierigkeiten werden zuerst im Geist gestaltet. Der Gebrauch dieser besonderen Kraft kann bewirken, daß viele unglückliche Erfahrungen in Ihrem Leben nie geschehen, wenn Sie sich nur die Zeit nehmen, »nein« zu sagen, um sie zu neutralisieren.

Ein Mann, der sich mit seiner Frau auf einer Urlaubsreise befand, hatte eines Morgens, als er eine 500-Meilen-Fahrt antreten wollte, ein unangenehmes, sorgenvolles Gefühl. Da er nicht erkannte, daß dieses seine außersinnliche Wahrnehmungsfähigkeit war, die ihn warnen wollte, nicht gerade jetzt die Reise fortzusetzen, startete er zu der langen Tagesfahrt. Er kam nur wenige Meilen weit; auf der Landstraße wurde er in einen Unfall verwickelt, bei dem er, seine Frau und eine weitere Person schwer verletzt wurden. Später gestand mir der Mann, daß er, hätte er um die Bedeutung seiner unangenehmen Empfindungen gewußt, den Unfall hätte vermeiden können.

Ihre vierte Spezialkraft

Präkognition ist eine weitere Spezialfähigkeit für Erfolg. Während es sich bei der Hellsichtigkeit um die Fähigkeit handelt, Ereignisse zu erkennen, die sich früher oder jetzt in einiger Entfernung zugetragen haben, ist die Präkognition eine Art Hellsichtigkeit, die die Kenntnis zukünftiger Ereignisse ohne Benutzung physischer Hilfsmittel bringt. Zuweilen wird uns in Träumen, durch plötzliche Eingebungen oder während der Meditationszeit der Ablauf zukünftiger Ereignisse gezeigt.

Ich kenne ein Kind, das häufig die Ereignisse der kommenden Woche seines persönlichen Lebens vorhergesehen hat. Einmal kam das Kind zu mir und fragte mich: »Wie kommt es, daß ich alles weiß, was sich nächste Woche ereignen wird?« Ich schlug vor, es möge alles aufschreiben, was es sehe, und in der nächsten Woche wiederkommen, damit wir darüber sprechen können.

Der Junge kam dann mit seinen Aufzeichnungen wieder, und es zeigte sich, daß nichts Besonderes geschehen war. Er hatte gewußt, wieviel Geld ihm seine Eltern geben würden. Er hatte einige Dinge vorhergesagt, die sich an der Sonntagsschule begeben würden, und er wußte das Ergebnis der sportlichen Wettkämpfe an der Schule. Ja, er wußte auch, wieviel Eistüten er sich beim Krämer um die Ecke kaufen würde! Einmal hielt er es nicht für nötig, für eine Klassenarbeit zu büffeln, da er, wie er sagte, schon wußte, daß er eine Eins minus haben würde, und das war dann auch wirklich der Fall!

Bei seinem zweiten Besuch meinte er, er könne nicht immer eine ganze Woche im voraus überblicken, doch wüßte er fast immer, was der nächste Tag bringen würde. Ich riet ihm, mit niemandem über seine Hellsichtigkeit in die Zukunft zu sprechen, doch gab ich ihm folgende Bejahung mit auf den Weg: DIE GÖTTLICHE VORAUSSICHT MACHT MEINEN WEG LEICHT UND ERFOLGREICH. ICH WEISS ALLES, WAS ICH WISSEN MUSS, WENN ES MEINEM HÖCHSTEN GUTEN DIENT. Ich versicherte ihm, daß es nichts Abartiges oder Seltsames sei, sondern daß seine Fähigkeit, künftige Ereignisse seines Lebens zu erkennen, eine besondere Gabe ist, die wohl ein jeder mitbekommen hat, die aber nur von wenigen entwickelt worden ist.

Als er das begriff, war er überglücklich, insbesondere als er erkannte, daß er ein zukünftiges Ereignis, das negativ zu werden schien, geistig auflösen könne, indem er »nein« dazu sagte. So hat er dann auch bei verschiedenen Gelegenheiten das neutralisiert, was eine unglückliche Erfahrung hätte werden können, indem er dachte: »Nein, ich will dies nicht als künftiges Geschehnis akzeptieren. Ich nehme nur das an, was meinem höchsten Guten dient.« Und dann dachte er an die Dinge, die er gern verwirklichen wollte.

Eine Bekannte von mir sagt, daß sie sich in acht nehmen müßte, beim Canasta-Spielen mit ihren Freundinnen nicht immer zu gewinnen. Aufgrund ihrer Hellsichtigkeit weiß sie oft, welche Karten die anderen haben und welche Endresultate sich ergeben werden.

Entwickeln Sie die Gabe im stillen

Sollten Sie bezüglich zukünftiger Ereignisse gewisse Eindrücke oder blitzartige Erkenntnisse haben, dann ist es besser, anstatt zu anderen zu laufen und mit ihnen das Gesehene zu erörtern, wenn Sie im stillen um Führung bitten. Eine Hausfrau sah voraus, daß der Mann ihrer Nachbarin in wenigen Monaten sterben würde. Nachdem sie meditativ um Führung gebeten hatte, ob sie dieses Gesicht ihrer Nachbarin mitteilen sollte, hatte sie das Gefühl, sie solle es tun, da es ihr das veränderte Verhalten ihres Mannes erklären würde. Die Nachbarin war ihr für die Warnung dankbar, zumal sie selbst schon um das Leben ihres Mannes gefürchtet hatte und annahm, daß auch er es wußte. Sie konnte ihm nun seine letzten Lebensmonate glücklicher gestalten, und bei seinem Heimgang warf ein plötzlicher Schock sie nicht um.

Häufig kommt die Erkenntnis zukünftiger Ereignisse im Traum zu uns. Damit man sich jedoch nicht zu tief in Traumanalysen verliert, kann man zur Auffindung der wahren Bedeutung des Trau-

mes fragen: GÖTTLICHE WEISHEIT, WAS IST DIE WAHRE BEDEU-
TUNG DIESES TRAUMES? WAS WILL ER MIR SAGEN?

Über Charles Fillmore, den Mitbegründer der Unity-Bewegung, ist geschrieben worden:

»Wie Joseph und Daniel fühlte Charles Fillmore, daß Gott zu
ihm in Träumen und Nachtgesichten kam und ihm viel von der
Wahrheit offenbarte, über die er schrieb und sprach. Er sah immer
in die Zukunft. Er hat das Radio vorausgesehen und sprach darüber in seinen Predigten und Artikeln. Er sah voraus, daß das
Atom gespalten und zu einer Energiequelle werden würde.«

Die Bibel ist voll von Beispielen der Präkognition. So wurden
zum Beispiel die Weisen aus dem Morgenland in einem Traum gewarnt, nicht zu Herodes zurückzukehren, nachdem sie das
Christkind gefunden hatten, sondern auf einem anderen Wege
heimzureisen (Matth. 2,12). Die ersten Christen empfingen ihre
Anweisungen durch Träume und waren dadurch so erfolgreich in
der Verbreitung des Evangeliums.

Psychokinese – die fünfte Gabe

Ihre fünfte Extragabe zur Gestaltung eines glücklichen Lebens ist
die *Psychokinese*, welche der auf ein physisches Objekt direkt aus-
geübte Einfluß durch einen Menschen ist, wobei weder ein Werkzeug noch irgendwelche physische Kraft den Vermittler spielen.
Für wissenschaftliche Zwecke hat man diese Kraft angewandt, um
gedanklich den Fall der Würfel zu steuern.

Man kann an Dingliches denken und es zum Guten beeinflussen. Vom Standpunkt des Glücksdenkens aus gesehen, kann man
mental seine Geldbörse, den Bankauszug, die Kapitalanlage, Kleider, Automobile, Häuser und Umgebung, in der man lebt und arbeitet, beeinflussen. Tatsächlich gestalten Sie in einem fort Ihre
Umwelt, Gedanke um Gedanke.

Ihre Gedanken wirken auf unbelebte Objekte

»Unbelebte« Objekte vermögen auf Ihre guten Gedanken, ganz besonders auf Ihre reichen Gedanken ihnen gegenüber, anzusprechen, denn sie haben göttliche Weisheit in sich und scheinen zu »wissen«, was Sie über sie denken. Wenn ein Gegenstand Sie ärgert, weil er nicht richtig funktioniert, dann segnen Sie ihn lieber mit guten Gedanken, anstatt ihn zu kritisieren. Ich habe von einer neuen elektrischen Schreibmaschine gehört, die nie ordentlich gearbeitet hat, weil der Arbeitgeber, der die Maschine gekauft hatte, diese seiner Angestellten in Wirklichkeit nicht geben wollte. Er fand immer etwas an dem Gerät auszusetzen, weil er innerlich dem Kauf widerstrebt hatte.

Jedes Ding in der Welt hat göttliche Intelligenz, selbst die sogenannten unbelebten Objekte. Behandelt man sie klug, werden sie einem intelligente, harmonische Dienste leisten. Eine Hausfrau stellte fest, daß ihr Geld viel mehr beim Krämer einzukaufen scheint, wenn sie sich »gut anzieht«, bevor sie einkaufen geht... Es ist gerade so, als würde die intelligente Substanz der Waren auf den Regalen dankbar sich ihr entgegenstrecken und sich für sie vermehren, weil sie reiche Gedanken hegt und ihre Erscheinung keine Armut demonstriert.

Eine andere Hausfrau berichtete, wie sie die Psychokinese anwendet, um physische Objekte direkt zu beeinflussen und anzuziehen. Jahrelang hatten ihr Mann und sie große Mühe, die Rechnungen beim Kaufmann zu bezahlen. Sie wurden regelmäßig von den Mitgliedern ihrer großen Familie besucht, was häufig zum »Ausverkauf« in ihrer Speisekammer führte. Die beiden liebten ihre Verwandten, die ihnen dennoch allzu teuer zu stehen kamen!

Eines Tages beschloß die Frau, daß sie durch Anwendung ihrer psychokinetischen Kräfte einen Weg finden müsse, um die Lebensmittel zu beschaffen, die ihnen fehlten. Sie begann, darüber nachzudenken, wie sie mit Hilfe ihrer besonderen psychischen Begabung eine gute Nahrungsquelle für ihre Küche erschließen könnte.

Sie setzte sich still hin und dachte an Lebensmittel aller Art und woher sie kommen. Sie dachte daran, wie Fische vom Fischer auf den Markt gebracht und dann zu ihr kommen würden. Sie dachte an das Vieh auf der Weide, von dem ein Teil auch zu ihr kommen würde. Sie stellte sich bildlich Obst und Gemüse, Konservennahrung und Gefrorenes, Bäckereierzeugnisse und andere Nahrungsmittel vor, und sie dankte für die unzähligen Menschen, die diese Dinge für sie vorbereiteten und weiterleiteten. Schließlich stellte sie sich vor, wie alle Arten von Lebensmitteln in Fülle in ihre Küche fluteten, ohne daß sie dabei an eine finanzielle Belastung oder beschränkte Versorgung dachte.

Und dann geschah folgendes: Wenn sie von nun ab Verwandtenbesuch bekam, brachte dieser nahrhafte Geschenke mit: frische Meeresfrüchte von der Küste, Brot und Butter, Milch und andere Farmprodukte. Auch beschenkte man sie mit besonderen Delikatessen, Kuchen usw. Von nun an braucht sie sich nie mehr Sorgen um die Supermarktrechnung zu machen. Es ist gerade so, als würden die verschiedenen Dinge wissen, wie sehr sie sie schätzt und willkommen heißt, so daß sie von ihr wie von einem Magneten angezogen werden.

Alles spiegelt Ihre Einstellung wider

Wer negativ von seinen finanziellen Angelegenheiten spricht, mißbraucht seine psychokinetischen Sonderkräfte. Jesus wandte diese Kraft an, um den Feigenbaum zum Welken zu bringen, wodurch er die Wirkung von Worten auf physische Dinge bewiesen hat. Mit Gedanken und Worten beeinflussen Sie alles in Ihrer Welt. Ein Bekannter lobte kürzlich einen Magnolienbaum, den er für seinen Garten gekauft hatte. Freunde hatten ihm gesagt, daß die Magnolie etwa sieben Jahre lang nicht blühen würde. Da er die herrlichen Magnolienblüten gern sehen und sich an ihrem Duft erfreuen wollte, stellte er sich gedanklich immer den Baum in voller Pracht vor und segnete ihn mit Liebe und Lobschätzung. Und nach nur vier Jahren blühte der Baum über und über!

Sprechen Sie niemals verächtlich über ein Ding. Sagen Sie nie zu einem Kleidungs- oder Möbelstück »dies alte Ding«, es sei denn, Sie möchten, daß es alt wird und aus Ihrer Welt verschwindet. Bedenken Sie, daß alles in Ihrer Umgebung Ihre Einstellung ihm gegenüber reflektiert und entsprechend reagiert.

Ich erinnere einen Besuch bei einer Dame, die hohe, schöne Gedanken zu haben pflegte. Sie pflegte sich beständig auf das Gute einzustellen, und alles, was sie umgab, glühte förmlich vor Schönheit und Eleganz. Ein Jahr später kehrte ich in dasselbe Heim zurück, aber sie war nicht mehr dort. Ich fand dieselben Möbel, Dekorationen und andere Dinge an ihrem Platz, aber sie schienen ihre schimmernde Schönheit verloren zu haben. Einige Einrichtungsgegenstände sahen eher traurig und schäbig aus. Ich machte mir klar, daß sie nicht ohne weiteres in einem kurzen Jahr so fadenscheinig werden konnten. Es waren die schönen, wertschätzenden Gedanken jener eleganten Dame gewesen, die die Möbel buchstäblich in einem schönen Zustand erhalten hatten.

Es gibt eine gute Bejahung, die Sie anwenden können, wenn Sie eine Atmosphäre der Schönheit ausstrahlen möchten: ICH BIN EINS MIT DEM ALLMÄCHTIGEN GUTEN. MEINE UMGEBUNG STRAHLT VOR BLENDENDER SCHÖNHEIT, BLENDENDEM REICHTUM UND BLENDENDEM GUTEN.

Psychokinese wirkt überall

Sie haben bestimmt schon oft die Macht der Psychokinese in verschiedenen Örtlichkeiten, die Sie betreten haben, verspürt. Die Räume strahlten Ihnen entweder Harmonie oder Disharmonie entgegen. Die Menschen, die besonders tätig sind in einem solchen Raum, beeinflussen mit ihren harmonischen oder streitsüchtigen Gedanken und Worten direkt die darin befindlichen Dinge, und sie können das Ergebnis sehen und fühlen.

Charles Fillmore hat beschrieben, wie Sie die Macht der Psychokinese für die Erlangung des Guten richtig anwenden können:

Wenn man die Substanz segnet, vermehrt man ihren Fluß.

Wenn Ihre Geldeinnahmen niedrig sind oder Ihre Börse leer ist, dann nehmen Sie letztere zur Hand und segnen Sie sie. Sehen Sie sie erfüllt mit lebendiger Substanz, die bereit ist, sich zu manifestieren. Wenn Sie Mahlzeiten zubereiten, dann segnen Sie die Speise mit Gedanken der geistigen Substanz. Wenn Sie sich anziehen, segnen Sie Ihre Kleider und bedenken Sie dabei, daß Sie sich immer mit Gottes Substanz bekleiden. Je bewußter Sie die Gegenwart der lebendigen Allsubstanz erkennen, desto mehr werden Sie davon erhalten und desto reicher wird für alle das allgemeine Gut sein.

Glauben Sie an Ihre speziellen Fähigkeiten

Zögern Sie noch, daran zu glauben, daß Sie diese speziellen Fähigkeiten zum Glücklichsein haben? Dieses ist ein erleuchtetes Zeitalter, wie die Welt bisher noch keines gesehen hat. Man hat gesagt, daß in den vergangenen hundert Jahren auf diesem Planeten mehr erreicht worden sei als in den letzten zehntausend Jahren! Jesus hat uns versprochen, daß der Geist der Wahrheit, wenn er kommen würde, uns alle in die Wahrheit geleiten solle. Dieses ist das Zeitalter, da die Wahrheit über Gott, den Menschen und die Welt wie nie zuvor erforscht und offenbart wird.

Zweifeln Sie nie an der Macht Ihrer tieferen Sonderkräfte für Wohlbefinden, neues Wachstum und gutes Gelingen. Wagen Sie es, darüber nachzudenken, daran zu glauben, und lassen Sie zu, daß sie Ihnen ihre Geheimnisse enthüllen. Sollte es vonnöten sein, wird die göttliche Weisheit beginnen, diese Fähigkeiten durch Sie mit wunderwirkender Macht zum Ausdruck zu bringen. Dann werden Sie Ihre besondere innere Gabe erkennen, und Sie werden lernen, ihren Ausdruck zu akzentuieren, indem Sie die speziellen Bejahungen anwenden, die Sie in diesem Kapitel finden.

Wenn Sie den Mut haben, diese Kräfte zu entwickeln, werden Sie feststellen, daß sie Ihre Sonderausrüstung für ein siegreiches Leben im Raumfahrtzeitalter sind.

16. Kapitel

Das Reichtumsgesetz der Beharrlichkeit

Jesus hat die Macht der Beharrlichkeit beschrieben, als er erklärte: »Wer seine Hand an den Pflug legt und sieht zurück, der ist nicht geschickt zum Reich Gottes« (Lukas 9,62). Mit anderen Worten, wenn Sie erkannt haben, daß Glück und Wohlstand Ihr göttliches Erbe sind, sollten Sie dies auch beharrlich beanspruchen.

Ein Mann, der mir häufig Bücher und Artikel über Reichtum und Erfolg sendet, schickte mir kürzlich folgenden Ausspruch von Calvin Coolidge:

Nichts in der Welt gleicht der Beharrlichkeit. Talente nicht – nichts ist häufiger anzutreffen als talentierte, aber erfolglose Menschen. Erziehung nicht – die Welt ist voll von wohlerzogenen Gescheiterten. Allein Zielstrebigkeit und Ausdauer sind allmächtig. Die Redensart »mach weiter« hat die Probleme der Menschheit gelöst und wird sie immer lösen.

Wenn Entmutigung Sie überwältigen will, wenn es so scheint, als wären all Ihre Bemühungen nutzlos gewesen, dann denken Sie daran, an dieser Bejahung festzuhalten: NICHTS IN DER WELT GLEICHT DER BEHARRLICHKEIT.

Beharrlichkeit ist Ihre »Ich-kann-es«-Haltung

Ich kenne einen jungen Mann, der alles mögliche versuchte und mit nichts Glück hatte. Dabei hat er große Talente, Fähigkeiten und Charme. Er wußte, daß es für ihn den rechten Platz im Leben geben müsse und daß dieser bisher nur noch nicht in Erscheinung getreten war. Schließlich beschloß er, in die Marine einzutreten, und das war der Wendepunkt in seinem Leben. Er wurde inzwischen mehrfach befördert und erhielt öffentliche Anerkennung seiner Arbeit für die Navy. Kürzlich lobte ihn ein kommandierender Offizier in einem Brief für seine »Ich-kann-es«-Einstellung. In dem Brief hieß es, seine Haltung habe bei schwierigen und unmöglich erscheinenden Aufgaben schließlich zum Erfolg geführt. Der kommandierende Offizier riet ihm, all seine Pflichten mit Hilfe seiner »Ich-kann-es«-Einstellung zu bewältigen.

Das Reichtumsgesetz der Beharrlichkeit kann man einfach als die »Ich-kann-es«-Haltung beschreiben. Aber viele Leute beziehen gerade die gegenteilige Position – »Ich kann es nicht«, welche Einstellung ein Garant für Fehlschläge und Versagen ist. Wenn Sie erfolgreiche Menschen aus Ihrer Nähe beobachten, werden Sie entdecken, daß sie im Angesicht scheinbarer Fehlschläge große Beharrlichkeit an den Tag legen, so als seien sie gegen das Versagen versichert. Egal wie oft sie Rückschläge erfahren, sie strecken sich beharrlich ihrem Ziel entgegen, das sie unvermeidlicherweise auch erreichen.

Die Beharrlichkeit liebt nicht den halben Weg, nichts Lauwarmes oder Halbherziges. Sie ist kühn, wagemutig und furchtlos. Sie zögert nicht, sondern verfolgt das, was sie will, und macht weiter, bis sie Ergebnisse erzielt. Eine gute Bejahung bei quälender Windstille oder Rückschlägen ist folgende: ICH BIN NICHT ENTMUTIGT: ICH BIN BEHARRLICH UND GEHE VORWÄRTS. Denken Sie häufig daran: ICH GEHE NICHT VOM WEGE AB. ICH GEHE DEN WEG NACH OBEN!

Als Jesus davon sprach, daß man nicht zurückblicken solle, wenn man die Hand an den Pflug legt, beschrieb er die mächtige Kraft der Beharrlichkeit. Ein Pflug ist ein Werkzeug, mit dem man den Boden aufreißt, umgräbt und aufwirft, um ihn für das Pflanzen zuzubereiten. Die Beharrlichkeit ist Ihr mentaler Pflug, der Ihnen hilft, die alten geistigen Einstellungen von Fehlschlag und Versagen umzubrechen, die den Erfolg bisher von Ihnen fernhielten. Sobald Sie das Gefühl des Versagens umgegraben haben, sind Sie bereit, mit der »Ich-kann-es«-Haltung zu starten, die Ihnen mit Sicherheit zeigen wird, wie man Erfolg hat.

Ergeben Sie sich nicht in die Niederlage

Der Durchschnittsmensch ergibt sich allzu leicht dem Anschein, wo es oft nur einer geringen Menge Ausdauer bedarf, um die Tide von Fehlschlag auf Erfolg zu wenden. Wenn Sie entmutigt sind und meinen, nichts Gutes in einer Situation zu erblicken, dann erklären Sie: ICH WEIGERE MICH AUFZUGEBEN. FEST, STANDHAFT UND BEHARRLICH MACHE ICH WEITER, BIS MEIN ERFOLG IN ERSCHEINUNG TRITT. Bleiben Sie am Pflug, und pflügen Sie den harten Grund von Versagen und Begrenzung, bis Sie ihn vollständig mit Ihrer sieghaften geistigen Einstellung gelockert haben, wobei äußere Handlungen auf den Erfolg zustreben.

Vor einiger Zeit traf ein alter Freund auf der Straße meinen Vater und fragte nach mir. Als mein Vater ihm von meiner geistlichen und schriftstellerischen Arbeit erzählte, schrieb er mir einen freudigen Brief und sagte: »Ich habe mich immer gewundert, wie ein so kleines Mädchen so groß denken konnte, aber ich bin froh, daß du es tatest!«

Häufig braucht man nichts weiter als ein klein wenig mehr Beharrlichkeit im Groß-Denken, im stetigen Arbeiten und in der Erwartung großer Ergebnisse, um diese im Leben hervorzubringen. Kürzlich hieß es in einer Annonce: »Leute, die Träumen nachjagen, haben die größten Aussichten, sie zu fangen.«

Beharrlichkeit erzeugt Erfolg

Die Geschichte von Jakobs Ringen mit dem Engel bis zum Tagesanbruch beweist, wie die Macht der Beharrlichkeit Erfolg erzeugt. Er gelobte dem Engel: »Ich lasse dich nicht, du segnest mich denn« (Mos. 32,36). Der Engel gab ihm den neuen Namen »Israel«, was soviel heißt wie »Prinz Gottes«. Auch Sie können, wie Jakob, durch Beharrlichkeit dies werden.

Wenn Sie Enttäuschungen konstruktiv begegnen, können Sie größerem Guten entgegengehen. Durch Ihre Weigerung aufzugeben scheinen Ihnen die »Jahre, die die Heuschrecken gefressen haben« vergütet zu werden. Tatsächlich vermag Beharrlichkeit dem gegenwärtigen Augenblick so viel Gutes hinzuzufügen, daß Leere, Entmutigung und Verzweiflung der Vergangenheit damit wettgemacht werden.

Ein Fehlschlag kann ein Vorspiel zum Erfolg sein

Häufig ist ein Fehlschlag der Versuch des Erfolgs, größer herauszukommen, und die Beharrlichkeit hilft uns, dieses größere Resultat zu erzielen. Viele Jahre lang schrieb ich inspirierte Artikel für die Unity-Zeitschriften. Dann kam plötzlich ein Zeitpunkt, da »nichts mehr lief«. Alles, was ich schrieb und einsandte, wurde abgewiesen, und ich fragte mich, ob meine journalistische Karriere so schnell beendet sein sollte. Ich durchlebte eine Periode der Entmutigung, in der ich ständig gegen das Gefühl des Versagens ankämpfen mußte und mich fragte, was das alles zu bedeuten habe.

Monate später, als ich begann, die Gesetze des positiven Denkens zu entwickeln, erkannte ich plötzlich, daß das Zurückweisen meiner Artikel ein Hinweis darauf war, daß ich nicht groß genug dachte. Für mich war die Zeit gekommen, Bücher anstatt Artikel zu schreiben. Die Zurückweisungen waren nichts anderes als Erfolg, der versuchte, für mich in größerer Form in Erscheinung zu treten. Damals faßte ich den Vorsatz, dieses Buch zu schreiben.

Meine erste Reaktion war: »Wenn du nicht einmal Artikel schreiben kannst, die zur Publikation angenommen werden, wie kannst du dann erwarten, daß du ein Buch schreiben kannst?« Aber das positive Denken bestand darauf, daß ich das Gegenteil behauptete – mein Versagen beim Schreiben von Zeitschriftenartikeln sei ein Hinweis darauf, etwas Höheres anzustreben. Wären meine Artikel weiterhin angenommen worden, wäre ich wahrscheinlich niemals über diese Ebene hinausgekommen. So aber war ich in der Lage, diese Haltung einzunehmen und aufrechtzuerhalten: ICH WEIGERE MICH AUFZUGEBEN. ICH WERDE FEST, STANDHAFT UND BEHARRLICH WEITERMACHEN, BIS DAS GUTE IN DIESER ERFAHRUNG SICHTBAR WIRD. Irgendwer hat einmal gesagt, Erfolg sei die Kehrseite des Mißerfolgs. Ich glaube, das ist wahr!

Lehnen Sie »nein« als Antwort ab

Die dauerhaften Errungenschaften der Menschheit waren nur möglich, weil hervorragende Menschen sich standhaft geweigert haben, »nein« als Antwort zu akzeptieren. Ich erinnere einen Lieblingssatz von einer meiner Hochschullehrerinnen. Sie sprach darüber, wieviel es bedeute, »die zweite Meile« im Leben zu gehen. Zeitweilig kamen mir diese Worte wieder in den Sinn, wenn ich versucht war, am Ende der ersten Meile stehenzubleiben, mich hinzusetzen und aufzugeben.

Wenn innere Methoden der Beharrlichkeit angewandt werden, wird häufig äußere Beharrlichkeit benötigt. Wenn Sie die Macht des positiven Denkens lernen, lernen Sie auch, wie man die Dinge erst auf der gedanklichen Ebene erarbeitet, anstatt angestrengt hierhin und dahin zu rennen in dem Bemühen, ein äußerlich gewünschtes Ergebnis zu erzwingen. Das Innere wird das Äußere erzeugen – aber Sie müssen zuerst beharrlich das Innere gestalten.

Nachdem Sie von einer Idee überzeugt sind, sollten Sie bei Ihrer Überzeugung beharren. Wenn sich äußere Türen vor Ihnen zu schließen scheinen, zögern Sie nicht. Treffen Sie mit Ausdauer innere Vorbereitungen. Das innere Reich der Gedanken kontrolliert alle äußeren Handlungen. Wenn Sie die rechte Einstellung haben, muß die äußere Welt sich dem angleichen. Das ist das Gesetz geistigen Handelns.

Erklären Sie angesichts einer scheinbaren Niederlage: MEIN VORBESTIMMTES SCHICKSAL IST ES, ERFOLG ZU HABEN, UND DER ALLMÄCHTIGE HILFT MIR DABEI. ICH RUFE JETZT SEINE HILFE AN UND ERWARTE SIE. Man hat gesagt, daß nur der geschlagen wird, der das zuläßt. Der Schüchterne erreicht selten die Erfüllung seiner Wünsche.

Beharrlichkeit wirkt in zwei Richtungen

Beharrlichkeit wirkt in zwei Richtungen. Wir alle haben sie schon angewandt, um zu versagen, wo wir doch mit ihrer Hilfe hätten erfolgreich sein sollen. Wenn Sie mit Ausdauer einen Mißerfolg erwarten und entsprechende Reden führen, gibt es keine Macht im Himmel und auf Erden, die verhindern könnte, daß Mißerfolg in Ihrer Welt in Erscheinung tritt. Es gibt eine Geschichte von einem Pessimisten, der zum anderen sagte: »Weißt du, daß wir eine Wirtschaftskrise bekommen?« Sein Freund erwiderte: »Was heißt ›bekommen‹? Ich lebe mein ganzes Leben lang in einer!«

Wer andererseits beharrlich von Reichtum und Erfolg spricht und beides erwartet, für den gibt es keine Macht im Himmel und auf Erden, die ihn hindern könnte, dieses Ziel zu erreichen. In den letzten Monaten habe ich eine Meditationsgruppe von Männern und Frauen beobachtet, die mit Ausdauer Erfolg bejahte und erwartete, während um sie herum alle Welt von harten Zeiten und Rezession sprach. Das, was sie erzielte, war ein positiver Beweis für die positive Macht der Beharrlichkeit. Ein Kaufmann in der Gruppe, dessen Börsengewinne im vergangenen Jahr sehr gering gewesen waren, machte die Erfahrung, daß seine Aktien stiegen, nachdem er dies beharrlich bejaht hatte. In den nächsten zwei Monaten erzielte er mehr Gewinne als in den letzten zwölf Monaten!

Der Besitzer einer Reinigungsfirma beobachtete, wie sein Geschäft Woche um Woche zunahm, nachdem er im Angesicht scheinbarer Rezession begonnen hatte, meditativ Erfolg zu bejahen. Tatsächlich verzeichnete dieser Mann, während drei andere Reinigungen in demselben Stadtteil schließen mußten, innerhalb weniger Wochen eine Zunahme des wöchentlichen Reingewinns von 400 Dollar.

Eine Hausfrau, die aus dem Grundbesitz eines Verwandten ein jährliches Einkommen bezog, hatte ihren Scheck nicht zur gewohnten Zeit bekommen. Nachdem sie beharrlich bejaht hatte, daß sie ein gutes Ergebnis erwarte, traf der Scheck endlich ein. Er kam spät – aber er wies den dreifachen Betrag des vergangenen Jahres aus!

Auch eine andere Ehefrau bejahte in dieser Zeit mit Ausdauer Erfolg für die Familie. Ihr Mann erhielt die beste Stelle, die er je innehatte – als Ingenieur für das Raketenprogramm. Außerdem bot ihm sein neuer Arbeitgeber als Anfangsgehalt monatlich 100 Dollar mehr als er gefordert hatte!

Eine richtige Einstellung genügt

Die Naturwissenschaft hat entdeckt, daß alles auf wenige primäre Elemente reduziert und die ganze Welt, wenn sie zerstört würde, aus einer einzigen Zelle wieder aufgebaut werden kann. Ähnlich können Sie Ihre finanzielle Welt aus einer einzigen richtigen Einstellung, an der Sie beharrlich festhalten, aufbauen und erweitern. Wenn Sie sich weigern, aufzugeben oder es beim Mißerfolg bewenden zu lassen, wird der Mißerfolg schließlich durch Ihre Ausdauer überwunden und beugt sich dem Erfolg.

Dieses hat der Apostel Paulus bewiesen. Wenn ihn Historiker auch als »vielseitiges Genie« beschrieben haben, glaube ich, daß seine größte Geniekraft die Ausdauer war. Zu seiner Zeit war das Christentum noch illegal. Paulus wurde häufig eingekerkert, geschlagen und verfolgt, weil er ein christlicher Missionar war. Er ertrug Anfeindungen von allen Seiten, Verrat unter seinen Gefolgsleuten, Entbehrungen und sogar Schiffbruch, um die Aufgabe zu verrichten, die er für wichtig hielt. Hätte Paulus nicht solche Beharrlichkeit an den Tag gelegt, dann wäre das Christentum vielleicht nie über die Grenzen des Heiligen Landes herausgetragen worden und wäre aller Wahrscheinlichkeit nach schon im ersten Jahrhundert eingegangen.

Es ist etwas dran an froher Ausdauer, die viel schneller gute Ergebnisse zu zeitigen scheint. Häufig habe ich die Geschichte meines Großvaters gehört, der die Macht froher Beharrlichkeit anwandte, um auf seiner Plantage in Süd-Karolina um die Jahrhundertwende die Baumwolle gepflückt zu bekommen. Wenn es heiß am Tag wurde und das Baumwollpflücken erlahmte, pflegte er sich zu den Arbeitern auf den Feldern zu gesellen. Und während er Baumwolle pflückte, begann er zu singen. Dann fingen auch die Arbeiter an zu singen. Er sang dann ein wenig schneller und pflückte ein wenig schneller; und alle taten es ihm gleich. Das erwies sich als eine glückliche und effektive Methode, um die Produktion auf den Baumwollfeldern zu steigern!

Begegnen Sie Schicksalsschlägen mit Ausdauer

Krampfhafte Bemühungen zählen wenig. Wenn Sie vor Schicksalsschlägen stehen, dann begegnen Sie ihnen in deren eigener Weise mit Ausdauer und erwarten Sie, daß letzten Endes das Gute aus ihnen hervorkommen wird. Wenn es sich um schlimme Zustände handelt, sollten Sie keine sanften Methoden anwenden. Harten Bedingungen mit sanften Methoden zu begegnen hieße, einen harten Boden mit einer stumpfen Pflugschar pflügen zu wollen. Sie werden wenig Fortschritte machen, wenn Sie versuchen, schwierige Probleme auf halbherzige Art und Weise zu lösen. Begegnen Sie handfesten Problemen, indem Sie sich weigern, vor ihnen zu kapitulieren. Bestehen Sie darauf, aus diesen Erfahrungen einen Segen zu ziehen. Stellen Sie sich ihnen mit unerschrockenem Mut und Entschlossenheit zum Wagnis.

Wenn Sie schon einmal atemlos waren, werden Sie wahrscheinlich die Erfahrung gemacht haben, daß das normale Atmen nicht mehr auszureichen schien, um Sie wieder zum rechten Atemrhythmus zu bringen. Statt dessen mußten Sie um mehr Luft kämpfen. Ähnlich geht es Ihnen in Zeiten scheinbaren Mißerfolges oder der Entmutigung, wenn Sie dann nicht energisch am Glauben festhalten, daß Sie siegen können und werden, ist es wahrscheinlich, daß Sie für immer in den Krallen von Niederlage und Versagen gefangen bleiben.

Der amerikanische Psychologe William James stellte die These vom zweiten Atem auf, den man gedanklich, gefühlsmäßig und körperlich erhalte. Er schrieb, man solle durchhalten, bis man den zweiten Atemzug tun könne. Oft ging er weiter, wenn ihn Müdigkeit überfiel, um dann plötzlich neue Kraftreserven zu finden. Die neue einfließende Energie erzeugte neue Kraft und den angestrebten Sieg. Es war gerade so, als habe ein unsichtbarer Partner die Last übernommen.

In Notzeiten werden häufig im Menschen unberührte, schlafende Kräfte frei, Kräfte, die nie frei würden, solange keine dringende Notwendigkeit vorläge.

Sie müssen wissen, daß eine Zeit solcherlei Herausforderungen ein Anzeichen dafür ist, daß große Kräfte in Ihnen freigesetzt werden möchten, um Ihnen zu helfen und um für Sie und durch Sie zu wirken.

Überprüfen Sie Ihre Erfolgspläne

So ist es immer dann, wenn Entmutigung Sie zu überwältigen droht oder die Verzweiflung sagt: »Es kann nicht gemacht werden, du wirst das nie schaffen«, an der Zeit, daß man seine Pläne überprüft, sie niederschreibt und wie in Kapitel 4 vorgeschlagen revidiert. Dann ist es auch an der Zeit, daß man sich ein festumrissenes und verbessertes Bild von seinem Guten macht, wie es in Kapitel 5 dargelegt wird. Dann ist es höchste Zeit zu bejahen: DIES IST DIE ZEIT GÖTTLICHER ERFÜLLUNG. WUNDER FOLGT JETZT AUF WUNDER, UND NIE HÖREN DIE WUNDER AUF, SICH ALS GÖTTLICHER PLAN MEINES LEBENS ZU MANIFESTIEREN.

Dann ist es auch an der Zeit zu erklären: DIE ARBEIT MEINER HÄNDE UND DIE PLÄNE MEINES LEBENS GEHEN JETZT RASCH DER SICHEREN UND VOLLKOMMENEN ERFÜLLUNG ENTGEGEN. ICH ERWARTE DAS BESTE ERGEBNIS. ICH VERTRAUE AUF GOTTES RECHTES WIRKEN.

Und es ist an der Zeit, häufig zu bejahen: ICH BIN EIN TEIL VON ALLEM GUTEN, UND DAS GUTE WIRD SIEGEN.

Das ist die Zeit, um mit einem vertrauten Freund zu sprechen, um neuen Auftrieb zu erhalten oder um eine kleine kreative Meditationsgruppe zu bilden, die mit Ihnen dem Erfolg entgegenstreben wird, anstatt Möglichkeiten des Mißerfolgs in Betracht zu ziehen. Dann sollten Sie auch in der Bibel lesen, um Inspiration und Führung zu erhalten. Lesen Sie den 23. Psalm, und meditieren Sie über die Worte: »*Der Herr ist mein Hirte; mir wird nichts mangeln.*« Lesen Sie den 91. Psalm: »*Er wird den Engeln befehlen über dir, dich auf allen deinen Wegen zu bewahren. Sie werden dich auf ihren Händen tragen, damit du deinen Fuß nicht an einen Stein stößt.«*

Halten Sie am Sieg fest

Erinnern Sie sich der Zeiten, da Sie in der Vergangenheit sich zum Sieg »durchrangen«. Wenn Entmutigung und Verzweiflung versuchen sollten, Ihre Ausdauer zu untergraben, dann erinnern Sie sich jener Erfolgreichen, die siegten, obgleich sie behindert, blind, taub oder psychoneurotisch waren: Toscanini war so kurzsichtig, daß er beim Dirigieren nicht die Partitur lesen konnte; Lord Byron hatte einen Klumpfuß; Homer und Milton waren blind; Sir Walter Scott war ein Invalide; Beethoven verlor sein Gehör; Dostojewski und Guy de Maupassant waren Epileptiker; Franklin D. Roosevelt konnte nicht auf seinen Beinen stehen.

Shakespeare hat vielleicht die Macht der Ausdauer beschrieben, als er sagte: »Es gibt Gezeiten im Geschäft der Menschen, die, während Flut ist, zum Vermögen führen.« Bringen Sie Ihre Flut des Guten hervor, indem Sie über Jesu Worte abgewandelt meditieren: *»Alles, was der Vater mir gegeben hat, kommt jetzt geistig und gestaltlich zu mir«* (Joh. 6,37).

Bedenken Sie, daß es nicht immer die Menschen mit der besten Erziehung oder dem größten Talent sind, die das Rennen machen. Es sind die »Beharrlichen«. Es sind diejenigen, die sich verbissen weigern aufzugeben, ganz gleich, ob sie begabt und talentiert sind oder nicht. Die Geschichte vom Swinigel und dem Hasen ist die Geschichte der Beharrlichkeit, die über große Handicaps den Sieg erringt. Mit anderen Worten, wie im Falle des Swinigels können Sie nicht geschlagen werden, wenn Sie nie aufgeben.

Gewöhnlich sind nicht gerade die Männer mit großer Geisteskraft die Köpfe großer Gesellschaften und Industrien; im Gegenteil, es sind die Männer, die geduldig und ausdauernd sind. Sie können nicht geschlagen werden, weil sie nie aufgeben.

Es ist unwichtig für Sie, für einen Start ins Leben Geld zu haben oder Eigentum, einen großen Familiennamen oder andere Privilegien zu erben. Auch ist es nicht zwingend notwendig, eine anspruchsvolle Erziehung zu genießen. Was Sie brauchen, ist ein Ziel und der beharrliche Entschluß, unter allen Umständen dieses Ziel zu erreichen.

Blicken Sie nicht zurück – blicken Sie vorwärts

Sollten Enttäuschungen Sie vom Wege abbringen wollen, dann begegnen Sie ihnen so gut Sie können, und machen Sie weiter. Keine negative Erfahrung kann Sie aufhalten, wenn Sie nach solchen Zwischenfällen nicht zurückschauen. Lernen Sie aus der Geschichte mit Lots Weib, die zur Salzsäule erstarrte, als sie zurückblickte (Mos. 19,26).

Blicken Sie statt dessen wieder auf Ihr Ziel, und bewegen Sie sich in der Ihnen angemessen erscheinenden Weise darauf zu. Wenn Sie vom Wege abgekommen sind und gegenwärtig nichts machen können, um direkt darauf hinzuarbeiten, gibt es doch kleine Dinge, die Sie tun und die Ihnen das Gefühl geben können, daß Sie vorankommen. Erledigen Sie das, was getan werden kann; das wird Ihnen bessere Gelegenheiten auf dem Weg verschaffen. Machen Sie immer einen Schritt zur Zeit, sei er groß oder klein, weiter brauchen Sie nichts zu tun. Der eine Schritt führt zum nächsten, der wieder zum nächsten und so weiter.

Einmal hörte ich einen Mann eine Geschichte erzählen, die mir die Bedeutung beharrlichen Vorwärtsschauens klarmachte. Als er noch ein Junge war, waren er und sein Vater an einem warmen Samstag mit Pferd und Wagen zur Stadt aufgebrochen. Bei der ersten Straßenkreuzung hielten sie an, um die Rede eines Kandidaten einer politischen Partei zu hören. Der Kandidat sagte den Leuten, er strebe das politische Amt an, weil sein Vater und Großvater vor ihm in dieser Gegend Politiker gewesen seien. Da er aus einer politischen Familie käme, hätte er die beste Qualifikation, den Menschen zu dienen.

Als der Junge und sein Vater weiter stadteinwärts fuhren, kamen sie an eine andere Straßenkreuzung, an der ein zweiter Kandidat eine Rede hielt. Auch er sagte, seine Familie sei seit langem politisch tätig, und er glaube, deshalb die besten Voraussetzungen für das angestrebte Amt zu haben.

Bei der nächsten Straßenkreuzung hörten sie einen weiteren Kandidaten sagen: »Ich habe mich bisher noch nie um ein solches Amt bemüht. Kein Mitglied meiner Familie hat je eine politische Position innegehabt. Dennoch glaube ich, daß ich den Menschen in dieser Gegend echte Dienste anbieten kann, denn ich meine, es ist wichtiger, wohin wir gehen, als woher wir kommen!« Und dieser Mann hat die Wahlen gewonnen!

Auch Sie können gewinnen, ungeachtet dessen, woher Sie kommen oder welches Ihre vergangenen Erfahrungen waren, wenn Sie nur beschließen, was Sie erreichen wollen und beharrlich daran festhalten.

Mit Paulus, der beharrlichen Seele, sollten Sie häufig erklären: *»Ich vergesse das, was dahinten ist und strecke mich vorwärts auf mein Ziel zu«* (Phil. 3,13). Und Shakespeare läßt Cassius sagen: »Nicht in den Sternen steht's, sondern in uns selbst, daß wir sind Untergebene.«

Ausdauer allein ist allmächtig

Wer keine Ausdauer hat, erzielt auf keinem Gebiet einen bleibenden Erfolg. Wer es wagt, beharrlich nach Erfolg zu streben, ungeachtet seiner mangelhaften Erziehung, des gesellschaftlichen Backgrounds, der Talente, Einflüsse, des Geldes oder guten Rufes, der kann und wird siegen. Verbissene Entschlossenheit trickst das Können aus. Ausdauer ist eine Eigenschaft, der sich der Erfolg unweigerlich unterwirft.

Calvin Coolidge äußerte: DIE BEHARRLICHKEIT ALLEIN IST ALLMÄCHTIG. Niederlagen mögen eine Prüfung für Sie sein; sie brauchen Sie nicht aufzuhalten. Betrachten Sie scheinbaren Mißerfolg, Enttäuschungen und Niederlagen lediglich als ein Anzeichen dafür, daß der Erfolg bald um die Ecke biegen wird. Benutzen Sie

sie als größeren Anreiz zum Vorwärtsschreiten, und plötzlich wird sich auf Ihrem Wege Ihr Herzenswunsch abzeichnen – oder etwas noch Besseres.

Seien Sie auf plötzlichen Erfolg vorbereitet

Der Erfolg hat es an sich, nach einem langen, mühevollen und vergeblichen »Fischzug« ganz plötzlich zu kommen. Wenn Sie an Ihrem Ziel beharrlich festhalten, dann seien Sie bereit für rasche, aufregende und erfolgreiche Resultate. Halten Sie sich genaue Pläne vor Augen, was Sie tun wollen, wenn der Erfolg sich einstellt, denn gerade dann, wenn man es am wenigsten erwartet, wird sich die Tide für Sie wenden. Dann wird es notwendig sein, daß Sie tief durchatmen und Schritt für Schritt, wie vorgesehen, die Flut des Guten akzeptieren.

Wenn die Erfüllung Ihrer Wünsche zu Ihnen kommt, dürfen Sie sich davon nicht »umwerfen« lassen. Seien Sie aufmerksam und bereit, sie zu empfangen; andernfalls mag sie sich vielleicht vor Ihren Augen in Luft auflösen, so daß Sie wieder ganz von vorn anfangen müssen. Sobald sich Erfolg einstellt, ist es ratsam, ihn beharrlich zu akzeptieren und zu halten; sonst könnte er einem entgleiten.

Beharrlichkeit ist der Schlüssel zur Erfassung Ihrer Herzenswünsche und zur Verfolgung derselben. Verweilen Sie häufig beim Versprechen Jehovas an Jesaja: *»Ich will vor dir hergehen und die Höcker eben machen. Ich will die ehernen Türen zerschlagen und die eisernen Riegel zerbrechen, und ich will dir geben die heimlichen Schätze und die verborgenen Kleinode«* (Jes. 45,2,3).

Durch die Allmacht der Beharrlichkeit kann und wird dies geschehen, vielleicht gerade dann, wenn es höchst unwahrscheinlich zu sein scheint. Durch Ausdauer können Sie einer der glücklichen, sieghaften Menschen sein, die nicht nur Träumen nachjagen, sondern sie auch fangen! Der Ausdauernde hält auch lange genug an seinen Träumen fest, um sie einzuholen.

17. Kapitel

Was ist mit den Schulden?

Kürzlich sah ich eine Karikatur, auf der ein Ausstellungsraum mit schönen neuen Autos gezeigt wurde. Über ihnen befand sich ein Schild, auf dem stand: »Versuchen Sie für Ihren Ratenkauf unseren Kreditplan.« Während ein Interessent vor einem der neuen Wagen stand, lief ein Verkäufer in großer Verwirrung zum Chef und fragte: »Wie soll ich dieses Geschäft abwickeln? Der Kunde möchte bar zahlen!«

Was ist in unserer Zeit, da Kredite großgeschrieben werden, im Zusammenhang mit dem positiven Denken über Verschuldungen zu sagen? Ein klug angewandter Kredit ist für finanziellen Erfolg ein reicher Aktivposten. Schlecht angewandter oder überstrapazierter Kredit ist ein sicherer Weg in Verschuldung und finanziellen Fehlschlag. Kredit ist nicht wünschenswert, wenn man ihn voller Verzweiflung aufnimmt, um finanzielle Schwierigkeiten etwas aufzuschieben. Auch verwendet man besser keinen Kredit für die Anschaffung von Dingen, die man ohne große Gewissensbisse nicht bezahlen kann. Ein Kredit sollte klug dazu verwandt werden, daß man sich in vernünftiger Weise das Leben ein wenig angenehmer macht. Und er kann klug dazu verwandt werden, daß man Profit daraus zieht.

Eine Hausfrau, die plötzlich mit drei kleinen Kindern verwitwete, wollte gern ein Geschäft eröffnen. Sie lieh sich Geld, investierte es, erzielte innerhalb kurzer Zeit einen gewissen Nutzen aus dieser Investition, zahlte das geborgte Geld zurück und eröffnete mit dem Überschuß ihr eigenes Geschäft. Die kluge Verwendung des Kredits erwies sich für sie als finanzieller Gewinn.

Um nicht den Reinfall eines mißbrauchten Kredits zu erleben, sollte man folgende Regel beachten: Laden Sie sich keine Rechnungen auf, die Ihnen das Gefühl von Mangel und Begrenzung geben. Sie können unter Umständen große finanzielle Verpflichtungen eingehen, wenn Sie es leichten Herzens tun im festen Vertrauen, daß Sie denselben in vernünftiger Weise begegnen können.

Ärger und Furcht verursachen Verschuldung

Schulden sind nicht gut, wenn man sich darüber ärgert oder sie fürchtet, denn eine solche Einstellung wird zur Last. Der Gedanke an die Last bringt häufig den Zustrom von Allsubstanz in Ihre Angelegenheiten zum Stillstand, wie er auch den Zustrom neuer, positiver Ideen in Ihr Denken behindert. Wenn der Substanzzufluß in der einen oder anderen Weise zum Erliegen kommt, sind Sie nicht mehr fähig, Ihre Rechnungen zu bezahlen, und Panik und Verärgerung bemächtigen sich Ihrer.

Solange Sie finanzielle Verpflichtungen nicht fürchten oder unwillig betrachten, können Sie in Ihren Gedanken, Gefühlen und Reaktionen die Kontrolle über sie bewahren. Und sobald Sie fühlen, daß Sie die Herrschaft haben und Sie sich nicht hilflos an Schulden gebunden betrachten, halten Sie den Weg offen, auf dem Ihnen die reiche Universalsubstanz zufließen kann – in erwarteter und unerwarteter Weise –, wodurch es Ihnen ermöglicht wird, alle Verpflichtungen zu erfüllen.

Es ist ein unumstößliches Gesetz, daß Ihnen immer geholfen wird, wenn Sie »aufblicken«. Mit Sicherheit ist ein erhabenes Denken, das frei von Furcht, Sorgen und Kritik ist, äußerst wichtig, um schuldenfrei zu leben.

Eine Ehefrau berichtete, wie ängstliche, ärgerliche und verurteilende Gedanken sie in Schulden brachten; und wie sie aus den Schulden herauskam, als sie ihre Haltung änderte. Ihr Mann arbeitete als Vertreter, und seine Arbeit führte ihn oft weit von zu Hause fort. Am Anfang ihrer Ehe hatten sie in den Bergen von Kentucky eine Farm gekauft und waren übereingekommen, daß diese ein idealer Ort zum Großziehen von Kindern wäre. Da der

Mann regelmäßig auf Reisen war, hatte die Frau die Verantwortung für die Beaufsichtigung der Farm und die Versorgung der heranwachsenden Kinder. Und nach einiger Zeit begann sie, diese Verantwortlichkeiten zu hassen. Je mehr ihr Groll wuchs, desto schwieriger schien es ihr, den wachsenden finanziellen Verpflichtungen nachzukommen, die das Wachstum der Farm begleiteten.

Am Ende mußte sie sich Geld leihen, um die Landarbeiter bezahlen zu können, um landwirtschaftliche Geräte zu kaufen und die allgemeinen Unkosten des Betriebes zu tragen. So war sie schnell verschuldet, obwohl die Farm sehr rentabel war. An diesem Punkt angekommen, hörte sie von der Macht des positiven Denkens und begann, ihre Verschuldung vom Standpunkt ihrer mentalen Einstellung her einzuschätzen. Als sie an einem arbeitsreichen Nachmittag sich vor die Frage gestellt sah, wie sie in dieser Woche die Löhne auszahlen solle, fuhr sie auf eine liebliche Anhöhe, von der aus sie ein friedliches Gebiet mit grasendem Vieh überblicken konnte. Dort hielt sie und dachte eine ganze Weile über die Schönheit des Bildes unter ihr nach.

Sie erkannte, daß sie im Grunde genommen über die Abwesenheit ihres Mannes von zu Hause verärgert war, obgleich sie wußte, daß er nur unterwegs war, um Geld für seine Familie zu verdienen. Weiter erkannte sie, daß sie sich vor der Verantwortung fürchtete, die Farm allein führen zu müssen, gleichwohl es sich um einen wertvollen Besitz handelte. Als sie in dieser positiv gestimmten Weise grübelte, überkam sie ein Gefühl des Friedens, und es verließ sie der Gedanke an die Last von Schulden, Groll und Kritik. Da bat sie im stillen um göttliche Führung für sich, ihren Mann, die Kinder, die Farm und die Arbeiter. Und sie dankte für finanziellen Erfolg und Befreiung von jeglicher Verschuldung.

Als sie am nächsten Tag in die Stadt fuhr, traf sie einen Bekannten, der ihr erzählte, daß er einige landwirtschaftliche Geräte kaufen wolle. Sie sagte ihm, daß sie einiges von dem, was er brauchte, unbenutzt bei sich stehen habe. Der Kauf wurde schnell abgeschlossen, und alle Schulden konnten bezahlt werden. Als später ihre früheren Verstimmungen durch Liebe und Wertschätzung für die Farm ersetzt worden waren, faßte ihr Mann den Entschluß, seine Vertretertätigkeit aufzugeben, mit seiner Familie in die Stadt zu ziehen und ins Maklergeschäft einzusteigen. Für die Farm wurde ein tüchtiger Verwalter engagiert. Die Frau lobte und dankte beharrlich weiter für all ihre Segnungen, und sowohl die Farm als auch das neue Geschäft ihres Mannes warfen reiche Frucht ab. Heute erfreut sie sich mit Mann und Kindern eines glücklichen Familienlebens.

Die Frau hatte sich selbst bewiesen, daß Gedanken des Grolls und der Kritik das Gefühl einer schweren Last erzeugten, welches wiederum den Zustrom der Allsubstanz in ihre Angelegenheiten zum Erliegen gebracht hatte. Als sie ihre Verpflichtungen nicht mehr haßte, gewann sie die Kontrolle über sie und war in der Lage, ihnen erfolgreich zu begegnen.

Kritik erzeugt Zahlungsunfähigkeit

Wenn Rechnungen zu Ihnen kommen, empfangen Sie sie mit unerschütterlicher Gemütsruhe, indem Sie daran denken, daß sie Segnungen repräsentieren, deren Sie sich bereits erfreuen. Eine negative, kritische Einstellung den Rechnungen gegenüber ist zuweilen die Ursache dafür, daß Leute in Schulden geraten und daraus nicht wieder heraus können. Ich kenne eine Familie, die ständig über ihre monatlichen Rechnungen schimpfte. Einige dieser Rechnungen stiegen unerklärbar rasch, und die Leute gerieten immer tiefer in Schulden. Als sie dann von der Macht des positiven Denkens erfuhren, mit deren Hilfe sie ihre Rechnungen bezahlen können, hörten sie auf, an ihren Rechnungen Kritik zu üben. Statt dessen begannen sie zu bejahen: WIR WENDEN DIE BEREICHERNDE MACHT GÖTTLICHER WEISHEIT MIT ÜBERLEGUNG UND GUTEM URTEILSVERMÖGEN IN ALL UNSEREN ANGELEGENHEITEN KLUG AN. WIR DANKEN DAFÜR, DASS ALLE FINANZIELLEN VERPFLICHTUNGEN ZUR RECHTEN ZEIT BEZAHLT WERDEN. Danach schrumpften die Rechnungen wieder auf ein annehmbares Maß zusammen.

Es ist nicht nur unangenehm und unnötig, sondern auch töricht und gefährlich, Zeit damit zu verschwenden, daß man irgend etwas kritisiert, ganz besonders, wenn es sich um Sie betreffende finanzielle Verpflichtungen handelt. Eine derartige negative Angewohnheit kann zu einer dauerhaften Verschuldung führen, vielleicht sogar zum finanziellen Ruin. Wenn Sie nicht bereit sind, von der Substanz, die Sie erhalten, zur Bezahlung der Rechnungen abzugeben, wie können Sie dann vernünftigerweise erwarten, daß die reiche Universalsubstanz ungehindert in Ihr Leben fließt? Eine undankbare Geisteshaltung zeitigt undankbare, begrenzte finanzielle Ergebnisse.

Dankbarkeit läßt gedeihen

Die »Haltung der Dankbarkeit« sorgt dafür, daß Ihnen Reichtum aus jeder Richtung zufließt. Als ich vor einiger Zeit im Gebiet von Palm Beach, Florida, Vorlesungen hielt, wurde ich auf diese Wahrheit aufmerksam gemacht. Ein dortiger Geistlicher erzählte mir, daß die wohlhabendsten Leute in seiner Gemeinde diejenigen zu sein scheinen, die für die geistliche Arbeit am dankbarsten sind. Er meinte, häufig würde ein durchschnittlich begüterter Bürger, der ins Krankenhaus eingewiesen wird und um geistlichen Beistand bittet, den Pfarrer mit der Frage empfangen: »Wo sind Sie gewesen? Warum hat es so lange gedauert, bis Sie hierher kamen?« Hingegen habe er die Erfahrung gemacht, daß sehr reiche Leute in der gleichen Lage entwaffnend dankbar seien, weil er sich die Zeit nahm, um sie aufzusuchen. Er beobachtet, daß seine wohlhabenden Freunde ihm für jede erwiesene Freundlichkeit Worte des Dankes zukommen lassen. Seine Schlußfolgerung: Die geistige Einstellung der Dankbarkeit, die diese Leute an den Tag legen, ist der überzeugende Schlüssel zu ihrem Reichtum.

Kritisieren oder verurteilen Sie niemals irgend etwas oder irgend jemand, wenn Sie schuldenfrei werden und bleiben möchten. Wie bereits in dem Kapitel über die besonderen psychischen Kräfte gesagt wurde, glauben die Wissenschaftler heute, daß jedes Ding mit einer ursprünglichen Intelligenz behaftet ist, die weiß, was man über es sagt, denkt und fühlt. Wenn man von Gegenständen, Menschen und Bedingungen in positiver Weise spricht, gewinnt man ihre unterbewußte Mitarbeit. Kritisieren Sie hingegen Ihre Welt, dann stoßen Sie ihre Segnungen zurück und ziehen nur negative, begrenzte Bedingungen in Ihr Leben.

Ein Kaufmann klagte, daß er seine Waren nicht absetzen könne, obwohl er in der Vergangenheit gute Umsätze zu verzeichnen hatte. Er versuchte es mit Sonderangeboten und anderen Methoden, um die Ware zu verkaufen. Viele seiner Außenstände waren überfällig, und es schien unmöglich, sie einzutreiben. Er versank immer tiefer in persönliche Verschuldung. Schließlich erkannte er, daß er die Angewohnheit angenommen hatte, alles zu kritisieren: sich, sein Geschäft, die Kundschaft, die Familie, die Nachbarn, die Gesellschaft und die Welt im allgemeinen. Da bat er einen Freund, der um die Macht des positiven Denkens wußte, er möge ihm helfen, daß sein Denken eine andere Ebene erlange. Der Freund schlug ihm für den Anfang folgende Bejahung vor, die zu einem Gesinnungswandel führen sollte: Es GIBT FÜR MICH, IN MIR ODER GEGEN MICH KEINE KRITIK ODER VERURTEILUNG. GÖTTLICHE LIEBE, WEISHEIT UND ORDNUNG OFFENBAREN MIR JETZT VOLLKOMMENE FÜHRUNG UND ERZEUGEN VOLLKOMMENE RESULTATE IN MIR UND IN MEINER WELT.

Mit diesen Gedanken im Sinn entwickelte der Kaufmann freundlichere Gefühle seinen Kunden gegenüber. Er beschloß, zusammen mit den monatlichen Kontoauszügen auch Karten mit guten Wünschen an die Kunden zu verschicken, die ihm seit langem Geld schuldeten. Das Ergebnis war verblüffend! Säumige Kunden begannen zu zahlen. Eine Dame sandte ihm einen Scheck auf eine Rechnung, die seit zehn Jahren offenstand.

Die Technik, Schulden bezahlt zu bekommen – die eigenen und die Außenstände, die einem gehören –, ist in erster Linie innere Arbeit im Bereich der geistigen Einstellungen. Ihre kritischen, nachtragenden, verurteilenden Gedanken stoßen andere so sehr ab, daß sie davor zurückschrecken, Ihnen das Geschuldete zu zahlen. Sobald Sie aber Ihre Einstellung den anderen gegenüber ändern, fühlen sie dieses unterbewußt und reagieren auf positivere Weise.

Schreiben Sie es auf

Anstatt sich Sorgen um die eigenen Schulden oder die Schulden anderer zu machen, setzen Sie sich lieber hin und schreiben Sie all Ihre Verbindlichkeiten auf. Dann gehen Sie mutig einen Schritt weiter und notieren Sie sich die Termine, an denen Sie die volle Bezahlung erledigt sehen möchten. Dann schreiben Sie unten auf Ihre Liste die folgende Meditation, die Sie jeden Tag mehrmals sprechen sollten: ICH DANKE FÜR DIE SOFORTIGE, VOLLSTÄNDIGE BEZAHLUNG ALLER FINANZIELLEN VERBINDLICHKEITEN. ICH GLAUBE DARAN, DASS MIT GOTTES HILFE ALLE VERBINDLICHKEITEN SOFORT IN VOLLER HÖHE BEZAHLT WERDEN.

Ein selbständiger Geschäftsmann hatte all die üblichen Methoden zur Eintreibung seiner Außenstände mit geringem Erfolg angewandt. Er hörte von der Technik positiven Denkens zwecks Handhabung aller finanziellen Probleme und beschloß, es einmal damit zu versuchen. Er stellte eine Liste mit den Namen seiner Kunden und dem jeweils fälligen Betrag auf und bejahte dann die vollständige Bezahlung jeder Zahlungsverpflichtung. Als er seine Kunden aufsuchte, um zu kassieren, war er erstaunt, daß niemand ihm zu widerstreben oder ihm auszuweichen schien. Vielmehr bezahlten alle, die auf der Liste standen, prompt!

Eine Innendekorateurin war zeitweilig arbeitslos gewesen und hatte 2500 Dollar Schulden. Während der sommerlichen »Saurengurkenzeit« hörte sie Vorlesungen über die Macht positiven Denkens bei der Überwindung finanziellen Mangels. Sie stellte eine Liste ihrer Verbindlichkeiten auf, fügte die oben angegebene Bejahung hinzu und meditierte mit dieser Liste jeden Tag, wobei sie sich vorstellte, daß ihre Rechnungen bezahlt seien. Schon durch dieses Training bekam sie ein Gefühl, daß alles erreicht und erledigt sei, wodurch die früheren Minderwertigkeitsgefühle abgebaut wurden. Als sie dann bejahte, daß ihre Schulden durch Gottes eigene Wege bezahlt würden, ereignete sich etwas Interessantes: Der Freund eines früheren Kunden rief sie an und fragte, ob sie einen Kostenvoranschlag für die Ausstattung eines neuen Appartementhauses machen könne. Nie zuvor hatte man sie mit einem so großen Auftrag betraut. Nie zuvor war sie zuerst vom Kunden aufgesucht worden – immer war sie es gewesen, die sich ihre neuen Kunden gesucht hatte.

Ihr Voranschlag, der sich zwischen acht- und zehntausend Dollar belief, wurde akzeptiert. Man gab ihr den Auftrag, und ihre Provision betrug 2500 Dollar! Sie konnte jetzt nicht nur ihre Rechnungen bezahlen, nein, dieses war der erste einer ganzen Reihe von Raumausstattungs-Aufträgen, die auf sie zukamen. Früher hatte sie für kleine Provisionen hart arbeiten müssen; jetzt hat sie regelmäßig für große Provisionen zu arbeiten. Die Arbeit ist die gleiche, aber die Vergütung ist größer und in jeder Weise befriedigender.

Mobilisierung des Vertrauens macht Schluß mit den Schulden
Ein angenehmes Stichwort sollte man sich im Zusammenhang mit Verschuldungen merken: Wenn man Schulden hat, so kommt das, weil jemand an uns glaubte und finanziell genug Vertrauen in uns hatte. Wenn andere Ihnen etwas schulden, so kommt das daher, daß Sie ihnen vertrauten. Vertrauen ist ein wunderbares göttliches Element und erzeugt göttliche Resultate, wenn es mobilisiert wird. Immer wenn Sie daran denken, daß Sie etwas schuldig sind oder ein anderer Ihnen etwas schuldet, sollten Sie für das Vertrauen danken, das die finanzielle Transaktion überhaupt zustande gebracht hat. Sie müssen dabei wissen, daß dasselbe Vertrauen, das am Anfang am Werk war, immer noch wirken kann, um die völlige Bezahlung zu bewerkstelligen. Mobilisieren Sie diese Einstellung, indem Sie bejahen: Dasselbe göttliche Vertrauen, das dieses Geschäft möglich machte, ist jetzt mächtig am Wirken, um das höchste Gut für alle Betroffenen zu bereiten.

Ein Kreditsachbearbeiter wandte diesen Gedanken an, um für seine Firma Außenstände einzuziehen. Er arbeitete häufig da mit Erfolg, wo andere Kollegen unverrichteter Dinge abgeblitzt waren. Einmal bekam er den Auftrag, einen Betrag von 17 000 Dollar einzuziehen, der seit Jahren offenstand. Als er mit dem Debitoren sprach, wurde es ihm bald klar, daß sich dieser in einem gräßlichen finanziellen Engpaß befand. Und dennoch gab der Kreditsachbearbeiter seinem Vertrauen Ausdruck, daß der Schuldner sein Konto so bald wie möglich ausgleichen würde. Dadurch stellte er den guten Willen und erneutes Vertrauen zwischen der Firma und dem Kreditnehmer wieder her. Es waren daraufhin noch keine vierzehn Tage vergangen, da brachte der Kunde ihm einen Scheck über 4000 Dollar. Dabei erwähnte er, daß die Worte des Kreditgebers, die Vertrauen in ihn und seine geschäftlichen Fähigkeiten bewiesen hätten, ihm neuen Mut, neue Hoffnung und die Überzeugung gegeben hätten, daß er Erfolg haben könne. Mit der neuen Hoffnung kamen neue Ideen, die sich für ihn erfolgreich erwiesen. Bald war der gesamte Betrag bezahlt, und der Kreditnehmer macht noch heute mit dem Geldinstitut Geschäfte.

Mißklänge verursachen Verschuldungen

Um frei von Verschuldung zu werden oder um Schulden bei anderen kassieren zu können, ist es notwendig, daß man einen harmonischen Bewußtseinszustand hat. Auf allen Gebieten werden Sie die Beobachtung machen, daß disharmonische Menschen sehr angestrengt für ihr Auskommen arbeiten müssen. Die Universalsubstanz weicht vor Unausgeglichenheit zurück und verflüchtigt sich rasch in einer solchen Atmosphäre. Das erklärt auch, warum ein gewisser Vertreter nichts verkaufen konnte. Auch seine Frau versagte als Verkäuferin. Schon nachdem ich mich nur wenige Minuten mit ihnen unterhalten hatte, war es klar, daß ihr häusliches Leben mit Zank und Streit erfüllt war. Sie kritisierten und verurteilten einander und trugen ganz offen ihre Meinungsverschiedenheiten über alle möglichen Dinge miteinander aus.

Ich wies darauf hin, daß sie harmonischer miteinander leben müßten, bevor sie fähig wären, Kunden anzuziehen und wieder gut zu verkaufen. Sie waren einverstanden, gemeinsam diese Bejahung anzuwenden: ZWISCHEN UNS GIBT ES WEDER KRITIK NOCH VERURTEILUNG. DIE GÖTTLICHE LIEBE HAT DIE HERRSCHAFT, UND ALLES IST MIT UNS UND UNSERER WELT IN ORDNUNG. Schon zwei Wochen später tätigten beide wieder Verkaufsabschlüsse, und ihre Ehe war viel glücklicher als zuvor.

Es gibt einen Weg aus den Schulden heraus

Schulden mögen für Sie sehr hoch erscheinen, aber es braucht sich nur um eine vorübergehende Situation zu handeln, wenn Sie daran glauben können, daß es einen Weg heraus gibt. Vielleicht sind Furcht und Verzweiflung die größten Hindernisse vor dem Freisein von Schulden. Wenn man sie überwinden kann, ist man auf dem Weg zur finanziellen Freiheit.

Kürzlich sprach ich mit einem Mann, dessen Frau gefürchtet hatte, er könne Selbstmord begehen. Er war schwer verschuldet und sah keinen Ausweg. Er hatte einen Unfall gehabt und war ein Jahr lang nicht arbeitsfähig gewesen. In der Zwischenzeit hatten andere, die weder die Erfahrung noch seine Kenntnisse hatten, sein Geschäft weitergeführt. Obwohl sie den Wunsch hatten, ihm zu helfen, hatten sie ihn fast ruiniert. Wegen seiner großen Verschuldung und da er keine ausreichenden Sicherheiten bieten konnte, war es dem Mann nicht gelungen, den notwendigen Bankkredit zur Überbrückung der Lage zu erhalten. Er sagte: »Wenn ich nur fünf- oder sechstausend Dollar bekommen könnte, würde ich die dringendsten Schulden bezahlen und mein Geschäft über Wasser halten können, bis ich es wieder flottbekomme.« Als er mir das sagte, war er nahezu verzweifelt.

Mir wurde klar, daß bei ihm zwei bestimmte geistige Einstellungen vorherrschten, die eine Lösung des Problems unmöglich machten: Erstens war dieser tüchtige Geschäftsmann in Entmutigung und Verzweiflung versunken. Es schien keinen Ausweg zu geben, er sah keinen Wendepunkt. Zweitens hatte er das Gefühl, daß das Jahr, in dem er krank gewesen war, ein großer Verlust für ihn gewesen sei. Er sagte sich immer wieder: »Wenn ich den Unfall nicht gehabt hätte, wäre dies nicht geschehen.«

Eine solche Einstellung ist für verschuldete Menschen normal, aber sobald man die Einstellung ändert, kann sich die ganze Lage ändern – und zwar sehr schnell! Es gibt für jedes Problem immer einen Ausweg – es gibt eine göttliche Lösung. Um eine positive Haltung aufzubauen und aufrechtzuerhalten, bis sie sich selbst bewies, schlug ich ihm vor, daß er täglich meditieren sollte: ES GIBT EINE GÖTTLICHE LÖSUNG IN DIESER SITUATION. DIE GÖTTLICHE LÖSUNG IST DIE GROSSARTIGSTE LÖSUNG. ICH DANKE DAFÜR, DASS SIE BALD IN ERSCHEINUNG TRITT.

Für seine Vorstellung, ein Jahr für die Arbeit verloren zu haben, regte ich folgende Gedanken an: »Auch wenn es zur Zeit düster aussieht, beginne ich doch einzusehen, daß diese Erfahrung kein bleibender Verlust zu sein braucht. Das, was während dieses Jahres verloren zu sein scheint, kann finanziell und auf andere Art ›göttlich wiederhergestellt‹ werden.« Damit er sich dieser Worte stets erinnere, wurden sie auf eine Karte geschrieben, die er immer in seiner Brieftasche bei sich tragen konnte. Sobald ihn nun Entmutigung oder ein Verlustgefühl übermannen wollte, las er diese Worte wieder und wieder: ICH DANKE FÜR DIE GÖTTLICHE WIEDERHERSTELLUNG MEINES GESCHÄFTS, DIE GÖTTLICHE WIEDERGUTMACHUNG TUT JETZT IHR VOLLKOMMENES WERK FÜR ALLE BETEILIGTEN, UND DAS VOLLKOMMENE ERGEBNIS ZEIGT SICH JETZT. ICH DANKE DAFÜR, DASS JEDE VERBINDLICHKEIT JETZT AUF GOTTES EIGENE WUNDERBARE WEISE ERLEDIGT WIRD.

Mehrere Wochen lang bejahte der Geschäftsmann diese Gedanken. Es schien sich keine Veränderung anzubahnen, aber er war beharrlich genug zu behaupten, daß es eine Lösung gäbe. Er bejahte die göttliche Wiedergutmachung.

Eines Tages wendete sich das Blatt durch eine Reihe ungewöhnlicher Ereignisse. Er und seine Frau waren auf einem Familienfest, auf dem die Witwe seines Bruders ihn beiseite nahm und sagte: »Als du vor Jahren dich in das Geschäft meines Mannes, das jetzt dir gehört, eingekauft hast, hatte ich das Gefühl, daß du bei der ersten Abschlagzahlung übervorteilt worden bist. Nun, da er verstorben ist, möchte ich nicht länger das Haus behalten, in dem du das Geschäft hast. Auch möchte ich dir für die große Erstzahlung eine Wiedergutmachung geben. Das Gebäude ist auf einen Wert von 25 000 Dollar geschätzt worden, ich will es dir aber aus den vorerwähnten Gründen gern für 10 000 Dollar überlassen.« Aufgrund dieses Kaufvertrages konnte der Mann einen Bankkredit über 16 000 Dollar bekommen. Nachdem er seine Schwägerin ausgezahlt hatte, blieben ihm immer noch 6000 Dollar zur Abtragung der drückendsten Schulden, und es blieb ihm ein bestimmter Kassenbestand, mit dem er arbeiten konnte. Im Zuge dieser Ereignisse erfüllte ihn neue Hoffnung, und bald zog sein Geschäft wieder an, was ihn aus dem Chaos in geordnete Umstände führte. Für ihn gab es wirklich eine göttliche Wiedergutmachung!

Schweigen Sie über Verschuldungen

Viele in Schulden geratene Leute würden nicht darin verbleiben, wenn sie über ihre finanziellen Angelegenheiten schweigen würden. Aber indem sie ihre Verpflichtungen groß ausmalen, binden sie sich um so fester an diese Umstände. Würden sie sich still verhalten, den Dingen ihren Lauf lassen und ihr Bestes tun, um den Verpflichtungen nachzukommen, wobei sie göttliche Führung bejahen sollten, dann würde sich eine Möglichkeit ergeben, um mit aller Verschuldung aufzuräumen.

Die weltbekannte Bibelgeschichte von Elias und der Witwe ist ein feines Beispiel hierfür. Als die Witwe Elias vorklagte, in welcher Notlage sie sich befände, bezeugte ihr der Prophet kein Mitleid. Vielmehr sagte er, sie solle nach Hause gehen, die Tür schließen und das Öl, das sie besäße, ausschenken. Das war eine wunderbare orientalische Art, ihr zu sagen, daß sie aufhören solle, über ihre Schulden und finanziellen Probleme zu jammern, um statt dessen das zu gebrauchen, was sie an Substanz besaß. Dadurch zeigte sie sich der Lage gewachsen, in dem Wissen, daß, sobald sie ihren Teil gäbe, die Allsubstanz sich vervielfältigen würde, um jeder Not zu begegnen.

Eine Witwe unserer Tage bewies ganz ähnlich die bereichernde Macht des Rates des Propheten. Diese Frau hatte ein sehr sorgenvolles Leben gehabt. Sie war einsam, verschuldet, fühlte sich an ihrer Arbeitsstelle unglücklich und war in jeder Beziehung mit ihrem Leben unzufrieden. Während sie versuchte, von den Schulden loszukommen, klagte sie ständig darüber, wie übel das Leben ihr mitgespielt habe. Ihre Wirtschaftslage wurde dadurch noch angespannter, obwohl sie Gehaltserhöhungen und andere finanzielle Segnungen erhielt.

Zu guter Letzt sah sie ein, daß all ihr Reden über die schlechten Zeiten ihr ärgster Feind war. Sie schwieg hinfort über ihre finanziellen Angelegenheiten. Man riet ihr, in Anbetracht aller unguten Lebenserfahrungen »göttliche Wiedergutmachung« zu bejahen und das Versprechen aus dem Buch Joel in ihre Meditation aufzunehmen: *»Und ich will euch die Jahre erstatten, welche die Heuschrecken gefressen haben... daß ihr zu essen genug haben sollt und den Namen des Herrn, eures Gottes, preisen, der Wunder unter euch getan hat«* (Joel 2,25,26).

Als sie begann, hierüber zu meditieren, verwandelte sich ihr ganzes Leben. Sie bekam eine höhere Position mit einer Gehaltsaufbesserung. Ein alter Freund, dem sie einmal geholfen hatte, kam jetzt, ihr nachträglich dafür zu danken, und schenkte ihr tausend Dollar! Mit diesem Geld bezahlte sie ihre Schulden und war damit zum erstenmal seit Jahren frei von allen Verbindlichkeiten. Später hat sie sich nach zwanzig Jahren des Alleinseins noch glücklich verheiratet. Wahrhaftig, die Jahre, die die Heuschrecken des finanziellen Mangels gefressen hatten, wurden ihr wiedererstattet!

Sprechen Sie nur in positiver Weise

Anstatt sich über Schulden zu sorgen, zu ärgern oder darüber zu sprechen, zahlt es sich aus, gute Ergebnisse zu bejahen und nur in positiver Weise zu sprechen. Eine Frau, die durch eine lange Krankheit ihre Arbeitsstelle verloren hatte, war tief in Schulden geraten, und sie sprach ständig negativ über ihre Lage. Eines Abends wohnten sie und ihre Tochter einem Vortrag über positives Denken bei, und als sie heimkehrten, beschlossen die beiden, eine Meditation anzuwenden, die den Kursusteilnehmern mit auf den Weg gegeben worden war: ALLES UND JEDER TRÄGT JETZT ZU UNSEREM WOHLSTAND BEI, UND WIR TRAGEN ZUM WOHLSTAND ALLER ANDEREN BEI.

Sie begannen, diese Bejahung gemeinsam fünf Minuten lang vor dem Einschlafen täglich zu sprechen. Noch in der gleichen Woche erhielten sie einen Scheck über 2500 Dollar, eine Summe, die ihnen in einem Rechtsstreit zugesprochen worden war, doch hatte ihr Rechtsanwalt es bisher nicht geschafft, den Betrag einzutreiben. Als die beiden begannen, ihre finanzielle Lage mit anderen Worten zu beschreiben, war es so, als wollten alle Betroffenen plötzlich zu ihrem Wohlbefinden beitragen, anstatt ihnen etwas vorzuenthalten.

Eine Kunstmalerin war in Schulden geraten, weil sie viele Monate lang keines ihrer Bilder hatte verkaufen können. Eines Abends besuchte sie einen Meditationskreis, in dem ganz besonders die Macht der Bejahung für finanzielle Probleme betont wurde. Auf dieser Versammlung wurde der Vorschlag gemacht, daß jeder der Teilnehmer eine Bejahung mit nach Hause nehmen und während der Woche für die Behandlung finanzieller Nöte anwenden solle. Diese Idee schien der Künstlerin etwas ganz Neues zu sein, zumal sie bisher der Ansicht gewesen war, daß man nicht um Geld und finanzielle Dinge beten solle. Sie war aber bereit, täglich zu bejahen: »Alles und jeder trägt jetzt zu meinem Wohlstand bei, und ich bereichere alles und jeden.« Vier Tage später verkaufte sie ein Bild für 75 Dollar – ihr erster Verkauf seit Monaten. Daraufhin folgten nacheinander weitere Verkäufe, und bald konnte sie alle Verbindlichkeiten abtragen.

Niemand kann Ihnen Ihren Reichtum vorenthalten

Viele Leute geraten in Geldmangel und kommen nicht wieder heraus, weil sie meinen, daß irgend jemand sie daran hindere, wohlhabend zu werden. Solange sie einem anderen gedanklich diese Macht zubilligen, veranlassen sie, daß dieses wahr ist. Aber sobald sie ihr Denken ändern, kann trotz widriger äußerer Umstände sich ihr Gutes manifestieren.

Eine Witwe, die seit über einem Jahr vergeblich versucht hatte, die Hinterlassenschaften ihres verstorbenen Mannes zu ordnen, kam in große finanzielle Schwierigkeiten, weil ein unerwarteter Erbe erschien, wodurch ein Prozeß notwendig wurde. Die Erbmasse war vom Gericht beschlagnahmt worden. Monatelang hatte sie tagein, tagaus mager gelebt, in der Hoffnung, daß der Erbstreit bald beigelegt werden könne und daß sie ihren rechtmäßigen Anteil in voller Höhe erhalten würde. Aber jedesmal, wenn eine Entscheidung in greifbare Nähe gerückt war, wurde der Fall aufgrund des Widerstands des anderen Erben wieder vertagt.

Als nun gar die Gläubiger sie drängten, die Rechnungen ihres verstorbenen Mannes zu bezahlen, gab eine Freundin ihr Artikel über positives Denken zu lesen, und in denen fand sie folgende Bejahung: ICH LÖSE IN MEINEM BEWUSSTSEIN UND IM BEWUSSTSEIN ALLER ANDEREN JEDE VORSTELLUNG AUF, DASS MIR MEIN VON GOTT GEGEBENES GUTES VORENTHALTEN WERDEN KANN. DIE FINANZIELLEN SEGNUNGEN, DIE DURCH GÖTTLICHES RECHT MEIN EIGEN SIND, KOMMEN JETZT IN FÜLLE ZU MIR, UND ICH EMPFANGE SIE FROHEN SINNES.

Gespannt, ob es auf diese einfache Weise möglich sein würde, ihr Problem zu lösen, setzte sich diese Frau jeden Nachmittag still hin, um diese Bejahung immer wieder niederzuschreiben und laut zu sprechen. Und sie bemerkte, wie ein Gefühl der Herrschaft über ihre finanziellen Angelegenheiten in ihr aufstieg. Auch wur-

den ihre Gefühle gegenüber dem unerwarteten Erben freundlicher, der versuchte, sein Recht auf den Besitz ihres Mannes geltend
zu machen. Je friedlicher sie über ihn nachdachte, desto mehr sah
sie ein, warum er sich berechtigt fühlte, einen gewissen Besitzan-
spruch geltend zu machen.

Schließlich rief sie ihren Rechtsanwalt an und sagte ihm, er möge
den Streit nach seinem Dafürhalten beilegen, er habe freie Hand,
jenem Erben einen gewissen Anteil an Obligationen, Aktien und
Ölbohrrechten, die er beanspruchte, zu geben. Binnen weniger
Tage war die Erbangelegenheit, die sich viele Monate hinge-
schleppt hatte, geregelt, und alle Beteiligten waren zufrieden, bereichert und gesegnet. Diese Frau ist heute der Ansicht, daß ihr
»von Gott gegebenes Gutes« durch die Beilegung des Rechtsstreits
zu ihr kam, und sie entbehrt nicht die Anteile, die sie dem unerwarteten Erben überlassen hat.

Denken Sie bewußt groß

In einem anderen Fall geriet ein Grundstücksmakler in Schulden,
weil er einige seiner Ferienappartements während einer sommerlichen Geschäftsflaute nicht vermieten konnte. Freunde sagten zu
ihm: »Du wirst diese Wohnungen niemals zu dem Preis, den du
forderst, vermieten. Du denkst zu groß. Wenn du im Mietzins her-
untergehst, kannst du sie vielleicht für die nächste Saison vermieten.« Dieser Mann wohnte einer Vorlesung über reiches Denken
bei, wo er hörte: »Man kann nie zu groß denken. Wagen Sie es,
groß zu denken. Wagen Sie es, große Ideen zu bejahen. Haben Sie
den Mut, große Resultate zu erwarten. Diese Einstellung macht
den Unterschied zwischen einem Reichen und einem Armen.«

Der Mann erkannte, daß er bewußt groß denken und reich sprechen müsse, wenn er sein Eigentum vermieten und seine Schulden
bezahlen wollte. Und so begann er, folgende Bejahung regelmäßig
zu sprechen, die schon unzählige Leute zu Wohlstand und Glück
geführt hat: ICH LIEBE DAS HÖCHSTE UND BESTE IN ALLEN MEN-
SCHEN, UND ICH ZIEHE JETZT DIE MENSCHEN ZU MIR, DIE DIE

HÖCHSTEN, BESTEN UND POSITIVSTEN GEDANKEN HABEN! Obwohl er die unvermieteten Wohnungen schon unzählige Male erfolglos Interessenten gezeigt hatte, war der nächste Kunde, der jetzt erschien, sehr begeistert von seinen Räumlichkeiten und mietete ein Appartement für eine Saison zum Preis von zweitausend Dollar. Als der Mann fortfuhr, seine Wohlstandsmeditation zu sprechen, konnte er bald darauf auch die anderen Wohnungen mühelos vermieten. Innerhalb kürzester Zeit hatte er achttausend Dollar Mietzins eingenommen, wodurch es ihm möglich wurde, all seine Schulden zu bezahlen.

Zahlen Sie für weitere Dinge bar

Zusammen mit der neuen positiven Einstellung über Ihre finanziellen Angelegenheiten ist es gut, greifbare Dinge zu tun, die Ihnen das Gefühl vermitteln, daß Sie von Ihren Verschuldungen herunterkommen. Beginnen Sie zum Beispiel, gewisse Dinge nur gegen Barzahlung zu erwerben, wenn Ihnen das auch nur in beschränktem Umfang möglich sein sollte. Aber durch die Barzahlung, die eine weitere Belastung Ihres Kontos vermeiden hilft, erhalten Sie ein gewisses Gefühl von Schuldenfreiheit.

Ich kenne zwei Hausfrauen, die beschlossen hatten, dieses Rezept in der herannahenden Weihnachtszeit auszuprobieren. Sie kauften ihre Geschenke nicht mehr, indem sie mit Schecks bezahlten wie bisher, sondern nur noch bar. Später sagten sie, daß ihnen die Barzahlung viel Freude bereitet und ihnen ein Gefühl der Freiheit vermittelt habe. Sie hätten die Erfahrung gemacht, daß immer dann, wenn sie beim Einkaufen ihr Geld segneten und für die göttliche Weisheit dankten, die ihnen beim Ausgeben desselben zur Seite stand, sie wieder zu Geld gekommen seien, um weitere Weihnachtseinkäufe zu tätigen.

Eine der beiden Hausfrauen schaffte es, in der ganzen Vorweihnachtszeit nicht einen Scheck auszugeben. Sie sagte, sie habe die besten Geschenke gehabt, die sie je geben konnte. Ihre Freundin hatte bei einigen wenigen Einkäufen wieder auf ihre Schecks zurückgegriffen, aber da sie den größten Teil ihrer Ausgaben bar erledigt hatte, belastete sie das nicht weiter. Sie konnte dann im neuen Jahr die Außenstände schnell begleichen.

Lassen Sie vergangene Fehler los

Eine weitere Eigenschaft, die viele Leute an Zahlungsunfähigkeit bindet, ist diese: Wie Lots Weib pflegen sie zurückzuschauen. Sie ärgern sich über finanzielle Fehlplanungen in der Vergangenheit und verhärten ihr Denken entsprechend, das dann die gegenwärtige Verschuldung verursacht. Wer zurückblickt, hat keinen Raum in seinem Denken für neue Ideen, die vergangene Fehler und Schulden wiedergutmachen und bereinigen könnten.

Es ist wichtig, daß man sich und anderen die Fehler der Vergangenheit vergibt, wenn man wünscht, auf die Dauer frei von finanzieller Belastung zu sein. Wenn derartige Erinnerungen Sie zu überfallen drohen, wenden Sie die folgende Bejahung an: DIE VERGEBENDE LIEBE DER GÖTTLICHEN WEISHEIT HAT MICH VON DER VERGANGENHEIT UND DEN WIRTSCHAFTLICHEN FEHLERN DER VERGANGENHEIT BEFREIT. ICH BEGEGNE GEGENWART UND ZUKUNFT KLUG, SICHER UND UNERSCHROCKEN. Diese Meditation wird für Sie und andere Wunder wirken. Wie in dem Kapitel über das Gesetz des Freiraums hervorgehoben, ist es notwendig, daß wir fortwährend uns und anderen vergeben, wenn wir Erfolg haben möchten. Lesen Sie das Kapitel noch einmal durch, damit Ihnen und anderen geholfen wird, die Schuldenphase zu überwinden.

Bitten Sie um bereichernde Ideen

Wenn Sie sich nun bemühen, positive Einstellungen zu bekommen und auch entsprechend zu handeln, sollten Sie daneben um bereichernde Ideen zur Handhabung Ihrer finanziellen Angelegenheiten bitten. Ein Kaufmann hatte das Alter von 40 Jahren erreicht und sah in seiner Firma keine weitere Aufstiegschance mehr, es sei denn, daß einer der Gesellschafter sich zurückzog. Dieser gute Christ wollte aber nicht durch solche Umstände sein Glück machen, doch wurde er zunehmend unzufriedener mit seiner Lage. Obwohl er und seine Frau beide arbeiteten, waren sie zu schwer verschuldet, um das Notwendigste für ihre große Familie anzuschaffen. Unter den gegebenen Umständen sahen sie keine Möglichkeit für ein größeres Einkommen.

Als dieser Mann mit mir sprach, sagte er: »Was ich brauche, ist mehr Selbstvertrauen, indem ich mit Sicherheit wüßte, daß ich Herr der Situation werden könnte. Wahrscheinlich brauchte ich auch mehr Ordnung in meinen Angelegenheiten, damit ich überblicken kann, welchen Weg ich einschlage.« Es wurde ihm vorgeschlagen, auf einfache, ruhige und befriedigende Weise sich zunächst um Ordnung zu kümmern, anstatt plötzlich aggressiv zu werden, was ihm Zusammenstöße mit anderen und deren Feindschaft einbringen konnte. Außerdem schlug ich ihm vor, jeden Morgen und jeden Abend einige Minuten lang in der Stille zu meditieren und um göttliche Führung in seinen finanziellen Angelegenheiten zu bitten.

Seine erste Reaktion war: »Was soll das einbringen? Meinen Sie etwa, Gott kennt meine finanziellen Angelegenheiten und kümmert sich darum?« Es war für diesen Mann Offenbarung und Erleichterung zugleich zu hören, daß ein reicher, liebevoller Vater sich um die finanziellen Nöte seiner Kinder kümmert. Folgende Meditation gab ich ihm mit auf den Weg: VATER, WELCHES IST DIE BEREICHERNDE WAHRHEIT IN MEINEN ANGELEGENHEITEN? WAS IST DEIN BESTES FÜR ALLE IN DIESER SITUATION?

Zunächst kam keine Antwort auf diese Frage, aber der Mann bemerkte, daß er seit Jahren wieder Frieden empfand. Mit dem wachsenden Gefühl des Friedens begann er auch zu empfinden, daß er die Herrschaft über sich, seine Familienangelegenheiten und seine finanzielle Welt gewann. Als er eines Nachts wieder um die »bereichernde Wahrheit« bat, kam ihm mit solcher Macht blitzartig eine Idee, daß er fast vom Stuhl fiel. Es war kein neuer Gedanke; er war schon viele Male vorher zu ihm gekommen, aber er hatte ihn nicht beachtet. Es war die Idee, eine neue Abteilung in der Firma aufzubauen, die für dieselbe Wachstum und Gedeihen bedeuten würde. Zuvor war er nie genügend von der Macht dieser Idee überzeugt gewesen, um seine Vorgesetzten daraufhin anzusprechen.

Am nächsten Tag ergab sich eine vollkommene Gelegenheit, mit dem Chef darüber zu sprechen. Der Chef war sowohl überrascht als auch erfreut, daß dieser stille kleine Mann so große, progressive und reiche Gedanken hinsichtlich der Firma dachte. Zu gegebener Zeit wurde ihm der Auftrag erteilt, seine Idee für die besondere Abteilung zu entwickeln. Dazu wurde er befördert und in eine wesentlich bessere Gehaltsklasse eingestuft. Andere finanzielle Überraschungen folgten, darunter eine unerwartete Erbschaft für eines seiner Familienmitglieder. Seitdem er um göttliche Führung und göttliche Ideen meditierte, konnten die lang anstehenden Schulden bezahlt werden. Vor ihm und seiner Familie öffneten sich ganz neue reiche Lebensmöglichkeiten.

Eine gute Bejahung, die man für einen solchen Zweck geistig bereithalten sollte, ist diese: DIE GÖTTLICHE WEISHEIT INSPIRIERT MICH JETZT MIT REICHEN IDEEN, UND MIT GÖTTLICHEM WIRKEN GELANGEN DIESE IDEEN VOLLKOMMEN ZUM AUSDRUCK.

Schulden können ein maskierter Segen sein

Schulden können ein gewaltiger Segen sein, der sich maskiert hat. Wenn Sie vor unangenehmen Erfahrungen stehen, so geschieht dieses häufig, weil neue Lebenswege und neue Arbeitsmethoden versuchen, sich vor Ihnen zu öffnen. In den meisten Fällen von Verschuldungen sind diejenigen, die in Geldverlegenheit sind, sehr nette Leute, die versuchen, auf der Basis eines beschränkten Einkommens reich zu leben. Wenn sie jedoch reiche Wünsche haben, so kommt das daher, daß sie auch reiche Talente und Fähigkeiten haben, die sich ausdrücken möchten.

Ihr Wunsch nach reicherem Guten ist sehr stark, aber ihr Bankkonto ist nicht gleichermaßen gewachsen. Häufig handelt es sich um Leute, die nur mittelmäßige Arbeit verrichten, während ihre

Talente und Fähigkeiten, wären sie besser eingesetzt worden, ihnen das Einkommen verschaffen würden, das zum Ausgleich ihrer reichen Wünsche notwendig wäre.

Haben Sie den Mut, neue Ideen, die zu Ihnen kommen, wenn Sie an finanziellen Problemen arbeiten, anzuwenden. Überlesen Sie, studieren Sie und befolgen Sie das, was in den Kapiteln über Arbeit und finanzielle Unabhängigkeit an Anregungen für die Entwicklung Ihrer Talente und Fähigkeiten geschrieben worden ist.

Wenn Sie versuchen, Ihre finanzielle Unabhängigkeit zu erlangen, dann verwirklichen Sie dies, indem Sie häufig bejahen: VOR MIR LIEGEN GUTE TAGE. VOR MIR LIEGEN REICHE TAGE. Wenn Furcht vor gegenwärtigen Problemen Sie zu übermannen droht, erinnern Sie sich: DER WEG DES ALLMÄCHTIGEN FÜR MICH IST ERFREULICH, ES IST EIN WEG DER SICHERHEIT. ICH DANKE DAFÜR, DASS ICH JETZT AUF ANGENEHMEN, REICHEN UND FRIEDLICHEN PFADEN GEHE. Damit die Entwicklung Ihrer Talente und Fähigkeiten Ihnen Zufriedenheit schenkt, bejahen Sie: DIE UNBESCHRÄNKTE, GRENZENLOSE MACHT, DIE DIE WELT ERSCHAFFEN HAT, VERWIRKLICHT JETZT IN MIR UND DURCH MICH ALL DAS, WAS MEINEM BESTEN IN GEIST, KÖRPER UND ANGELEGENHEITEN DIENT. ICH DANKE DAFÜR, DASS ICH GÖTTLICH AUSGERÜSTET WURDE, UM GROSSE DINGE MÜHELOS VOLLBRINGEN ZU KÖNNEN.

18. Kapitel

Gesundheit und positives Denken

Der größte Segen des Lebens ist sicherlich die Gesundheit. Ohne sie ist alles andere unbedeutend. Mit guter Gesundheit wird alles andere Gute vermehrt.

Durch meine Tätigkeit als Lebensberaterin, die mich mit den verschiedensten Problemen der Menschen bekannt macht, bin ich zu der Überzeugung gelangt, daß unser Denken unsere Gesundheit direkt beeinflußt. Viele Leute, die aufgrund ihrer Sorgen über finanzielle Probleme nicht gesund sind, finden es fast unheimlich, wie schnell sie gesunden, sobald sich ihre wirtschaftliche Lage verbessert.

Ein Geschäftsmann, der sich viele Jahre lang guter Gesundheit erfreut hatte, erlebte in seinem Unternehmen ernste Rückschläge. Bald darauf entwickelte er Magengeschwüre, die als bösartig diagnostiziert wurden und mehrere Operationen notwendig machten. Heute befindet er sich auf dem Wege zur vollständigen Genesung, die, wie ihm seine Ärzte versichern, durchaus möglich ist. Aber seine Frau sagte kürzlich, daß er immer dann, wenn er finanzielle Verluste einstecken müsse, wieder bettlägerig würde. Sobald seine Geschäfte florieren, beflügelt das seinen Geist, und er erfreut sich besten Wohlbefindens.

Das Studium der modernen Psychosomatik ist wirklich ein wunderbarer Schritt vorwärts, um den Menschen klarzumachen, wie stark ihr Denken ihren Körperzustand beeinflußt.

Positives Denken ist gesundes Denken

Wir haben bereits darauf hingewiesen, daß Sie in dem Maße reich sind, in dem Sie Frieden, Gesundheit und Fülle in Ihrer Welt erleben. In den vorhergehenden Kapiteln haben wir über Techniken zur Entwicklung des positiven Denkens gesprochen, wodurch Seelenfriede und finanzieller Erfolg sichergestellt werden. Heute wollen wir bereichernde Geisteshaltungen betrachten, die unsere Gesundheit vermehren und sichern. Positives Denken ist sieghaftes, harmonisches, erhabenes Denken. Ein positiv Denkender weiß, wie er sich von Feindschaft, Übelnehmen, Kritik und einem erregten Gemütszustand befreit. Ein positiv Denkender strebt nach einem ausgewogenen, normalen Denken, das seinen »Willen zu gewinnen« reflektiert. Häufig ist es depressives Denken und ein Gefühl von Niedergeschlagenheit, wodurch Krankheiten entstehen.

Kürzlich erzählte mir eine Dame, daß sie seit dem vergangenen Jahr eine schleppende Erkältung habe, die Sommer und Winter andauere. Sie fragte sich bereits, ob das nicht mehr sei als eine gewöhnliche Erkältung, denn dies war zuviel des »Gewöhnlichen«! Ihr Arzt versicherte ihr jedoch, daß er nichts Organisches finden könne, das nicht in Ordnung sei und das diese Erkältung erklären würde. Da aber anscheinend irgend etwas diese kleine Dame reizte, möglicherweise etwas schon lange Andauerndes, bat ich sie, sich verschiedener Erlebnisse zu erinnern, die zeitlich vor dem Auftreten dieser Erkältung lagen. Nachdem wir uns ein paar Minuten unterhalten hatten, erzählte sie, daß sie einen sehr guten Arbeitsplatz gehabt habe, der ihr viel Freude bereitete. Ohne sie zu warnen und ohne mit ihr Rücksprache zu nehmen, habe ihr Arbeitgeber sie dann in eine andere Abteilung versetzt, wo ihr die Arbeit gar nicht gefiel, ja, sie vielmehr ärgerte. Da sie nicht mehr die Jüngste ist, fürchtete sie, im Falle eines Protests die Stellung zu verlieren, und so ertrug sie die Versetzung mit all den Mißtönen, die in der neuen Abteilung zwischen den zänkischen Mitarbeitern herrschten. Diese Disharmonie verstärkte nur noch ihren inneren Widerspruch und Aufruhr. Wen wunderte es da noch, daß diese innere Spannung sich als festsitzender Dauerhusten manifestierte.

Ich machte den Vorschlag, daß sie an ihren eigenen Gedanken

arbeiten und versuchen solle, das Gefühl der Hoffnungslosigkeit, Hilflosigkeit und Niedergeschlagenheit zu überwinden und statt dessen eine siegreiche, aufgeschlossene Einstellung aufzubauen, indem sie täglich folgende Meditation gebrauche: GÖTTLICHE LIEBE UND WEISHEIT GEHEN VOR MIR HER UND MACHEN MIR IN DIESER LAGE MEINEN WEG LEICHT UND ERFOLGREICH. DIE GÖTT-LICHE LÖSUNG ERSCHEINT JETZT SCHNELL UND REIBUNGSLOS. ICH WERDE GEFÜHRT, GEHEILT, BEREICHERT UND GESEGNET.

Mehrere Tage lang prägte sie diese Ideen ihrem Bewußtsein ein und gewann dabei ein Gefühl des Friedens, das sie ein ganzes Jahr lang nicht gehabt hatte. Und in dem Augenblick, da sie fest ent-schlossen war, zu ihrem Chef zu gehen und ihm von ihrer Unzu-friedenheit zu erzählen und um Versetzung zu bitten, geschah et-was Unerwartetes: Am schwarzen Brett erschien ein Aufruf, der die Angestellten, die einen Wechsel wünschten, aufforderte, sich an den Geschäftsführer zu wenden, da dieser einige Veränderun-gen plane.

Das war für sie die Gelegenheit, ihre Wünsche darzulegen, und diese wurden auch erfüllt. Sobald sie innerlich zur Ruhe gekom-men war, machte sie die Entdeckung, daß ihre Erkältung, die sich nach und nach gebessert hatte, völlig verschwunden war!

Disharmonien verursachen Krankheit

In der Tat, wo es einen Fall von Krankheit und mangelhafter Ge-sundheit gibt, kann man mit Sicherheit eine Situation erwarten, in der der Erkrankte irgendeiner inneren Disharmonie von Geist, Seele oder Angelegenheiten ausgesetzt war. Positives, d. h. har-monisches Denken verhilft hingegen dazu, sowohl körperliches Wohlbefinden als auch Harmonie in den zwischenmenschlichen Beziehungen und Angelegenheiten hervorzurufen.

Ein Kind im Vorschulalter litt unter Hämorrhoiden, was der Arzt für höchst ungewöhnlich für ein Kind dieses Alters hielt. Er studierte daher im stillen die familiäre Situation seines kleinen Pa-tienten, um zu entdecken, ob irgendein disharmonischer Zustand mit seinem Befinden in ursächlichem Zusammenhang stünde. Bald bemerkte er, daß die Mutter des Kindes nichts von der Macht bestimmter Einstellungen auf die Gesundheit wußte. Sie bestand bei jeder Mahlzeit darauf, daß der kleine Junge seinen Teller leer mache, ganz gleich, wie groß sein Appetit war oder wie er sich fühlte. Das Kind aber hatte zufällig eine Portion Individualität und wagte es, »seinen eigenen Sinn« zu haben. Mehrere Male weigerte er sich zu essen. Die Mutter hielt es für ihre Pflicht, ihn vom Tisch wegzuholen und zu »versohlen«. Und das wurde in dem jungen Leben des Knaben bald zu einem täglichen Ereignis. Man darf sich nur wundern, daß dieses Kind kein ernsthafteres Krankheitsbild entwickelte als Hämorrhoiden.

Nachdem die Mutter zugestimmt hatte, ausgleichender und weniger streng in ihren Forderungen dem Kind gegenüber zu sein, genas der Junge auch bald.

Zank, Streit, allgemeine Aufregungen im täglichen Leben spiegeln sich in der Gesundheit der Betroffenen wider. Der Körper ist ein sehr einfühlsames Instrument und formbar durch Gedanken, Emotionen und Worte, die er von sich gibt oder empfängt.

Gesundes Denken ist eine alte Kunst

Es ist nichts »Neumodisches« an den Wahrheiten, die man jetzt wieder entdeckt und die enthüllen, wie sehr Gedanken und Gefühle den Körper beherrschen. Wären uns die alten babylonischen Wissenschaften heil überliefert worden, dann würde unsere Zivilisation wohl noch höher entwickelt sein, als sie es ist. Die Babylonier benutzten nicht nur seltsame Steine aus Metall, um Krebs zu heilen, sondern sie waren auch Fachleute in der Anwendung der Psychosomatik sowie verschiedener psychischer Techniken, darunter die Hypnose.

Man nimmt an, daß Abraham, der in der babylonischen Stadt Ur wohnte, dort ihre psychosomatischen Behandlungen lernte und dieses Wissen zu den Juden brachte, die es jahrhundertelang anwandten. Auf jeden Fall schienen die Schreiber der Bibel zu wissen, daß Krankheit durch falsches Denken und Fühlen verursacht wird, denn ihre Schriften spiegeln diese Lehre überall wider.

Moses wies auf die entschiedene Macht rechter Einstellungen und gefühlsmäßiger Reaktionen auf die Gesundheit hin sowie auf die Macht falschen Denkens und Fühlens zur Erzeugung von Krankheit. Miriam, seine Schwester, kritisierte ihn, weil er in eine andere Rasse geheiratet hatte. Wegen ihrer kritischen Einstellung, heißt es in der Bibel, habe Miriam Lepra bekommen und wurde nur durch Moses' Gebete geheilt.

In einer anderen alttestamentlichen Geschichte hören wir, daß eine falsche Einstellung König Asa, einen der Könige von Juda, tötete. Er glaubte nicht an die Möglichkeit einer geistlichen Heilung, und als seine Füße schwer erkrankten, starb er (2. Kön. 16,13). Eliza und Elias heilten beide sowohl durch gedankliche wie geistige Methoden, wie es auch Jesus, Paulus und die frühen Christen taten.

Selbst die Zauberdoktoren und Medizinmänner primitiver Stämme erkannten, wie wichtig es ist, die Einstellung ihrer Patienten zu ändern, wenn sie geheilt werden sollen. So versuchten sie, die Aufmerksamkeit der Kranken von sich abzuziehen, indem sie sich Masken aufsetzten, Zauberformeln sprachen, tanzten und anderes vollführten, was uns heute seltsam erscheint. Sie glaubten, wenn diejenigen, die Heilung suchten, ihre Gedanken von ihren Problemen abziehen würden, könnten sie gesund werden.

Einstellungen können heilen

Eine Hausfrau beschrieb vor kurzem, wie sich ihre Gesundheit gebessert hat, nachdem sie ihre Einstellungen änderte:

»Seit zwölf Jahren hatte ich eine chronische Gallenblasenentzündung, die meistens sehr schmerzhaft war. Dazu hatte ich noch über ein Jahr lang Schleimbeutelentzündung, die sich immer mehr verschlimmerte. Mein Mann und ich beteten gemeinsam um Gesundheit. Wir versuchten alle möglichen Medizinen, aber alles war umsonst, die Schmerzen blieben.

Ich begann mich zu fragen, wie lange ich noch so weitermachen könne. Dann hörten wir, daß in unserer Nähe Vorlesungen über positives Denken gehalten wurden. Nachdem wir einer dieser Vorlesungen beigewohnt hatten, die über Wohlstand und nicht über Heilung war, gewann ich ein besseres Verständnis dafür, erfolgreich zu denken. Ich sagte mir, daß meine körperlichen Schmerzen irgendwie noch aufzulösen seien. Zum ersten Mal seit langer Zeit fühlten mein Mann und ich uns aufgerichtet und inspiriert. Und dann geschah es! Innerhalb einer Woche, nachdem wir die Vorlesung gehört hatten, verschwanden meine Gallenblasenbeschwerden, und auch die Schleimbeutelentzündung heilte vollkommen. Ich danke Gott täglich für die neue geistige Einstellung, die den Weg für die in meinem Körper stattgefundene Heilung bereitete.«

Diese Dame und ihr Ehemann besuchen weiterhin die Vorlesungen, und wir können beobachten, wie glücklich und gesund sie ist.

In einem anderen Fall hatte sich eine Frau den Arm gebrochen. Wenn er auch wieder zusammengewachsen war, blieb er doch steif und schmerzte so sehr, daß sie nicht ihren Wagen steuern konnte, sondern sich einen jungen Fahrer mieten mußte, um in unseren Kursus über positives Denken zu kommen. Eine Woche später erschien diese Dame hocherfreut zur zweiten Vorlesung und bezeugte, daß die schmerzhafte Steifheit in dieser Woche verschwunden sei, nachdem sie angefangen habe, entschlossen über Erfolg und Wohlbefinden als ihr göttliches Geburtsrecht nachzudenken. Sie fuhr wieder ihren eigenen Wagen. Sie wohnte dann auch den anderen Vorlesungen bei und hatte keinerlei Schmerzen mehr. So lernte sie, daß positives Denken das ganze Wesen mit neuem, unbegrenztem Guten, Gesundheit eingeschlossen, erfüllt.

Eine emotionale Krebsursache

Überall sehen wir, wie dringend notwendig es ist, negative Gefühle zu verwandeln, wenn wir gesund bleiben oder werden wollen. Krebs hat man in letzter Zeit die »Haß-Krankheit« genannt. Diejenigen, die vom Krebs befallen werden, tragen ihre Haßgefühle oft heimlich mit sich herum, so daß der Durchschnittsmensch nie den gefühlsmäßigen Aufruhr ahnt, den einige Krebspatienten erleben.

Ich sprach einmal mit einem »Self-made-Man«, der schwer gearbeitet hatte, um an die Spitze zu kommen. Er schaffte es schließlich und wurde von Hunderten von Menschen bewundert und geachtet. Seine Errungenschaften, sein Beitrag an Zeit und Können für viele kommunale Bereiche und seine hingebungsvolle Arbeit für die Kirche hatten ihm allgemeine Anerkennung eingebracht.

Als er sich auf dem Gipfel seiner Karriere befand, sagte man ihm, daß er Krebs habe. Durch Operationen wurde sein Leben für einige Jahre verlängert. Als es mit ihm zu Ende ging, sprach er mit mir über seinen Zustand. Auf den ersten Blick schien es so, als würde ein grausames Schicksal ihn in der Vollkraft seiner Jahre niederstrecken. Wenn man aber mit den Umständen näher vertraut wurde, erfuhr man, daß er mehrere Male verheiratet gewesen war; daß jede Ehe mit einer Scheidung endete, der bittere Feindschaft folgte; und daß er darüber hinaus seine jetzige Frau verabscheute. Wenn sie so schlecht war, wie er behauptete, schien er menschlich gesehen wohl Gründe für seine Gefühle zu haben, da sie ihm ein elendes Leben bereitete.

In Anbetracht seiner geschäftlichen Erfolge hielt er eine erneute Scheidung oder auch nur Trennung für karriereschädigend. So lebte er mit ihr jahrein, jahraus weiterhin in einem Zustand elender Erniedrigung. Darüber hinaus hatte er sich, wie es in solchen Situationen häufig der Fall ist, einer anderen Frau zugewandt, weil er von ihr glaubte, die Liebe und das Verständnis zu erhalten, die seine Frau ihm nicht entgegenbringen konnte. Diese andere Frau war eine Büroangestellte, verwitwet und einsam. Je tiefer sie in die Liebesbeziehung verstrickt wurde, desto unglücklicher wurde diese Frau, weil sie keine Ehe mit ihm eingehen konnte, und auch sie erkrankte. Neben verschiedenen gesundheitlichen Problemen entwickelte sie eine Sucht für Alkohol und Drogen, und das hatte zur Folge, daß sie bald nicht mehr arbeitsfähig war und mehrmals gute Stellungen verlor.

Die einzige Person, die in dieser Dreiecksgeschichte verhältnismäßig unbehelligt zu bleiben schien, war die gehaßte Ehefrau. Sie blieb bei alledem ruhig. Sie schien weder den Haß noch den gefühlsmäßigen Aufruhr ihres Mannes oder der »anderen Frau« auf sich zu ziehen. Letzten Endes war sie die einzige Siegreiche.

Ihr Mann sagte zu mir, er könne ihr und seinen früheren Frauen nicht vergeben, welch Unglück sie in sein Leben gebracht hätten. Er weigerte sich, irgendeine der in diesem Kapitel erwähnten Heilungsmethoden zu versuchen oder Heilung durch Vergeben heraufzubeschwören. Mir war, wenn er von seiner Frau sprach, daß er irgendein unsichtbares Gift ausschwitzte. Es war so, als würde der ganze Raum schwer von giftigem Haß. Er haßte sie also unverändert und mußte schließlich zu einer weiteren Operation das Krankenhaus aufsuchen, und dieser chirurgische Eingriff war sein letzter. Seine letzten bewußten Worte waren ein Fluch gegen seine Frau. Sein Haß hatte ihn tatsächlich umgebracht.

Die »andere Frau« wohnte der Beerdigung nicht bei und trug ihren Schmerz allein. Die Ehefrau war beim Tode ihres Mannes nicht nur frei von seinem Haß, sondern erbte auch sein Vermögen. So war sie letzten Endes nicht nur eine freie, sondern auch eine reiche Frau, und sie zögerte nicht, sich ihres Reichtums zu erfreuen. Im Verlauf eines Jahres hatte sie sich wieder glücklich verheiratet, und sie genoß jetzt finanzielle Sicherheit und wahre Liebe. Durch ihre Weigerung, es mit gleichem Haß »heimzuzahlen«, war diese Frau von den drei Betroffenen die einzige, die siegreich aus der Affäre hervorging.

Vergebung heilt

Wenn Sie sich mit jemandem entzweit haben; wenn Ihnen in der Vergangenheit Unrecht zugefügt worden ist, wofür Sie jetzt noch grollen; wenn Sie meinen, finanziell oder privat übervorteilt worden zu sein; wenn Sie glauben, durch einen Verlust des Glücks beraubt worden zu sein, das Ihr göttliches Recht ist; wenn Sie die Erfahrungen einer unglücklichen Kindheit oder Familienerlebnisse nachtragen – Sie mögen jeden menschlichen Grund für Ihre Gefühle und die Pflege derselben haben. Sie mögen fähig sein, solche Gefühle auf tausenderlei Wegen zu verteidigen. Aber wie der Mann in unserer Geschichte und wie die »andere Frau« schaden Sie sich in erster Linie selbst, wenn Sie das tun. Ihre Gesundheit, Ihr Wohlbefinden, Glück und Seelenfrieden können und werden zerstört werden, wenn Sie weiterhin negative Gefühle hegen.

Sollten Sie gegenwärtig krank sein, dann gibt es irgend jemanden oder ein Erinnerungsbild, dem Sie vergeben und was Sie für immer loslassen müssen. Vielleicht sind Sie sich dessen nicht bewußt, was es ist. Aber Ihr Unterbewußtsein, das das Lagerhaus Ihrer Gefühle und Erinnerungen ist, weiß, worum es sich handelt. Es wird mit Erleichterung und Heilung reagieren, wenn Sie sich selbst im vergebenden Sinne behandeln, wie es später in diesem Kapitel empfohlen wird.

Philosophen und Weise aller Zeiten haben versucht darauf hinzuweisen, daß des Menschen Gesundheit von seinen Einstellungen sich selbst und anderen gegenüber abhängt. Hippokrates, ein griechischer Arzt des vierten Jahrhunderts, schrieb: »Die Menschen sollten wissen, daß vom Gehirn und einzig allein vom Gehirn unsere Freuden, unser Lachen und unser Spaß, aber auch unsere Sorgen, Schmerzen, Kümmernisse und Ängste herrühren.« Plato erklärte: »Wenn Kopf und Körper sich wohl befinden sollen, mußt du anfangen, die Seele zu heilen.« Der Psalmist warnte: »Steh ab vom Zorn und laß den Grimm; erzürne dich nicht, daß du nicht auch übel tust« (Ps. 37,8).

Der weise alte Salomo kannte mit Sicherheit die Macht von Gedanken und Gefühlen über den Körper, als er riet: »Ein fröhlich Herz macht ein fröhlich Angesicht; aber wenn das Herz bekümmert ist, so fällt auch der Mut« (Sprüche 15,53). »Die Reden der Freundlichkeit sind Honigseim, trösten die Seele und erfrischen die Gebeine« (Sprüche 16,24). »Freundlicher Anblick erfreut das Herz, eine gute Botschaft labt das Gebein« (Sprüche 15,30). Salomos bester psychosomatischer Rat war vielleicht dieser: »Ein fröhlich Herz läßt gut heilen. Aber ein betrübter Sinn vertrocknet das Gebein« (Sprüche 17,22).

Glücklichsein heilt

Wahrhaftig, ein zerbrochenes, entmutigtes oder depressives Gemüt verursacht gewöhnlich eine physische Reaktion. Ich kannte früher ein Kind, das jahrelang in seinem Elternhaus Zank und Streit und Kritik ausgesetzt war. Dieses Kind hatte eine Krankheit nach der anderen. Schließlich änderte sich seine Lage, und es kam in eine ruhige, harmonische Atmosphäre. Augenblicklich verschwanden die Krankheitsbilder, und das Kind wurde daraufhin so gesund, daß es nicht einmal die gewöhnlichen Kinderkrankheiten mehr bekam.

Ich kenne eine Familie, die von dem Einfluß der Gedanken auf Gesundheit oder Krankheit hörte. Die Eltern kamen überein, nie vor den Kindern über negative Dinge zu sprechen und niemals Krankheit, Mangel, schlechte Zeiten oder Sorgen irgendwelcher Art zu erwähnen. Sie stellten sich die Aufgabe, zu Hause Gespräche über erfreuliche Dinge zu führen. In dieser Familie gab es keine Krankheiten, außerdem wurde sie sehr wohlhabend. Ihre Vorsätze wurden zur Gewohnheit, und sie wurden eine glückliche, gesunde, festgefügte Gemeinschaft. Die Kinder wuchsen auf, ohne Kinderkrankheiten zu bekommen. Sie wuchsen heran zu frohen, selbstbewußten jungen Leuten, und sie alle sind heute sehr glücklich verheiratet. Und wie ihre Eltern führen sie ein erfolgreiches Leben.

Heutzutage sind die Bibliotheken angefüllt mit vielen guten Büchern von Experten aller Fakultäten, die darauf hinweisen, wie wichtig frohe, normale Gefühle für den gesunden Körper sind.

Therapie für Frauenleiden

Wir hören oft, wie viele Frauen über die verschiedensten Arten von Frauenleiden klagen. Fast immer leidet die Frau mit einem solchen Krankheitsbild auch unter großen Gefühlsbelastungen, unterdrückt häusliche oder berufliche Probleme, von denen sie meint, nicht darüber sprechen zu können. Eine Lehrerin schrieb kürzlich, daß ihre Periode ausgesetzt habe, nachdem sie sich über den Direktor der Schule, den sie als Tyrannen beschreibt, aufgeregt hatte. Mit Hilfe von Bejahungen hielt sie an dem Gedanken fest, daß »göttliche Liebe und Gerechtigkeit« einen Wandel herbeiführen würden. In der Zwischenzeit konnte ihr Arzt keinen Grund für das Ausbleiben der Regel feststellen. Als kurz darauf der Direktor an eine andere Schule versetzt wurde, konnte sie sich wieder entspannen und Freude an der Arbeit haben, und ihre Periode wurde wieder normal.

Einer Ehefrau wurde von ihrem Arzt mitgeteilt, daß sie unfruchtbar sei, nachdem sie zuvor sich langer Behandlungen zur Verbesserung der Empfängnisfähigkeit unterzogen hatte. Obwohl sie und ihr Mann sich lange Zeit Kinder gewünscht hatten, gestand sie mir, daß sie insgeheim die Schmerzen und Unbequemlichkeiten der Schwangerschaft und Geburt gefürchtet habe. Sie erkannte, daß ihre Furcht wahrscheinlich der Grund für ihre Unfruchtbarkeit war. Dann überlegten sie die Möglichkeit, ein Kleinkind zu adoptieren, aber wegen verschiedener Gründe beschlossen sie, noch zu warten.

Zum ersten Mal seit vielen Jahren hörten sie und ihr Mann auf, sich zu grämen, weil sie ein kinderloses Heim hatten. Statt dessen beschlossen sie, ein so glückliches und normales Leben wie nur möglich zu leben und von Zeit zu Zeit in ihrem Wohnbereich soziale Arbeit an Waisenkindern zu leisten, wofür sie besonders ihre Ferienzeit verwandten. Nachdem die Spannung über ihre Kinderlosigkeit von ihr genommen war, bekam die Frau im zehnten Ehejahr ein Baby!

Was die Anwendung mentaler und geistiger Heilungsmethoden

so wunderbar macht, ist die Tatsache, daß die Arbeit des Arztes dadurch so sehr erleichtert wird. Er kann uns besser helfen, wenn unsere Einstellungen und Gefühle konstruktiv sind, und häufig geschieht noch viel mehr als eine bloße physische Heilung.

Der erste Schritt bei der Heilung

Jesus hat darauf hingewiesen, daß die Vergebung die Grundlage der Heilung ist. Er riet dem Gelähmten: »Deine Sünden sind dir vergeben, erhebe dich und gehe. Und sündige hinfort nicht mehr (denk nicht mehr negativ)« (Markus 2). In der Bergpredigt wies der größte aller Heiler auch darauf hin, wie wichtig es ist, mit denen Frieden zu schließen, mit denen wir nicht übereinstimmen, wenn unsere Bemühungen Frucht tragen sollen. Ein jeder von uns sollte täglich die einfache Methode der Vergebung üben, um Versöhnung und Harmonie mit anderen herzustellen. Dadurch wird physische, mentale, seelische und geistige Heilung hervorgebracht.

Anstatt zu versuchen, die Gesundheitsprobleme peinlichst von einem psychosomatischen Standpunkt aus zu analysieren; anstatt zu versuchen, die gedanklichen und gefühlsmäßigen Gründe für die verschiedenen Probleme des Lebens zu untersuchen, seien es gesundheitliche, finanzielle oder zwischenmenschliche Beziehungen, sollten Sie schlicht bejahen: ICH VERGEBE VÖLLIG UND FREIEN HERZENS. ICH LASSE LOS UND ÜBERGEBE ES. ICH ÜBERGEBE ES GOTT UND LASSE SEINE LIEBE IN MIR, DURCH MICH UND FÜR MICH IHR VOLLKOMMENES WERK TUN. ICH ÜBERGEBE ES GOTT UND LASSE SEINE LIEBE IHR VOLLKOMMENES WERK IM BEWUSSTEN, UNTERBEWUSSTEN UND ÜBERBEWUSSTEN WIRKEN MEINES GEISTES, KÖRPERS UND MEINER ANGELEGENHEITEN TUN. ICH DANKE DAFÜR, DASS FRIEDE, GESUNDHEIT, FÜLLE UND GLÜCK JETZT ZU OBERST IN MIR UND IN MEINER WELT HERRSCHEN.

Bejahen Sie täglich diese Vergebungsformel, wenn Sie anderen gegenüber Feindseligkeiten verspüren.

Ich kenne zwei verschiedene Fälle, in denen junge Frauen von

Lähmungen heimgesucht wurden, nachdem sie sich bitterste Gefühle gegenüber ihren geschiedenen Ehemännern gestattet hatten. In beiden Fällen genasen die jungen Frauen wieder, nachdem sie begonnen hatten, sich täglich in Gedanken auf Vergebung zu konzentrieren. Vergeben bedeutet nicht, daß man sich denen »unterwirft«, die unserer Meinung nach uns Unrecht getan haben. Man braucht mit den Betroffenen keinen äußeren Kontakt herzustellen, solange sich keine zwingende Gelegenheit ergibt. Sie dürfen statt dessen sicher sein, daß sie Ihre gedankliche und gefühlsmäßige Vergebung spüren, und sie werden jede Feindseligkeit Ihnen gegenüber aufgeben, wenn Sie Ihren Groll aufgeben und vergeben. Dieses ist ein einfacher, ganz persönlicher, seelen- und körperreinigender Prozeß.

Nachdem Sie begonnen haben, täglich Vergebung zu bejahen, werden Sie vielleicht auch anfangen, an Leute und Situationen Ihrer Vergangenheit zu denken, die Sie schlecht behandelt haben. Lassen Sie sich dadurch nicht beirren! Anstatt sich zu wundern, warum diese Erinnerungen wieder in Ihnen aufsteigen, müssen Sie nur wissen, daß sie unterbewußt ebenfalls Ihre Vergebung empfangen. Fahren Sie in Ihren Meditationen über Vergebung fort, und mit der Zeit wird auch in dieser Hinsicht alles still und friedlich werden. Sobald Sie ein persönliches Gefühl von Frieden verspüren, dürfen Sie gewiß sein, daß der Vergebungsprozeß vollkommene Arbeit verrichtet und Sie von allen bösartigen Gedanken befreit hat. Wenn Sie danach noch einmal an die betreffende Person oder Erfahrung denken sollten, wird dies nur noch mit einem friedlichen Gefühl geschehen.

Wie man abnimmt

Ich kannte einmal eine wohlhabende Frau, die verzweifelt versucht hatte, ein paar Pfunde abzunehmen. Mehrmals suchte sie in verschiedenen Kliniken Spezialisten auf, um sich ihren strengen Diäten zu unterwerfen. Aber sobald sie etwas schlanker geworden war, konnte sie die Figur nicht halten. Schließlich schrieb sie mir enttäuscht über ihr Gewichtsproblem und fragte, warum sie ihr Idealgewicht nicht halten könne. Aufgrund meiner persönlichen Freundschaft mit ihr wußte ich, daß sie und ihr Mann in der ganzen Welt zu reisen pflegten; und daß sie ein großes Landgut hatten, das viel interessante Dinge barg, die sie auf ihren Reisen gesammelt hatten. Oft hatte ihr Mann geklagt, daß diese Dinge das Haus nur vollstopften und daß es nötig sei, einen ganzen Stab Dienstboten zu halten, um diese Dinge zu pflegen. Nachdem schon alle Schränke und Vorratsräume überfüllt waren, hatte die Frau auch schon den Keller zum Horten ihrer Besitztümer eingespannt.

Ich schlug ihr vor, daß sie meditativ die Idee des Freiraumes bedenken möge (wie in Kapitel 3 durchgenommen) und um göttliche Führung zu bitten, was sie von ihren Gefühlen und vielleicht von ihrem Leben freigeben solle, um dadurch sichtbar an Gewicht zu verlieren. Danach erkannte sie in der Meditation, daß sie lange Zeit über unversöhnliche Gedanken einer Verwandten gegenüber gehegt hatte, die ihr viel Verdruß bereitet hatte. Sie begann, täglich in diesem Zusammenhang Vergebung, Freiheit und Lossprechung zu bejahen.

Nach einiger Zeit sagte ihr ihr Gefühl, daß sie den Einwand ihres Mannes beachten solle, das Haus von den Dingen zu befreien, die, wie man zugeben muß, die Atmosphäre überladen machten. Sie entrümpelte Schränke, Keller und Bodenkammern, rief die Heilsarmee herbei und gab die ungebrauchten Dinge weiter, die woanders noch gute Dienste leisten konnten. Ihr Mann war begeistert. Sie sagte später, allein der Entschluß, sich von vielem zu trennen, habe ihr ein Gefühl von Freiheit und Frieden gegeben, das sie seit Jahren nicht gekannt habe. Und es ist interessant, daß sie danach sich wieder einer Kur unterzog und dieses Mal den Gewichtsverlust bis zum heutigen Tag halten konnte. Heute gibt sie zu, daß es die Vergebung, das Loslassen und ein geistiges wie auch tatsächliches Großreinemachen gewesen sei, was ihr zu ihrem Idealgewicht verholfen habe.

Der zweite Schritt bei der Heilung

Es gibt nichts Sonderbares, Geheimnisvolles oder »Neumodisches« an dem positiven Denken und meditativen Heilungsgebet. Hindus, Japaner, Chinesen und viele andere Völker kennen heute noch den Gebrauch heiliger Worte zur Austreibung von Krankheiten und anderem Übel. Überall in der Bibel gibt es Hinweise auf Worte und ihre schöpferische Macht für das Gute. Die Schöpfungsgeschichte beginnt mit der gesprochenen Bejahung »Es sei... und es ward« (Gen. 1). Johannes betont, daß das Wort lebendige Gotteskraft ist, wenn er sagt: »Im Anfang war das Wort und das Wort war bei Gott« (Joh. 1). Jesus sagte, seine Worte seien Geist und Leben. Der Schreiber der Sprüche mag von der Macht des Wortes für Heilungszwecke gesprochen haben, als er schrieb: »Tod und Leben steht in der Zunge Gewalt; wer sie liebt, der wird von ihrer Frucht essen« (Spr. 18,21).

In der religiösen Welt hat lange Zeit der Glaube geherrscht, daß es ein »verlorenes Machtwort« gebe, das, sobald es gefunden und gesprochen würde, alle Dinge berichtigen könne. Die Juden glaubten, dieses verlorene Wort sei in dem Namen »Jahwe« verborgen, welches der hebräische Name für Jehova ist. Sie meinten, die genaue Aussprache sei dem Menschen nicht mehr voll bewußt. Doch behaupteten sie, daß das »verlorene Wort« einst ihren Priestern bekannt gewesen sei. Wenn es richtig angewandt wurde, ließ es die Macht des Allerhöchsten sichtbar werden, so daß gewaltige Werke rasch verrichtet wurden.

Jedes gute Wort oder jeder positive Satz, der Frieden und Zufriedenheit hervorruft und eine harmonische, positive Reaktion in Gedanken und Gefühlen bewirkt, ist dem »verlorenen Wort«, das die Juden suchten, ebenbürtig. Jenes verlorene Machtwort kann durch konstruktive Einstellungen und bejahende Meditationen lebendig werden. Ein Mädchen, das von der Macht der Worte zur Erzielung guter Resultate gehört hatte, beschloß, seine Macht auf eine Erkältung anzuwenden, die sie sich zugezogen hatte. Immer und immer wieder erklärte sie: »GOTT IST MEINE GESUNDHEIT,

ICH KANN NICHT KRANK SEIN. GOTT IST MEINE KRAFT, ER IST DIES UNFEHLBAR UND SCHNELL!« Die Erkältung kam nicht zum Ausbruch.

Jehova sagte zu Moses, er möge den Satz bedenken: »ICH BIN DER ICH BIN«, auf daß er geistige Macht und Weisheit gewinne, um die Kinder Israels aus der ägyptischen Gefangenschaft zu führen. Manchmal wird das verlorene Machtwort lebendig, wenn man den Namen Jesus Christus ausspricht. Jesus betonte die große Macht des Betens in seinem Namen. Zuweilen wird das verlorene Machtwort lebendig, wenn man über eine besondere Verheißung der Bibel meditiert oder wenn man das Vaterunser spricht.

Das Vaterunser hat heilende Wirkung

Eine Frau machte einmal eine weite Reise, um einen Geistheiler wegen einer chronischen Erkrankung aufzusuchen, die ihr schon viele Schmerzen verursacht hatte. Sie war überrascht, daß sie von dem Heiler aufgefordert wurde, wieder und wieder das Vaterunser zu sprechen. Nach Ablauf der Konsultationszeit forderte der Heiler die Frau auf, nach Hause zurückzukehren und täglich viele Male das Herrengebet zu sprechen, das, wie er hinzufügte, das größte Heilungsgebet der Welt sei. Obwohl sie einer so einfachen Heilungsmethode recht skeptisch gegenüberstand, befolgte sie doch die Anweisungen. Innerhalb weniger Wochen verschwand ihr Leiden und kehrte nicht wieder.

Eine Lehrerin, die von der Heilkraft des Vaterunsers gehört hatte, fand eine Gelegenheit, das auszuprobieren, als der Arzt bei ihr eine Lungenentzündung diagnostizierte. Zunächst versuchte sie es mit den verordneten Medikamenten, aber die Lungenentzündung blieb. An einem Freitag teilte man ihr mit, daß man für den kommenden Montag keine Vertretung für sie habe. An diesem Tag sollte sie mit einem neuen Spezialkursus beginnen, zu dem viele Leute von nah und fern angereist kamen. Da begann sie, wieder und wieder das Vaterunser zu beten. Sie tat das beharrlich, bis am Sonntag das Fieber nachließ und sie sich stärker fühlte. Ermutigt machte sie weiter, und sie konnte am Montag mit neuer Kraft mit dem Unterricht, wie vorgesehen, beginnen.

Das Vaterunser ist eine besonders wirkungsvolle Heilbehandlung, weil es auf einer Reihe starker, machtvoller Bejahungen basiert, in denen man die Macht, Führung, Güte und Substanz des unendlichen Schöpfers anruft. Die meditative Bejahung ist nicht nur eine uralte Heilkunst, sondern auch eine moderne, wissenschaftliche Heiltechnik. Die Naturwissenschaftler erklären heute, daß der menschliche Körper genau wie das Universum mit angeborener Weisheit erfüllt ist.

Wenn man eine aus guten Worten bestehende Bejahung nimmt und wieder und wieder spricht, gewinnt man die bewußte Aufmerksamkeit der eingeborenen Intelligenz, die in den unterbewußten Funktionen des Körpers immer aktiv ist. Fährt man fort, positive Worte zu sprechen, wird die Macht dieser eingeborenen Intelligenz angeregt, mit sowohl bewußten als auch unterbewußten positiven Ergebnissen zu reagieren. Der Körper – einschließlich unserer physischen Angelegenheiten – ist der gehorsame Diener des Geistes und durch unsere Gedanken und Worte beeinflußbar. Wenn unsere Gedanken und Worte aufwärts streben, erheben sie unsere physische Welt.

Klagen können Sie krank machen

Klagen können Sie krank machen, und negative Worte und Gefühle können alle Arten von Krankheiten verursachen.

Ich kannte eine Ehefrau und Sekretärin, die ständig klagte. Sie mochte ihre Schwiegermutter nicht, die aus wirtschaftlichen Gründen gezwungen war, mit ihr und ihrem Mann zu leben. Sie klagte über dieses und jenes, über das Wetter, die Welt und besonders über ihren Chef. Ständig hatte sie etwas, über das sie nörgeln konnte, und wiederholt klagte sie darüber, wie schlecht sie sich fühlte. Hunderte von Dollar gab sie in der Apotheke für Medizin, Vitamine und chiropraktische Behandlungen aus, um sich Erleichterung und Befreiung von den sie plagenden Schmerzen zu beschaffen. Da sie nicht aufhörte, über alles und jeden zu klagen, verflüchtigte sich ihr Freundeskreis, ihr Chef weigerte sich, ihr eine Gehaltserhöhung zuzubilligen, und ihre Schwiegermutter bereitete ihr viel Ungemach. Schließlich erkrankte sie wirklich. Als man ihr die Methode des positiven Denkens und bejahenden Gebets vorschlug, spottete sie darüber und meinte, das sei zu einfach, um wirksam sein zu können. Sie erntet noch heute negative Ergebnisse durch fortgesetztes negatives Denken, eine mentale Methode, die einfach genug erscheint, um für sie effektiv zu wirken!

Ihre Gebete für die Heilung eines anderen haben Macht
Vielleicht kennen Sie jemand, dem Sie gern bei der Lösung eines Heilungsproblemes Beistand leisten möchten, aber Sie zögern, ihm das zu sagen, weil Sie denken, man würde vielleicht nicht zustimmen. In einem solchen Fall sollten Sie beginnen, für den Betreffenden Bejahungen zu sprechen oder eine Meditationsgruppe oder einen vertrauten Freund bitten, Ihnen bei der Meditationsarbeit zu helfen. Vor nicht allzu langer Zeit hat eine Mutter die Wirkung dieses Vorgehens auf das Befinden ihrer Tochter erprobt, die nach einer Ehescheidung einen Nervenzusammenbruch erlitten hatte. Obwohl sie die beste medizinische und psychiatrische Behandlung erfuhr, verharrte sie dennoch in einem Zustand tiefer Depression.

Die Tochter hatte lange beteuert, daß sie sich nicht für die Religion interessiere, und dementsprechend hatte sie auch keinen Glauben an die Macht des Gebets für Heilungszwecke. Als aber nichts anderes sie zu heilen schien, bat die Mutter eine Gebetsgruppe, für die Tochter zu meditieren. Innerhalb weniger Tage stand die Tochter zum erstenmal seit Wochen aus dem Bett auf. Bald darauf kehrte sie in ihren Beruf zurück, wenn sie sich auch noch eine Zeitlang von einem Psychotherapeuten behandeln ließ.

Bald fühlte sie, daß sie wieder die Herrschaft über sich und ihre Welt hatte. Sie beschloß, eine neue, verantwortungsvollere und besser bezahlte Stellung anzunehmen. Erst bei dieser erfolgreichen

Wendung erfuhr die junge Frau von ihrer Mutter, daß man für ihre Heilung meditiert hatte. Da erkannte sie, daß dies mit Sicherheit der Wendepunkt in ihrem Leiden gewesen war, und die junge Frau begann, mit großer innerer Befriedigung für sich und einige ihrer Kolleginnen und Kollegen Bejahungen über Gesundheit, Erfolg und Glück zu sprechen.

Dieses Buch führt viele Bejahungen auf und berichtet von den Erfolgen, die sie unzähligen Menschen in allen möglichen Lebenssituationen gebracht haben, vor allem Frieden, Gesundheit und Fülle. Sie sollten jedoch auf jeden Fall noch einmal das Kapitel »Das Gesetz des Königlichen Wortes« studieren, wenn Sie Heilungen durch meditatives Bejahen hervorrufen wollen.

Der dritte Schritt bei der Heilung

Malen Sie sich oder denjenigen, der der Heilung bedarf, geistig als vollkommen stark und gesund aus. Wie in dem Kapitel »Das Wohlstandsgesetz der Einbildungskraft« gesagt ist, verursachen mentale Vorstellungen die Bedingungen von Geist, Körper und Angelegenheiten, aber es liegt an uns, die mentalen Bilder unseres Lebens bewußt so zu gestalten, wie wir sie uns wünschen. Andernfalls erhalten wir ein verzerrtes Ergebnis, weil wir verzerrte Spiegelbilder in unserem Bewußtsein festhalten.

Wirkungsvoll ist die Vorstellungskraft auch für Heilungszwecke. Wenn man in seinem Bewußtsein Bilder des gewünschten Erfolgs gestaltet und an ihnen festhält, aktiviert man seinen Glauben, der dann in einfacher, aber höchst wirkungsvoller Weise zu wirken beginnt, um wunderbare Resultate hervorzubringen.

Eine Hausfrau erzählte kürzlich, wie sie die Vorstellungskraft bewußt angewandt habe, um ein Heilungsergebnis zu erzielen. Sie hatte an einer ernsten Kniegelenkentzündung gelitten, das Knie war wochenlang geschwollen gewesen und hatte sehr geschmerzt. Da von anderer Seite ihr niemand Mut einflößte, beschloß sie, ihre Vorstellungskraft einzusetzen, um sich im Glauben zu stärken, daß eine Heilung möglich sei.

Tag für Tag zog sie sich für eine Weile in die Stille zurück und lenkte ihre Aufmerksamkeit nicht etwa auf das geschwollene Knie, sondern auf das heile, gesunde. Sie legte die Hand auf das gesunde Knie, dankte für sein Wohlbefinden und hatte vor ihrem geistigen Auge das Bild eines starken, leistungsfähigen Gliedes. Wenn jemand sie nach dem Zustand ihres Knies fragte, übermittelte sie ihrem Bewußtsein das Bild der Heilung, indem sie erwiderte, das Knie würde gut heilen. An diesem Punkt war ihre Antwort strenggenommen ein bejahendes Gebet, eine Glaubenserklärung.

Einige Tage lang schien sich an dem kranken Knie nichts zu ändern, aber die Frau hatte Ausdauer und hielt an ihrem geistigen Bild fest. Nach wochenlangen Schmerzen erwachte sie dann eines Morgens und bemerkte, daß die Schwellung über Nacht verschwunden war, das Knie sah wieder ganz normal aus und war nicht größer als das andere. Bei genauerer Betrachtung bemerkte sie, daß die Haut so aussah, als sei sie an verschiedenen Stellen perforiert worden, so daß das Wasser einfach verdampfen konnte! Ihr Mann teilte mir ihre Erfahrung mit. Beide sprachen davon, wie überrascht und erfreut ihr Arzt gewesen sei, als er an jenem Morgen das Knie ansah. Er versicherte ihnen, daß sie Zeugen eines Wunders geworden seien!

Machen Sie sich ein Glücksrad für Ihre Gesundheit

Wenn Sie eine bestimmte und greifbare Methode anwenden möchten, um die Vorstellungskraft für Heilzwecke einzusetzen, dann schlage ich Ihnen vor, daß Sie die »Glücksrad«-Methode nehmen, die ich in Kapitel 5 beschrieben habe.

Ein Arzt bat mich einmal, eine seiner Patientinnen aufzusuchen, die einseitig gelähmt war und seit Jahren nicht gehen konnte. Er sagte, solange ihre Hoffnung nicht neu belebt würde, gäbe es für ihn als Arzt nichts mehr zu tun, um ihr zu helfen. Sie hatte mehrere inspirative Bücher über die Macht der Gedanken gelesen, und er meinte, daß sie für entsprechende Anregungen zugunsten eines Heilversuchs aufnahmebereit sein würde.

Bei meinem ersten Besuch fand ich sie im Bett vor; sie war niedergeschlagen, entmutigt und glaubte nicht an vollkommene Heilung. Ich erzählte ihr von dem gewaltigen Einfluß mentaler Bilder auf den Heilungsprozeß und schlug ihr vor, sofort anzufangen, sich für dieses Ziel ein Glücksrad zu machen, was sie auch tat. Auf dem Glücksrad brachte sie verschiedene Bilder an, die sie aus Zeitungsmagazinen ausgeschnitten hatte und die gehende, laufende, einherspazierende Leute zeigten. Sie stellte das Glücksrad so auf, daß sie es täglich mehrere Stunden lang sehen konnte. Außerdem schlug ich ihr vor, die am Anfang dieses Kapitels erwähnte Vergebungsmethode anzuwenden. All diese Dinge schien sie gern zu befolgen.

Als ich sie einen Monat später wieder besuchte, saß sie aufrecht in einem Stuhl! Man hatte sie in den Stuhl gesetzt, und man mußte sie dort wieder herausnehmen, aber sie saß aufrecht. Als sie dann fortfuhr, Heilung zu bejahen und sich ein geistiges Bild davon zu machen, war es gerade so, als würden alle Kräfte des Himmels und der Erde zusammenwirken, um das zu erreichen. Eine Nachbarin, die mit ihrem Mann eine Überseereise machte, schickte dieser jungen Frau durch die Post einen Scheck, damit sie sich einer orthopädischen Therapie unterwerfen könne, was mit Sicherheit ein weiterer Schritt zur vollkommenen Heilung war. Ein Chiropraktiker, der sie in der Vergangenheit schon behandelt hatte, machte ihr einen Besuch. Er sagte, er würde sie gern ohne Bezahlung regelmäßig behandeln, allein um den Beweis zu erbringen, wie wirkungsvoll chiropraktische Behandlungen bei derartigen Problemen seien.

Ein anderer Nachbar versprach ihr, er würde ihr einen Rollstuhl kaufen, sobald sie soweit sei, ihn benutzen zu können; ein anderer bot ihr seine Hilfe beim Kauf von Fuß-Stützen an, sobald sie dieses Heilungsstadium erreicht habe. Während sie weiterhin sich die Fotos von Leuten anschaute, die auf ihrem Glücksrad einherwandelten, wurde sie allmählich kräftiger. Schließlich baute ein Nachbar von der Terrasse ihres Hauses aus eine Rampe zum Garten, so daß man sie in die Sonne und frische Luft hinausrollen konnte. Als ich das letzte Mal mit dieser jungen Frau zusammen war, begann sie, die ersten eigenen Schritte zu machen! Das macht die Heilkraft der Imagination, wenn diese bewußt und konstruktiv auf da. gewünschte Ziel gerichtet wird.

Nehmen Sie mit Hilfe mentaler Bilder ab

Die Methode der angewandten Vorstellungskraft wirkt bei jedem Heilungsproblem. Ein Geschäftsmann, der schon alle Arten von Diätvorschriften versucht hatte, ohne irgendwelchen Erfolg zu verbuchen, hörte schließlich von der geistigen Vorstellungskraft als Heilungsfaktor. Dabei erkannte er, daß er, obwohl er streng fastete, im Geiste doch ständig sein übergewichtiges Bild festgehalten hatte. Und dieses mentale Bild hatte weiterhin das hervorgebracht, was er nicht wünschte.

Da begann er, Abbildungen von gesunden, sportlichen, schlanken Leuten aus Zeitschriften auszuschneiden und sie auf seinen Nachttisch zu legen. Diese Bilder pflegte er in Ruhe zu betrachten, wobei er sein Bewußtsein mit festumrissenen Vorstellungen kurz vor dem Einschlafen speiste. Einige dieser Bilder klebte er auf kleine Zettel, die er in seine Brieftasche steckte, damit er sie tagsüber ansehen könne. Dieses Mal hatte seine Diät Erfolg! Er verlor bei einem Minimum von Selbstdisziplin 40 Pfund und ähnelt heute jenen Bildern, die er immer noch mit sich herumträgt.

Wie man das Rauchen aufgibt

Ich kenne mehrere im Berufsleben stehende Menschen, die mit Erfolg die Methode der Vorstellungskraft angewandt haben, um das Rauchen aufzugeben. Ein Verkäufer, ein Arzt und ein kaufmännischer Angestellter bestätigten kürzlich, daß es in keiner Weise schwer gewesen sei, diese Angewohnheit zu überwinden. Ihre Methode war einfach und angenehm. Sie hörten nicht sofort zu rauchen auf, sie versuchten es nicht einmal. Statt dessen redeten sie sich in ihrer geistigen Vorstellungswelt ein, daß die Zigaretten schlecht schmecken würden und daß sie sie am Ende nicht mehr rauchen könnten. An diesen Vorstellungen hielten sie auch dann fest, wenn sie sich wieder eine Zigarette anzündeten. Es gingen mehrere Wochen ins Land, bevor ihre Imaginationskraft zu reagieren begann, aber sie tat es. Ihre Zigaretten schmeckten immer schlechter, und bald verspürten sie keinerlei Lust mehr zu rauchen. Nach etwa sechs Wochen hatte das Verlangen sie ganz verlassen; jeder von ihnen hatte damals noch eine halbe Packung Zigaretten bei sich, die sie fortwarfen. Sie hatten niemand etwas davon gesagt, daß sie das Rauchen aufgeben wollten und welche Methode sie dabei anwandten. Darum konnte auch niemand dem geistigen Vorbild Abbruch tun, das sie aufrechterhielten. Und es konnte niemand versuchen, ihnen eine so einfache Methode auszureden.

Auch Alkoholismus wird überwunden

Ich kenne eine Menge Leute, die die Methode der angewandten Vorstellungskraft dazu benutzten, um für ihre Lieben Heilung zu manifestieren. Mehrere Leute, Männer wie Frauen, haben sich kürzlich dazu bekannt, daß sie sich ihren Partner, der ein hoffnungsloser Alkoholiker zu sein schien, nüchtern und enthaltsam vorgestellt und ein solches Ergebnis geistig bejaht haben. Wenn sie beharrlich dabei blieben, sich den Partner im geheilten Zustand vorzustellen, kam es bei demselben allmählich zu einer Besserung, bis sie schließlich die Sucht überwanden.

Kürzlich aß ich mit einem solchen Ehepaar zusammen. Noch vor wenigen Jahren hatte man dem Mann keine Chance mehr eingeräumt, heute aber ist er als Geschäftsführer sehr erfolgreich und ist einer der ausgeglichensten, friedlichsten und charmantesten Männer, denen ich je begegnet bin. Als wir auf unser Thema zu sprechen kamen, sagte er zu mir:

»Ich wußte die ganze Zeit über, daß meine Frau etwas versuchte, um mich zu heilen, aber ich wußte nicht, was es war. Da es mir aber nicht weh tat, kümmerte ich mich nicht um ihre Methode.

Ich fühlte mich nur bald so viel besser, daß ich nur hoffte, sie würde weitermachen, bis ich wieder vollkommen obenauf sein würde. Und, dem Himmel sei es gedankt, sie tat es!«

Seine Frau hatte sich das Bild eines nüchternen, glücklichen, wohlhabenden und siegreichen Mannes gemacht, und sie hielt Tag für Tag, Monat für Monat an diesem mentalen Vorbild fest. Heute ist ihr Mann der wundervolle Mann, den sie sich geistig geschaffen hatte!

Die Bibel lehrt diese Heiltechnik

Die Bibel berichtet von einer Anzahl großer Heiler, die weise die Imaginationskraft benutzten, um Heilung hervorzubringen. Ein interessanter Fall wird von der Heilung des Blindgeborenen durch Jesus berichtet. Als seine Jünger Jesus fragten, wer gesündigt habe, um diese Blindheit zu verursachen, wandte sich Jesus dem Heilungsprozeß zu, anstatt den Fall zu analysieren. Seine Methode ist allen klar, die etwas von mentalen Vorgängen verstehen. Zunächst spuckte Jesus auf den Boden und machte aus Speichel und Erde einen Brei. Dann bestrich er die Augen des Mannes mit dem Brei und wies ihn an: »Geh, wasche dich im Teich von Siloah.« Dieser Satz verursachte im Denken des Mannes ein geistiges Bild von der erwarteten Heilung und veranlaßte sein Bewußtsein, diesem Bild entsprechend zu handeln. Und so machte er mit Hilfe seiner geistigen Vorstellungskraft den Heilungsprozeß durch: »Er ging, wusch sich und wurde sehend« (Joh. 9).

Die frühen Christen haben ohne Zweifel um die Heilkraft der Imagination gewußt. Als Petrus und Johannes zum Tempel hinaufgingen, trafen sie an der Tür zum Tempel einen Bettler, der von Geburt an lahm gewesen war. Auf die Bitte des Bettlers nach Almosen sah Petrus diesen Mann fest an (seine Vorstellungskraft begann positiv zu arbeiten) und sagte zusammen mit Johannes zu ihm: »Schau uns an!« Der Bettler tat das in der Erwartung, von ihnen eine Gabe zu erhalten. Und da gebrauchte Petrus eine wirkungsvolle Bejahung, die im Bewußtsein des Bettlers das Bild seiner Heilung erzeugte: »Silber und Gold habe ich nicht, aber was ich habe, das gebe ich dir. Im Namen von Jesus Christus von Nazareth: Steh auf und gehe!« Um dem Bettler zu helfen, das mentale Bild der Heilung zu akzeptieren, nahm Petrus ihn bei der Hand, richtete ihn auf – und er begann sofort zu gehen und war geheilt.

Darum sollten Sie neben den gewöhnlichen Methoden zur Erlangung und Bewahrung der Gesundheit sich die in diesem Kapitel empfohlenen Methoden und Techniken aneignen. Lassen Sie sich ihre Wirksamkeit beweisen!

Zu diesem Zweck möchte ich Ihnen eine meiner Lieblingsmeditationen für Gesundheit nennen: ICH DANKE DAFÜR, DASS ICH DER SICH BESTÄNDIG ERNEUERNDE, SICH BESTÄNDIG ENTFALTENDE AUSDRUCK DES UNENDLICHEN LEBENS, GESUNDHEIT UND KRAFT BIN.

Für das Heilsein in Seele, Körper und Angelegenheiten, was wahrhaftig die personifizierte Gesundheit ist, schlage ich vor: ICH BIN DAS STRAHLENDE KIND GOTTES. MEINE SEELE, MEIN KÖRPER UND MEINE ANGELEGENHEITEN BRINGEN JETZT SEINE STRAHLENDE VOLLKOMMENHEIT ZUM AUSDRUCK!

Wahrhaftig, wenn Sie das positive Denken für Gesundheit anwenden, kann und soll sie so vollkommen sein, und »Ihre Heilung wird hervorbrechen« (Jesaja 58,8).

Schluß

Wenn der Goldstaub sich setzt

Sie werden sich an unseren Freund, den Kaufmann, erinnern, der auf die Frage: »Was macht das Geschäft?« immer zu antworten pflegte: »Es geht wunderbar, denn es ist Goldstaub in der Luft.«

Nachdem Sie inzwischen dieses Buch gelesen haben, bin ich gewiß, daß etwas von dieser Gold-Staub-Macht Sie angerührt hat, so wie es mich berührt hat. Als ich dieses Buch zu schreiben begann, diente ich der Unity-Gemeinde im tiefen Süden. Viele Monate später beende ich es im Herzen von Texas, wo ich jetzt Vorlesungen halte und schreibe. In meinem glücklichen neuen Leben ist mein wunderbarer Mann bei mir, den ich heiratete, während ich dieses Buch schrieb. Wirklich, meine Träume sind wahr geworden!

Ich ahnte kaum, als ich begann, mit der Macht des positiven Denkens zu arbeiten, wie sehr sich mein eigenes Leben verwandeln könnte, indem ich diese Ideen entwickelte und niederschrieb. Aber wie köstlich, aufregend und lebenswert ist es gewesen!

Und auch für Sie kann es sich so auswirken. Fahren Sie fort, diese Reichtumsgesetze zu studieren und sie täglich anzuwenden. Fahren Sie fort, bewußt und entschieden positiv zu denken. Wenn Sie dabei beharrlich sind, wird Ihr eigener von Ihrem Schöpfer für Sie bestimmter »Goldstaub« in Ihrem Leben in Erscheinung treten – als größerer Friede, Gesundheit und Fülle. Akzeptieren Sie frohen Herzens solche Goldstaub-Ergebnisse. Sie sind ein Teil Ihres göttlichen Erbes, das für Sie von einem reichen und liebevollen Vater bereitsteht.

Ihr Leben wird nicht nur glücklicher und lebenswerter sein,

sondern Sie werden auch für Ihre Mitmenschen auf zahllose, wunderbare Weisen zu einem größeren Segen werden.

In dieser frohen Gewißheit möchte ich für Sie einen Segen aus der Schrift bejahen, der zu einer anderen Zeit den Menschen bei ihrem ständigen Bemühen gegeben wurde, die reichen Verheißungen Gottes zu erproben:

»Mein Lieber, ich wünsche in allen Stücken, daß dir's wohl gehe und du gesund seist, und daß es deiner Seele wohl ergehe« (3. Joh. 2).

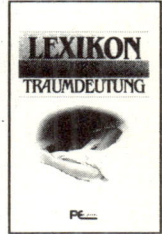